JN136465

近代日本のメディア議員

〈政治のメディア化〉の歴史社会学

佐藤卓己
河崎吉紀［編］

創元社

近代日本のメディア議員　目次

装丁　森裕昌

凡例

一、巻末資料「メディア関連議員一覧」記載の衆議院議員については、原則として各章初出時に、リストのＩＤ番号を付した。

一、「メディア関連議員一覧」に記載はないが、他の資料などから判断して本書でいう「メディア政治家」であると認定した一覧対象時期（一八九〇〜一九九〇年）の衆議院議員については、各章の初出時に米印（※）を付した。

一、「メディア関連議員一覧」は、本文では「本書巻末資料」と略記した。

一、『衆議院議員名鑑』は、各章初出以降、『名鑑』と略記した。

一、〝第〇回衆議院議員総選挙〟は〝第〇回総選挙〟と略記した。

一、引用文の前略や後略及び、改行箇所の注記は省略し、文中省略の〔中略〕のみ注記した。

一、引用文中のキッコー〔　〕内は、引用者の注記である。

一、引用文中の旧漢字は原則として固有名詞を除き新字体に改め、旧かな遣いは原文のままとした。

一、引用した資料には今日からみれば不適切な語句（例えば「支那」など）もあるが、当時の社会背景を示す史料として手を加えることはしなかった。

近代日本のメディア議員

〈政治のメディア化〉の歴史社会学

序章

メディア政治家と「政治のメディア化」

佐藤卓己

1　日本政治はいつ、どのようにメディア化したか

二・二六事件の四日後、一九三六年三月一日付『現代新聞批判』に特集記事「言論と文章の力で進出した新聞人――新参古参代議士短評」が掲載されている。同二月二〇日に実施された第一九回総選挙の結果は次のように報じられた。

> 今回の総選挙に当選した四百六十六名代議士中嘗て又は現在新聞雑誌又は通信事業に関係してゐる者の数は相当多数に及んでゐるがその内で筆者の記憶に泛んで来る人達でも左のやうに枚挙にいとまない位である。一昔程前までは代議士といへば官吏か弁護士か実業家かの一手販売のやうな感がしてゐたが、昨今のやうに**言論と文章とによつて一世を指導しようとする政治家**が簇出してきたことは誠に結構なことであつて、大いに我意を強うせしむるものがあるやうだ。[★1]〔強調は引用者、本章以下同〕

この記事こそ共同研究「『メディア出身議員』調査による新しいメディア政治史の構想」（科学研究費助成・基盤研究B・二〇一五～一八年度）を私が呼びかける契機だった。二・二六事件はジャーナリズム史で「冬の時代」の画期とされる出来事である。その直後に業界紙に掲載された記事は「言論と文章とによつて一世を指導しようとする政治家が簇出してきたこと」に祝意を表している。本当に言論界は「冬の時代」だったのだろうか。この「新参古参代議士短評」には、無産政党議員の健闘も紹介されている。「本所か深川でローカルペーパーを経営してゐた」浅沼稲次郎（※）、「昔東京日日の政治記者として鳴らした」麻生久（※）[★2]など社会大衆党幹部、あるいは最左翼の労農無産協議会から出馬した「東京で万朝〔報〕か二六〔新報〕かの二流紙の記者をしたこともある」加藤勘十（235）である。しかも、加藤（東京五区）は全国最高得票を獲得している。当時の首相は海軍大将・岡田啓介であり、もはや政党内閣の時代ではない。なぜ、そのような時代に「言論人」が大挙して政界進出していたのか。

さらに調べると、この疑問はますます深まった。「メディア関連議員」の議会進出がピークを迎えたのは翌一九三七年四月三〇日の第二〇回総選挙なのである（第一章の表2を参照）。このとき衆議院で彼らが占める割合は空前絶後の三四・一％に達していた。日中戦争が勃発する約二ヶ月前、国会は「言論と文章とによつて一世を指導しようとする政治家」が三分の一以上の議席を占めていたことになる。

続いて戦時体制下の言論統制に筆を進めるなら、「それにもかかわらず」と文章を続けるのが普通だろう。議会は「メディア関連議員」が多数を占めていたにもかかわらず、戦争を止めることはできなかった、と。

本当にそうなのだろうか。むしろ、逆ではないのか。ここでは敢えて「それにもかかわらず」ではなく、「それゆえに」と考えてみたい。メディア関連議員が議会に多くいたために、戦争を止めることはできなかったのではないか、と。

結論から言えば、それは政治が「メディアの論理」で動いたためである。何らかの価値や理念の実現をめざす「政治の論理」とは異なって、読者数あるいは影響力の最大化をはかるのが「メディアの論理」である。メディアが「政治の論理」に従うなら「輿（よ）論 public opinion の指導」を目標とするが、「メディアの論理」を全面展開するなら「世論 popular sentiments の反映」に驀進する。[3] 新聞人や出版人にせよ、放送人や映画人にせよ、彼らがこうした世論反映のプロフェッショナルである場合、はたして好戦的な世論の奔流に抗して平和の理念を保持できただろうか。

すでに日本でメディアの企業化が始まる一九一〇年代から「雑誌記者及新聞著述通信」や「出版業」を職業とする衆議院議員が増加傾向にあったことは、有山輝雄が『帝国統計年鑑』の職業別統計から明らかにしている。[4] だが、文筆エリートの議会進出が同時代人の注目されるところとなるのは、いわゆる「十五年戦争」期である。一九三二年「満洲国」建国宣言の八日前、二月二〇日に行われた第一八回総選挙の当選議員について、『昭和八年版日本新聞年鑑』は「七年二月の総選挙に当選の新聞人」七二名（政友会四八名、民政党二一名、中立三名）の名前を列挙して「未曾有の壮観」と評していた。その多くは地方紙で現役の経営者や主筆だが、彼らだけで全議席の一五%を占めていた。[5] この『年鑑』の巻頭に掲げられた徳富蘇峰「天下の権言論界に帰す」（一九三二年九月付）では、満洲事変時の国論統一に果たした「言論界の力」の偉大さを言祝いでいる。

> 昨〔一九三二〕年九月十八日以来の事を回顧すれば言論界の力の如何に偉大であつたかが分明である。〔中略〕吾人は今更ながら新聞雑誌の我が帝国の国策樹立とその遂行とに貢献したること多大なるを認識せずして已む能はざるものがある。惟ふに天下の権は維新以来藩閥に帰し官僚に帰し政党に帰し今や実に言論界に帰し世間或は新聞雑誌を以て暴君視するもの洵に所以なしとせず。[6]

これに続いて、陸軍大臣・荒木貞夫「新聞及新聞人への感謝」も掲げられていた。同じ第一八回選挙当選議員について、エコノミスト・岡田俊雄がその年齢・学歴・職業を分析している。岡田は現職「新聞記者」を二五名と数えており、弁護士八四名、無職八四名、会社員（重役）七八名、農業六一名、著述業二九名に続く第六位とする。だが、前職・元職を加えると職業では新聞記者がトップになる。だれを「新聞人」に数え、だれを「新聞記者」と見なすかで、『日本新聞年鑑』とは大きな差が出ている。さらに言えば、「新聞人」の議会進出に喝采をおくる年鑑の編者とは反対に、岡田は「新聞人代議士」を「大学人代議士」とともに酷評している。論者の立ち位置によって、その評価は一八〇度異なっていた。

議員の以前の職業を調べると新聞記者が六〇名で最高を占めてゐる。が、代議士になつた記者で、大したのがゐない。大学教授といふ肩書を持つ人も、顔つぶれはあまりよくない様だ。代議士といふ職業は、自分の商売がゆきづまつて、末の見込が立たなくなつた時に、方向転換の意味で初めるに一番らしい。★7

これ以後も増加を続ける「新聞人代議士」について、政治家月旦の名手とされた山浦貫一は「新聞出身の政治家」(一九三六年)で彼らの「陣笠」的性格を厳しく批判している。山浦は戦前戦後を通じて活躍した政治評論家である。一九一九年上田中学卒業後『時事新報』に入り、『東京日日新聞』、『新愛知』の記者を経て『国民新聞』、『読売新聞』で論説委員を務めた。犬養毅(120)、尾崎行雄(178)、原敬(739)など明治の「大記者」に憧れて新聞人となった山浦の目に、当時の新聞出身の政治家は「名記者」であっても「小記者」にしか見えなかった。

名記者諸君も、「政治家」となれば、陣笠でしかあり得ない、といふ現象は、われ〳〵後輩に取つて、決してうれしき事実ではない。僕の如きも今迄に機会はあつたが、代議士にならうとしたり、鞄持を志ざさなかつたのは、かういふ先輩のことを知り過ぎてゐるのと、自尊心が強すぎた為めであり、然るが故に、いつまでもウダツが上らない。★8

彼ら「名記者」は文字通り有名な記者であり、名文家としての能力も「大記者」と比べて落ちたというわけでもない。しかし、すでに言論で社会を動かす時代ではなくなっている、と山浦は見ていた。「昔の記者は、記者にして政治家であつた」が、一九三〇年代当時の新聞記者はサラリーマンであり、その出身母体の新聞社と同様に「殆ど全部が手弁当で軍と官僚との御用をつとめざるを得ない」という。その複雑な心境を自らも新聞人たる山浦はこう綴っている。

尤も、新聞資本主義の、人情軽薄なる当今、一管の筆に托して天下を論ずるなぞといふ芸当は許されないから、早いところ乗り換を断行する方が採算上有利なことは知れ切つてゐる。それをしない奴は馬鹿なだけであることは、正にその通りに違ひはない。[★9]

つまり、山浦の目に彼らは「一種の御用記者、茶坊主的存在を以て、代議士たらんと志した人」、「新聞記者としては行詰つた結果〝代議士にでも〟なつた人」と映っていた。[★10] ちなみに、山浦があげた「新聞出身の政治家」には巻末資料に登場しない議員が二人いる。『北陸毎日新聞』副社長で石川県選出・立憲同志会の櫻井兵五郎（※）であり、『実業時論』編集者から地元紙『山陰新聞』[★11]経営者になった島根県選出・立憲政友会の島田俊雄（※）である。戦時下の「新聞統合」以前には、選挙区で新聞を経営しているが、それを選挙公報の経歴には記載しない議員が多く存在していた。山浦もこう付言している。

丹念に調べて見たならば、小なりと雖も一城一国の主がもつと居るだらうと思ふ。旬刊でも週刊でも、名前さへつけば新聞社長だ。（中略）その他、雑誌と名乗る印刷物の社長、編輯長も居らるゝことゝ思ふが、うるさいからやめてしまふ。[★12]

こうした新聞経営者には、記事や広告の掲載料を強請る「取り屋」も存在していた。「名も知れぬ通信社」をかたって政界にうごめく自称記者とそれを手なづけてネタを取る警察との癒着関係についても、山浦は別の記事で論じている。[★13] それは極端な例だとしても、戦後も一九八一年の商法改正で企業の利益供与が禁止されるまで、こうした「取り屋」と目されたジャーナリストは議会の周辺に多数存在していた。巻末資料に名前がある人物としては、『実業之世界』『帝都日日新聞』主筆兼社主の野依秀市（702）、『二六新報』社長の矢野晋也（899）などである。[14] 政治をとりまく情報環境を考察するためには、全国紙など一流紙ばかりでなく、二、三流の地方紙、さらには「自称」新聞記者たちの存在まで含めたメディア史が不可欠なのである。

以下、メディア関連議員の変動に関する論点を「政治のメディア化」の枠組みで整理し（第一節・第二節）、かつて「閣僚製造新聞」と呼ばれた『報知新聞』を具体例として取り上げる（第三節）。最後に、現代の国会議員の自己言及を素材に、メディア・テクノロジーに導かれた政治家の「自己メディア化」プロセスを展望しておきたい（第四節）。

「政治のメディア化」のプロセス

戦前の帝国議会に多くの「新聞人代議士」が存在したこと、この「メディア政治家」たちが注目されていたことを確認した。メディア政治家という概念について、有山輝雄は「メディアを利用し同時にメディアに利用されることを自己の重要な政治力の源泉としている政治家」と定義した上で、それを「メディア・パフォーマンス型」「メディア支配型」「反メディア型」の三類型に分けている。[15]「観客」の目を意識して自ら行動するメディア・パフォーマンス型政治家や、「舞台裏」で経営を牛耳っているメディア支配型政治家はわかりやすい。本書第一章で詳論する類型で言えば、前者は「メディア経験議員」に多く、後者は「メディア経営議員」あるいは「メディア役員議員」のイメージに近い。他方、メディアの機能を熟知した上で敢えて密室政治を選ぶ政治家が「反メディア型」メディア政治家である。その典型例として有山は原敬をあげている。[16] 後述するように、原は「メディア経験議員」かつ「メディア経営議員」であったがゆえに、かえってメディアの政治的影響力を最小限に抑えようとする権力政治家になったと言えるだろう。

この共同研究の目的は「メディア政治家」の解明にあるが、まずは『議会制度百年史・衆議院議員名鑑』（一九九〇年）に登場する「メディア関連（経験・経営・役員）議員」に対象を限定した。一八九〇年の第一回選挙から一九九〇年の第三九回選挙まで一〇〇年間の衆議院議員五五七九人のうち「経歴」にメディア（新聞・通信社・出版・放送・映画）との関連をとどめた九八四人である。議会制度一〇〇年における彼らの増減の意味を「政治のメディア化」のプロセスにおいて明らかにすることが当面の課題である。そのため同じ国会議員ではあっても、戦前の貴族院議員とは制度的断絶がある参議院議員のデータは割愛した。また、メディア関連議員の最大多数派は八〇二人（八一・五％）を占める「新聞系」であるため（第一章の表6参照）、この序章でも新聞人を中心に論じることになる。

　方法的枠組みである「政治のメディア化」mediatization of politics[★17]は、二一世紀に入って政治学分野でさかんに使われるようになった概念である。それは政治が価値や理念の実現ではなく、効果や影響力の最大化を目指して展開される状況を指している。もちろん、そうした現象はマスメディアの成立とともに一九世紀末から各国で確認できる。これまでの政治史研究でも、メディアの政治的影響力が過小評価されていたわけではない。輿論に影響力を持つジャーナリストは「無冠の帝王」と呼ばれ、ジャーナリズム全体は「第四階級」と評されてきた。二〇世紀後半においては、立法・行政・司法の三権と並ぶ「第四権力」、あるいは政治・経済・軍事のパワー・エリートをつなぐ広報機関 publicity machine として[★18]、メディアの権力性に着目する議論はすでに古典的と言えよう。ただし、これまで多くの議論ではメディアが政治の下位システムとして、「政治の論理」で動くことが前提と見なされてきた。

　しかし、個人主義化とグローバル化が同時進行する二一世紀の情報社会において、メディアは国家という政治組織 polity を超えて機能している。メディアは政治システムから自立し、逆に「メディアの論理」が世論形成を介して政策 policy の決定にも絶大な影響を及ぼすようになった。いわゆる「劇場型政治」の台頭である。そこでは注目されること、共感を集めることが重視され、政策よりもかけひき politics が優先される。「政治のメディア化」とは、こうして「メディアの論理」が「政治の論理」を上書きしていくプロセスである。そうした意味において、伝統的な mediation（媒介・調停）ではなく、mediatization（メディア化）という新語が使われている。メッセージの伝達を客観的・静的に表現する前者とちがって、後者は影響力の最大化を目的とする主観的・動的な概念と言ってもよい。

表1　「政治のメディア化」の4局面

局面	変化の内容	「メディアの論理」類型	時期区分
Ⅰ：メディアの成立	対人接触中心から メディア中心の情報へ	政治の論理と同じ	議会開設前～ 1904年選挙
Ⅱ：メディアの自立化	政治家とジャーナリスト の分離	プロフェッショナリズム	1908年選挙～ 1937年選挙
Ⅲ：報道のメディア化	報道は政治の論理から メディアの論理へ	コマーシャリズム	1942年選挙～ 1969年選挙
Ⅳ：政治のメディア化	メディアの論理で動く 政治へ	メディア・テクノロジー	1972年選挙～ 現在

本書では「政治のメディア化」を「メディアの論理がメディアの枠を超えて、政治の制度、組織、活動にまで影響力を強めていくプロセス」と定義する。それは政治サイドから見れば、「政治がメディアへの依存度を高めることで、政治が自立性を失って行くプロセス」と言えるだろう。こうした「政治のメディア化」を分析する枠組みとして次の四局面モデルを採用する。大まかに整理すれば、表1のようにまとめることができる。★19

第Ⅰ局面（情報レベル）は、対人接触よりもマスメディアによってもたらされる情報が政治において重要となる段階である。それは直接経験がメディア経験に置き換えられるというより、メディア経験と直接経験が明確には区別できなくなる状況を意味する。マスメディアの成立期にあたるが、この局面では政治家が自らの理想や政策をかかげて新聞・雑誌を発行し、政論を執筆している。「政論新聞」が主流の時代である。

第Ⅱ局面（自立レベル）は、政治システムに組み込まれていたメディア組織が自立性を高める段階である。新聞社の企業化が進み、新聞記者が専門職profession として意識されるようになる。政論記者の政治的な理想や野心とは別に、メディアの社会的影響力の拡大が自己目的化する。権力監視の使命に加えて、記事の客観性重視などもプロフェッショナリズムとして強調され、政治的に中立な報道が高く評価される。政治家がジャーナリズムを営む時代（第Ⅰ局面）から、ジャーナリストが政界に進出する時代（第Ⅲ局面）への移行期である。

第Ⅲ局面（報道レベル）では、マスメディアが企業として発展し、報道は「政治の論理」（価値や理念の実現）より「メディアの論理」（社会的影響力の最大化）に左右されるようになる。また、「メディアの論理」でも第Ⅱ局面のプロフェッショナリズムよりコマーシャリズム（商業主義）の色彩を強めることになる。報道で「中立性」が掲げられていても、その目的はプロフェッショナリズムの客観性重視より、読者・視聴者の最大化という経済的動機となる。

第Ⅳ局面（政治レベル）では、政治過程全体が「メディアの論理」で動き始める。それはテクノロジーの発展によって政治とメディアの境界線が曖昧になった結果でもある。「メディアの論理」においても、プロフェッショナリズムやコマーシャリズムよりも、メディア・テクノロジーがもたらす情報環境への最適化が重視される。政治家はもはやマスメディアに依存せず、「自己メディア化」self-mediatization[★20]によるパフォーマンスを展開できるようになる。言うまでもなく、「メディアの論理」は局面ごと明確に色分けができるわけではない。たとえば、プロフェッショナリズムが強い公共メディアと、コマーシャリズムが強い商業メディアは同時併存しており、また出版、新聞、テレビ、インターネットでテクノロジーへの依存度は当然ながら異なっている。

第Ⅳ局面のみを狭義の「政治のメディア化」と解釈することも可能だが、本書では第Ⅰ局面から第Ⅳ局面まで全体を貫くプロセスとして考察する。というのも、政治行動がメディア情報に依存する状況も、政治家による売名目的のメディア利用も、すでに一九世紀後半に大衆新聞が登場して以来存在していたからである。

「メディア関連議員」分析から得られる知見の解説は第一章に譲り、ここでは時期区分だけを示しておこう。第Ⅰ局面（メディアの成立）は議会開設前から一九〇四年の第九回総選挙までのメディア関連議員の上昇期、第Ⅱ局面（メディアの自立化）はメディア関連議員がほぼ三〇％で安定していた一九〇八年（第一〇回総選挙）から一九三七年（第二〇回総選挙）までの黄金期、第Ⅲ局面（報道のメディア化）はメディア関連議員が減少に転じた一九四二年（第二一回総選挙）から初めてテレビで政見放送が行われた一九六九年（第三二回総選挙）まで、第Ⅳ局面（政治のメディア化）はメディア関連議員が一五％を割った一九七二年（第三三回総選挙）から、新聞系議員に代わってキャスター・アナウンサー出身の放送系議員が増加している現在まで、となる。放送系議員については、本章の「おわりに」で、二〇一八年現在のメディア関連議員との比較から検討する。

いずれにせよ、本書のデータベースは一九九〇年までの間に当選したメディア関連議員であるため、第二章以下では主に「政治のメディア化」の第Ⅲ局面までの展開を論じている。その際、「メディアの論理」の重心がプロフェッショナリズムからコマーシャリズムに大きく動く画期として、一九二八年第一回普通選挙（第六章）と一九四二年翼賛選挙（第八章）にスポットを当てている。

2　輿論エリートから世論エリートへ

近代日本に登場した新聞紙は「政治の論理」で創刊されていた。『国民新聞』の主筆兼社長だった徳富蘇峰は、大正末年の講演「新聞及び新聞記者の変遷」（一九二六年）において、明治初期の新聞記者が政府に対抗的であれ伝統的な政治エリートであったことを強調している。

その時分の記者栗本鋤雲などは、幕府の時には外務大臣で、栗本安芸守と称し、成島先生は、騎兵の奉行で成島図書頭と云ひ、福地、福澤は幕府の通信事務に任じ、高位高官ではありませぬが、幕府に関係がありました。[★21]

ここで名指しされた栗本鋤雲は『郵便報知新聞』主筆、成島柳北は『朝野新聞』社長、福地源一郎（通詞御用頭取）は『江湖新聞』創刊者でのちに『東京日日新聞』主筆、福澤諭吉（外国奉行支配調役次席翻訳御用）は『時事新報』創刊者である。蘇峰はこうした旧幕臣の対抗権力的な新聞経営をこう解釈している。

私は決して幕府の残党が、さうした〔不平不満の〕気持から記者になつたとはもうしませぬが、兎に角満足した人は新聞を作らず、不満足の人が新聞を作り、新聞記者となつたのであります。[★22]

明治新政府に不満を抱く旧政治エリートが、まず新聞に携わっていた。その新聞が理想であれ野心であれ「政治の論理」に駆られたのは当然である。一方で政論新聞に弾圧を加えた明治政府も、民意の流出する回路、それを制御する政治装置として新聞紙の成長を必要としていた。象徴的な事例は、『大阪朝日新聞』に対する明治政府の秘密資金援助である。「俗人婦女子ヲ教化ニ導ク」と謳って創刊されたこの小新聞に対して、政府は三井銀行を通じた資金援助を続け、やがて「中立ヲ化粧」しつつ反政府的な政論新聞を「メディアの論理」で圧する全国紙に成長させた。[★23] いずれにせよ、議会開設前において「政論記者」と「在野政治家」はほぼ同義であり、そうした記者が議会選挙に立候補したのは当然だった。すでに第一回選挙当選議員の二割以上（実際はもっと多い――第二章参照）が「メディア関連議員」であることも何ら不思議ではない。

ジャーナリストという職業が議会制民主主義における政治エリートの登竜門として機能することは、社会学者マックス・ヴェーバーが『職業としての政治』（一九一九年）で指摘している。ヴェーバーは民衆政治家 demagoge を必要とする立憲民主制において、ジャーナリストがその主要な供給源になると考えた。政論新聞が中心だった時代には新聞経営だけが政治活動から直接収入を引き出せる継続的な職業であり、ジャーナリストとは「有給の職業政治家」の別名であった。政治的才能に恵まれた人物が「政治によって生きること」を余儀なくされた場合、「典型的な直線コースとしてはジャーナリストか政党職員のポスト」が選択肢として残った。[★24] こうした政治活動は何よりも権力感情 Machtgefühl を与えてくれると、ヴェーバーはいう。

形式的にはたいした地位にない職業政治家でも、自分はいま他人を動かしているのだ、彼らに対する権力にあずかっているのだという意識、とりわけ歴史的な重大事件の神経繊維の一本をこの手で握っているのだという感情によって、日常生活の枠を越えてしまったような一種昂揚した気分になれるものである。[★25]

政論記者の矜恃の中核にあったのは、この「歴史的な重大事件の神経繊維の一本をこの手で握っている」という権力感情である。しかし、政論新聞から報道新聞へと企業化するなかで、つまり「政治の論理」からメディアが自立化していく過程で、ジャーナリストから政治家への直線コースは制限されていく、とヴェーバーは考えた。新聞企業がビジネスとして巨大化すればするほど、現場の記者の政治的影響力は低下するからである。こうしたヴェーバーの理念型は近代日本の「議席を保有するジャーナリスト」Journalist mit Mandat においても確認できるのだろうか。これもまた、この共同研究の出発点にあった問いである。

ドイツにおける文筆エリート没落モデルを裏書きする証言は、すでにヴェーバー講演から七年後に発表されたカール・シュミット「議会主義と現代の大衆民主主義の対立」（一九二六年）に見いだすことができる。誰も「偉大な〝演壇〟としての議会」を信じない時代に、「討議による統治」としての議会主義を支えた文筆エリートがなお政治エリートにとどまることは難しい。

大衆は宣伝機構によって獲得されるが、その最大の効果は、手近な利害と激情へのよびかけにもとづくのである。真の討議によって特徴的である本来の意味での議論は消滅する。それにかわって、政党間の商議においては、利害と権力チャンスの目的意識的な計算があらわれ、大衆の操作においては、広告による印象的な暗示、あるいは――ウォルター・リップマンが、きわめてするどい、だがあまりにも心理学的なものにこだわっているアメリカ的な書物である『世論』のなかで述べている言葉を用いれば――「象徴」が、あらわれる。[★26]

政治における輿論エリート（文筆の言論人）は世論エリート（象徴の宣伝人）へと変質したというのである。言論によって自らの主義を唱えた「政治的人間」が政治エリートであり続けるためには、自己宣伝のためシンボルを操る「メディア人間」にならざるを得ない。それはジャーナリズムを駆動するのが「政治の論理」から「メディアの論理」に変わる「政治のメディア化」の第Ⅲ局以降に特徴的な現象である。

同様の変化は同時代の日本においても確認できるだろうか。次節では『報知新聞』を例に「政治のメディア化」を概観する。『報知新聞』を選んだ理由は、同紙に関わった三人の異なるタイプのメディア政治家がいずれも首相になっているためである。「メディア支配型」大隈重信[★27]、「反メディア型」原敬（739）、「パフォーマンス型」犬養毅（74）の三人である。

「メディア関連首相」の戦前と戦後

日本で首相になったメディア政治家は、これまでに一二名（戦前に八名、戦後に四名）が確認できる。戦前は議員でない官僚や軍人からも首相は選ばれており、戦前の首相二八名中の六名という数字は、議院内閣制の戦後に比べて輩出率はかなり高い。

第一九代首相の原敬、第二九代首相の犬養毅が『郵便報知新聞』記者だったことは有名だが、さらに同紙を買収して実質的支配者と目された第八代・第一七代首相の大隈重信、『東洋自由新聞』社主を務めた第一二代・第一四代首相の西園寺公望についてもメディアとの関係は周知だろう。さらに、第二〇代首相の高橋是清（※）は開成学校在学中に『東京日日新聞』で外国新聞を翻訳して収入を得ており[★28]、第二四代首相の加藤高明（※）も一九〇四年に同紙の第四代社長になっている。加藤は「日本のロンドン・タイムス」を目指すと公言し、早朝から夕方まで新聞紙面や経営書類に目を通して過ごした。単なる名誉職の社長ではない。しかし、加藤の新聞経営の動機を毎日新聞社史はこう記録している。

> 加藤の新聞経営の動機もまた、政治的目的達成だった。加藤は政党政治家の大石正巳を訪れ「東日の勢力は政治上の子分の何人ぐらいに当たるか」と聞いたところ、大石が「二、三十人分ぐらいだろう」と答えたので、買収を決意したという[★29]。

この当時、新聞経営がまだ「政治の論理」で行われていたことを示している。この引用で「政党政治家」と呼ばれた大石正巳（183）も第一次大隈重信内閣の農商務大臣で加藤とともに立憲同志会総務を務めた「メディア経験議員」である。

これに対して、名誉職と言えるのは第二三代首相の清浦奎吾が一九二六年に就任した「日本新聞協会会長」、第三四代首相の近衛文麿が一九三六年に就任した「日本放送協会総裁」である。しかし、清浦を「反メディア型」、近衛を「パフォーマンス型」のメディア政治家と呼ぶことは可能だろう。内務官僚出身の清浦の場合、新聞統制を担当した警保局長の実績も会長就任につながっていた。一方、貴族院議員の近衛が就任した日本放送協会総裁は、初代・後藤新平総裁以後は空席だったが、ラジオ演説を好んだ近衛は首相在任中も含めて一九四五年一二月にA級戦犯の指名を受け服毒自殺するまで総裁の座にとどまった。ほかの官僚出身や軍人出身の首相でも、小さなメディア関連組織の名誉職まで探せば、さらに多くの「メディア役員」首相が指摘できるだろう。

戦後の首相経験者では三名が巻末資料に掲載されている。すなわち、第四七代首相の芦田均(38)はジャパンタイムス社長、第五五代首相の石橋湛山(102)は東洋経済新報社社長、第八五・八六代首相の森喜朗(890)は産経新聞記者であった。第七九代首相の細川護熙(※)も朝日新聞記者だが、巻末資料は一九九〇年までの当選議員データのため載っていない。

森喜朗は一九六〇年早稲田大学商学部卒業後、産経新聞社に入社して系列の『日本工業新聞』で働いたが、三年後に衆議院議員・今松治郎(自由民主党)の秘書となっている。

細川護熙は一九六三年に上智大学法学部卒業後、朝日新聞社に入社、鹿児島支局、本社社会部の記者を経て、一九七一年参議院議員となった。その後、熊本県知事などを経て一九九三年に衆議院議員となっている。

芦田、石橋が「メディア支配型」だとすれば、密室政治と批判された森は「反メディア型」、新党ブームをまき起こした細川は「パフォーマンス型」のメディア政治家である。

「メディア関連首相」では戦前八名から戦後四名へと半減したわけだが、数の減少よりも言論人としての内実を問題にすべきだろう。たとえば『日本ジャーナリスト人名事典』(日外アソシエーツ・二〇一四年)には、「明治~戦前編」で西園寺公望、原敬、犬養毅は採録されているが、同「戦後~現代編」での採録は石橋湛山のみである。芦田は漏れているが、外交官や衆議院議員のかたわら『最近世界外交史』全三巻(一九三四年)などを上梓している本格派の言論人だ。

これに対して戦後に新聞記者として活動した森喜朗や細川護熙をジャーナリストと見なした有権者はいただろうか。確かに、細川には約五年半、森にも三年の記者経験がある。とはいえ、細川護熙の父・護貞は熊本藩主第一九代当主で第二次近衛文麿内閣時代の首相秘書官であり、森喜朗の父親・茂喜も九期連続無競争当選の石川県根上(現・能美市)町長である。どちらの場合も新聞社への就職は名望家の子弟が社会経験を積むための腰掛けという意味合いが強かったのではないだろうか。

それでも、細川と森はともに「二一世紀型の首相のプロトタイプ[★30]」小泉純一郎によって加速化された「政治のメディア化」第Ⅳ局面におけるマイルストーンと見ることはできる。細川内閣はメディアの追い風を受けた「新党ブーム」で生まれた。新党とは地方の組織票ではなく都市部の浮動票を基盤にするメディア政党である。一方、森内閣は「メディアの論理」を読み誤り、内閣支持率の急落で政権を手放した。「メディアの論理」を全面的に受け入れて「自己メディア化」した小泉純一郎にとって、両者は参考にすべき教師あるいは反面教師であったはずである。

むろん、戦前と戦後のメディア関連首相たちが身を置いた新聞社の組織も大きく変化しており、犬養毅や原敬のような「大記者」と細川や森のような「サラリーマン記者」の優劣を単純に比較できるものではない。以下では「政治のメディア化」の枠組みで報知新聞史を概観しておきたい。

3 「内閣の一敵国」かつ「閣僚製造新聞」——『報知新聞』の場合

馬場恒吾は「政治とヂヤーナリズム」(一九三一年)で政党的色彩を強く帯びながらも事実の報道に忠実な「大新聞(おおしんぶん)」の典型として『報知新聞』をあげている。

表2　報知新聞社関連の国会議員

巻末資料掲載の衆議院議員	池田正之輔（論説委員）、石川安次郎（編集主任）、**犬養毅**（記者）、上島長久（記者）、小野孝（社員）、**尾崎行雄**（記者）、大石熊吉（記者）、**太田正孝**（副社長）、加藤政之助（記者）、川越博（記者）、川崎巳之太郎（北米特派員）、佐々木盛雄（渉外部長）、島田晋作（論説委員）、鈴木茂三郎（記者）、**正力松太郎**（会長）、田川大吉郎（記者）、高橋円三郎（記者）、竹内歌子（監査役）、竹尾弌（記者）、竹村良貞（記者）、田中万逸（記者）、頼母木桂吉（記者、社長）、寺島隆太郎（記者、論説委員）、中村千代松（記者）、波多野承五郎（記者）、**原敬**（記者）、原玉重（監査役）、藤田茂吉（主幹）、堀内良平（経済記者）、正木照蔵（記者）、**町田忠治**（記者、社長）、**松村謙**三（記者）、三木武吉（社長）、**箕浦勝人**（社長）、山口六郎次（記者）、山森利一（特派員、論説委員、相談役）。
巻末資料未掲載の衆議院議員	**芦田均**（客員論説委員）、阿部興人（社長）、牛場卓蔵（記者）、江藤新作（主筆）、大隈信常（社長）、小栗貞雄（主幹）、**保利茂**（記者）、中野武営（記者）。
貴族院議員	**大隈重信**（資金提供者）、添田寿一（社長）、大隈信常（社長）、原田穰二（記者）。

（強調は閣僚経験者。上段のカッコ内は『名鑑』記載の肩書、中・下段のカッコ内は報知新聞社での役職）

例へば、過去の報知新聞の如きは、以前は大隈系、改進党系の新聞であつて、其議論はさうした色彩を濃厚に漂はしてゐたが、其記事全体の編集は極めて公平に、そして読者に忠実なることを念掛けてゐたと見えて、新聞としては堂々たる地位を占めてゐた。[★31]

第一章の表9「企業別メディア関連議員（延べ議席数）」で、報知新聞社は第一位の朝日新聞社二五四人に迫る二二八人を擁している。それは第三位の毎日新聞社一六七人、第四位の読売新聞社一六一人を大きく上回る数字だ。延べ議席数では第一回選挙から連続当選を続けて「憲政の神様」と呼ばれた尾崎行雄、犬養毅の存在が大きいわけだが、実人数においても三六名は朝日新聞社、毎日新聞社に次ぐ第三位である。巻末資料に記された職位とともに列挙しておこう（表2、第一章表8）。

さらに巻末資料で、「新聞社長」とのみある阿部興人（9）、「新聞社主幹」とのみある小栗貞雄（166）は、それぞれ『郵便報知新聞』の社長、主幹である。また「ジャパンタイムス社長」芦田均も一九三二年から一九三八年まで客員論説委員を務めていた。一九五〇年第三次吉田茂内閣の農林大臣・保利茂（794）も「毎日新聞政治部記者」だけが巻末資料にあるが、その前職は報知新聞記者である。『名鑑』でメディアとの関係が記載されていない巻末資料外の衆議院議員も四人いる。すなわち記者で中野武営（※、のち東京商業会議所会頭）、牛場卓蔵（※、のち山陽鉄道取締役会長）、主筆で江藤新作（※、司法卿江藤新平の次男）、社長で大隈信常（※、重信の養嗣子、のち貴族院議員）である。[★32] これらをすべて加えると、「報知新聞関連議員」は四四名となる。さらに、貴族院議員にも大隈重信、添田寿一（社長）、大隈信常（社長）、原田穣二（記者）がおり、また矢野文夫（社主）も清国駐剳特命全権公使など歴任したメディア政治家である。

元社長の町田忠治（818）は、第二次若槻礼次郎内閣の農林大臣に在職中「六人の大臣を出し宛ら内閣の一敵国の観」（一九三二年）で「閣僚製造新聞」の存在感を語っている。

> 報知新聞の記者から六人の国務大臣を出してゐる事である、大隈老侯は別として我輩より少し古いが、翻訳記者であつた原敬、吾輩と一緒に社説記者をしてゐた犬養、尾崎、箕浦と吾輩、それに今の鉄道大臣ともいふべき添田壽一の六人がそれである。[★33]

ちなみに、「会社別メディア関連議員」の第一位の朝日新聞社については、元朝日新聞記者の細川隆元（800）が『実録朝日新聞』（一九五八年）で「朝日出身の代議士と大臣」の一節をもうけている。同書刊行時までの大臣経験者は第二次近衛内閣司法大臣・風見章（251）、小磯国昭内閣国務大臣兼情報局総裁・緒方竹虎（179）、第三次吉田茂内閣労働大臣・鈴木正文（484）、第五次吉田茂内閣国務大臣・安藤正純（6）、鳩山一郎内閣農林大臣・河野一郎（382）、岸信介内閣国務大臣・石井光次郎（88）の六人をあげている。[★34] つまり、町田が「報知出身大臣」六名と誇った一九三二年の時点では、「朝日出身大臣」はいない。朝日新聞社が大臣を量産し始めるのは戦中の一九四〇年からである。

それ以上に注目すべき点は、「政治の論理」に立つ町田が「閣僚製造新聞」の新聞人を誇ったのに対し、「メディアの論理」に立つ細川は「新聞を捨てて代議士になる者なぞは、異端者でもあり、またあまり尊敬するに

図１　「大隈侯と歴代の社長」『報知新聞小史』報知新聞社1922年、巻頭グラビア

足りない人々[★35]」と見下していることだ。とはいえ、細川自身も敗戦後二度目の第二三回選挙では日本社会党から立候補し当選している。細川は一九五七年開始の政治番組『時事放談』（ＴＢＳ系列）でホスト役を務めた政治評論家として有名だが、政治部記者として接した「朝日出身の代議士」についてこう回想している。

朝日出身の代議士が、国会の朝日の記者室を訪れ、「今国会も、何とぞよろしくと、ペコンと頭を下げて、十円札を一枚か二枚出して挨拶するのが、慣例となっていた。朝日新聞の記者溜りでは、善政と称してこの資金で、国会中何回も大皿の鮨をとって喰うことになっていた。たまに横着をして、記者室に挨拶に来ないのがいると、「あれは義理知らずだ」と、みんなが冷たい眼でみていた。このなかで安藤〔正純〕、兼田〔秀雄〕、風見〔章〕、伊豆〔富人〕などは、いつでも真っ先に姿を現わすので、下っ端の記者からも親しまれて評判がよかった[★36]。

ただし戦後は、「朝日出身代議士と朝日との、こういった打ち解けた関係も次第にうすれて、万事割り切られた、ドライな関係になってしまった」という[★37]。この変化を細川は「すべては時代の移り変わりだろう」と片づけるが、本書の枠組みでは「政治のメディア化」の第Ⅱ局面（メディアの自立）が進んだ結果と解釈できよう。朝日新聞社と毎日新聞社については多くの研究も存在するが（本書第五章を参照）、戦後は読売新聞社グループのスポーツ専門紙を発行する報知新聞社には簡単な社史しか見当たらない。[★38]

報知新聞略史

『郵便報知新聞』は一八七二年六月一〇日に駅逓頭・前島密が秘書の小西義敬を社主として創刊させた大新聞（政論新聞）である。大新聞とは「政治のメディア化」の第Ⅰ局面の主流メディアであり、「政治の論理」で方針が貫かれていた新聞である。

『郵便報知新聞』は本格的な日刊紙として『東京日日新聞』『日新真事誌』と並ぶ「帝都三大紙」、のちには「東京五大紙」の筆頭に数えられた名門紙であった。直営販売店制度の開始、日本初の新聞写真掲載、日本初の女性ジャーナリスト（羽仁もと子）採用、箱根駅伝などスポーツイベント創設などで日本新聞史上に大きな足跡を残している。一八七四年に幕府で外国奉行を務めた栗本鋤雲が主筆として入社し、編集責任者となった。

栗本氏は、当代第一の新知識・慶應義塾の福澤諭吉氏を訪ねて「今度私が報知新聞をやることになりました、就ては、貴下の「旧物打破」の旗印、自由民権の説を享け伝へた、門下の俊秀達に、盛んに私の新聞に投書さして頂き度い」と言ふと、福澤先生もその意気に感じて、「それは面白い、承知いたしました」といふことになり、〔中略〕後報知に入社した箕浦勝人氏、藤田茂吉氏、犬養毅氏などは、中でもすぐれた人達で、報知から貰つた原稿料を学資にして、勉強し乍ら天下国家を論じたといふことであります。[★39]

かくして、二四歳の藤田茂吉（784）が主筆、二二歳の箕浦勝人（856）が論説主任となり激しい政府攻撃を展開した。ちなみに、藤田と箕浦の共著『国会論』（報知社支店・一八七九年）は、福澤諭吉の原稿を『郵便報知新聞』社説に改稿したものである。[★40]

新聞紙条例による「報知受難第一号」は一八七五年八月三〇日号であり、発行人が禁獄一ヶ月、罰金一〇円の処分を受けている。ただし、こうした言論弾圧は読者の同情を集め、処罰を受けるごとに禁獄記者の名声は高まり、部数も伸張した。[★41] この奇妙な「新聞恐怖時代」は、次のように回想されている。

面白いのは当時の牢獄で、寛大と言へば寛大、呑気と言へば呑気、囚人の或者は朗々と史記や論語を読む、或者は詩を賦して高吟する。時には議論を上下して大に天下を論ずるといふ騒ぎ、箕浦氏などは、他の罪で入獄して居た士族に、論語の講義をして聞かした事などもあつた相です。岡〔敬孝・郵便報知新聞主筆に代わって入獄した署名人、原敬内閣警視総監・岡喜七郎の義父〕氏と箕浦氏は隣同志で、差入本の貸借までしたと言ふのですから、実に気楽なもので、見張りの看守達も入獄の新聞記者に敬意を表して「先生々々」と言つたといふことです。[★42]

この時期、犬養毅は藤田茂吉の食客となり、藤田宅から慶應義塾へ通い、記事を書くようになった。犬養は一八七七年二月に西南戦争の現地取材のため熊本県御用掛の「戦地探偵人」となり、「戦地直報」を『報知新聞』に連載して好評を博している。一八七九年には原敬がフランス語翻訳係として栗本の紹介で入社している。盛岡藩出身の原の新聞社入りを『日曜報知』は次のように説明していた。

政界に望みを断つた幕臣が、多く新聞記者になつたやうに、当時は東北人が盛んに新聞記者になつたものです。それは、軍隊や官途は藩閥の力が強く、東北の人間には出世の道がありません〔今はそんな事はありませんが〕藩閥の力の及ばないところをと言ふと、外交官と新聞記者だけで、大志ある東北の青年は、よく新聞記者や外交官になりたがつたものです。[★43]

一八八一年一〇月の「明治一四年の政変」で参議・大隈重信らは下野するが、当時太政官統計院総裁だった大隈の下で働いていた矢野文雄、犬養毅、尾崎行雄もそろって報知新聞社に入社した。尾崎は福沢の推薦で一八歳にして『新潟新聞』主筆となったが、矢野に誘われて統計院権少書記官を務めていた。同年一二月に大隈重信と矢野文雄は『郵便報知新聞』社主・小西義敬から経営の一切を二万五千円で譲り受けた。「同志五人〔矢野、藤田、箕浦、尾崎、犬養〕の共有とし、〔中略〕これに要した資金は、大隈の配慮で他から借入れた」[★44]。設立準備中の立憲改進党（総理・大隈重信）の機関紙とするためである。その論説を担当した尾崎行雄はこう回想している。

当時の編集部員は傲然として営業部員を睥睨叱咤し、営業上の利害などまるで顧みず、ひたすら正論讜議を主張したものである。ことにそのころの論説記者は国士をもって任ずるものであって、単なる政論家ではなかった。いつでも天下を取って代ろうという覇気満々な連中が多かったから、自然論説は気位が高く、その態度もなかなか横柄であった。[★45]

「政治の論理」に立つ「上局」編集部員が「メディアの論理」に立つ「下局」営業部員を威圧していた様子がわかる。尾崎は翻訳係の原敬も「上局」記者の仲間に入れるよう社主の矢野にかけあったが、矢野は「あれはいけない、政府のほうに内通している怪しい奴だから、放逐しようと思っているところだ」と反対したと回想している。原は自発的にこの改進党機関紙を退社し、大阪に赴き帝政党機関紙『大東日報』記者となった。[★46]

一八八四年には改進党の解党問題で大隈が一時離党したため、『郵便報知新聞』も政党機関紙ではなくなった。とはいえ、以後も改進党―進歩党―憲政本党という系譜で大隈色のある政治新聞と一般には目された。

いずれにせよ、機関紙化と政府の弾圧強化で新聞経営は不振に陥ったため、一八八六年に矢野は同じ改進党系の『神戸新報』や『大阪新報』の経営で辣腕をふるった三木善八を営業主任に迎え入れた。三木が紙面の大衆化を進める過程で、村井弦斎、田川大吉郎（505）も入社している。しかし、一八八八年二月に大隈が伊藤博文内閣の外務大臣に就任すると、矢野は伊藤内閣の「与党紙」たる立場を社員会合で確認している。その意味でもまだ「政治の論理」からの自立したメディアではない。『郵便報知新聞』を中心に「明治初期における慶應系新聞人」を論じた新聞史家・西田長壽は、「当時、新聞記者を志した人は新聞記者であることそれ自体を望んだのではなく、政治家志望が多かった」と結論づけている。[★47]

一八八九年一二月、矢野は経営を実弟・小栗貞雄(166)に引き渡し、翌一八九〇年一月に新聞用達会社(のちの帝国通信社)を興した。同年七月の第一回総選挙では同紙論説を担当していた藤田茂吉、箕浦勝人、犬養毅、尾崎行雄がそろって最高点で当選している。[★48] このとき題字横には「公生明偏生闇」が掲げられ、政党機関紙からの脱皮が宣言された。議会開設が政治家と新聞記者の分離を促し、新聞記者に報道のプロ意識を芽生えさせる契機となったことはまちがいない。田川大吉郎は「超政党の時代」(一九三二年)と題した回想で、当時の『報知新聞』こそ政論本位から報道本位への転化を先導したと主張している。

当時の報知新聞は、やゝもすれば小新聞と称せらるゝことを慨し、自ら中新聞と称して慰めてゐたのである。その後犬養氏や尾崎氏等の出戻りとなつて、それは又政治新聞となり、大新聞と誇称することになつたが、三十〔一八九七〕年私の二度の勤めの時には、既に小新聞となつてゐた。私は、それを更に小新聞にすることにつとめた。今日の新聞は、当時の大新聞の矜持、体裁に較ぶれば、すべて小新聞であるが、その頃の報知新聞は、大新聞を小新聞に転化せしめたる唱道者となり、先駆の役をつとめてゐたのである。[★49]

これは「政治のメディア化」第Ⅱ局面(メディアの自立)への道程を振り返った回想と読める。一八九〇年一一月に第一回議会が始まると『報知新聞』も政論中心に逆戻りし、頻繁に発行停止処分を受けている。

報知の政論本位は、依然として継続され、国会開設後の伊藤内閣の非立憲行動を糾弾して、野党のために万丈の気を吐き、大隈の『舌』と、報知の『筆』とは、当時言論界の華と謳はれた。〔中略〕発行停止は頻々と襲ひ来り、一年足らずの間に、十回以上も禁止の厄に遭つた。[★50]

とはいえ、こうした政府権力との対決報道にも内幕はあった。編集部には改進党人脈とは別に、官界にも顔が利く「掛合事の名人」加藤政之助（240）がいた。

民政党の長老加藤政之助氏も、上局の高等外交記者として長い間報知の為に働きました。この人は清浦奎吾〔内務省警保局長、司法大臣、内務大臣、首相〕や芳川顕正〔司法大臣、内務大臣、枢密院副議長〕の友人であり、掛合事の名人で、発行停止などがあると、内務省へ行つて談判して、大抵は解いてもらつて来たものです。★51

一八九三年三月には社長に改進党の長老・阿部興人（9）、編集主任に村井弦斎が就任した。翌九四年八月に日清戦争が起こると、戦地に従軍記者六人が特派され、広島大本営にも記者二人が常置された。同年一二月に三木善八が社主となると、経営と紙面の大改革が断行された。創刊以来の「郵便報知新聞」から「郵便」の二字が削られたのもこのときであり、政党色を排し、戦争の挿絵を多く加えた「高等絵入新聞」として中庸を歩むことが改めて宣言された。一二月二七日付紙面トップに次の宣言文が掲げられている。

一、報知新聞は全く政党の機関たることを廃して独立独行の新聞となれり、故に政治経済其他百般の事に向つて公平無私の評論をなすべし。
一、報知新聞は高等なる絵入新聞となれり。従来の大新聞と称するものの多くは主義偏僻（へき）にして文字佶屈（きっくつ）、小新聞と称するものは多く主義野卑にして文字猥褻、前者は俗人に解し易からず、後者は士君子の家庭に入るべからず、今日の社会は実に中庸を得たる新聞を欠く、今報知新聞は其の中庸を行き最も平易にして最も高尚に最も正大にして最も普通なる新聞となれり。★52

これに反発した犬養毅、尾崎行雄ら硬派記者は同年退社している。彼らに代わって、論説担当の上島長久

（136）、三面記事担当の岡鬼太郎（のち劇評家）や福良虎雄（のち大阪毎日新聞社会部長）らが入社した。「政治の論理」から自立した『報知新聞』のスタート地点を求めるとすれば、このあたりになるだろう。

一八九六年七月にはのちに社長となる頼母木桂吉（399）が営業担当として入社している。やがて逓信大臣、東京市長なども歴任する頼母木は、「メディアの論理」に立つ営業で部数を拡大し、『報知新聞』黄金時代を担うことになる。一八九八年には矢野から経営をゆだねられた小栗貞雄が憲政本党公認で大分県第二区から当選している。小栗は、議員在職中も「報知新聞主幹」の肩書を使った事情をこう説明している。

それは私が代議士で、政治に奔走するには、新聞記者の肩書を持つて居るのが、何かと便利であると考へたので、名義だけ報知社長になりたいと、大隈さんに願つて承諾を得たので、そのことを箕浦氏に話したら、宜からう、とのことであつたから、三木氏に話したら、今は箕浦氏が社長と云ふことになつて居るのに、それをやめて貰つて、社長になるのは如何かと思ふが、主幹とでも云ふことにしてはどうですか、との三木氏の話を聞いて、私は思はず笑つたのです。〔中略〕元より名義だけの積りであるから、メツタに出社はしなかつたが、車代名義で、毎月三十円呉れたので、タマには政治方面の種を、提供する位ゐのお勤めはした。★53

「新聞記者の肩書」が政界で一定の意味を持っており、その便宜のために新聞社に籍を置く議員もいたことを示す実例である。あるいは、報知新聞がまだ「政治の論理」から十分に自立していなかったことを示す事例ともなる。この段階でも政治家を志望して『報知新聞』記者になった者も存在した。たとえば、『国民新聞』記者として日清戦争に従軍経験のある国木田独歩は、一八九九年に政論記者として入社している。

明治文壇に一新紀元を画した、文豪国木田独歩氏も、〔中略〕最初は政治家になる積りで、政治家になるには、新聞記者から出発するのが一番良いと信じて、小栗氏から三木氏へ紹介してきました。★54

ただし、国木田はここでは期待する政界ルートを見いだせなかったようである。翌年には退社し、さらに政界に接近すべく第四次伊藤博文内閣の逓信大臣を務めた星亨が出資する政友会系『民声新報』の創刊に加わり編集長に就任した。しかし、星の暗殺により政治家への道はここで挫折している。

一九〇四年二月に日露戦争が勃発すると、『報知新聞』は仁川沖海戦の勝利第一報を号外で速報し、「号外の報知」と名を高めた。開戦を煽る論陣を張り、早くから戦時編集態勢を整えていた成果である。また講和報道でも軟弱外交を批判する急先鋒として人気を博し、開戦前に約八万部だった発行部数は四倍以上に急増した。こうした好戦的論調が「政治の論理」というよりも、影響力の最大化という「メディアの論理」に棹さすものであったことは明らかである。頼母木はこう回顧している。

〔日露〕戦後は政府の軟弱外交攻撃の急先鋒となり、輿論を天下に喚起し、例の講和談判の騒動、日比谷の国民大会、焼打事件等に際しては、地の利を占めて居たので全社をあげて大活躍をした。従つて読者は日毎に増加し、東京など殆んど戸毎に報知新聞が配達され、その当時で発行部数三十八万といふ日本で最初のレコードを作りました。[★55]

「政治のメディア化」第Ⅱ局面（メディアの自立）は、「政治家とジャーナリストの分離」を引き起こすが、同時にジャーナリストが政治化する回路も用意されていた。一九一四年、山本権兵衛内閣がシーメンス事件で倒れ、清浦奎吾内閣が流産した後、大隈重信内閣が成立した。小野秀雄によれば、それは元老の山県有朋が新聞記者団の推薦を受け入れての組閣だった。その新聞記者団に大隈系『報知新聞』の記者が加わらない理由はない。「政治の論理」を離れて「メディアの論理」に立つことで、ジャーナリストは元老に首相を推薦できるほど権力に近い位置に立っていた。それを評する小野の文章は辛辣である。

しかしながら二十年以上政権に遠ざかっていた大隈には口だけの仕事が出来ず、大隈のブレーン・トラストであった記者団も、一人去り二人去って結局黒岩〔周六〕一人となった。〔中略〕しかし、「大隈」内閣は新聞界の支持に報いんとしたらしく、記者叙勲というわが国では破天荒の行動をとった。大正四年〔一九一五年〕大正天皇即位の御大典のとき、村山龍平、本山彦一、黒岩周六、徳富猪一郎はそれぞれ勲三等に叙せられた。★56

周知のとおり、村山は朝日新聞社、本山は毎日新聞社、黒岩は朝報社、徳富は国民新聞社の社主である。第一次世界大戦後、イギリス政府が新聞社の国策協力に感謝して「新聞男爵（プレスバロン）」を量産したのとよく似ている。大隈内閣には法相として尾崎行雄、翌一九一五年の内閣改造で箕浦勝人が逓信大臣として入閣している。当時の報知新聞社と大隈との関係については、一九一〇年に入社した佐藤垢石（こうせき）（本名・亀吉）がこう回想している。

私が入社した五、六〔一九一五〜六年〕年は、まだ大隈伯が頗る元気で、毎年暮れになると社の会議室へ姿を現わし、社員を集めて一場の訓話を施す例になっていたが、大隈さんが来社するほんとうの用向きは、報知新聞から毎年定まって贈るところの金十万円のお歳暮を取りにくるのであるという話であった。★57

大隈内閣は一九一六年一〇月に総辞職するが、大隈自身は同年七月に伯爵から侯爵となり貴族院侯爵議員に選ばれていた。一九一七年には大隈内閣で鉄道院総裁を務めていた添田寿一が報知新聞社社長に就任している。添田は大蔵省次官から台湾銀行総裁、日本興行銀行総裁を経て中外商業新報社（現・日本経済新聞社）社長から鉄道院総裁に就任していた。言論人というより経済官僚であり、一九二五年に貴族院議員に勅撰されている。

添田が一九一九年に社長を辞任した後、憲政会総務の町田忠治（818）が社長となり、新設の副社長には三木善八の女婿で大蔵省主計官の太田正孝（211）が着任した。憲政会―民政党で総務を務める町田社長と、不偏不党主義を唱える太田副社長とは経営方針で相容れない存在だった。それは「政治の論理」と「メディアの論理」のせめぎ合いを体現していた。太田の不偏不党主義は多様な読者層への販路拡大を目指す新聞企業の合理主義であった。こうした企業化と合理化が進んだため、新聞業界全体の職業意識も大きく変わっていた。太田が副社長に就任した『大正八年版新聞総覧』で長谷川如是閑は次のように書いている。

新聞記者は、主観的生活に於ては、同時に政治家であり、思索家であり、改革家であり、学者であり、文士であり得るが、客観的生活に於ては、たゞのプロレタリアに毛が生えたものであり得るのみである。[★58]

長谷川は『日本』から『大阪朝日新聞』に移って活躍した政論記者だが、前年の「白虹事件」を機に大阪朝日新聞社を退社していた。いずれにせよ、新聞社の企業化の先頭を走った大阪系の朝日新聞社・毎日新聞社と比べれば、報知新聞社はなおも「政治の論理」にとらわれた町田社長派が影響力を保持していた。それでも関東大震災前、二つの論理がせめぎあう経営陣の下で『報知新聞』は東京五大紙のトップに立っていた。一九二三年五月現在の発行部数は『報知新聞』三六万部に対して、『東京日日新聞』三〇・五万部、『東京朝日新聞』二九万部、『国民新聞』二三万部、『時事新報』二〇万部である。[★59] 新聞経営においては、太田副社長の不偏不党主義が歓迎される時代となっていた。

一九二三年九月一日の大震災で焼失を免れた報知新聞社は、いち早く復興して都内トップの七〇万部突破を宣言した。この間、太田は報知新聞社の近代化をさらに推し進め、一九二四年八月、「大隈伯を陰においての匿名組合組織」報知社を「一般新聞社なみの株式会社組織」報知新聞社に改めた。[★60] この直後、報知新聞記者・有馬秀雄が表紙に「太田正孝序」と刷り込んだ『新聞記者の裏おもて』（一九二五年）を公刊している。不思議なことに太田の序は印刷されていない。町田社長の現体制を批判する次のような文言などがあるためだろう。

著者の勤務してゐる報知新聞など、一つには永い間の伝統もあらうが、社長顧問などが憲政会の領袖なため、公平に書いた記事でもハンデキヤツプして、世間の多くは憲政会の機関紙と心得、自分極めにして弁解などとり合はぬ。地方は別として東京で発行するもので、政党の機関紙といふべきは『中央新聞』の

政友会に対するそれ位のものだ。★61

現役の記者がこう不満を漏らすほど『報知新聞』は政党色の色眼鏡で見られていたわけである。一九二六年六月には町田社長が、若槻礼次郎内閣の農相となり退社した。社長ポストは半年間空席の後、一九二七年一二月に大隈重信の養嗣子・大隈信常が座った。こうした「政治の論理」の復活を副社長の太田は批判的に見ていた。経済学博士でもある太田は講演「政治と新聞」（一九二七年）で「読者本位、最大多数の主義」を「新聞の普遍性」として語っている。

過去の新聞は民衆の先頭に立つて、いはゞ民衆を叱咤して、「せざるべからず、何々すべし」must, may と叫ぶならひであつた。しかるに、今日の新聞は、「である」to be, is の時代に変つて来てゐる。徒（いたずら）に must, may を叫ばず、事実を事実として、社会の出来事を、ありのまゝに写し出すことに努めてゐる。（新聞がかういふ風に変つた理由は後段に述べる。）普選にしても、最近の新聞は、あくまで民衆の叫びを基調として、この社会の主なる潮流 main Current を、ありのまゝに、しかし根気づよく写し出したのである。〔中略〕

今日において有力なる大新聞となるためには、社会のあらゆる方面を相手とし、従つてあらゆる方面の読者を得なければならぬからである、一党一派に偏することはよくないからである。新聞本来の性質から申すまでもなく、新聞経営の立場からいつても、さうなくてはならぬからである。いはゆる新聞の普遍性の然らしむるところである。★62

一九二八年二月に行われた初の普通選挙で『報知新聞』は大きく部数を減らしたが、その責任は経営の実権を握っていた太田副社長に求められた。太田の不偏不党主義によって、長らく大隈を支持してきた民政党系読者の『報知新聞』離れが生じた、と小野秀雄は推測している。★63この結果、経営合理化に消極的な町田派が大隈社長を担いで、太田派の追い出しを図り、一九二九年年五月に太田副社長は編集局長・高田知一郎、営業局長・箕浦多一、企画部長・煙山二郎、社会部長・御手洗辰雄ら中核幹部とともに退社している。太田は戦後、退社の理由を次のように語っている。

結論からいいますと、政党支持関係と積極消極の経営方針関係です。大隈信常君や須崎〔默堂〕君のやり方は、政党新聞という点でぼくとあわん。その糸を引いているのは町田君だ。しかも問題の重点は町田君の消極主義でいくか、太田の積極主義で続けていくか、二つしかない。★64

政党支持関係という「政治の論理」と経営方針関係という「メディアの論理」が絡み合った抗争のようだが、太田の目からすれば「問題の重点」は後者の進め方にあったようである。太田に代わって副社長となったのは、大隈内閣で秋田県知事に任用された裁判官出身の阪本三郎である。こうして太田時代の中立新聞は町田派の民政系新聞に復帰した。ちなみに、太田は翌一九三〇年の総選挙で政友会の公認候補となり、当選を果たしている。

こうした社内の紛糾のため、関東大震災後に本格的な首都圏での販売攻勢に出た大阪系資本の『東京朝日新聞』『東京日日新聞』、さらに急成長する『読売新聞』との販売競争に『報知新聞』は十分に対応できなかった。その結果、大隈社長も退陣し、一九三〇年六月に大日本雄弁会社長・野間清治が社長に迎えられた。百万雑誌『キング』を成功させた「雑誌王」野間は、社告で「清く明るく正しき新聞」を宣言し、家庭向け新聞で「新聞王」を目指した。★65 大隈社長の後任だが、「メディアの論理」に立つ野間時代の『報知新聞』は太田時代と連続している。しかし、その派手な宣伝キャンペーンにもかかわらず、傾いた社運は好転せず、一九三八年一〇月の野間社長の急逝により、同年一二月に頼母木桂吉が新社長に就任した。

頼母木は日露戦争後に『報知新聞』の部数を日本一に引き上げた業務局長であり、広田弘毅内閣では逓信大臣を務めていた。「メディアの論理」に通じた頼母木による再建が期待されたわけだが、翌一九三九年東京市長に就任したため半年で辞任している。

後任の社長に就任した「政界の策士」三木武吉（848）は、一九一七年から衆議院に六期連続当選し憲政会―民政党の領袖だった。読売新聞の正力松太郎（458）らとともに京成電車疑獄で贈賄幇助罪に問われて、一九三四年に議員を辞職していた。「これまでの野間色を脱し、時局にマッチした編集方針をめざした」[★66]三木は、元大阪朝日新聞社論説委員で軍事評論家の武藤貞一を主筆、元大阪毎日新聞社取締役会長の城戸元亮を常任顧問（重役待遇）として招いた。これにより、野間時代の「家庭の新聞」から対米強硬論を唱える「国体の新聞」へと紙面は大きく変貌した。この変化は「政治のメディア化」第Ⅲ局面（報道のメディア化）において、どう評価されるべきか。それについては、翼賛選挙を扱う第八章で詳しく再論されることになる。

いずれにせよ、三木時代の「戦争ジャーナリズム」によって販売部数が増加したわけではない。一九四一年五月二八日、同盟通信社と全国の有力紙の二〇四社を集めて統制団体・日本新聞聯盟が発足した際、新聞用紙割り当てのために販売部数が調査されている。その結果は『読売新聞』一五六万、『大阪毎日新聞』一四二万、『大阪朝日新聞』一二八万に対して、『報知新聞』は三四万部に低迷していた。

一九四一年八月、読売新聞社が報知新聞社の全株式を買い取り、正力松太郎が会長に就任、読売新聞社から務台光雄が営業局長に送り込まれた。「販売の神様」と異名をとる務台は一九二三年に報知新聞社に入社し、営業局長から読売新聞に引き抜かれていた。

最終的に翌一九四二年七月の株主総会で報知新聞社は読売新聞社に合併され、三木は社長を辞任した。同八月から『読売報知』の題字で発行が始まった。三木はその三ヶ月前に実施された「翼賛選挙」で非推薦議員として衆議院議員に返り咲いていた。

いずれにせよ、典型的な政論新聞が代表的な商業新聞に吸収されたわけであり、プロフェッショナリズムからコマーシャリズムへの「メディアの論理」における重心移動を象徴している。その意味ではこの戦時下に完成した新聞統合、いわゆる一県一紙体制も「政治の論理」より経営の安定という「メディアの論理」が優先された結果と理解できるだろう。

一九四六年五月一日から『読売報知』の題字は『読売新聞』となった。同年一二月に元報知社員を中心に夕刊紙『新報知』が復刊されたが、一九四九年一二月三〇日に夕刊紙から朝刊のスポーツ芸能紙『スポーツ報知』(正式名称は報知新聞)となり今日に至っている。

以上、近代日本を代表する政論新聞である報知新聞社とメディア政治家との関係から、「政治のメディア化」の第Ⅰ局面から第Ⅲ局面までの展開を読み取ってきた。それは「メディアの成立」から「メディアの自立」(政治家とジャーナリストの分離)、さらに「報道のメディア化」(政治の論理からメディアの論理へ)に至るプロセスである。

4 「職業としての国会議員」の自己メディア化

戦前と戦後では、「メディア関連議員」を取り巻く環境は大きく変わる。貴族院が参議院となり、新たに認められた女性参政権で女性メディア議員も登場した(第九章を参照)。また、戦時中の新聞統合で一県一紙体制が確立し、現職の「メディア経営議員」は激減した(第一章図表2を参照)。

また、衆議院議員(一八九〇~二〇〇九年)の在職期間と退出の統計的分析を行った川人貞史によれば、現職議員が再選される可能性は戦前より戦後で高くなっている。[★67] 連続当選が難しかった戦前において、自ら経営する新聞社は選挙戦の宣伝装置のみならず、落選した場合の生計維持装置でもあった。だが、統合された県紙に落選議員を受け入れる余地はなくなっていた。その意味でも、メディアは政治から自立し、ジャーナリストと政治家は分離された。本書はそのプロセスを各章で明らかにするわけだが、第Ⅳ局面(メディアの論理で動く政治)、あるいは「テレビ政治」時代のメディア政治家については十分に論じられていない。以下では残された第Ⅳ局面への展望を示しておきたい。

「国会議員」新書というサンプル

国会議員という自らの職業について、政治家が一般読者に向けて紹介する著作は少なくない。だが、国会図書館のNDL-OPACで「国会議員」と「新書」で検索すると、「タイトルに国会議員を含む新書」として以下の四冊がヒットした（二〇一八年三月）。「五五年体制」の崩壊を象徴した一九九三年、すなわち非自民連立の細川内閣成立を挟んで出版された江田五月『国会議員――わかる政治への提言』（講談社現代新書、一九八五年）と上田耕一郎『国会議員』（平凡社新書、一九九九年）。さらに、二〇〇九年の「政権交替」選挙を挟んで出版された川田龍平『誰も書けなかった国会議員の話』（PHP新書、二〇〇九年）と林芳正・津村啓介『国会議員の仕事――職業としての政治』（中公新書、二〇一一年）である。

それぞれ一九八〇年代、一九九〇年代、二〇〇〇年代、二〇一〇年代に刊行されたこの四冊はインターバル標本として適当である。党派的にもばらつきがあるが、ただ学歴は著者五人のうち四名が東京大学卒となっている。ちなみに、枡田隆治『学閥――日本を支配する赤門』（一九五七年）によれば、新聞界は財界、官界、司法畑に次ぐ「東京大学卒業生の進路」とされている。

新聞界では、名士百七十五人のうち東大は四十七人。早大の三十二人、京大、慶大のそれぞれ十二人よりもやはり多い、という程度。ここはまだしも、腕一本で活躍できる余地の残された天地である。[★68]

こうした学校歴の分析は第一章で詳しく検討されている。確かにメディア業界で早稲田系のシェアは大きいが[★69]、「学校歴の推移（上位三校）」（第一章図表13）でも一九六〇年の第二九回選挙では東大卒二〇人と早稲田系一九人とで一次的な逆転が生じている。

いずれにせよ、新書を執筆した五人の国会議員とも本書の定義で「メディア関連議員」には数えられないが、そのメディア対応は洗練されており、「政治のメディア化」第Ⅳ局面におけるメディア政治家の三類型――「市民運動型」「組織政党型」「自己メディア化型」――として考えることができる。

している。

(1)「市民運動型」メディア政治家

江田五月の新書奥付(一九八五年)で経歴は以下のように書かれている。その後、江田は一九九三年科学技術庁長官(細川護熙内閣)、二〇〇七年参議院議長、二〇一一年法務大臣・環境大臣(菅直人内閣)などを歴任している。

一九四一年、岡山県生まれ。東京大学教養学部自治会委員長時代、「六〇年安保」「大管法」闘争を指導し、ストライキの責任により退学処分を受ける。東欧などを遊学後、東大に復学して、六六年法学部卒業。六八年から七七年にかけ、東京、千葉、横浜各地裁の判事補をつとめる。亡父、江田三郎の遺志をついで、政治家に転身、七七年参議院全国区から当選。八三年衆議院では岡山一区でトップ当選を果たす。社会民主連合代表。

「法曹出身議員」である江田は、新書中でメディアについて多くを語っているわけではない。それでも一九七四年の参議院選挙以降、全国区で当選するには「テレビ等で全国的に顔を知られている」タレント候補が圧倒的に有利になったことを強調している。[★70] 今日のテレビ報道番組の枠組みを作ったNHK「ニュースセンター9時」が始まったのも一九七四年四月である。表1で一九七二年の第三三回総選挙以後を第Ⅳ局面と見なしたが、「テレビ政治」が一九七〇年代前半に幕を開けたことはまちがいない。象徴的事件としては、一九七二年六月の佐藤栄作首相退陣記者会見である。佐藤首相は「テレビカメラはどこにいるのか。〔中略〕新聞記者の諸君とは話さないことにしてるんだ。国民に直接話したいんだ」と述べて、新聞記者が退場した後にテレビ中継で国民に直接語りかけた。

江田五月もこうしたテレビ時代の政治家だった。江田は一九七七年に参議院全国区で当選し、「テレビ政治」が全開する中曽根康弘政権下の一九八三年に衆議院議員となった。いわゆるタレント候補ではないが、新書の第三章「私の選挙運動——最高点で当選するまで」で描かれた一九八三年衆議院選挙の活動では、自らのテレビ出演を強く意識していた。選挙カーで名前を連呼することをやめ、BGMに流行歌「昴」（谷村新司）を流した理由をこう説明している。

かつて「欽ちゃんのオールスター家族対抗歌合戦」に出場して、私がこの曲を歌って優勝した因縁もあり、落着くべきところに落着いたわけだ。★71

テレビ時代のイメージ選挙にうまく対応している。ちなみに、父親の江田三郎（156）も「メディア経営議員」である。江田三郎は一九五〇年に参議院議員（衆議院議員は一九六三年から）に初当選し、一九五一年の左右分裂後は左派社会党に属した。江田は「マスコミの動向に一喜一憂することなく、正しい政治路線をおしすすめるためには、独自の日刊紙をもつことが絶対に必要だ」と主張し、一九五二年四月に自ら『社会タイムス』（社長は青野季吉）を創刊し専務となった。ただし、そのメディア経営は完全な赤字だった。「メディア経営議員」というと、メディアを政治活動の資金源にするイメージもあるが、革命家を自称する江田三郎にとって機関紙経営は歳費を注ぎ込むイデオロギー闘争となっていた。「私の履歴書」で自らこう書いている。

社会タイムスの二年半あまり、僕は党のことも国会のことも選挙区のことも、いっさいを捨てて、タイムス一本でやってきた。選挙区からは、こんなことでは次の改選に協力できぬと、心配してくれての強談判もあった。僕は国会議員である前に革命家なのだ。革命がこの仕事を僕に要求しているのだといって、けんか別れをしたこともある。★72

こうした父から江田五月が影響を受けたことは確かだろう。彼も一九六〇年安保後、社会党青年部を母体に結成された社青同（社会主義青年同盟）では東大駒場学生班のメンバーとなり、ビラの原稿執筆、ガリ版印刷から配布まで体験している。言論市場を前提としていないという理由からビラをメディアではないと見なすのであれば、自由民権期の雑誌や現代の右翼新聞も大半はメディアではないことになる。一方で、こうしたビラ、ポスター、立て看などもメディアと考えるなら、学生運動体験がある議員の多くは「メディア経験議員」と見なさねばならない。インターネットなど「非マス」メディアが普及した一九九〇年代以降、「メディア関連議員」の定義はますます難しくなっている。

(2)「組織政党型」メディア政治家

上田耕一郎の新書奥付（一九九九年）で経歴はこう書かれている。前年に議員を引退していたが、その後も二〇〇六年まで共産党副委員長を続け、二〇〇八年に没している。

一九二七年神奈川県生まれ。東京大学経済学部卒業。六四年より日本共産党の中央委員会に勤務、赤旗編集局長などをへて、七四年に東京地方区から参議院議員に当選。以後、九八年まで四期二四年にわたり参議院議員を務める。現在、党中央委員会幹部会副委員長。

本書データベースで対象外の参議院議員だが、『参議院議員名鑑』（一九九〇年）の経歴には「前衛編集長、赤旗編集局長」と明記されており、[★73]まごうことなき「メディア経験議員」である。また、共産党の指導者選抜において中央機関紙編集局から国会議員へのコースが重要な意味を持つことはまちがいない。上田は国会での野党の役割がテレビ報道に大きく依存していることを「野党の武器は国会論戦で勝って国民世論の支持を受けることしかないからだ[★74]」と率直に認めている。そのためには、「テレビで見る国民の関心を呼ぶような」国会質問の作り方が重要となる。

簡素な質疑応答を積み上げ、流れの中で問題のありかと性格が浮かび上がるようにしながら、一問一答でドラマを描き、できれば拍手喝采で幕が降りるよう工夫しなければならない[★75]。

ここにはオーディエンスへの影響力の最大化をねらう「メディアの論理」がうかがえる。上田は新聞の切り抜きとその整理に追われながら、「ドラマの脚本を書くような（書いたことはないが）つもりでワープロに向かった」という。[★76] 記者との「つきあい」に関しても、こう書いている。

新聞各紙の記者や週刊誌の記者ともつきあいが生まれる。問題によっては双方プラスとなる。長い間には親しみも生まれ、上田室に顔をみせて情報交換する記者も少なくなかった。私たちは、記者の問いには、党としてまだ発表段階にない問題でないかぎりは、できるだけ親切に答えるようにしている。[★77]

「上田番」と呼ばれたかどうかわらないが、彼らもメディアが有力議員にはりつける「番記者」的な存在だった。なお、上田は一九九九年当時の共産党国会議員を次のように分類している。

衆院二六名、参院二三名、合計四九名の国会議員の出身を調べてみたら、不破委員長、志位書記局長ら党の専従が一四名、寺前・前国対委員長ら地方議員出身者が同じく一四名でともに、二八・六パーセント、橋本参院幹事長ら弁護士、医師、教員、俳優、アナウンサーと専門職出身者が一一名で二二・四パーセント、山下参院国対委員長ら民青同盟出身が四名、岩佐参院議員ら民主団体・民主運動が三名で六パーセント、筆坂政策委員長ら国会議員秘書出身が同じく三名で六パーセントだった。[★78]

上田は自らを「メディア出身」ではなく「党専従出身」に分類している。この分類で「俳優」や「アナウンサー」はあっても、「記者」や「編集者」はない。もし、それを入れると党専従者や地方議員も多くは記者や編集者の経験があることになるのではないか。上田は「根は市民運動出」と自称するのだが、その市民運動体験として地元・中野区の『中野新報』記者」の活動をあげている。[★79] 共産党の場合、中央機関紙『しんぶん赤旗』以外にも地区委員会が発行する「活動ニュース」や『東京民報』や『京都民報』など週刊新聞も存在している。そのため、党専従の多くには各選挙区でその編集や発行に関わった経験があるはずだ。共産党の政治資金に『しんぶん赤旗』や出版物の発行によるもの」が占める割合の大きいことに加え、「宣伝者＝組織者」を旨とするレーニン主義の伝統的組織論からも「機関紙政党」と言えるだろう。★80 この点では機関紙『公明新聞』や支持母体・創価学会の『聖教新聞』の元記者が多い公明党議員も同様の傾向を持っている。

(3)「自己メディア化型」メディア政治家

二一世紀の「政治のメディア化」を加速化させているのは、政治家の「自己メディア化」である。「市民運動型」や「組織政党型」のメディア政治家も自らの目的に合わせてマスメディアを活用していたが、運動や組織を介せず個人レベルでの戦略的な情報発信を行う議員が増加している。

川田龍平は一九九〇年代の「薬害エイズ事件」裁判の原告としてマスコミで大きく取り上げられた「有名人」である。新書奥付（二〇〇九年）ではこう紹介されている。

参議院議員、東京ＨＩＶ訴訟原告。元松本大学非常勤講師。一九七六年東京都小平市生まれ。生後六カ月で血友病と診断され、治療のための輸入血液製剤投与によりＨＩＶ感染。九三年、「薬害エイズ事件」の国と製薬会社の責任を問う東京ＨＩＶ訴訟の原告に加わり、九五年実名を公表。九六年に実質原告勝訴の形で和解したが、それ以後も薬害エイズの真相と責任を追及し続ける。九八年東京経済大学を休学し、ドイツのケルンに留学。その後、衆議院議員となった母・川田悦子の秘書を経て、〇七年の参議院選挙に無所属で立候補し当選。現在、環境委員会に所属。「いのちを最優先にする社会」を実現するため、医療の教育問題に取り組む。

川田の前職は議員秘書であり、本書の定義する「メディア関連議員」には含まれない。とはいえ、メディアを利用し同時にメディアに利用されることを自己の重要な政治力の源泉としている「メディア政治家」ではある。国会議員になった理由を語る章でも、その前提となるのはテレビにおける有名性である。

実名公表以来、ボクの顔と名前はしょっちゅうテレビに流れ、どこへ行っても人々から声をかけられるようになりました。全国各地から講演依頼が殺到し、ひっきりなしにマスコミの取材がきて、ボクの日常生活は薬害エイズを中心に回りはじめたのです。〔中略〕マスコミに取り上げられ、いままでテレビの側にいた有名な人たちが次々とボクたちを支援してくれましたが、少しでも対応が悪かったりすると傲慢だとして容赦なく叩かれました。★81

こうした有名人からのバッシングがむしろパブリシティに活用できることは、新書の「はじめに」で田中康夫や佐高信の川田批判を掲げていることからも明らかだ。第一章「ビックリ！　国会の内側」では「テレビ中継の予算委員会は晴れ舞台」の見出しで、議員たちのパフォーマンスの内幕が語られている。★82もちろん川田議員の毎日も「朝のニュースを読み、ジャーナリストである妻とそれについていろいろな話をします」と始まり、「夕方は発信するメールマガジンやブログ、ファックスニュースなどをスタッフたちと一緒に執筆」で終わる。★83「自己メディア化」を象徴する議員であり、二〇一八年現在は立憲民主党に所属している。

同じく二〇一八年の現役議員である林芳正と津村啓介の共著（二〇一一年）も、国会議員が置かれた今日のメディア環境をよく示している。二人とも奥付の経歴にメディア関連の記述はない。このの ち、林は二〇一二年に農林水産大臣（第二次安倍晋三内閣）、文部科学大臣（第三次安倍晋三内閣）など歴任している。

一九六一年、山口県出身。八四年、東京大学法学部卒業、三井物産入社、八九年退社後、ハーバード大学ケネディ行政大学院を経て、九二年、大蔵大臣〔実父・林義郎〕政策秘書官となる。九五年、参議院議員に初当選。九九年、大蔵政務次官、〇六年、内閣府副大臣、〇八年防衛大臣、〇九年、内閣府特命担当大臣を務める。現在〔一一年〕、自民党政調会長代理。

大蔵大臣など務めた父・林義郎も、祖父の林佳介（733）、高祖父の林平四郎も山口県選出の衆議院議員で、いわゆる「世襲議員」である。巻末資料には祖父の林佳介が「テレビ山口取締役」として登場するが、当選後に就任した「メディア役員議員」である。

ただし林芳正の場合、ハーバード大学ケネディ行政大学院で学んだのは「安全保障やメディア論」である。アメリカでメディア論のアクティブラーニングを体験してきたようだ。

印象に残っているのは、模擬議会。クラス全員が議員、ロビイスト、メディアなどに扮して、数週間、ロールプレイを行う。夜、下宿にいると、〝議員〟役の私のところに〝メディア〟から、「今日、誰かと会ったんじゃないのかい？」などという電話がかかってくるのである。★84

林は小泉純一郎を「マーケッティングやブランディングの大切さをよく理解し、ピンチをチャンスに変えることができる、稀有な存在」★85と評価しているが、こうした「メディアの論理」で政治を動かす劇場型政治――たとえば二〇〇五年「郵政選挙」や二〇〇九年「政権交代選挙」――には批判的である。

「劇場型政治」という言葉を生んだメディアの威力、「おそろしさ」を、あらためて痛感させられたものだ。小泉さんがそうだったと言うわけではないが、政治家たるもの、それを悪用して国民を煽り立てることがあってはなるまい。★86

林の共著者である津村啓介は、その後の所属が民進党、希望の党、国民民主党に変わっている。政治家を志望した動機は、麻布中学校の夏の課題図書で江田五月の新書『国会議員』を読み、感想文を書いたことだという。新書奥付の経歴は以下である。

一九七一年、岡山県出身。九四年、東京大学法学部卒業、日本銀行入行、二〇〇一年、オックスフォード大学経営学修士。〇二年、退職。〇三年、衆議院議員に初当選。〇七年、世界経済フォーラム Young Grobal Leader. 〇九年九月付、内閣府大臣政務官となる。現在〔一一年〕、民主党統括副幹事（与謝野馨経済財政担当大臣補佐役）。

東京大学法学部の学生時代を回想して「私法コースは司法試験、公法コースは国家公務員、政治コースはマスコミ志望」と書いている。自身も四年生で公法コースから政治コースに「転類」しているので、マスコミへの関心は強かったはずだが、政治家へのルートとしては「閉ざされている」と見えたようだ。

当時の常識として、特別な〝運〟か〝縁〟がないかぎり、普通の家庭に生まれた人間が政治家になる道は閉ざされていると思っていた。強いて言えば、①代議士秘書になるか、②官僚になって大臣秘書を務めて大物政治家に認められるか、③政治家の娘と結婚するか、その三つくらいしか道がないと考えていた。[★87]

津村は日本銀行に入り、民主党の候補者公募で江田五月の選挙区で後任として立候補している。「私の選挙運動の最大の特徴は、徹底したポスター貼りをやったことだ」と自己アピールし、その効果へのこだわりを強調している。

ポスターに写っている本人が直接お願いに行くと、家の人はびっくりして、それが結構話題になったりする。〔中略〕その地域の人たちは家に帰ると「あれ？　急に家のまわりに津村啓介のポスターが増えたぞ！　何が起きたんだ？」みたいな状態になる。つまり、その日の夜のお茶の間の話題になる。これはと

ても効果的だった。今でも「ポスターで有名な津村さん」と言われることがある。[★88]

足もとからの「自己メディア化」の実践例と言うべきだろう。二〇一八年現在も、津村はツイッターやフェイスブックなどSNSを使った日々の発信を積極的に行っている。その活動には情報技術のアフォーダンスへの最適化という「メディアの論理」が読み取れる。

「メディア関連議員」の現在

以上、「政治のメディア化」第Ⅳ局面を中心にメディアと国会議員の関係を三つの類型で検討してきた。二〇一三年にネット選挙が解禁された今日では、「市民運動型」や「組織政党型」の議員を含め全議員が「自己メディア化」を求められている。それでも古典的な「メディア関連議員」はいまも一定の規模で残っている。

二〇一八年三月現在の衆議院議員の「メディア関連議員」について、『国会便覧』一四四版と衆議院公式ホームページで経歴を確認した。衆議院議員定数四六五人のうち「メディア関連議員」は三九名（約八・四％）である[★89]（表3）。一九九〇年の五四名（一〇・五％）から四半世紀で一五名の漸減である。三年前の選挙から二〇名も激減した一九七二年の第三三回総選挙に比べれば、連続的な変化と見るべきだろう。

政党別の内訳を見ると、民進党系議員の一四・三％（一七名／一一九人）は自民党系議員の五・七％（一六名／二八三人）の約二・五倍に達する。選挙に必要な「三バン」（地盤＝組織、看板＝知名度、カバン＝資金）のうち、「看板＝知名度」に強く依存しているためだろう。

メディア別に内訳を見ると、「新聞・雑誌系」議員は一九人（自民党系七名・公明党四名、民進党系六名、共産党一名、社民党一名）である。自民党系の大島理森（194）、額賀福志郎（685）、公明党の井上義久（61）の三名は巻末資料にも載っている多選議員である。共産党議員中に元『赤旗』記者は一人だけだが、上田耕一郎について確認したように、選挙区レベルの機関紙運営に関わった議員は現在も少なくないはずだ。また、公明党も四名の外に高木美智代（聖教新聞記者）と古屋範子（聖教新聞社出版局）が「メディア関連議員」である。

表3　2018年『国会便覧』の衆議院における「メディア関連議員」

	自民党系16	公明党4	民進党系17	共産1 社民1
新聞系16	大島理森（毎日新聞社広告局）、坂本哲志（熊本日日新聞記者）、額賀福志郎（産経新聞記者）、星野剛士（産経新聞社会部・政治部記者）、松島みどり（朝日新聞政治部・経済部記者）、茂木敏充（読売新聞政治部）、薗浦健太郎（読売新聞記者）。	井上義久（公明新聞記者）、大田昭宏（公明新聞記者）、佐藤英道（公明新聞記者）、高木陽介（毎日新聞記者）。	生方幸夫（読売新聞記者、経済評論家）、近藤昭一（中日新聞社事業局文化事業部）、渡辺周（読売新聞社編集局記者）。	笠井亮（赤旗記者）。 吉川元（社会新報記者）。
出版系3			長妻昭（日経ビジネス記者）、篠原豪（雑誌編集者）、早稲田夕季（地元ミニコミ紙記者）	
放送系20	石原伸晃（日テレ政治部記者）、竹下亘（NHK記者）、平井卓也（元電通、西日本放送株式会社代表取締役）、玉城デニー（ラジオパーソナリティ）、鈴木貴子（NHK長野放送局番組政策ディレクター）、高橋ひなこ（テレビ岩手報道制作局アナウンサー）、伊藤信太郎（ニュースキャスター）、小渕優子（東京放送〔TBS〕）、田中良正（蕨ケーブルビジョン（株）会長）。		石川香織（日本BS放送アナウンサー）、安住淳（NHK政治部記者）、笠浩史（テレビ朝日報道局政治部記者）、井出庸生（NHK記者）、山岡達丸（NHK記者）、緑川貴士（秋田朝日放送アナウンサー）、岡島一正（NHK報道カメラマン・バンコク特派員、報道局映像取材部副部長）、柿沢未途（NHK記者）、斎木武志（NHKアナウンサー）、関健一郎（NHK記者）、森山浩行（関西テレビ放送報道部記者）。	

「放送系議員」は放送記者・アナウンサー・キャスターを含めると二〇人（自民党九名・民進系一一名）であり、活字メディアに対する放送メディアの政治的影響力の大きさが確認できる。特に、テレビのキャスター・アナウンサーの増加が顕著であり、見た目を優先する「イメージ政治」が強まっていると理解することもできそうだ。さらに、テレビ番組出演による知名度が初当選に大きく作用した議員でも、現在では経歴からニュースキャスターなどを省略する場合も多い。自民党系では高市早苗（フジテレビ系「朝だ！　どうなる？」メインキャ

スター）、牧島かれん（テレビ神奈川「教育はてな？」などパーソナリティ）であり、民進党系では海江田万里（テレビ朝日系「海江田万里のパワフルサンデー」メインキャスター）などがいる。[★90]

政治家の「自己メディア化」という意味では、横光克彦（俳優）や堀井学（五輪メダリスト）、山尾志桜里（検察官、初代『アニー』）など、いわゆるタレント議員は「メディア関連議員」に含めて考えるべきだろう。さらに、ＮＴＴ（尾上朝子・小林史明・小宮山泰子・田嶋要など）や楽天（武井俊輔）など通信・ネット関連、リクルート（根本幸典）など情報関連、電通（伊藤忠彦・高村正大・中山泰秀・佐藤広治）や資生堂広報室（渡嘉敷奈緒美）など広告関連、あるいは有隣堂（柚木みちよし）など大型書店をはじめとする情報流通関連等、こうした職歴も広義に「メディア経験」と今日では呼ぶべきかもしれない。

第一章で詳しく解説するように、本書の「メディア関連議員」は大きく「メディア経験議員」（記者・編集者・アナウンサー・キャスター）と「メディア経営議員」（社長・会長）さらに「メディア役員議員」（取締役・監査役）に三分されている。二〇一八年現在の衆議院議員で「メディア経営」を経歴に明記しているのは、二人の自民党議員、平井卓也（元電通社員、西日本放送株式会社代表取締役）と田中良正（蕨ケーブルビジョン（株）会長）だけである。現在では自らメディア企業を経営するよりも、「自己メディア化」によりマスメディアを巻き込むほうが費用対効果に優れているためだろうか。[★91]

そうした問いに答えるためには、量的分析に加えて、各メディアの経験・経営・役員議員ごとに詳細な質的分析が不可欠となる。特に、「放送系」議員の増加について第一章の図表7は誤読される可能性が高いので注意を必要とする。たとえば、一九四二年の第二一回「翼賛選挙」でも一三人の「放送系」議員が当選したことになっている。この数字だけを見れば、一九八〇年代とほとんど変化していないように見える。だが、それはまさに「そう見えるだけ」であり、その中味はまったく異なる。一九九〇年発行の『名鑑』に基づくデータのため、戦後、つまり一九四二年から見れば「未来」に生まれた民間放送で経営者や役員になる議員がその大半である。一三人中で当時において「放送経験議員」と呼べるのは、日本放送協会で対外宣伝放送を担当していた頼母木真六（584）だけである。その頼母木でさえ、父親は報知新聞社長だった頼母木桂吉、自身の前職も

表4 「放送系」議員の内訳

1946年　第22回総選挙	1972年　第33回総選挙
石井光次郎（朝日放送社長）、石原円吉（ラジオ三重監査役）、上田清次郎（テレビ西日本取締役）、甲斐政治（日本民間放送連盟専務理事兼事務局長）、川越博（文化放送総務局嘱託）、川崎秀二（日本放送協会企画部副部長）、小峯柳多（日本テレビ販売株式会社取締役）、杉田馨子（北京中央広播電台放送科勤務）、林虎雄（信越放送株式会社相談役）、林田正治（ラジオ熊本取締役）、降旗徳弥（長野放送社長）、武藤嘉一（東海ラジオ放送副社長）、森戸辰男（全日本放送教育連合会会長）。	阿部喜元（愛媛放送取締役）、大石千八（NHKアナウンサー）、大久保武雄（全国有線放送電話協会副会長）、大野明（岐阜放送取締役）、熊谷義雄（青森放送取締役）、河野洋平（ラジオ関東取締役）、染谷誠（千葉テレビ放送取締役）、田沢吉郎（青森テレビ会長）、中尾栄一（日本ネットワークサービス社長）、藤尾正行（農林放送事業団常務理事）、船田中（ニッポン放送相談役）、水野清（日本放送協会放送記者）。

『東京朝日新聞』記者であり、経験としても新聞記者歴の比重が重いはずだ。

ここでは「放送系」議員と分類された戦後最初の第二二回（一九四六年）総選挙の一三人、「政治のメディア化」第Ⅳ期の起点となる第三三回（一九七二年）総選挙の一二人について、その放送との関係を示しておこう（表4）。

一九四六年段階では民間放送局が存在していないため、日本放送協会の川崎秀二（277）、日本軍占領地で日本放送協会が運営にあたった北京中央広播電台の杉田馨子（472）という二人の「経験議員」を除けば、すべて「未来」に就任する役職である。

一九七二年の一二人については、日本民間放送連盟編『日本放送年鑑72』（テレビ企画）で各局の役員名簿を確認した。一九四六年の議員との違いは歴然としている。まず「経験議員」はNHKのアナウンサーと記者である大石千八（182）と水野清（860）の二人であり、一九四六年と人数は変わらない。ただし、大石は第一次海部内閣郵政大臣、水野は第二次中曽根内閣・建設大臣となっており、政治家としても存在感を示している。さらに注目すべきは、「地元選挙区の放送局」の取締役を兼職している自民党議員が圧倒的に多いことである。大野明（198）は岐阜一区、熊谷義雄（333）は青森一区、河野洋平（387）は神奈川三区、染谷誠（503）は千葉一区、田沢吉郎（508）は青森二区の当選議員である。

さらに『人事興信録　第27版』（一九七三年）により、船田中（791）

のニッポン放送相談役と協同広告株式会社取締役、中尾栄一（631）の日本ネットワークサービス（甲府CATV）社長が一九七二年当選時の現職であることは確認できる。大久保武雄（189）は東京帝大卒業後、逓信省に入った官僚であり、戦後は海上保安庁初代長官を務めている。全国有線放送電話協会副会長は現職だが、総選挙の候補者履歴には記載されていない。藤尾正行（782）の農林放送事業団常務理事は読売新聞社記者退職後の前職である。阿部喜元（10）が、愛媛放送の取締役になるのは議員当選後である。『朝日新聞』に掲載された当選時の経歴は一回目が「宅地造成会社社長（参議院議員秘書）」、二回目が「観光会社重役（国務相秘書官）」だった。

つまり、一九七二年の「放送系」メディア経営・役員議員の場合、前職の藤尾、後職の阿部を除く全員が現役の「メディア経営・役員議員」である。特に中尾が社長を務めた日本ネットワークサービスは日本初の民間CATV局であり、山間部の多い地元・山梨県の需要に応える事業だった。なお、一九七二年当時、テレビ山梨の取締役会長は金丸信（※）だが、『名鑑』の金丸の経歴にメディア関連項目はあげられていない。金丸は「密室型」政治家・保利茂に師事し、のちに「政界のドン」と言われた戦後屈指の「反メディア型」政治家である。放送局会長職を経歴で示さなかった理由は不明だが、ほかにも同様の「放送系」議員はいたはずである。

いずれにせよ、「放送系」議員の内実を一九七二年の一二人と二〇一八年現在の二〇人で比較すると、今日では現職の経営者・役員が二名に激減し、元アナウンサー・元キャスターなどメディアで顔を売った議員が大幅に増加していることが確認できる。これも議員の「自己メディア化」の一側面を示している。

ちなみに本書の「メディア関連議員」において、メディアは新聞・通信社・出版・放送・映画に分類されている（第一章表6）。注目すべきことは、現在の衆議院議員に「通信社」と「映画」の経歴を記した議員が消滅していることだ。各メディア分野の盛衰が影響しているとも言えるだろう。とはいえ、参議院議員には共同通信社出身の青山繁晴（自民党）がおり、山東昭子（自民党）、三原じゅん子（同）、今井絵理子（同）など元女優・元歌手で「映画」出演歴のあるタレント議員もいる。

現在はまだ本格的には登場していないが、今後はマスメディアを中抜きしてインターネットで直接有権者に訴えるe-ビジネス議員が誕生することも予想できる。IT起業家、人気ブロガー、ユーチューバーなどの職種である。それに近い経歴としては、参議院岡山選挙区の小野田紀美（自民党）が「CD・ゲーム制作会社にて広報・プロモーション・制作などを担当」と記載している。この職歴は本書の「メディア経験」の枠から外れるものの、小野田が「（ニュー）メディア関連議員」であることはまちがいない。それは輿論エリート（文筆の政論家）から世論エリート（象徴の宣伝人）へという変化の到達点の一つかもしれない。

5 おわりに――「自己メディア化」の時代へ

政論新聞から報道新聞への展開、あるいは大記者からサラリーマン記者への変化は、これまでも繰り返し指摘されてきた。本書はそうした現象を「メディア関連（経験・経営・役員）議員」の分析を通じて、「政治のメディア化」のプロセスにおいて考察する。すでに述べたように、「政治のメディア化」とは何らかの価値や理念への貢献をめざす「政治の論理」が、影響力の最大化をめざす「メディアの論理」に上書きされていく過程である。その結果、発行部数を拡大するため、あるいは聴取率を高めるため、メディアは市民的価値よりも大衆的感情を反映するようになった。メディアの役割は「輿論指導」から「世論反映」に変わったのである。ジャーナリストはより「客観的」な記事を書くようになったものの、それに応じて彼らの政治的責任感も希薄化していった。

それは、「政治の論理」に組み込まれていた結果に対する責任倫理、その説明責任が意識されなくなることでもある。そもそも政治権力を監視するマスメディアに対しては、これまで必ずしも責任倫理は求められてこなかった。それは権力の不正を告発する情熱が、ジャーナリストに求められていたからである。かつてジャーナリストは心情倫理家でよいと考えられてきた。心情倫理家について、マックス・ヴェーバーは『職業としての政治』でこう述べている。

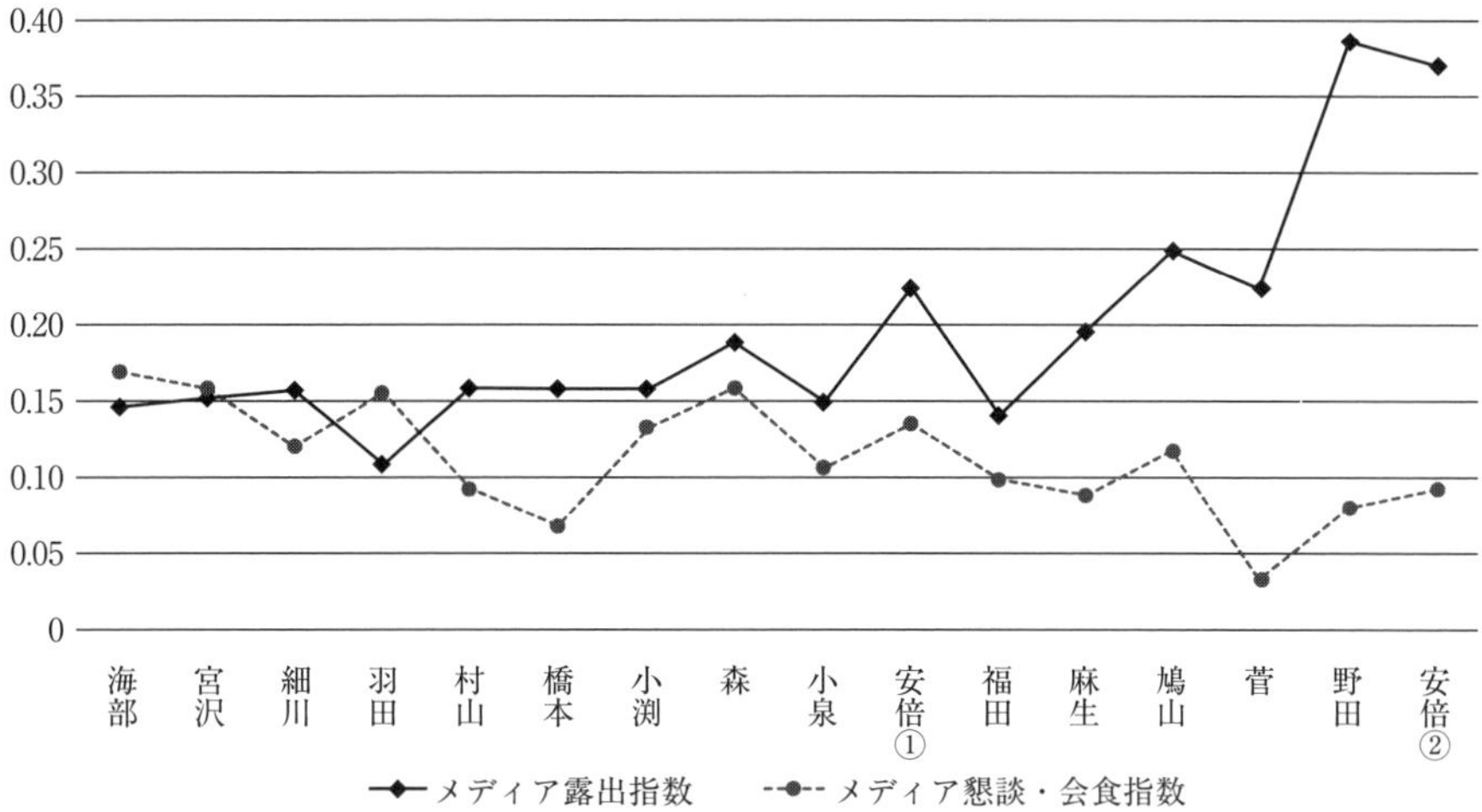

図２　歴代首相のメディア露出とメディア接触の変動
（荻上チキ『すべての新聞は「偏って」いる――ホンネと数字のメディア論』扶桑社 2017 年 108 頁の表より作成）

心情倫理家は、純粋な心情の炎、たとえば社会秩序の不正に対する抗議の炎を絶やさないようにすることにだけ「責任」を感じる。心情の炎を耐えず新しく燃え上がらせること、これが彼の行為――起こりうる結果からすればまったく非合理な行為――の目的である。★92

そうした「純粋な心情の炎」を、正確な報道や結果責任よりも重視するジャーナリストはいまも少なくない。だが、マスメディアが「第四権力」となった現在、結果責任に鈍感なマスメディアへの批判も珍しくなくなった。特にプライバシー侵害など市民に対する報道被害に関しては、「政治権力ｖｓマスメディア」よりも「一般市民ｖｓマスメディア」を対立軸とする議論が前景化している。そこでは「自己メディア化」した政治家が一般市民の側に立って、マスメディアに説明責任を求める状況さえも生まれている。すでにインターネット環境においては、「政治家→ジャーナリスト→有権者」の情報回路は破綻している。「政治のメディア化」第Ⅳ局面において、「政治権力ｖｓマスメディア」という旧来のジャーナリズム論で政治報道を語ることは困難なのである。

そうした変化を良く示しているのは、「歴代首相のメディア露出とメディア接触の変動」を描いた図2である。このデータは『朝日新聞』「首相動静」を使って、一九八九年の海部政権から二〇一七年八月までの第二次安倍政権まで、歴代首相のメディア露出数（出演・取材応答回数）とメディア接触数（メディア関係者との懇談・会食回数）を算出し、それを在職日数で割った指数の変動を示したものである。[★93]

メディア露出で見れば、〇・一五一の小泉政権まで大きな変動はないが、第一次安倍政権の〇・二二四から第二次安倍政権の〇・三七〇まで連続的な上昇が見られる。一方で、メディア関係者との懇談や会食などは一九九〇年代から漸減が続いている。このデータからも新聞人や放送人に依存せず、首相がわが身をメディアとして情報を発信する「自己メディア化」の傾向を読み取ることもできる。

こうした首相のメディア露出の増大は「政治のメディア化」第Ⅳ局面においては、メディア・テクノロジー環境への最適化という「メディアの論理」に規定されている。問題なのは、それが成功すればするほど、価値や理想より効果や影響力がますます重視される政治になることである。

「政治のメディア化」のこの局面において、今日の政治家はたとえ「メディア経験」がなくても全員が「自己メディア化型」メディア政治家たらざるをえない。政治家が報道機関を中抜きして自らの意見を発表するスタイルも、二一世紀の日本では小泉純一郎内閣のメーリングリスト、大阪市長・橋下徹のツイッター、安倍晋三首相のフェイスブックなどが注目され、進化を遂げてきた。こうした新しいネット対応の「情報戦」は、すでに政治家個人では対応できず、情報コンサルタントを中心としたプロジェクトチームが活躍している。[★94]

それゆえ、と言うべきだろう。二〇一八年現在の安倍晋三内閣の閣僚に本書の定義する「メディア関連議員」は一人もいない。かろうじてマスメディアと接点があった前職を持つのは、NTT広報部報道部門報道担当課長だった経済産業大臣・世耕弘成だけである。[★95] 現代社会の分析のためには、「メディア関連議員」の定義を古典的な「言論」「表現」「報道」を超えて「情報」「通信」「広告」「マーケッティング」にまで拡大しなければならないのだろう。

NTTドコモ出身の小林史明衆議院議員は、政治学者・西田亮介と「自民党のメディア戦略」と題した対談を行っている。この「政府与党のIT情報戦略を率いるキーパーソン」は、いまでは「政治とメディアの距離が遠ざかった」と認めた上で、こう述べている。

戦後まもない時代というのは、大卒のエリートというのはほんの一部で、同級生の間である人は官僚になり、ある人は企業人になり、ある人は新聞社に入っていた。良くも悪くも連携しながらスピーディに政策決定をして戦後復興を遂げていった、というストーリーだったんじゃないかと推測するわけです。政治も産業も地続きだった。[★96]

もちろん、メディアも政治と地続きだった、という理解である。一九八三年生まれの自民党ネットメディア局次長にとって、政治とメディアの癒着が続いていた「戦後まもない時代」とは、おそらく一九六〇年代までを指しているはずだ。それは本書の「政治のメディア化」第Ⅲ局面までの時代区分とも重なる。結局、この共同研究でわたしたちが見極めたいと考えたのも、こうした政治とメディアの関係性の行方なのである。

■註

1 「言論と文章の力で進出した新聞人――新参古参代議士短評」『現代新聞批判』一九三六年三月一日、同一五日。

2 浅沼、麻生は巻末資料に含まれていない。浅沼稲次郎は引用文で言及されたローカル紙のほかに、社会大衆党を支持した『社会新聞』(一九三二～三六年)の社長を務めた。戦後も浅沼は日本社会党中央機関紙『日本社会新聞』(一九五一～六〇年)の発行組織・日本社会新聞社の社長となっている。麻生久については、河上丈太郎編『麻生久伝』麻生久伝刊行委員会、一九五八年、五三七～五四二頁が詳しい。その年譜によれば、一九一七年七月に東京帝大卒業後、東京日日新聞社に入社し、一九一九年に退社して友愛会の出版部長となった。この間に創刊された雑誌『解放』の編集責任者に麻生は一九二〇年四月に就任している。こうしたデータの欠落は『衆議院議員名鑑』の経歴が選挙公報など自己申告をベースとするためである。そうしたデータの限界については本書第一章を参照されたい。短評で取り上げられた「新参古参代議士」で巻末資料から漏れた議員には、鶴見祐輔（民政党）と喜多荘一郎（民政党）がいる。鶴見は元官僚だが『壇上・紙上・街上の人』大日本雄弁会講談社、一九二六年など多数の著作があり、喜多は「早稲田大学の新聞部長であり教授」で『ジャーナリズムの理論と現象』千倉書房、一九三二年などの著書もある。両者とも新聞雑誌への寄稿は多いが、「新聞人」としてはマージナルである。いずれにせよ、「メディア関連議員」の定義の困難を示す事例である。

3 「輿論指導」と「世論反映」の区別については、拙著『輿論と世論——日本的民意の系譜学』新潮選書、二〇〇八年、八九頁。

4 一九〇二年に七名だったメディア関連議員（「雑誌記者及新聞著述通信」「出版業」）は、一九一二年に二二名、一九二四年に三五名と増加している。有山輝雄「メディア政治家メディア政治の諸類型——メディア・パフォーマンス、メディア支配、反メディア」『京都メディア史研究年報』第三号、二〇一七年、一三～一四頁。

5 永代静雄編『昭和八年版日本新聞年鑑』新聞研究所、一九三二年、六四頁。

6 徳富蘇峰「天下の権言論界に帰す」『昭和八年版日本新聞年鑑』、二頁。

7 岡田俊雄「四百六十代議士・解剖表——いはゆる選良の内容は斯くの如し」『サラリーマン』一九三二年三月号、七七頁。

8 山浦貫一「新聞出身の政治家」『日本評論』一九三六年六月号、一六五頁。

9 同論文、一六六頁。

10 同論文、一六八頁。

11 吉岡大蔵「島根県新聞史」『地方別日本新聞史』日本新聞協会、一九五六年、三五九頁。

12 前掲論文「新聞出身の政治家」、一六九頁。

13 山浦貫一『政治家よ何処へ行く』日本書院、一九二九年、五〇八頁。

14 宇田国栄「操觚界の異彩、野依秀市氏と木舎幾三郎氏」、「特色の矢野晋也氏と石田百寿氏」『政界五十年思い出の人々』新政研究会、一九七九年、三六八～三七六頁。宇田は床次竹二郎、岸信介の秘書から自由民主党所属の衆議院議員となっている。野依については拙著『天下無敵のメディア人間——喧嘩ジャーナリスト・野依秀市』新潮選書、二〇一二年が詳しい。矢野晋也の社長時代の『二六新報』はすでに三流紙に凋落しており、「取り屋」活動で資金を調達していた。宇田が野依や矢野と並べて論じた木舎幾三郎（『政界往来』社長）や石田百寿（『国会』発行人）も衆議院議員に立候補したが落選している。こうした「情報屋」で議員を目指した者は少なくない。
15 前掲論文「メディア政治家メディア政治の諸類型」、一四～一六頁。
16 同論文、一六～二〇頁
17 「政治のメディア化」の理論的考察で最も参考になった文献は、Frank Esser&Jesper Strömbäck（Ed.）*Mediatization of Politics; Understanding the Transformation of Western Democracies*, 2014. である。その第一章は、本章脱稿後、逢阪巌訳「政治のメディア化：理論的枠組みにむけて」『研究所年報』（駒澤大学ジャーナリズム・政策研究所）第三五号、二〇一八年として公刊されている。また、「政治のメディア化」を扱った邦語文献として、大井眞二「メディア化時代のジャーナリズム——持続と変化」、大井眞二・田村紀雄・鈴木雄雅編『現代ジャーナリズムを学ぶ人のために〔第２版〕』世界思想社、二〇一八年がある。
18 C・W・ミルズ、鵜飼信成・綿貫譲治訳『パワー・エリート 上』、東京大学出版会、一九六九年、一二～一三頁。
19 J・シュトレームベックの四局面モデルに時系列的な変化を読み込んで作成した。Frank Esser&Jesper Strömbäck, *op.cit.*, pp.6-9.
20 Jay G. Blumler, Mediatization and Democracy, in: Frank Esser&Jesper Strömbäck, *op.cit.*, pp.31-41.
21 徳富猪一郎『新聞記者と新聞』民友社、一九二九年、七八頁。
22 同書、七七頁。
23 有山輝雄『「中立」新聞の形成』世界思想社、二〇〇八年、七一～七七頁。
24 マックス・ヴェーバー、脇圭平訳『職業としての政治』岩波文庫、一九八〇年、五二頁、七六頁。
25 同書、七七頁。
26 カール・シュミット、樋口陽一訳『現代議会主義の精神史的状況』岩波文庫、二〇一五年、一三四～一三五頁。
27 「メディア関連議員」を衆議院議員に限定したため、巻末資料に貴族院議員の大隈重信は登場しない。また、『貴族院・参議院議員名鑑』の大隈の経歴に『郵便報知新聞』との関係は書かれてはいないが、後述するように同紙は実質的に大隈が支配した新聞である。なお、明治天皇も大隈が同紙を所有していると考えていたことは、太田正孝『新聞ざんげ』先進社、一九三〇年、一三八頁にも触れられている。

28 毎日新聞130年史刊行委員会『「毎日」の3世紀』上巻、毎日新聞社、二〇〇二年、四八～四九頁。

29 同書、三七〇頁。

30 御厨貴編『歴代首相物語』新書館、二〇〇三年、二七四頁。

31 馬場恒吾「政治とヂャーナリズム」『現代ヂャーナリズムの理論と動向』内外社、一九三一年、一二六頁。

32 「報知新聞を築き上げた人々」『日曜報知』一九三一年一月一日号、二八六頁。なお、『報知新聞小史――創刊六十五年』、二頁、一一頁の「幹部並に記者」リストには、衆議院議員で大井憲太郎（※『新東洋』創刊）、貴族院議員で古澤滋（『大阪日報』社長）の名前が見えるが他の資料で関係が確認できない。最初期の新聞社における「寄稿者」と「社員」の境界は曖昧で、当事者の認識次第だったと考えられる。

33 町田忠治「六人の大臣を出し宛ら内閣の一敵国の観」『日曜報知』一九三二年新年号、二六四頁。なお、町田の回想以後に国務大臣になった報知新聞関連の人物（肩書は初入閣時）は以下の四人である。東久邇宮内閣厚生大臣兼文部大臣・松村謙造（834）、幣原喜重郎内閣厚生大臣・芦田均、第三次鳩山一郎内閣自治庁長官・太田正孝、同北海道開発庁長官・正力松太郎。

34 細川隆元『実録朝日新聞』中央公論社、一九五八年、一三四頁。なお、細川は本書の第一章表8に含まれない「朝日出身議員」として以下の名前も挙げている。カギ括弧内は巻末資料の記載である。「朝日の論説を書いていた杉浦重剛（471）〔新聞「日本」を発刊〕」、「末広重恭（468）〔国会新聞、関西日報、大同新聞各記者〕」、「朝日と親類の大阪公論に在社したことのある竹越与三郎（567）〔時事新報、国民新聞、読売新聞、雑誌「世界之日本」各記者〕」、「朝日と親類の国会新聞に在社した志賀重昂（433）〔雑誌「日本人及亜細亜」を発行〕、同じく森本駿（896）〔政友会報記者〕」と並べ、さらに川村曄（285）〔新聞及び雑誌記者〕や「政界ゴシップの天才」石川安次郎（92）〔『庚寅新誌』記者、『中央新聞』経済部長、『東京毎日新聞』主幹、『報知新聞』編集主任、『万朝報』記者〕の名前も細川は列挙している。戦後のサラリーマン記者と異なり、戦前の記者は転職を繰り返したため、特定のメディアに帰属させることは困難である。

35 同書、一三二頁。

36 同書、一三三～一三四頁。

37　同書、一三四頁。
38　社史としては、報知新聞社編『報知新聞小史――附・記念事業新築概要』報知新聞社、一九二二年、同『報知新聞小史――創刊六十五年』報知新聞社、一九三六年、青木武雄編『報知七十年』報知新聞社、一九四一年と報知新聞社史刊行委員会編『世紀を越えて――報知新聞120年史、郵便報知からスポーツ新聞まで』報知新聞社、一九九三年がある。一九三〇年代の野間清治社長時代については、新ジャーナリズム社編『現下の非常時と報知新聞――帝都新聞界の大勢』新ジャーナリズム社、一九三六年が詳しい。復刻版『日曜報知』（昭和戦前期報知新聞附録集成第一期）全九巻、柏書房、二〇一七年の別冊、拙稿「解題『日曜報知』」も参照。
39　前掲記事「報知新聞を築き上げた人々」、二七六頁。
40　中島久人「立憲改進党結成の歴史的前提――『郵便報知新聞』を中心とした主義政党論の展開」『早稲田大学史紀要』第三七巻、二〇〇五年、五五〜五六頁。
41　『報知新聞小史』、一三頁。内川芳美「東京都新聞史」『地方別日本新聞史』日本新聞協会、一九五六年、一一九頁。
42　前掲記事「報知新聞を築き上げた人々」、二七六頁。この要約が『報知七十年』、一四〜一五頁にある。
43　同記事、二八〇頁。
44　『報知新聞小史』、一二頁。ほぼ同じ記述は『報知七十年』、二一頁。編集主任・監査役など歴任した篠田鑛造は、買収資金が大隈家から出たと断定している。篠田鑛造『明治新聞綺談』須藤書店、一九四七年、一七五頁。また、同「報知の断面史」『五十人の新聞人』電通、一九五五年、一七頁でも、三木善八に大隈が「報知社はお前に与る」と言った言葉を篠田は紹介している。
45　尾崎行雄『民権闘争七十年――咢堂回想録』講談社学術文庫、二〇一六年、七〇頁。
46　原の思想的立場については、伊藤之雄「若き原敬の動向と国家観・自由民権観――郵便報知新聞記者の明治十四年政変」『法学論叢』第一七〇巻四・五・六号、二〇〇五年が詳しい。
47　西田長壽『日本ジャーナリズム史研究』みすず書房、一九八九年、一七七〜一七八頁。
48　前掲記事「報知新聞を築き上げた人々」（一九三一年）では、さらに第一回当選議員中の報知新聞関係者として中野武営の名前があがっている。中野は香川県から六期連続当選しており、その選挙メディアとして一八八九年に従兄・小田知周とともに『香川新報』（現在の『四国新聞』）を創刊した。四国新聞社編『讃岐人物風景11――明治の巨星たち』丸山学芸図書、一九八四年所収の津森明「中野武営」も参照。中野武営も「メディア関連議員」だが、経歴にその記載がないため、巻末資料からは漏れている。
49 田川大吉郎「超政党の時代――公生明、偏生闇の題字」、『日曜報知』一九三二年新年号、二七頁。
50 『報知七十年』、一一一～一一二頁。
51 前掲記事「報知新聞を築き上げた人々」、二八五頁。
52 『報知新聞小史――創刊六十五年』、三七～三九頁。
53 小栗貞雄「受難時代を背負つて起つ――血の出るやうな奮闘」、『日曜報知』一九三二年新年号、二七二頁。
54 前掲記事「報知新聞を築き上げた人々」、二九二～二九三頁。
55 頼母木桂吉「大飛躍時代――日清戦後から日露戦後まで」『日曜報知』一九三二年新年号、二八一頁。
56 小野秀雄「東京都新聞史　その三」『地方別日本新聞史』、一九五六年、一四〇頁。
57 佐藤垢石『「たぬき汁」以後』、つり人社、一九九三年、一七一頁。ただし「金十万円」は過大である。戦後、太田副社長は「大隈邸へは毎年一万円持っていったんですよ。私が持って行ったから知っていますよ」と回想している。太田正孝「『報知』に理想を求めて」『別冊新聞研究――聴きとりでつづる新聞史⑷』日本新聞協会、一九七七年、九一頁。
58 長谷川如是閑『大正八年版新聞総覧』日本電報通信社、二頁。この言葉は新聞記者の専門職化を示す文脈でも引用されている。河崎吉紀『制度化される新聞記者――その学歴・採用・資格』柏書房、二〇〇六年、九七頁。
59 永代静雄編『大正十三年版日本新聞年鑑』新聞研究所、三七頁。『地方別日本新聞史』、一四三頁。
60 太田正孝「見果てぬ夢か」『五十人の新聞人』電通、一九五五年、一九四頁。
61 有馬秀雄『新聞記者の裏おもて』三寶閣、一九二五年、五頁。
62 太田正孝「新聞と政治」川上常郎編『政治教育講座』第四巻、政治教育協会、一九二七年、四六〇、四六四頁。
63 小野秀雄「東京都新聞史　その三」、一四八頁。
64 太田正孝「『報知』に理想を求めて」、九〇頁。なお、退社当時の太田が構想していた合理化案については、太田正孝「新聞合理化論」『綜合ヂヤーナリズム講座』第一〇巻、内外社、一九三一年を参照。
65 野間時代の報知新聞については、拙著『「キング」の時代――国民大衆雑誌の公共性』岩波書店、二〇〇二年の第四部第三章「『日刊キング』と戦争ジャーナリズム」を参照。

66　前掲『世紀を超えて』、二三三頁。
67　川人貞史「衆議院議員経歴の長期的分析1890-2009」『国家学会雑誌』第一二四巻五・六号、二〇一一年、四九八頁。
68　枡田隆治『学閥――日本を支配する赤門』有紀書房、一九五七年、五一頁。枡田自身も第三高等学校から東京帝国大学法学部に進学した朝日新聞記者である。
69　早稲田大学出身者の「宰相たるあたわずんば」の文筆英雄から文筆労働者への変化については、河崎吉紀「新聞界における社会集団としての早稲田」、猪木武徳編『戦間期日本の社会集団とネットワーク――デモクラシーと中間団体』NTT出版、二〇〇八年が詳しい。
70　江田五月『国会議員――わかる政治への提言』講談社現代新書、一九八五年、六六頁。
71　同書、一〇一頁。
72　江田三郎『私の履歴書』第一八集、日本経済新聞社、一九五七年、一〇〇頁。
73　『議会制度百年史――貴族院・参議院議員名鑑』大蔵省印刷局、一九九〇年、二三五頁。
74　上田耕一郎『国会議員』平凡社新書、一九九九年、五四頁。
75　同書、六六～六七頁。
76　同書、六八～六九頁。
77　同書、一〇四頁。
78　同書、八〇～八一頁。
79　同書、八一頁。
80　上田の『国会議員』と同年に刊行された佐々木毅ほか編『代議士とカネ――政治資金全国調査』朝日選書、一九九九年に所収の沖野安春「政治資金・政党組織・集票活動――日本共産党の場合」で、一九九六年の共産党中央委員会と自民党本部の収支構造が比較されている。「機関紙・誌類の売り上げ」が収入に占める割合は共産党の約八九％に対して自民党はわずか四・四％に過ぎない（一五八頁）。沖野は共産党の特質を「『しんぶん赤旗』というメディアを中心にして、組織・集票活動が行われている党」（一五九頁）と要約している。元日本共産党中央委員会常任幹部会委員、同党政策委員長で参議院議員を二期つとめた筆坂秀世によれば、党活動の中心に『赤旗』の発行部数を増やす運動があり、「かつては『赤旗』紙上で、どの地方議員が何部拡大したかというランクが発表されていた」。筆坂秀世『日本共産党』新潮新書、二〇〇六年、七九頁。

81 川田龍平『誰も書けなかった国会議員の話』ＰＨＰ新書、二〇〇九年、九六頁。

82 同書、四〇～四二頁。

83 同書、七六頁、七九頁。

84 林芳正・津村啓介『国会議員の仕事——職業としての政治』中公新書、二〇一一年、二一頁。

85 同書、九五頁。

86 同書、九八頁。

87 同書、三五頁。

88 同書、六四頁。

89 二〇一八年三月現在において立憲民主党・希望の党・民進党・無所属に分かれている野党議員は、二〇一七年の分裂前の名称「民進党系」とした。今後も離合集散が続くと予想されるためである。また、「自民党系」とした理由は、大島理森・衆議院議長が会派を離脱しているためである。各党別に新聞系—出版系—放送系に分けた上で五十音順にならべている。肩書等は自己申告データに含まれるもので、表記のばらつきは統一していない。

90 二〇一八年現在の比率で見る限り、衆議院の「メディア関連議員」八・四％（三九名）よりも、参議院（定数二四二名）の同一〇・七％（二六名）は高い。『国会便覧』の経歴における内訳は新聞雑誌系九名、通信社系一名、放送系一六名となる。比例代表制の全国区を持つ参議院の選挙システムにおいて「顔が広い」テレビ出演者が有利であることは自明であり、著名な女優・スポーツ選手・評論家なども多い。

91 現在でも地方紙が社主親族の政界進出マシーンとして効果的に機能した事例はある。鳥取県で占有率八割を誇った県紙『日本海新聞』社主の娘婿で取締役編集局長の田村耕太郎参議院議員（二〇〇二～一〇年）の「新聞社挙げての選挙」は注目された。田村は自民党議員として当選したが、二〇一〇年民主党に移籍した。民主党政権下で自民党から乗り換えた唯一の現職議員である。大滝純治「批判機能を失った地方紙——転落した「地方紙の星」鳥取・『日本海新聞』の迷走」、佐野眞一編『メディアの権力性』岩波書店、二〇〇五年を参照。また、地方レベルでは新聞記者の政界転出は今日も盛んである。窪田順生「老害記者だらけの新聞社　記者は40代で定年退職せよ！」『別冊宝島　新聞凋落！』（二〇一六年七月号）は、社内での栄達が見えない「負け組」記者の行く末として、「元朝日新聞記者」の肩書を持つ「ヤメ記者議員・首長」の具体例を列挙している（一九〇頁）。

92　前掲書『職業としての政治』、九〇頁。

93　荻上チキ『すべての新聞は「偏って」いる——ホンネと数字のメディア論』扶桑社、二〇一七年、一〇八頁。

94　小口日出彦『情報参謀』講談社現代新書、二〇一六年。

95　世耕弘成『プロフェッショナル広報戦略』ゴマブックス、二〇〇五年。世耕は一九九〇年ＮＴＴからボストン大学コミュニケーション学部大学院へ派遣され、一九九二年に企業広報論修士号を取得している。帰国後はＮＴＴ本社広報部報道部門報道担当課長などを務め、一九九八年から参議院議員を続けている。

96　小林史明×西田亮介「対談　自民党のメディア戦略」、西田亮介『マーケティング化する民主主義』イースト新書、二〇一六年、二三二頁。

第一章

メディアに関連する議員の一〇〇年
——『衆議院議員名鑑』における数量的分析

河崎吉紀

1　研究の方法

「メディア」の範囲

本章はメディアに関連する議員の全体像を数量的に把握することを目的とする。対象は一八九〇年の第一回総選挙から一九九〇年の第三九回総選挙まで、一〇〇年間で当選した衆議院議員である。資料には衆議院・参議院編『衆議院議員名鑑』を用いた。[★1] その凡例によれば、「経歴は議員から提出された履歴書、既刊の衆議院議員略歴、衆議院要覧その他の資料を参考として」編集されている。[★2] このうちメディアに関連する議員は九八四人、総数五五七九人中、一七・六％にあたる。

最初に彼らを抽出した過程について説明しよう。まず「メディア」の範囲から除外した経歴として、業種では印刷、製紙、通信、興行、音楽、広告、写真などがある。また、職業として作家、詩人、歌手、速記者、デザイナーも研究対象から外している。

そのうち最も多かった業種は印刷業で、二一人中一〇人が社長、八人が役員、社員などその他が三人である。次いで製紙業は、一二人中一人が社長、八人が役員、社員などその他が三人である。たとえば、愛知県選出の中野四郎は、経歴に第一中外印刷取締役と記しているが、ほかに日本旅行クーポン社長、協進海運社長などの肩書がある。鹿児島県選出の小林三郎も日満印刷（株）取締役社長のほか、堤方製作所顧問、武蔵野乗合自動車常務取締役と記載されている。印刷、製紙業を経歴にあげる議員のほとんどは重役として他業種に名を連ねており、単独で業界を代表しているわけではない。

一方、通信業は、一二人中五人が日本電信電話公社の職員を勤めており、逓信局、電信局勤務の二人も含めて、七人が労働組合を経て衆議院に当選している。また一二人中九人が日本社会党に所属する。印刷、製紙と比べて、この業界は被雇用者を代表している人物が多い。

印刷、製紙、通信はメディアにハードウェアを提供するが内容には関与していないため、本研究では対象外とした。そのほか、一〇人未満の業種については省略している。

職業のなかで判断が難しいのは「著述業」である。須磨弥吉郎は一九一九年に外務省に入り、南京総領事、スペイン公使を務めた外交官である。諜報活動に関与して戦後、A級戦犯容疑で逮捕、不起訴となり釈放、『名鑑』では「のち著述業に従事し」と記されている。公職追放が解除され、一九五三年、衆議院議員総選挙に立候補し当選した。三田村武夫は一九二八年に内務省警保局に入り、拓務省管理局を経て「のち著述業に従事し」、一九三七年、中野正剛（646）の東方会から出馬し議員となった。満井佐吉は陸軍士官学校、陸軍大学校を出て中佐まで昇進し、二・二六事件で禁固三年の刑を受け免官となった軍人である。「のち著述業に従事し」、一九四二年の翼賛選挙で立候補し議員となる。いずれも多数の著書を執筆しているが、主な経歴は外交官、官僚、軍人である。ほかに下川儀太郎、豊田豊吉、前野芳造、山口武秀なども「著述業」との記載はあるが、主たる経歴と見なすことはできない。

作家では高倉輝が一九一六年に京都帝国大学を卒業後、戯曲「砂丘」で文壇に認められ、小説『高瀬川』『百姓のうた』『狼』など多数を発表し、一九四六年、日本共産党から立候補して衆議院議員を一期務めている。

また、石原慎太郎が一九五五年に小説「太陽の季節」を発表し、翌年、芥川賞を受賞、一九六八年、参議院選挙に当選して政治家となり、一九七二年の第三三回総選挙より衆議院議員となった。作家、詩人をうたう国会議員はほかにもいるが、専業はほとんど見当たらないため「メディア」の範囲からは除外した。

石田一松は戦前、演歌師として名をあげ、一九四六年に代議士となった歌手であり、伊藤よし子は「農村問題関係を主とした速記者」と記され、戦後、伊藤好道（69）の地盤を引き継ぎ、一九五八年の総選挙で当選している。歌手、速記者はそれぞれ一人しか見当たらないため本研究には含めていない。

また、政党の役職において報道局長、出版局長、宣伝局長などの肩書がある。たとえば、与謝野馨は日本原子力発電に勤務の後、一九六八年に中曽根康弘の秘書となり、一九七六年の第三四回総選挙で初当選している。自由民主党内で出版局次長、商工局次長など多数の役職に就き、そのなかの一つに新聞局長が含まれる。平沼赳夫は慶應義塾大学を卒業後、日東紡績に勤め、佐藤栄作、中川一郎の秘書を経て一九八〇年に衆議院議員となった。同じく自由民主党内で青年局次長、地方局長など多くの役職を経ており、出版局長もそのうちの一つである。つまり、当選前の職業はメディア以外にあって、メディアに関連する党内の役職は複数あるうちの一つにすぎない。

他方、政党の機関紙など、実際に記者としてジャーナリズム活動を経験した議員がいる。志賀義雄（434）は戦前、雑誌『マルクス主義』、『無産者新聞』を編集し、戦後は共産党の機関紙『アカハタ』で主筆を務め、一九四六年に衆議院議員となる。また、米原昶（962）は戦前、弘世哲夫を名乗って左翼運動を行い、戦後、共産党の機関紙『アカハタ』の記者を勤めて、一九四九年に出馬して当選した。遠藤和良（162）は高校卒業後、日本楽器に勤め、一九六五年に創価学会の機関紙を発行する聖教新聞社に入り、金沢支局長、徳島支局長を経て、一九八三年に初当選している。ほかにも相沢武彦（17）、桑名義治（344）、武田一夫（572）らが『聖教新聞』の支局長、記者を経歴に記載している。

そこで、本研究では、政党における役職のうち記者職にあった者、携わった新聞雑誌名を明らかにしている者を「メディア」に関連する議員に含め、それ以外を除外した。

上記のような過程を経て、「メディアに関連する議員」九八四人を特定した。厳密に言えば、新聞社、通信社、放送局、映画会社に関与したと『名鑑』の経歴に記載されている議員である。紙芝居や図書館など広義にはメディアに関連する対象はほかにもあるが、いずれも少数であり、今回の分析では扱っていない。本書が指すところの「メディア」には限定があることをふまえて結果を考察する必要がある。

「出身」という概念

次に、「出身」という概念について検討してみよう。本章ではメディアに「関連する」議員としてデータを扱っている。しかし、どれほど各議員がメディアと「関連する」のかは不明である。何十年にわたって新聞社を経営した議員もいれば、数年間、役員に名を連ねただけの議員もいる。つまり、メディアと「関連する」程度も順序も明らかではない。したがって、メディア出身の議員であるかどうかを客観的に判断する術はない。たとえば、若い頃に記者として活躍し、その後、メディアとはまったく関係のない企業を親から譲り受け、実業家として地方紙を買収、社長となって、市会議員、県会議員を務め、地方政治を経て国政に打って出たとすれば、はたして「メディア出身議員」と呼べるのかどうかは疑問である。ここでいくつか事例をあげておきたい。

一九一四年、補欠選挙に当選して以降、六期を務めた西英太郎（674）の経歴は次のとおりである。

小城郡会議員、佐賀県会議員、同常置委員、同参事会員、米穀委員会委員となる、また佐賀県農工銀行頭取、肥前電気鉄道、唐津鉄道、高取鉱業各（株）取締役、佐賀毎日新聞、九州窯業各（株）社長、（株）唐津製鋼所監査役、同顧問

確かに佐賀毎日新聞の社長であり、メディアに関連した議員ではあるが、銀行の頭取でもあり、鉄道会社の取締役でもある。また、郡会議員、県会議員の経験を持つ。国政への進出において、新聞社がどのような役割

を果たしたのかは『名鑑』の経歴だけでは明らかにできない。

そこで、日本新聞協会編『地方別日本新聞史』を見ると、「西氏は唐津鉄道、高取鉱業、佐賀農工銀行の重役をつとめたキッスイの実業家で、氏が新聞社長となったのは血の気の多い新聞人に押えがキクのは、この人以外にないところから求められてポストについたまでであった」と記されている。★3 実業家であることは確かだが、新聞の歴史にも名を残している。さらに、河村竜夫によれば『西肥日報』の主筆、西峯火は民政党の代議士、西英太郎であると記されている。★4 筆名を持ち主筆まで務めたとなれば、単なる実業家と割り切ることもできない。西は東京で中村正直に学び、武富時敏らと自由民権運動に加わった。武富が創刊した『肥筑日報』が一八九五年に改題され『西肥日報』となっている。

鈴木梅四郎（476）は一九一二年の第一一回総選挙で当選した衆議院議員である。『名鑑』による記述は以下のようである。

時事新報記者、横浜貿易商組合顧問兼横浜貿易新聞社長、三井銀行横浜、神戸各支店長、王子製紙（株）専務取締役、社団法人実費診療所理事長、帝国文化協会々長、台南製糖、台湾森林工業、晩成事業各（株）取締役会長、共同火災保険、第一火災保険、昭和火災保険、三越呉服店、東洋印刷各（株）重役となる

『時事新報』の記者、『横浜貿易新聞』の社長であることから、メディアに関連した議員であると言える。『横浜貿易新聞』は横浜貿易組合の機関紙で、前任者の高橋義雄も組合の顧問と新聞の社長を兼任している。高橋は慶應義塾の出身で、以後、同校の卒業生が主筆を務めるようになった。★5 一八九一年に鈴木梅四郎は新聞経営者になった。しかし、その後、三井銀行で銀行員となり、王子製紙で重役を務め、保険会社や三越などの役員となっており、「メディア出身」と呼べるのかどうかは検討の余地がある。加えて、鈴木の名を後世に残すのは、実業家としてというより、むしろ社会運動家としてであり、一九一一年、加藤時次郎とともに設立した実費診療所による功績が称えられている。これは診察料を無料にし、薬代など実費のみで医療を受けられる低所

得者層を対象とした病院である。

また、国井庫（329）は一九〇二年の第七回から一九〇八年の第一〇回まで四期当選している。

> 準訓導となり、のち代言人、次いで弁護士の業務に従事す、また山形新聞社長となる

右記『名鑑』のわずかな記載に三種の職業が含まれている。小学校教員となったのは一〇代で、数年で辞めた後、織物業を営み、その後、上京して明治法律学校に学んでいる。一八八七年に代言人となり、一八九〇年に帰郷する。弁護士業の傍ら、一八九四年から一九〇二年まで山形新聞社長を務めた。この間、憲政本党山形支部を立ち上げている。

そこで、一九〇二年八月二〇日の『東京朝日新聞』を見ると、「選挙雑感」として「新聞関係諸君　中には北村左吉（堺新聞）持田若佐（野州日報）横尾輝吉（新下野新聞）望月小太郎（雑誌）寺井純司（陸奥新聞）国井庫（山形新聞）畑隆太郎（秋田新聞）阪本義夫（中国民報）高田早苗（読売新聞）等も加へらるゝのである」とまとめられており、ここでは、国井はメディア出身に分類されている。★6

このように、人生の一時期に記者を勤め、新聞を経営することがあり、他方、実業家であり、社会運動家であり、弁護士であるというように経歴を一つに絞ることは難しい。とはいえ、政治家の経歴について、これまで、統計的な処理を施し全体像を把握しようとする試みがなかったわけではない。

国会議員の属性を分析した代表的な著作に中久郎編『国会議員の構成と変化』がある。衆議院総選挙の第二三回（一九四七年）から第三五回（一九七九年）、参議院選挙の第一回（一九四七年）から第一一回（一九七七年）を対象とし、資料には『衆議院議員総選挙結果調』『参議院議員通常選挙結果調』『人事興信録』『国会便覧』『政治ハンドブック』などを用いて、所属政党、当選回数、性別、最終学歴、出身職業など二四項目を扱っている。

そこでは、初回当選時点以前についていた職業のうち、最も長期、主たる職業、議員になるために重要な役

割を果たしたという観点から「出身職業」を一つに限定し用いている。例として「一五年間の地方公務員の後、五年間自営農業をいとなみ初当選した者の出身職は、前者の「地方公務員」をとっている」と記されている。[★7]さらに「現職」という項目を別に立てて区別している。これは公務員の立候補制限により「無職」として届け出た場合などを想定している。ただし、出身職と現職はほぼ共通しているという。

上記、中久郎らの研究の続編にあたるものとして、青木康容「帝国議会議員の構成と変化」がある。対象は第一回（一八九〇年）から第二一回（一九四二年）まで、戦前の衆議院議員総選挙である。『名鑑』を主な資料としている。しかし、「経歴と衆議院議員としての初当選や再選との前後関係には触れていない。たとえば、職歴に関して、それが初職なのか初当選直前の職業なのか、あるいは議員に在任中の職業なのか、議員を辞職してからの職業なのか、といった重要な観点が判断できないのである」と説明されるように、[★8]『名鑑』に記載の経歴が当選に作用したかどうかは不明である。また、複数の職業から一つを同定することの困難も指摘されている。その上で、二〇のコードに議員の経歴を分類している。

たとえ立候補の時点で届け出られた経歴であっても、「出身」として代表性を持たせることは難しい。一九四七年から一九五九年の参議院通常選挙を扱った居安正は次のように述べている。「国会事務局のものは立候補の届出にもとず(ママ)いているようであるが、これは極めて便宜的であって、土建屋の親分が著述業となったり、職業的な農協のボスが農業となったりする危険があり、更に分類の基準に職業と産業の区別がなされていないため、同じ会社員中に会社重役と労働組合の役員とが同居するといった場合も生じて来る」[★9]。そこで彼は「初回当選時の立候補当時の現職」という定義を用いて、経歴にある多数の職業から一つを選択している。

このように、先行研究においては、何らかの基準を設けて、複数ある経歴のなかから主要な職業を同定する作業が行われている。いずれにせよ、経歴の順序、期間はもとより、その国政進出に果たした重要性についての判断は、歴史研究として詳細を調べなければわからないという余地を残す。

2　議席に占める割合

メディア経験者とメディア経営者

では逆に、『名鑑』から計量的に明らかにできることは何だろうか。本書では「メディアで働いたことがある議員はだれか」「メディアの経営者になったことがある議員はだれか」を特定しようと試みた。その作業は次のとおりである。

『名鑑』において職業に関する記述のうち、「記者」「編集」「主筆」「論説」「主幹」「支局」「特派」「政治部長」「政治部副部長」「政経部長」「経済部長」「文芸部長」「地方部長」「アナウンサー」「キャスター」「プロデューサー」「販売局長」「営業部長」「広告部長」「広告局」「業務部長」「企画部長」のいずれかの語を含む者、また、所属するメディアに続き「入社」「社員」[★10]「勤務」「入る」「入り」と記載される者をメディア経験者とした。その結果、五二一人を抽出できた。第一回総選挙より一〇〇年間に衆議院議員であった五五七九人中、九・三%が経歴上、メディアで働いた経験があると『名鑑』に記載されているのである。

同様に「社長」「社々長」「社主」「会長」「頭取」「代表者」「代表取締役」「代表社員」「経営」「営み」「営む」「主管」「主宰」「発行」「発刊」「刊行」「創刊」「創立」「設立」のいずれかの語を含む者をメディア経営者とした。その数五一九人、全体の九・三%である。記者や編集、主筆といった経歴に比べ、経営者となるほうが順序が後になる可能性は高い。選挙に当選後、あるいは政治家を引退してから就任したケースを含むことに留意せねばならない。

残された分類として、「取締役」「監査役」「顧問」「理事」「相談役」「重役」「専務」「役員」「客員」のいずれかの語を含む者がいる。メディアで役員を務めた議員である。二二九人（三・九%）が存在する。記者や編集者、社長、創刊者などほかの項目と重複する者も含む。役員にしか名を連ねていない者も多く、一一一人いる（表1）。

たとえば、山形県選出の議員で、第一五回から第二一回まで七期を務めた高橋熊次郎（548）は、山形自由新聞社取締役である。しかし、山形商業銀行の取締役でもあり、上山電気の社長を務め、傍ら高橋農園を経営している。あるいは、北海道選出の山本厚三（935）は第一四回から第二一回まで八期務めている。『小樽新聞』の取締役である。加えて、小樽倉庫、小樽商船、松前造林の社長であり、北日本汽船、北海道製綿、大正製麻の取締役でもあり、北海道練乳、定山渓鉄道では監査役と記されている。

確かに、役員に名を連ねるだけでは、「メディア出身」議員とは呼べない。名誉職の可能性も高い。とはいえ、数ある業種のなかで有権者に政治的影響を及ぼせる企業に関与していると考えれば、見過ごすこともできない。したがって、本書ではメディアに関連する議員として把握している。

ただし、これらの分類には相互に重なり合う部分がある。つまり、メディア経験議員のなかには、メディア経営議員や役員を務めた者も含まれているからである。そこで、経営に関与せず、純粋に取材や編集のみの経験が記載されている議員を抽出すると表1のようになる。メディア経験のみの議員は三一四人で、現場での経歴に加えて経営にも関与した議員は一三六人である。社長などにならなくとも役員に名を連ねたメディア経験議員も四〇人いて、すべてに記載のある三一人を加えると、上記のように総計が五二一人となる。

さて、この重なりに留意した上で図表2を見てみよう。メディア関連議員全体で見ると、一八九四年の第四回総選挙まで議席は減少し、その後、一九一二年の第一一回総選挙へ向けて約二〇年かけて上昇していく。原敬内閣の下で政友会が圧勝する一九二〇年の第一四回総選挙ではシェアを二七・四％に落とすが、護憲三派が結成され憲政会が第一党となる一九二四年の第一五回総選挙で三三・〇％に復活し、第二〇回総選挙まで三〇％台を維持する。しかし、翼賛選挙と呼ばれる戦時下の第二一回総選挙で大きく議席を失い、敗戦後の第二二回総選挙では二一・五％にまで低下、戦後は三〇％台を復活させるどころか徐々に衰退して、一九九〇年の第三九回総選挙では一〇・五％にまで落ち込んでいく。要約すれば、『名鑑』の

表1　メディア関連議員の内訳

	実数（人）
経験	314
経営	315
役員	111
経験・経営	136
経験・役員	40
経営・役員	37
経験・経営・役員	31
計	984

図表2　議席の推移

上段：実数　下段：%

選挙回	1	2	3	4	5	6	7	8	9	10	11	12	13	14	15	16	17	18	19
関連	66	59	56	43	46	59	90	91	92	113	122	115	127	127	153	147	150	152	158
	22.0	19.7	18.7	14.3	15.3	19.7	23.9	24.2	24.3	29.8	32.0	30.2	33.3	27.4	33.0	31.5	32.2	32.6	33.9
経験	21	19	18	18	19	24	40	36	39	53	58	62	69	68	88	81	85	82	85
	7.0	6.3	6.0	6.0	6.3	8.0	10.6	9.6	10.3	14.0	15.2	16.3	18.1	14.7	19.0	17.4	18.2	17.6	18.2
経営	52	43	40	29	32	38	56	55	58	76	81	67	81	79	91	90	88	89	89
	17.3	14.3	13.3	9.7	10.7	12.7	14.9	14.6	15.3	20.1	21.3	17.6	21.3	17.0	19.6	19.3	18.9	19.1	19.1
定数	300	300	300	300	300	300	376	376	379	379	381	381	381	464	464	466	466	466	466

選挙回	20	21	22	23	24	25	26	27	28	29	30	31	32	33	34	35	36	37	38	39
関連	159	125	100	108	98	98	103	90	89	92	82	84	84	64	66	60	56	60	61	54
	34.1	26.8	21.5	23.2	21.0	21.0	22.1	19.3	19.1	19.7	17.6	17.3	17.3	13.0	12.9	11.7	11.0	11.7	11.9	10.5
経験	87	65	56	67	63	65	73	63	60	67	56	57	60	44	54	50	46	51	50	46
	18.7	13.9	12.0	14.4	13.5	13.9	15.7	13.5	12.8	14.3	12.0	11.7	12.3	9.0	10.6	9.8	9.0	10.0	9.8	9.0
経営	89	71	46	44	42	41	40	38	38	31	31	27	24	19	13	11	11	8	9	6
	19.1	15.2	9.9	9.4	9.0	8.8	8.6	8.1	8.1	6.6	6.6	5.6	4.9	3.9	2.5	2.2	2.2	1.6	1.8	1.2
定数	466	466	466	466	466	466	466	467	467	467	467	486	486	491	511	511	511	511	512	512

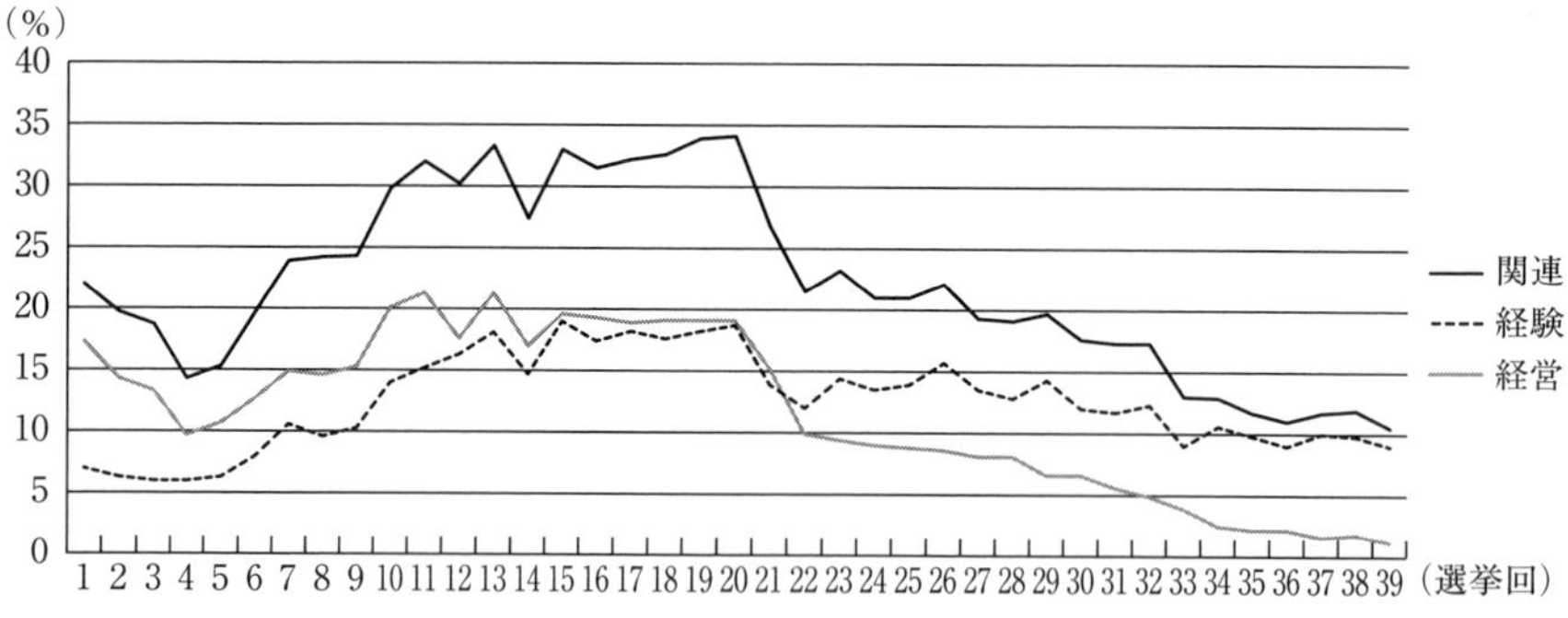

経歴にメディアを記載しているような議員の活躍は、一九一〇年代から一九三〇年代であったと言えるだろう。詳しい時期区分については、すでに序章で仮説が示されている。ただし、ここでいう「メディア関連議員」とは、先に述べたように、現場で取材や編集を経験した議員や、新聞経営者、役員などを総合した概念である。そこで、次にメディア経験議員のみを取り出して議席の推移を追ってみよう。

　同じく図表2によれば、一八九〇年の第一回から一九一七年の第一三回総選挙まで、人生の一時期に何らかの形でメディアで働いた経験を持つ議員が増えていくことがわかる。大選挙区制から小選挙区制に移行した一九二〇年の第一四回総選挙ではシェアを三・四%落とすが、四年後、第二次憲政擁護運動で護憲三派が勝利した第一五回総選挙では四六四議席中八八議席、一九・〇%とメディア経験議員は一〇〇年間で最大の割合を示した。しかし、その後は頭打ちとなり、翼賛選挙と呼ばれる第二一回総選挙の一九四二年まで約一八年間、平均で二割弱程度のシェアを維持することになる。第二一回で大きく議席を減らし、敗戦後の一九四六年、第二二回総選挙で一二・〇%にまでシェアを落としてしまう。そして、「バカヤロー解散」で行われた一九五三年の第二六回総選挙にかけ、やや回復を見せ一五・七%まで巻き返すが、それ以降、メディア経験議員が議席に占める割合は減っていき、一九七二年、第三三回総選挙でついに一〇%を切ってしまう。戦前、一〇%以下であった最後の選挙は一九〇三年の第八回総選挙であるから、情勢は約七〇年をかけて二〇世紀初頭へ逆戻りしたと言えよう。

戦後については、ダニエル・M・スミスとスティーブン・R・リードが衆議院選挙の候補者に関するデータを整備している。そのうち、新聞、雑誌、テレビでニュースに携わった当選者の議席に占める割合は、一九五三年の第二六回総選挙で最大一二・二%であり、その後は一〇%前後でほぼ横ばいである。[★11] 全候補者中に占める割合も五・八%から八・九%の範囲に収まる。このように、メディアで働いた経験を持つ議員が戦後に復活しなかったことは他資料によっても確認できる。

他方、経営者の議席に占める割合は一八九〇年の第一回から一八九四年の第四回まで、急激に落ち込んでいるのが目立つ。これは、「発行」「発刊」「刊行」「創刊」「創立」「設立」のいずれかの語を経歴の記載に含み、人生のいずれかの時点でメディアを創立した人々が、第一回に総議席の一〇・七%を占めていたことによる。そうした記述を除いたメディア経営者の割合は、実は六・七%にすぎない。もちろん、初期の新聞発行は政党と密接に結びついており、議会開設前に在野の政治家が創刊に携わっていたとしても不思議ではない。いずれにせよ、経営者のなかでも創刊に携わった人々は、第五回までの約一〇年で総議席の三・三%にまで減少する。その後は、おおむねメディア経験者と同じような軌跡を描いているが、後半はまた大きく異なる。敗戦後初め

表3　当選回数上位22

	実数（回）
尾崎行雄	25
犬養毅	18
原健三郎	18
菅原伝	16
船田中	15
箕浦勝人	15
安達謙蔵	14
井上角五郎	14
石田博英	14
川島正次郎	14
島田三郎	14
西村丹治郎	14
早川崇	14
福田一	14
植原悦二郎	13
大岡育造	13
大津淳一郎	13
田中万逸	13
長谷川峻	13
原田憲	13
松村謙三	13
山中貞則	13

表4　当選回数

当選回数	全体		戦前のみ	
	人	%	人	%
1	319	32.4	243	35.1
2	168	17.1	132	19.1
3	111	11.3	92	13.3
4	83	8.4	59	8.5
5	56	5.7	36	5.2
6	64	6.5	43	6.2
7	47	4.8	30	4.3
8	40	4.1	21	3.0
9	27	2.7	6	0.9
10	23	2.3	14	2.0
11	18	1.8	3	0.4
12	6	0.6	3	0.4
13	8	0.8	2	0.3
14	8	0.8	4	0.6
15	2	0.2	1	0.1
16	1	0.1	1	0.1
18	2	0.2	1	0.1
21			1	0.1
25	1	0.1		
計	984	100.0	692	100.0

ての、そして帝国議会最後の第二二回総選挙（一九四六年）で早くも一〇％を下回り九・九％にまで低下したシェアはその後、回復せず、メディアを経営した経歴を持つ議員は、各回の総選挙において議席を失い続け、最小値である一九九〇年の第三九回総選挙の一・二％へ向けて減少していく。

当選回数

さて、一口に政治家といっても、大物政治家から泡沫政治家までさまざまである。その指標の一つとして当選回数を取り上げよう。たとえば、『新潟新聞』や『報知新聞』に勤めた経験を持ち、第一回から第二五回まで連続当選した尾崎行雄（178）は群を抜いている。第二二回から第四一回まで二〇期を務めた原健三郎（736）も非常に長い経歴を持ち、若かりし頃、講談社の社員として雑誌『現代』の編集長を務めたメディア経験議員である。彼らは衆議院議員を五〇年以上も務

表5　当選回数（経歴別）

	全体				戦前のみ			
	経験のみ		経営のみ		経験のみ		経営のみ	
	人	%	人	%	人	%	人	%
1	92	29.3	101	32.1	54	32.9	90	33.8
2	53	16.9	64	20.3	35	21.3	56	21.1
3	34	10.8	46	14.6	21	12.8	42	15.8
4	26	8.3	20	6.3	15	9.1	18	6.8
5	21	6.7	15	4.8	6	3.7	13	4.9
6	14	4.5	22	7.0	8	4.9	17	6.4
7	19	6.1	14	4.4	7	4.3	12	4.5
8	12	3.8	8	2.5	4	2.4	5	1.9
9	8	2.5	6	1.9	2	1.2	2	0.8
10	8	2.5	6	1.9	5	3.0	4	1.5
11	10	3.2	5	1.6	1	0.6	2	0.8
12	5	1.6	1	0.3	2	1.2	1	0.4
13	4	1.3	4	1.3			2	0.8
14	5	1.6	2	0.6	2	1.2	1	0.4
15								
16			1	0.3			1	0.4
18	2	0.6			1	0.6		
21					1	0.6		
25	1	0.3						
計	314	100.0	315	100.0	164	100.0	266	100.0

めている。続いて、第一回から連続一八回当選の犬養毅が続く。彼は『東海経済新報』、『報知新聞』などに勤め、西南戦争では現地に赴き戦況を報道した経験を持つ議員である。

表3はメディア関連議員のうち当選回数の上位二二を抜き出したものである。ただし、戦後の議員については注意が必要である。本書は一九九〇年の第三九回総選挙までしか対象としていないため、それ以降の当選についてはこの表に反映されていない。たとえば、原健三郎は一八回となっているが、第四〇回以降を含めると二〇回となる。

川人貞史の研究によれば、第一回から第三九回までの平均当選回数は三・一回で、約四〇%が一回の当選だけで消えているという。[★12] 表4は一〇〇年間のメディア関連議員における当選回数を示したものである。平均当選回数は三・八回で、三二・四%が一度の当選だけで消えている。つまり、ほかの議員も含めた全体より当選回数は若干長く、二回以上の当選も数％多いことがわかる。とはいえ、メディア関連議員の四九・五％は二回以内の当選にとどまっている。三回まで当選した者を含めても六〇・八％である。逆に、一〇回以上の長期にわたり国会議員を務めあげた者は七・〇％しかいない。

ここで帝国議会議員の構成を研究した青木康容の成果と比較してみよう。戦後は一九九〇年以降の当選回数が含まれていないが、戦前であればその数は確定している。帝国議会議員のみを取り上げた場合、一回だけの当選は全体の四六・六％、二回まで六六・四％、三回まで七七・二％となっている。メディア関連議員について、戦前のみを扱うと一回だけの当選が三五・一％、二回まで五四・二％、三回まで六七・五％である。このことから、戦前に限って言えば、メディア関連議員の当選回数は議員全体のそれよりも多いことを指摘できる。

さらに、メディア関連議員を経験議員と経営議員に分けて分析する。表5によれば、経験と経営の両方を記載している者を除いた経験のみの議員で、二九・三％が一回だけの当選で議会を去っていることがわかる。一方、経営のみを記載した者は三二・一％が一回だけの当選である。五回以上の長期にわたり議席を保持できた議員は、経験のみの場合三四・七％、経営のみで二六・七％となっており、いずれにせよ、取材や編集などの経験だけを『名鑑』に記載している議員のほうが長く議席にとどまっていることがわかる。ところが、戦前に限定するとその差はほとんど見られない。当選回数が一回だけの議員は、経験のみの議員で三二・九％であるのに対し経営のみの議員では三三・八％である。戦前・戦後を含めた全体で人数はそれぞれ三一四人と三一五人であるが、戦前では一六四人と二六六人となっていて、経営のみに携わった者のほうが多い。図表2に見たように、戦後、メディア経営議員は急激な落ち込みを回復させることができなかった。つまり、経営議員は、戦前において経験議員と等しかった当選回数を戦後において継続できず、一方、メディア経験議員のほうは戦後も比較的、経営者より議席を維持することが可能で、当選回数も伸ばすことができたのである。

3 『朝日』と『毎日』の違い

メディア別の集計

次に、メディア別の集計について触れておこう（表6）。新聞を経歴に記載する議員が圧倒的に多く八〇二人である。最初の選挙から一〇〇年間で、『名鑑』の経歴に新聞が記されている議員が五五七九人中一四・四％いたことがわかる。次いで出版関係者二〇一人（三・六％）が続く。通信社六一人（一・一％）を含めれば、ほとんどが印刷メディアに関係していたと言える。

一方、それ以外のメディアでは、放送に関与した議員が七一人（一・三％）、映画に関与した議員が三〇人（〇・五％）いる。図表7はその議席に占める推移を表している。放送関連の議員は、戦時下の一九四二年に行われた第二一回総選挙で大きく議席を伸ばし、その後は平均二・六％を維持している。最大値は一九六三年の第三〇回総選挙で獲得した一六議席（三・四％）である。

表6　メディア別

	実数（人）
新聞	802
通信社	61
出版	201
放送	71
映画	30

複数回答

しかし、これらの議員が必ずしも放送業界「出身」議員ではあるとは限らない。たとえば、一九一七年の第一三回総選挙に当選した大島宇吉（192）は、「放送」と経歴に記載された議員のなかで最も早く国政に進出しており、「日本放送協会理事」と記されているが、彼は自由民権運動に参加した経歴を持ち、一八八七年に『愛知絵入新聞』を創刊、翌年、『新愛知』と改題し、ほか多くの地方紙を経営した新聞人であった。ほかに、第一六回総選挙で一期務めた磯野庸幸（110）がいる。経歴にはラジオ関東社長とあるが、横浜正金銀行勤務の後、貿易業を営み政界へ進出、多額納税者として貴族院議員を務めており、ラジオに関わったのは戦後である。いずれにせよ、放送業界から政治家へという順序はたどっていない。

戦後になって放送を経歴に記載する議員は増えていくが、多くが経営者、役員であり、放送の現場経験者ではない。放送局の記者を経歴に載せているのは、一九六

図表7　議席の推移（放送・映画）

上段：実数　下段：%

選挙回	1	2	3	4	5	6	7	8	9	10	11	12	13	14	15	16	17	18	19
放送													1			1	2	5	5
													0.3			0.2	0.4	1.1	1.1
映画		1	1	1	2		1		1	1	1	3	2	4	2	3	3	5	6
		0.3	0.3	0.3	0.7		0.3		0.3	0.3	0.3	0.8	0.5	0.9	0.4	0.6	0.6	1.1	1.3
定数	300	300	300	300	300	300	376	376	379	379	381	381	381	464	464	466	466	466	466

選挙回	20	21	22	23	24	25	26	27	28	29	30	31	32	33	34	35	36	37	38	39
放送	3	13	13	13	11	9	10	9	12	14	16	16	15	12	11	11	13	12	14	17
	0.6	2.8	2.8	2.8	2.4	1.9	2.1	1.9	2.6	3.0	3.4	3.3	3.1	2.4	2.2	2.2	2.5	2.3	2.7	3.3
映画	2	2	6	9	7	6	7	6	4	4	5	4	4	2	1	1	1			
	0.4	0.4	1.3	1.9	1.5	1.3	1.5	1.3	0.9	0.9	1.1	0.8	0.8	0.4	0.2	0.2	0.2	0.0	0.0	0.0
定数	466	466	466	466	466	466	466	467	467	467	467	486	486	491	511	511	511	511	512	512

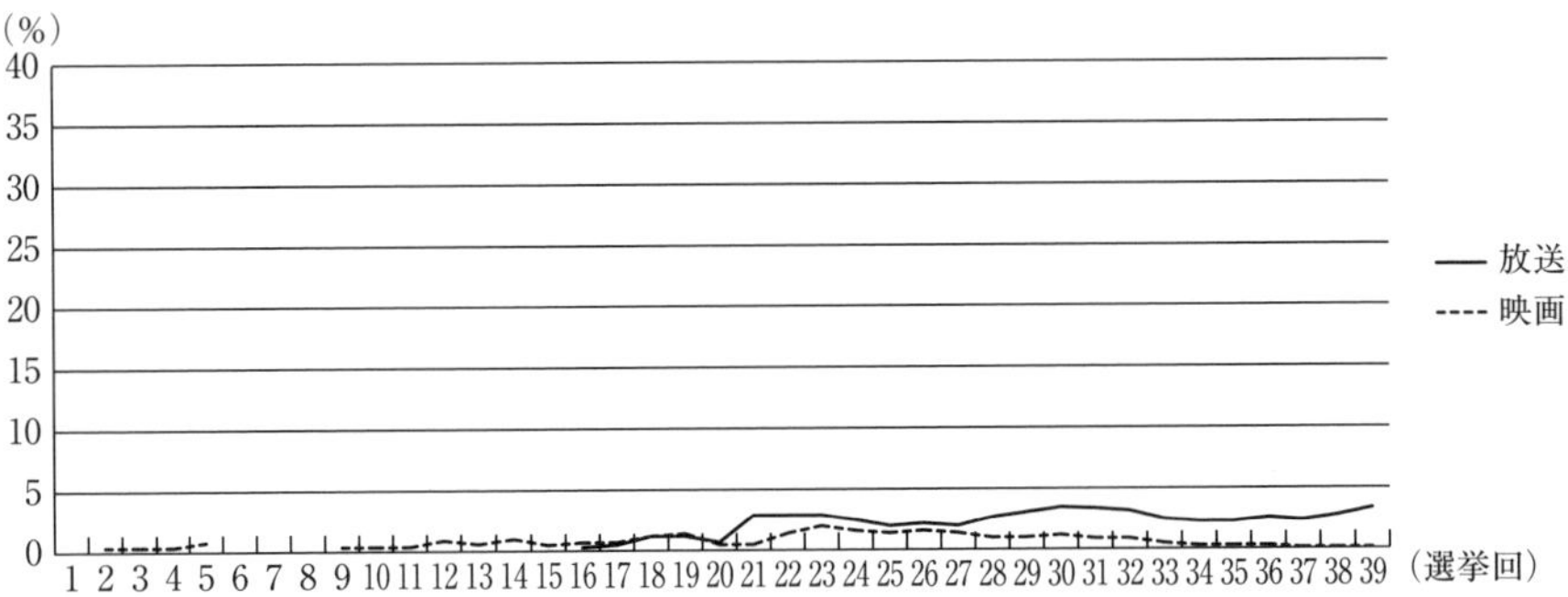

七年の第三一回総選挙で初当選した水野清（860）が初めてである。水野は一九五一年にNHKへ入局し、主に経済を担当する記者として勤務する。その後、赤城宗徳農林大臣の秘書官を経て衆議院議員となっている。

このように、議員がメディアに関与した時期が、当選の前後、どちらに位置づけられるかという問題がある。単なる役員として名を連ねることも含め、放送業界が国政進出に与えた影響は、今後、詳細に検討されねばならないが、メディアそれ自体の時期にも注意を払う必要がある。

一日の発行部数が数千部から数万部という一九世紀の新聞と、一日あたり数十万部、数百万部といった二〇世紀の新聞を同列に論じることはできない。議会開設を求める自由民権運動のなかで政論を掲載した大新聞、市井の事件を中心に挿し絵を入れ、ふりがなをふった小新聞から、日清、日露の戦争を経て部数を拡大させ、企業として成長していく報道中心の新聞まで目的や内容もさまざまである。つまり、一口に「新聞」と言っても、その性格は一〇〇年間で大きく異なるのである。

所属する新聞記者も、政論を構想する明治の同志からニュースを取材し編集する被雇用者へと変貌し、「主筆兼社長」という肩書も、経営者が筆を執らなくなることで耳慣れない言葉へと化していった。大学を卒業して社員となり、退職金をもらって定年を迎える新聞記者と、自由民権運動に奔走し、自ら少部数の政論新聞を創刊した新聞記者では担い手の性格も異なる。

また、「出版」という言葉の範囲にも注意したい。たとえば、四王天延孝(431)は第二一回の翼賛選挙で一期のみ務めた陸軍中将であるが、経歴には「雑誌「正剣」「猶太研究」を発行す」と記されている。あるいは、一九三〇年代に四期務めた藤生安太郎(783)が「武道公論社長」「月刊雑誌「道義」を主宰す」と書かれていたり、戦後も長らく議員を務めた吉田賢一(957)が「ひのもと会等を興し、これを主宰し、雑誌「ひのもと」を発刊す」という経歴を記載している。

一方で、ダイヤモンド社を創業した石山賢吉(108)や『潮』編集長の池田克也(81)、平凡社に勤めた高橋守平(554)など、市場に流通する書籍・雑誌を扱った国会議員もいる。「出版」の分類には、講談社など企業形態のものもあれば、第三章に詳しい『紫溟雑誌』のように政治結社に連なるものも含まれる。

機関誌のようなもので国会図書館にも収められていない雑誌であっても、議員の経歴に記載されたという事実から、本研究ではにわかに排除せず対象として残している。ただし、市場に流通しているものから少部数の特殊な雑誌まで多種多様であることは念頭に置かねばならない。

企業別の集計

その上で、ここではさらに企業別の集計を検討していく。まず、表8は一〇〇年間の選挙において『名鑑』に記載された新聞社、放送局の上位二三を取り出したものである。『朝日新聞』五四人★13と『毎日新聞』四〇人★14

表8　企業別

	実数（人）
朝日新聞	54
毎日新聞	40
報知新聞	36
読売新聞	34
時事新報	30
中央新聞	20
国民新聞	18
聖教新聞	17
東京毎日新聞	17
中外商業新報	17
万朝報	16
日本	14
九州日報	13
日本電報通信	12
NHK	12
東京日日新聞	11
富山日報	11
自由通信	11
二六新報	11
やまと新聞	10
自由新聞	10
大阪新報	10
信濃毎日新聞	10

注：複数回答

が多いことがわかる。企業規模が大きければ社員数も多いのだから、大手の新聞社である『朝日』と『毎日』から多くの議員が輩出されていても不思議ではない。そのメカニズムをここで解明することはできないが、さしあたり、『朝日新聞』と『毎日新聞』はジャーナリズム活動が政治に与える影響とは別に、人材という側面からほかの新聞社に比べ国政に関与する度合いが大きかったと指摘できる。

『朝日新聞』出身の国会議員は戦後においても抜きん出ているが、たとえば社員であった新延修三は下記のように指摘している。

> 朝日を出て、国会議員になった人も多い。死んだ河野一郎氏なぞ、社名を挙げた点では第一人者だが、石井光次郎さんも大臣を幾度もやり、衆議院議長の栄職にも就いた。その他、自民党日中問題研究会の野田武夫、灰皿事件の篠田弘作、橋本登美三郎、おしどり議員といわれた戸叶武、秋山長造、志賀健次郎、田川誠一、さき頃死んだ羽田武嗣郎、二宮文造の諸氏がいる。
>
> 朝日国会議員団というのがあるそうである。★15

この議員団にあげられた氏名はいずれも著名な政治家であるが、前節で明らかにしたように、大半の国会議員は一期のみで議会を去っている。多くの議員が国政に関与していても、その活躍した程度はさまざまである。

そこで当選回数により重みづけをしたものが表9になる。たとえば当選五回の議員は延べ五議席を占めたというように、議席数によりメディア関連議員の企業別における活躍の程度を示した。それでも朝日新聞社に関連した議員は二五四議席であり順位は変わらない。しかし、毎日新聞社は各議員が活躍した程度を考慮した結果、報知新聞社に大きく差をあけられ一六七議席で三位に後退している。

表9　企業別（延べ議席数）

新聞社・放送局	議席	1～11回	1～21回	22～39回
朝日新聞	254	4.7	50.0	50.0
報知新聞	228	24.1	66.2	33.8
毎日新聞	167	12.6	36.5	63.5
読売新聞	161	9.9	32.9	67.1
時事新報	111	21.6	72.1	27.9
東京毎日新聞	93	38.7	87.1	12.9
中外商業新報	83	6.0	30.1	69.9
中央新聞	81	29.6	91.4	8.6
万朝報	64	7.8	73.4	26.6
大阪新報	62	40.3	85.5	14.5
日本	60	8.3	78.3	21.7
国民新聞	59	11.9	64.4	35.6
九州日報	59	20.3	62.7	37.3
日本電報通信	58	10.3	69.0	31.0
聖教新聞	57	0.0	0.0	100.0
新潟新聞	55	34.5	89.1	10.9
同盟通信	51	0.0	11.8	88.2
都新聞	49	10.2	55.1	44.9
自由新聞	47	80.9	100.0	0.0
自由通信	45	37.8	100.0	0.0

注：複数回答

もっとも、『朝日』や『毎日』だけでなく、いずれの表においても戦前の五大紙、戦後の三大紙は上位につけていることがわかる。これらの新聞社は多くの社員や役員を国政に関与させてきた。その理由を先に述べたように企業規模に求めることは自然である。しかし、たとえば『日本』や『万朝報』など、その企業規模のわりに比較的多くの議員が国政に参加した新聞社の存在も本研究で明らかとなった。その説明の一端として、本章では各議員の活躍した時期について分析を試みたい。表9には延べ議席数がそれぞれの期間に占める割合が示されている。つまり、ある新聞社が獲得した議席のうち、明治期における第一回から第一一回の総選挙に占める割合、戦前期である第一回から第二一回と、戦後の第二二回から第三九回における割合を表している。

明治期に偏りを持つ新聞社は、当然、国会

開設以前に創業しているものが多い。また、改進党系の『報知新聞』や『東京毎日新聞』『大阪新報』『新潟新聞』、自由党系の『自由新聞』、自由通信社、そして政友会系となった『中央新聞』など、ほとんどが政党と密接に結びついている。

一方、『日本』は一八八九年に陸羯南を社長兼主筆として創刊された新聞である。『日本』を経歴に記載する議員が議席を持った期間の戦前に占める割合は七八・三%であり、『朝日新聞』や『毎日新聞』『読売新聞』に比べるとやはり戦前に偏りを持つ。廃刊したのが一九一四年なので、戦後にまで影響を及ぼせないことは当然である。しかし、明治年間である第一一回総選挙までの議席ついては、実は八・三%と少ない。つまり、『日本』に関与した人材は廃刊後に、国政に進出した者がほとんどであることがわかる。

同じような数値を持つのが『万朝報』である。一八九二年に黒岩周六によって創刊され、こちらは一九四〇年に『東京毎夕新聞』に吸収されるまで存続する。戦前の割合は高く七三・四%であるが、明治年間には七・八%しか占めておらず、ほとんどが一一回総選挙以降に国政へ進出してきた。これらの新聞は明治後半に活躍して知名度を持った新聞であり、そこで経験を積んだ人材が大正期以降、メディアから政治の場へ乗り出していったのである。

そして、『朝日新聞』『毎日新聞』『読売新聞』など戦後にまで存続する新聞は、戦後の割合が五〇%以上となっている。ただし、朝日新聞社は戦前からの関与が最も多く、かつ占めている議席数も最も多い。戦前、全国紙として「朝毎」というくくりが用いられることもあるが、表9を見る限り、人材レベルでの国政への影響力は『朝日新聞』と『毎日新聞』で差があったと推定することができるだろう。

図表10　学歴の推移

上段：実数　下段：%

選挙回	1	2	3	4	5	6	7	8	9	10	11	12	13	14	15	16	17	18	19
高等教育	22	23	21	17	19	27	47	48	51	57	72	75	81	89	120	113	125	117	120
	33.3	39.0	37.5	39.5	41.3	45.8	52.2	52.7	55.4	50.4	59.0	65.2	63.8	70.1	78.4	76.9	83.3	77.0	75.9
中等教育	2	2	1	1	3	2	4	6	6	6	5	6	7	5	6	7	2	8	8
	3.0	3.4	1.8	2.3	6.5	3.4	4.4	6.6	6.5	5.3	4.1	5.2	5.5	3.9	3.9	4.8	1.3	5.3	5.1
初等教育																	1		
																	0.7		
軍学校	1				1	1													
	1.5				2.2	1.7													
藩校	7	4	4	4	2	3	4	3	1	2	3			1					
	10.6	6.8	7.1	9.3	4.3	5.1	4.4	3.3	1.1	1.8	2.5			0.8					
私塾	3	3	3	3	1	2	5	2	3	8	7	5	8	5	4	6	4	3	2
	4.5	5.1	5.4	7.0	2.2	3.4	5.6	2.2	3.3	7.1	5.7	4.3	6.3	3.9	2.6	4.1	2.7	2.0	1.3
漢学・洋学・国学	18	18	18	14	13	15	19	19	19	27	19	14	14	8	5	2	1	2	1
	27.3	30.5	32.1	32.6	28.3	25.4	21.1	20.9	20.7	23.9	15.6	12.2	11.0	6.3	3.3	1.4	0.7	1.3	0.6
その他							1	1								1	1	1	1
							1.1	1.1								0.7	0.7	0.7	0.6
記載なし	13	9	9	4	7	9	10	12	12	13	16	15	17	19	18	18	16	21	26
	19.7	15.3	16.1	9.3	15.2	15.3	11.1	13.2	13.0	11.5	13.1	13.0	13.4	15.0	11.8	12.2	10.7	13.8	16.5
計	66	59	56	43	46	59	90	91	92	113	122	115	127	127	153	147	150	152	158

選挙回	20	21	22	23	24	25	26	27	28	29	30	31	32	33	34	35	36	37	38	39
高等教育	124	101	83	91	83	84	90	75	75	76	74	72	70	54	61	56	54	56	57	51
	78.0	80.8	83.0	84.3	84.7	85.7	87.4	83.3	84.3	82.6	90.2	85.7	83.3	84.4	92.4	93.3	96.4	93.3	93.4	94.4
中等教育	7	6	7	11	10	10	9	11	11	9	4	10	9	7	5	3	1	4	3	3
	4.4	4.8	7.0	10.2	10.2	10.2	8.7	12.2	12.4	9.8	4.9	11.9	10.7	10.9	7.6	5.0	1.8	6.7	4.9	5.6
初等教育						1	1	1	1	2	1	1	2	1						
						1.0	1.0	1.1	1.1	2.2	1.2	1.2	2.4	1.6						
軍学校		2						1	1	1	1					1	1		1	
		1.6						1.1	1.1	1.1	1.2					1.7	1.8		1.6	
藩校																				
私塾	2	1																		
	1.3	0.8																		
漢学・洋学・国学																				
その他	1	1		1	1	1	2	1		2	1		1							
	0.6	0.8		0.9	1.0	1.0	1.9	1.1		2.2	1.2		1.2							
記載なし	25	14	10	5	4	2	1	1	1	2	1	1	2	2						
	15.7	11.2	10.0	4.6	4.1	2.0	1.0	1.1	1.1	2.2	1.2	1.2	2.4	3.1						
計	159	125	100	108	98	98	103	90	89	92	82	84	84	64	66	60	56	60	61	54

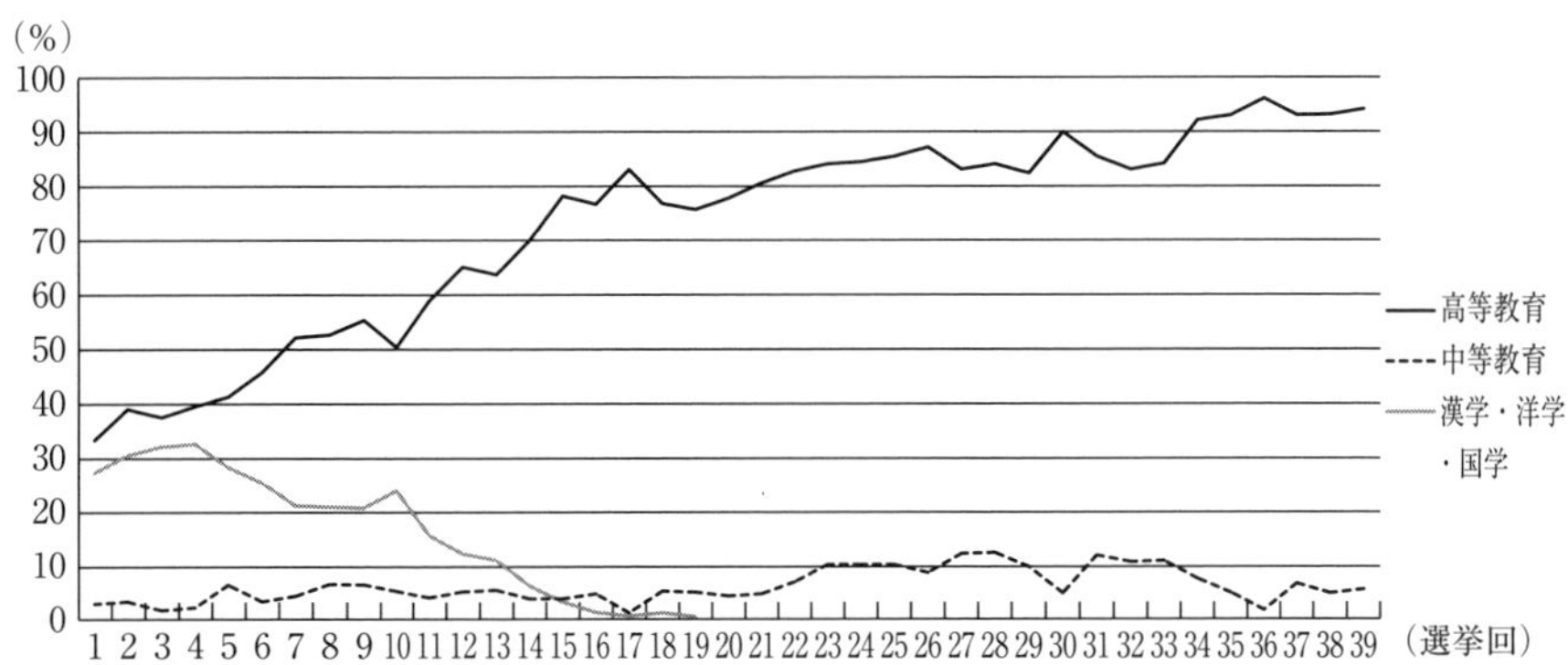

4　早稲田への偏り

学歴

最後に学歴について詳細に検討する。なかでも学校歴は、日本のメディア業界において早稲田出身者への偏りが指摘されており、教育からメディア、そして政界へという経路を考察する上で避けて通れない問題である。ここではまず、学歴について全体像を把握することから始めたい。

分析において、高等教育には旧制専門学校、旧制高等学校を含めている。また、帝国大学、高等学校成立以前に設置された開成所、大阪開成学校、大学南校、大学予備門、札幌農学校、司法省法学校や農林省・農商務省設置の水産講習所、医学校の済生学舎、そのほか「留学」とのみ記載がある者も「高等教育」に分類した。

図表10によれば、メディア関連議員全体で見た場合、一八九〇年の第一回総選挙において高等教育を受けたと経歴に記載された議員は六六人中の二二人で、三三・三％を占めている。そこから約四〇年かけて高等教育出身者の割合は上昇していき、一九三〇年の第一七回総選挙で八〇％を超えることになる。その後、やや減少して七〇％台に落ちるが、一九四二年の第二一回総選挙以降は八〇％を下回ることはなく、戦後は最大値九六・四％に達する。つまり、学歴は戦前においてすでに高学歴化しており、ほぼ一貫して上昇し続けてきたことが明らかである。

そこで、青木康容「帝国議会議員の構成と変化」を参照して比較しておこう。[★16] 青木の研究は、一　東京大学、二　京都大学、三　早稲田大学のような学校歴の分類と、一五　旧制中学校・師範学校、一六　旧制高等小学校のような学歴の分類を並列に扱い一九のコードに分けている。[★17] ここでは比較に供するため、これらを本稿における「高等教育」の定義に基づいて合算した。その結果、帝国議会議員三五四三人中一六一四人（四五・六％）が高等教育を受けていることがわかった。メディア関連議員を帝国議会だけに限定した場合、六九二人中四二二人（六一・〇％）が高等教育を受けていることから、議員全体よりメディア関連議員のほうが高学歴であると言える。

さて、第一回総選挙において、高等教育に次いで多数を占めたのが漢学や洋学、国学を修めた者たちである。彼らに加え、藩校や蘭学、英学を教える私塾など江戸時代に教育を受けた者は「高等教育」には分類されていない。彼らは第四回総選挙の一八九四年において最大の四八・八%を占めており、そこから徐々に減少していくものの、一九一二年の第一一回総選挙においても約二割を保っている。とはいえ、同じとき高等教育出身のメディア関連議員は約六割に達していて、近代化された教育制度を経た議員へと世代交代していく様子がうかがわれる。

もっとも、これらの数値にはメディアを経営した議員や、役員にのみ名を連ねた議員も含まれる。そこで、記者や編集者として実際に働いた経験を持つ議員を分析した結果も見ておこう。人数が少ないため、必ずしも割合に意味があるとは言えないが、表11はメディア経験議員がメディア関連議員全体に比べ、比較的高学歴であることを示している。

とりわけ、一九〇八年の第一〇回総選挙までは、編集や取材を経験した議員のほうが高等教育の割合がかなり大きい。逆に、藩校や私塾、あるいは漢学や洋学、国学を経歴に載せている議員は、メディア経験議員に少ない。つまり、いつの時代に教育を受けたかによって左右されたと考えられる。新聞の経営者や役員に名を連ねる議員は、メディア経験議員より年齢が高く、したがって明治以降の学校制度を経ていないことが多い。実際、一九一二年の第一一回総選挙からその差は徐々に狭まっていく。それはちょうど明治が終わるときであり、明治期におけるメディア関連議員は、若手で高等教育を経て現場で働いた経験を持つ議員と、より年齢が高く江戸から幕末に教育を受けメディアの経営者や役員に名を連ねた議員に分けて考えることができるのかもしれない。

学校歴

次に、学校歴について言及せねばならない。先にも記したように、メディア業界とりわけ新聞社において早

表 11　学歴の推移（メディア経験議員）

上段：実数　下段：%

選挙回	1	2	3	4	5	6	7	8	9	10	11	12	13	14	15	16	17	18	19
高等教育	13	14	11	10	13	16	28	26	30	36	41	49	53	54	76	69	74	68	70
	61.9	73.7	61.1	55.6	68.4	66.7	70.0	72.2	76.9	67.9	70.7	79.0	76.8	79.4	86.4	85.2	87.1	82.9	82.4
中等教育		1	1	1			2	3	2	2	1	3	4	4	3	1	1	4	3
		5.3	5.6	5.6			5.0	8.3	5.1	3.8	1.7	4.8	5.8	5.9	3.4	1.2	1.2	4.9	3.5
初等教育																			
軍学校																			
藩校	4			1			1							1					
	19.0			5.6			2.5							1.5					
私塾	1	1	1	2	1	1	3	1	2	6	5	4	6	4	3	3	2	1	2
	4.8	5.3	5.6	11.1	5.3	4.2	7.5	2.8	5.1	11.3	8.6	6.5	8.7	5.9	3.4	3.7	2.4	1.2	2.4
漢学・洋学・国学	2	3	5	4	4	4	4	3	4	5	5	3	2		1	1		2	1
	9.5	15.8	27.8	22.2	21.1	16.7	10.0	8.3	10.3	9.4	8.6	4.8	2.9		1.1	1.2		2.4	1.2
記載なし	1				1	3	2	3	1	4	6	3	4	5	5	7	8	7	9
	4.8				5.3	12.5	5.0	8.3	2.6	7.5	10.3	4.8	5.8	7.4	5.7	8.6	9.4	8.5	10.6
計	21	19	18	18	19	24	40	36	39	53	58	62	69	68	88	81	85	82	85

選挙回	20	21	22	23	24	25	26	27	28	29	30	31	32	33	34	35	36	37	38	39
高等教育	73	57	49	60	58	57	65	53	52	58	51	47	50	37	49	47	44	49	47	44
	83.9	87.7	87.5	89.6	92.1	87.7	89.0	84.1	86.7	86.6	91.1	82.5	83.3	84.1	90.7	94.0	95.7	96.1	94.0	95.7
中等教育	2	2	3	5	4	6	7	9	7	7	3	8	7	5	5	2	1	2	2	2
	2.3	3.1	5.4	7.5	6.3	9.2	9.6	14.3	11.7	10.4	5.4	14.0	11.7	11.4	9.3	4.0	2.2	3.9	4.0	4.3
初等教育						1	1	1	1	1	1	1	2	1						
						1.5	1.4	1.6	1.7	1.5	1.8	1.8	3.3	2.3						
軍学校																1	1		1	
																2.0	2.2		2.0	
藩校																				
私塾	1																			
	1.1																			
漢学・洋学・国学																				
記載なし	11	6	4	2	1	1				1	1	1	1	1						
	12.6	9.2	7.1	3.0	1.6	1.5				1.5	1.8	1.8	1.7	2.3						
計	87	65	56	67	63	65	73	63	60	67	56	57	60	44	54	50	46	51	50	46

稲田出身者が多いことが通説となっている。たとえば、河崎吉紀は一九二〇年代の『日本新聞年鑑』所収の名簿を分析するなかで、早稲田出身者がほかの学校出身者に比べ圧倒的に多数であることを数量的に明らかにしている。[18]また、大学の規模を統制してもなお、相対的に早稲田が多くの人材を新聞界に送り込んでいることを、『文部省年報』のデータにより実証した。[19]そもそも、『早稲田大学百年史』自らが「恐らく新聞・雑誌の記者となった者は、他の大学出身者を凌駕していると言っても過言ではなかろう」と二〇世紀初頭を振り返っているのである。最近でも二〇〇五年四月一日付の業界紙『新聞之新聞』によれば、全国紙と通信社の新卒採用者四七九人のうち、早稲田は最も多く九九人（二〇・七％）を占めたことが報じられている。[20]

　このような偏りについて、早稲田大学の創立過程にその理由の一端を求めるのは自然である。早稲田大学の前身である東京専門学校は、一八八二年、大隈重信により設立された学校である。当時、大隈は明治十四年の政変により政府を追放された立場にあった。翌年、改進党が結成され、政府に対抗する政治運動が進められていく。そこでは『郵便報知新聞』や『東京横浜毎日新聞』など、改進党系のメディアが政論を発表する舞台として活躍した。こうしたなか、東京専門学校は大隈の息がかかった抵抗勢力と見なされ、「第二の西郷私学校」と警戒された。実際、政府によって教授の招聘や資金繰りなどが妨げられたという。[21]政府に反抗的な在野の政治家を養成すると考えられたからである。政治に関与する手段として、官僚になることができない初期の卒業生が、メディアに活躍の場を求めたことはやむをえないことだったろう。

　二〇世紀に入り、新聞の機能が政論から報道へ移行しても、新聞社を踏み台に政界へ進出する者は後を絶たなかった。たとえば、朝日新聞社が一九〇九年に入社試験を行ったとき、採用されたのが中野正剛（646）と池田秀雄（84）である。前者は早稲田大学、後者は東京帝国大学の出身であるが、生涯をメディア業界に捧げたわけではない。のちに衆議院議員へと転身している。政論を発表できずとも、取材記者は政治家と懇意に接触できる立場にあり、ジャーナリズム活動を通して政界への足がかりを得ることができると考えられた。なかでも「丈夫入て宰相たる能はずんば出でゝ新聞記者たらん」という学風が早稲田にはあり、[22]本来、政治家になりたいと思う学生はそれがかなわぬならメディアを通して世の中を動かしたいという野心を持っていたのである。

表12　学校歴

実数（人）

学校	全期間	帝国議会のみ
早稲田	185	120
東大	118	66
慶應義塾	70	53
明治	43	30
中央	43	32
日本	40	29
京大	16	9
専修	13	11
東京高商	13	8
同志社	11	10

注：複数回答を含む

そこで本章では、早稲田がメディア業界を経由してどれほど政界に影響を及ぼすことができたのか、学校、メディア、政党という三者の関係について、『名鑑』の分析を通して得られた結果を分析していこう。まず、学校歴の順位から検討する。メディア関連議員のなかで『名鑑』の経歴に記載された上位一〇校を示せば表12のようになる。早稲田大学を出身校にあげている議員は、東京専門学校も含めて一八五人で一位となる。メディア業界における多数が、政界においても反映されることがはっきりした。

さて、ここでも青木康容「帝国議会議員の構成と変化」と比較しておこう。戦前にのみ当選したメディア関連議員は六九二人である。そして、戦前の早稲田出身者は一二〇人であるから（表12）、割合で言えば一七・三％が同校を経ていることになる。帝国議会議員全体では、青木のデータで早稲田出身者は六・四％にすぎない。一方、東大出身者の数は圧倒的に多く一一・三％を占めている。対してメディア関連議員の東大出身者は六六人（九・五％）である。ちなみに慶應義塾は帝国議会議員全体で四・五％であるが、メディア関連議員では七・五％となっている。つまり、戦前において、議員一般におけるより、メディア関連議員の学歴は私立が優勢、なかでも早稲田が二・七倍の多数を占めていることが特徴である。

では、戦後はどうだろうか。一九四七年の第二三回総選挙から一九七九年の第三五回総選挙までを扱った中道実の研究によれば、[★23] 議員全体における早稲田出身者は最小値七・五％、最大値一二・五％であるのに対し、メディア関連議員における早稲田出身者は最小値二〇・七％、最大値三五・〇％を占め、メディア関連議員のなかで早稲田出身者が占める割合は議員一般に比べて二・五倍から三・四倍大きいことがわかった。一方、中道の研究で東大出身者は議員全体の一三・三％から二六・三％の範囲にあるが、メディア関連議員中の割合は

図表 13　学校歴の推移（上位 3 校）

実数（人）

選挙回	1	2	3	4	5	6	7	8	9	10	11	12	13	14	15	16	17	18	19
早稲田	1	1	1	2	2	5	6	6	8	8	16	19	20	26	39	42	48	42	45
東大	4	3	2	3	2	3	6	4	3	2	7	8	8	8	15	15	15	17	24
慶應義塾	10	9	10	8	7	8	12	15	14	14	16	20	15	17	17	9	11	8	4
明治		2			1	3	4	5	3	5	2	3	6	5	8	6	9	10	4
中央				1	1	1	7	4	7	10	11	9	12	7	10	7	7	4	9
日本									1		1	2	3	3	8	14	13	14	10
京大														1	2	1	3	4	2
専修					1	2	2	2	1		2		3	1	1	3	1	3	1
東京高商									1	2	1	2	1	4	4	4	5	4	3
同志社							1	1	2	4	5	5	1	1					

選挙回	20	21	22	23	24	25	26	27	28	29	30	31	32	33	34	35	36	37	38	39
早稲田	44	33	23	27	22	28	27	24	20	19	23	21	20	18	21	21	18	18	20	21
東大	24	20	16	12	17	14	18	17	19	20	21	21	20	16	15	11	13	10	10	7
慶應義塾	3	5	3	3	4	2	1	2	2	3	3	4	5	4	6	6	6	8	8	6
明治	4	4	3	9	4	2	4		5	3	2	3	3	3	3	1	2	3	2	3
中央	8	5	4	3	7	4	6	4	5	6	4	4	4	2	4	3	3	4	4	1
日本	14	12	5	8	7	12	10	8	8	11	8	8	4	2	1	1	1	1	1	1
京大	2	4	4	3				1		1					1	2	2	1	2	2
専修	2	2	1	1		2	3	2	2	1	2	1	1							
東京高商	4	4	5	3	2	2	3	2	2	1	2	3	3	1						
同志社		1																		1

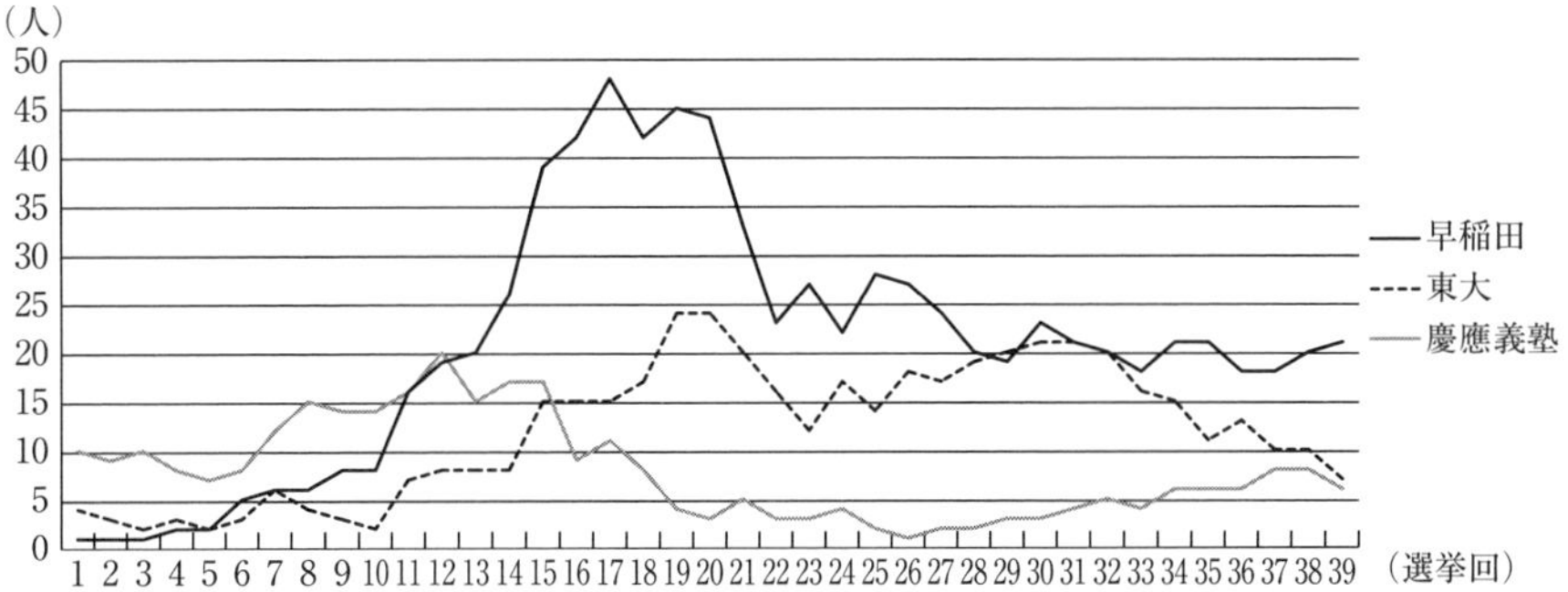

一一・一％から二五・六％である。つまり、戦後においても議員全体の割合と比較して、メディア関連議員に占める早稲田出身者の割合は大きい。ただし、東大出身者は議員全体の割合にほぼ等しく、メディア関連議員における特徴と見なすことはできない。

さらに上位三校ついて推移を見る。図表13によれば一九〇八年の第一〇回まで早稲田も東大も一〇人以下であり、さほど目立った存在ではない。むしろ早くから開校していた慶應義塾が早稲田、東大より多くのメディア関連議員を国会に送り込んでいる。慶應義塾の山場は一五人を超えた一九一二年の第一一回総選挙から一九二四年の第一五回総選挙あたりの約一〇年で、慶應からメディア業界、そして政治家へというルートは一九五〇年代まで緩やかに減少していく。その後、やや回復を見せるものの一九九〇年にいたるまで一〇人を超えることはない。一方、早稲田は一九一二年の第一一回総選挙で八人から一六人へと議席を倍増させ、さらに政友会、憲政会、革新倶楽部の三党が護憲三派を形成した一九二四年の第一五回総選挙で三〇人を超え、一九四二年、戦前最後の第二一回総選挙まで三〇人以上を維持し続けている。敗戦を挟み、彼らは急激に議席を失うが、戦後も二〇人前後を維持し続けている。そして、東大は早稲田よりも遅れて第一五回総選挙で一〇人を超え、同じく敗戦によって議席を減らすが、おおむね二〇人前後を維持して、一九七〇年代あたりから再び一〇人程度へと下降していく。

早稲田に関して言えば、やはり浜口雄幸のもとで行われ民政党が勝利を収めた一九三〇年の第一七回総選挙がピークである。このときメディア関連議員一五一人中四八人（三一・八％）が早稲田で学んだと経歴に記載される。もっとも、図表2に見たように、戦後はメディア関連議員の総数自体が減少しているため、割合だけで見れば一九九〇年の第三九回総選挙で五四人中二一人（三八・九％）になり最大となっている。いずれにせよ、早稲田・メディア・政治家という組み合わせは、一九一〇年代から三〇年代に他校を寄せつけない集団を形成したことが明らかとなった。

学校歴と政党

このように、メディア関連議員には早稲田出身者が多い。先に述べたように、その理由の一端として、早稲田が設立当初に置かれた政治的位置をあげることができる。政府から追放された大隈重信が創立し、教員たちは同時に改進党員でもあった。どちらも一八八二年に生まれた組織である。その後、一八九〇年に第一回総選挙が行われたとき、早稲田出身のメディア関連議員が一人当選している。堀越寛介（807）である。

堀越は若くして自由民権運動に参加し、一八八九年に東京専門学校政治科を卒業、各種の雑誌を発行し、『自由新聞』の創刊にも携わった自由党員である。第一回総選挙は当然、自由党から出馬している。しかし、その後、自由党系を離れ憲政本党に所属するようになる。次いで第二回総選挙、ただ一人、早稲田出身のメディア関連議員として当選したのは松島廉作（826）である。憲政本党に所属し、次の第三回総選挙にも当選した。第四回総選挙で堀越が再び当選し、早稲田出身のメディア関連議員は二人になる。そして第五回総選挙で降旗元太郎（793）が加わった。彼は長野県で養蚕、製糸業に従事し、県会議員も務めたが、『信濃日報』など多数の地方紙に関与したメディア関連議員である。早稲田出身で、進歩党から憲政本党、憲政会、民政党と一貫して改進党系の議員として活躍した。

議会開設当初、早稲田出身のメディア関連議員が改進党系に連なったというのは、早稲田の政治的立場を考えれば当然かもしれない。とはいえ、東京専門学校が早稲田大学に改称し、高等専門学校から私立大学へと成長するにつれて、早稲田出身のメディア関連議員がどれほど改進党系の立場を維持できたのかは、これまでほとんど明らかにされてこなかった。

そこで本章では、各選挙回において学校歴と所属政党を分析し、大政翼賛会が成立する一九四〇年以前の第二〇回総選挙まで、学校歴と政党との結びつきを確認する作業を行った。その結果は表14のとおりである。すでに指摘したように早稲田出身者は一九一二年の第一一回総選挙で八人から一六人へと倍増する。このとき、政友会に所属したメディア関連議員の多くは慶應義塾出身者であり、早稲田出身者は三人しかいない。他方、国民党には八人の早稲田出身者が所属する。次の第一二回は第二次大隈重信政権下で、同志会が第一党となっ

実数（人）

第11回	政友会	国民党	中央倶楽部	その他			
早稲田	3	8	1	4			
東大	4	2		1			
慶應義塾	10	4		2			
第12回	政友会	国民党	同志会	中正会	大隈伯後援会	その他	
早稲田	2	2	8	5		2	
東大	1	1	3	2	1		
慶應義塾	6	4	6	3		1	
第13回	政友会	憲政会	国民党	その他			
早稲田	3	12	4	1			
東大	1	3	3	1			
慶應義塾	5	6	2	2			
第14回	政友会	憲政会	国民党	その他			
早稲田	6	12	2	6			
東大	3	1	2	2			
慶應義塾	8	5	2	2			
第15回	政友会	政友本党	憲政会	民政党	革新倶楽部	中正倶楽部	その他
早稲田	1	5	17	1	6	1	8
東大	4	4	4		2		1
慶應義塾	2	3	9		2		1
第16回	政友会	民政党	実業同志会	社会民衆党	労働農民党	その他	
早稲田	13	29					
東大	6	6		1	1	1	
慶應義塾	4	3	1			1	
第17回	政友会	民政党	国民同志会	革新党	無産政党	その他	
早稲田	8	37		1	1	1	
東大	10	5					
慶應義塾	6	3	1			1	
第18回	政友会	民政党	その他				
早稲田	17	23	2				
東大	13	4					
慶應義塾	4	3	1				
第19回	政友会	民政党	昭和会	国民同盟	国家主義団体	社会大衆党	その他
早稲田	7	25	3	3	2	1	4
東大	11	6	1	1		2	3
慶應義塾	2	1					1
第20回	政友会	民政党	昭和会	東方会	国民同盟	社会大衆党	その他
早稲田	10	22	2	2	2	2	4
東大	11	7	1		1	2	2
慶應義塾	1	1					1

表 14　学校歴と政党

第 1 回	自由党	改進党	大成会	その他		
早稲田	1					
東大	1	2		1		
慶應義塾	2	5	1	2		
第 2 回	自由党	改進党	中央交渉部	独立倶楽部	その他	
早稲田		1				
東大	1	1		1		
慶應義塾		6	1		2	
第 3 回	自由党	改進党	革新党	国民協会	その他	
早稲田		1				
東大	1	1				
慶應義塾	1	6	1	1	1	
第 4 回	自由党	改進党	中国進歩党	国民協会	その他	
早稲田		1			1	
東大	1	2				
慶應義塾	1	3	1	1	2	
第 5 回	自由党	進歩党	山下倶楽部	その他		
早稲田		2				
東大	1	1				
慶應義塾		5	1	1		
第 6 回	憲政党	憲政本党	その他			
早稲田		5				
東大	1	2				
慶應義塾	1	6	1			
第 7 回	政友会	憲政本党	同志倶楽部	壬寅会	その他	
早稲田	1	4			1	
東大	2	1		1	2	
慶應義塾	5	5	1		1	
第 8 回	政友会	憲政本党	同志倶楽部	中正倶楽部	その他	
早稲田	1	4			1	
東大	2	1			1	
慶應義塾	2	6	1	1	5	
第 9 回	政友会	憲政本党	無名倶楽部	甲辰倶楽部	その他	
早稲田	1	2	3		2	
東大	1	1	1			
慶應義塾	2	5	4	1	2	
第 10 回	政友会	憲政本党	猶興会	又新会	大同倶楽部	その他
早稲田	1	3	2	1		1
東大	1	1				
慶應義塾	4	5	1		3	1

た選挙である。このとき政友会の早稲田出身者は二人だが、同志会には八人が所属する。その後、第一三回から第一五回の憲政会においても、そして第一六回から第二〇回の民政党においても、早稲田出身者は政友会より憲政会、民政党のほうが多いのである。

もちろん、このような結びつきがほかの職業においても見られる可能性はある。とはいえ、少なくともメディア関連議員において、早稲田出身者と改進党系への所属には関連があるということが確かめられた。それは改進党系が第一党となり、そもそも議席数が多いという状況下だけではなく、政友会が与党となっているときでさえ維持されてきたのである。

5 メディアに関連する議員

本書ではメディア関連議員の抽出と、なかでも「メディアで働いたことがある議員はだれか」「メディアの経営者になったことがある議員はだれか」を特定する作業を行ってきた。確かに、経歴から当選への影響というベクトルについて、今回の調査では十分に解明できていない部分がある。影響を及ぼす変数が無数にあって、経歴と当選の間に単純な因果関係を想定できないためである。しかしながら、少なくとも新聞社、通信社、放送局、映画会社に関与したと『名鑑』の経歴に記されている議員を把握し、現場経験者を絞り込んで、総数に占める割合を明らかにするなど、その規模感をつかむことは可能である。また、選挙回別に推移をたどることで、彼らが活躍した時代についても、おおよその変遷を示すことができた。

一九世紀末の第四回総選挙から、一九一〇年代の第一一回総選挙へ向け、メディア関連議員の議席数、定数に占める割合は上昇していく。そして、一九二〇年代、三〇年代を通して黄金時代を築いた。第二次世界大戦に負けたとき彼らは議席を急激に減らし、戦後、それは回復することがなかった。現場を経験した議員と、経営に携わった議員との違いは、戦後、前者が少なくとも一〇％台を維持するのに比べ、後者は一九九〇年の第三九回総選挙で一・二％にまで凋落していく点である。いずれにせよ、第二次世界大戦を挟んで、議会への人材供給という観点からのメディアと政治の関係には大きな変化が生じている。なぜこのような現象が生じたのか、にわかに断定することは難しいが、ここでは、いくつかの可能性のうち、一つの解釈を仮説として示しておこう。

端的に言えばメディアと政治の分離である。通説では、政党の機関紙である政論新聞から報道中心の商業新聞へ、政治結社から企業への変化がメディアと政治の袂を分けたとされる。序章で述べられたように、「政治のメディア化」はある時点で突然生じたものではない。一九世紀後半の大衆紙の成立から、徐々に進行、拡大してきた。「メディアの論理」は新聞社が企業として自立してこそ最大限に発揮される。だから、メディアと政治がいつ、それぞれの領域を相互排他的に確立できるのかが焦点となる。確かに、新聞社の規模が大きくなりマスメディアとなった二〇世紀初頭、メディアは政治から一定の距離を置けるようになった。しかし、人材を議会に送り込むという形で、メディアは政治との関係を保っていた。紙面上では特定の政論を切り離せた新聞社だが、人脈の上では政治に片足を突っ込んだままであった。こうした戦前の状況に対し、第二次世界大戦の敗北は、国政において記者と政治家は違うのだとはっきり認識させ、メディアと政治の領域を切り離す分岐点となったのではないだろうか。それ以降、「政治のメディア化」が本格化する戦後は、たとえテレビがどれほど隆盛を極めても、放送関係者はほとんど政治家になろうとせず、自立した領域となったメディアはもはや地方紙においても、政治家が経営するものではなくなったのである。

そこで改めて「メディア」の種別を見た場合、そのほとんどが新聞である。本章で明らかにしたのは、朝日新聞社と毎日新聞社の違いであった。駄場裕司は『大新聞社　その人脈・金脈の研究』において、朝日新聞社が三井財閥に近しい関係にあり、毎日新聞社の社長である本山彦一が三菱財閥や改進党に関与していたことから、「毎日のように三菱ではなく、三井がバックについたということ自体、朝日が権力中枢に食い込む上で有利だったに違いない」と推測している。[★24] 明治十四年の政変で失脚した大隈重信とは異なり、三井財閥に関連の深い伊藤博文や井上馨が、権力の中枢に残ったからである。『名鑑』の分析では、議員数においてさほど違いのない両者だが、獲得した延べ議席数においては顕著に朝日新聞社のほうが毎日新聞社より多かった。詳しい分析は第五章「ポスト政論新聞・大阪系全国紙の迂回路」で検討されるが、ここでは、金脈の影響を論じた駄場の考えと分析結果が一致することを指摘しておこう。

一方、メディア関連議員を輩出する点において、本章では独立新聞の系譜が健闘していたことを見いだした。『日本』『万朝報』など政党に系列化していない新聞は、議会開設前後に創刊され、大正期に入って人材を国政に送り込んできた。早くは『二六新報』の秋山定輔（32）など経営者もいるが、もちろん、現場で取材や編集を担当した記者もメディア経験議員として活躍した。たとえば、岡延右衛門（214）は早稲田大学政治経済科を卒業後、『万朝報』に入社し社会部を担当する記者となった。「学窓から覗いた記者生活なるものは、国家社会をよりよく改造せんがため、最初から堂々の論陣を張り得る機会がある」と考えていた。[★25] 実際には大きなへだたりがあり、「記者生活は「蚤とり眼」で諸種の情報を漁り廻ること」であり幻滅を感じてしまう。それでも、社会の暗黒面を報道することに努めていると抱負を語る。このような初志を持った記者が、戦後第二四回総選挙で当選し、たった一期ではあるが衆議院議員を務めている。社会問題を暴露し、大衆の心を捉えた赤新聞が、必ずしも「メディアの論理」だけで動いていたわけではなく、「政治の論理」へ向けた踏み切り板として機能していたことにも目を向ける必要があるだろう。

当然のことながら、メディアと政治の関係を論じる上で、政党機関紙の存在は欠かせない。『報知新聞』は議員数で『時事新報』と同じくらいであるが、獲得した延べ議席数ではかなりの差をつけている。すでに序章「メディア政治家と「政治のメディア化」」において詳細に論じられている。ここでは『東京毎日新聞』『大阪新報』など『名鑑』に記された新聞は改進党系が多勢であったことを確認するにとどめよう。

そこで政党との関連を指摘するなら、学歴の分析は外せない。そもそも、新聞社において早稲田出身者が多いことが知られており、創立者は改進党を作った大隈重信だからである。本章ではまず、学校歴において、メディア関連議員に早稲田出身者が多いということを実証した。次いで彼らが一貫して、政友会より改進党系すなわち同志会、憲政会、民政党に偏りを持つことを見いだした。全体の定数から見ればわずかとはいえ、大隈の死後も、メディア業界における早稲田の影響が、国政に及んでいることが明らかとなった。

　そのような教育・メディア・政治の結びつきは戦後まで継続している。東大出身者は一九七〇年代以降、徐々に低下していくが、早稲田出身のメディア関連議員は戦後も、毎回の選挙で二〇人前後を維持し続けた。奥田敬和（226）は早稲田大学政治経済学部を卒業後、北國新聞社政治部に勤め、県会議員を経て一九六九年に初当選する。奥田幹生（227）も早稲田大学政治経済学部を卒業して、読売新聞社の記者を勤め、府会議員を経て一九八〇年に初当選、額賀福志郎（685）も政治経済学部を卒業、産経新聞社の記者を勤め、一九八三年に当選している。同じく鈴木恒夫（481）も政治経済学部を出て、毎日新聞社の政治部記者となり、河野洋平の秘書を経て一九八六年に衆議院議員となった。彼らはいずれものちに大臣となる。

　戦後、メディア関連議員が減少していくなか、早稲田出身者はむしろその割合を増加させてきた。第三四回総選挙で、メディア関連議員六六人中、早稲田出身者は二一人で三一・八％を占め、その後も第三九回総選挙まで三〇％台を維持し続けている。これまで、戦後早稲田の政治的影響力は、雄弁会を中心に言及されることが多かった。しかし一方で、今日まで続く早稲田とメディア業界との結びつきにも注意を払う必要があるだろう。

註

1　本研究の中間報告として、河崎吉紀「メディア業界出身の政治家――『衆議院議員名鑑』の分析を通して」『京都メディア史研究年報』三号、二〇一七年を発表している。そこでは、他資料により関連が確認された議員を追加して分析している。本稿でそのような補足を行わず、『名鑑』の記載に対象を限定した理由は、たとえば、追加される議員に有名人が多くなるなど、ケースの偏りを防ぐためである。
2　衆議院・参議院編『衆議院議員名鑑』大蔵省印刷局、一九九〇年、凡例一頁。

3　日本新聞協会編『地方別日本新聞史』日本新聞協会、一九五六年、四五一頁。
4　河村竜夫「青木繁と佐賀（上）」『新郷土』一八五号、一九六四年、四頁。
5　上田由美「『横浜貿易新聞』と慶応義塾出身のジャーナリストたち」『開港のひろば』一〇六号、二〇〇九年、五頁。
6　玉芙蓉「選挙雑感（三）」『東京朝日新聞』一九〇二年八月二〇日、七面。
7　中久郎編『国会議員の構成と変化』政治広報センター、一九八〇年、一三頁。
8　青木康容「帝国議会議員の構成と変化（一）――政治家としての旧地主階級」『評論・社会科学』五二号、一九九五年、六三頁。
9　居安正「戦後国民代表の構成と変化――その一、参議院議員の考察」『ソシオロジ』七巻三号、一九六〇年、三八頁。
10　ただし、「代表社員」はメディア経営者に含む。
11　Smith, Daniel M.; Reed, Steven R., 2018, "The Reed-Smith Japanese House of Representatives Elections Dataset", https://doi.org/10.7910/DVN/QFEPXD, Harvard Dataverse, V1, UNF:6:bFpumDnRTuVR3knJB+GSng== を用いて集計した。
12　川人貞史『日本の政党政治一八九〇－一九三七年――議会分析と選挙の数量分析』東京大学出版会、一九九二年、二二頁。ただし、総数は五五八一人である。
13　『朝日新聞』は一八七九年に大阪で創刊され、一八八八年に東京で『めさまし新聞』を買収し、改題して『東京朝日新聞』とした。題号が統一されたのは一九四〇年である。ここでは『大阪朝日新聞』と『東京朝日新聞』を合わせて扱う。
14　『大阪毎日新聞』は一九一一年に『東京日日新聞』を合併し、題号はそのままで経営した。『毎日新聞』に題号を統一するのは一九四三年である。ここでは、合併以前の『東京日日新聞』に属する加藤小太郎、越山太刀三郎、末松謙澄、関直彦、野間五造、福地源一郎、松本君平、三土忠造、三宅磐、水島彦一郎、横井時雄の一一人を除き、『大阪毎日新聞』と合併以後の『東京日日新聞』を合わせて扱う。
15　新延修三『われらヒラ記者――朝日新聞を築いた人たち』波書房、一九七三年、二〇五頁。
16　青木康容「帝国議会議員の構成と変化（二）」『評論・社会科学』五三号、一九九五年。
17　そのコードは以下のとおりである。一　東京大学、二　京都大学、三　早稲田大学、四　日本大学、五　中央大学、

六　明治大学、七　慶應大学、八　法政大学、九　東亜同文書院、一〇　その他の国公立大学レベル、一一　陸軍大学・海軍大学、一二　その他の私立大学レベル、一三　外国の大学、一四　旧制高校・旧制高等専門学校・高等師範学校・陸軍士官学校・海軍兵学校、一五　旧制中学校・師範学校、一六　旧制高等小学校、一七　旧制小学校、一八　その他、一九　私塾・藩校。

18　河崎吉紀『制度化される新聞記者――その学歴・採用・資格』柏書房、二〇〇六年、六一頁。

19　河崎吉紀「新聞界における社会集団としての早稲田」猪木武徳編『戦間期日本の社会集団とネットワーク――デモクラシーと中間団体』NTT出版、二〇〇八年、一四九〜一五〇頁。

20　『新聞之新聞』二〇〇五年四月一日、一面。

21　早稲田大学大学史編集所編『早稲田大学百年史』第一巻、早稲田大学出版部、一九七八年、五〇四〜五〇九頁。

22　無名氏『新聞記者――警世之木鐸』文声社、一九〇二年、三五頁。

23　中道実「議員の学歴構成とその変化」中久郎編『国会議員の構成と変化』政治広報センター、一九八〇年、一三三頁。

24　駄場裕司『大新聞社　その人脈・金脈の研究――日本のパワー・エリートの系譜』はまの出版、一九九六年、二七八頁。

25　岡延右衛門「輝く社会面を作れ」『新聞及新聞記者』六七号、一九二五年、二六頁。

第二章 メディア政治家の諸類型
――「東の新聞県」長野県選出議員の分析から

井上義和

1　なぜ長野県に注目するのか

メディア政治家を豊富に輩出

本章では、戦前期の長野県選出メディア関連議員を事例に、メディア政治家の諸類型を取り出し、それを生み出す条件と構成の変化の意味を考える。対象時期は国会開設前史（一八八〇年代）から第二一回総選挙（一九四二年）までの約六〇年間である。本書リスト（第一章）に掲載された「メディア関連議員」にリストから漏れた分を加えた、広い意味での「メディア政治家」を扱う。

まず、なぜ長野県なのかを説明しておこう。長野県選出議員に占めるメディア関連議員の割合は、他県に比べて高い。『衆議院議員名鑑』をもとに作成したメディア関連の議員名簿データベース（第一章参照）に記載された九八四名のうち、長野県選出議員は四三名であり、このうち第二一回総選挙までに初当選したものは三五名である（選挙区を他府県に変えた者を含めると三七名）。これは東京都（六八名／四二名）に次いで二番目に多い数字であり、当選者全体を分母にした割合では東京を上回る。選挙ごとのメディア関連の当選者の推移を比べると、とくに第一一回（一九一二年）以降の時期において、全国平均が三割台であるのに対して（第一章の図表2）、長野県では五〜七割を推移しており、突出しているのがわかる（本章の表2を参照）。

だとすれば「なぜ長野県がメディア政治家を多く輩出してきたのか」と問いたくなる。教育県だから、あるいは言論を尊ぶ理想主義的な風土だから――とつい考えたくなるが、この問いに答えるためには、少なくとも明治以前との比較と他府県との比較という手続きが必要である。厳密な検討作業は本章の守備範囲を超えるが、長野県に馴染みのない読者の便宜のためにも、次項で関連のありそうな変数について予備的な考察をしておく。また「思想や行動において、メディア政治家に固有の特徴はどのようなものか」についても、ほかのタイプの議員と比較することではじめて明らかになる。「似たようなメディア経験の持ち主において当落を左右する要因は何か」についても、立候補しながら一回も当選できなかったメディア政治家予備軍と比較することではじめて明らかになる。したがって、長野県のメディア政治家だけを取り上げる本章は、それらの問いに直接分析的に答えるものではない。

とはいえ、事例研究としてでも、長野県を取り上げるべき積極的な理由はある。メディア政治家の数が多いことで、質的にも多様性が確保できる。そのため、メディア経験の異なるパターンの比較や、世代間の比較が可能である。また、明治期に長野県になる前から、信濃の国（信州）は歴史的に長野・上田を中心とする東北信と、松本・諏訪を中心とする中南信の二つの文化圏（四つの地域）に分かれており、それらは選挙区の構成にも重なるので（表1）、地域間の比較が可能である（他府県との比較より条件が制御しやすい）[★1]。

これらの比較によって、メディア政治家の諸類型がどのような条件下で生まれるのか――メディア経験はどのような政治的な力を生みだすか――を考察すること。これが本章の目的であり、長野県をフィールドとして選んだ理由である。

表１　長野県の地域と選挙区の関係

<table>
<tr><th colspan="2">２つの文化圏
（４つの地域）</th><th>信濃国
10 郡</th><th>16 郡</th><th>第１〜６回
小選挙区制
定数８</th><th>第７〜13 回
大選挙区制
定数 10</th><th>第 14・15 回
小選挙区制
定数 13</th><th>第 16〜21 回
中選挙区制
定数 13</th></tr>
<tr><td rowspan="10">旧長野県</td><td rowspan="8">北信</td><td rowspan="2">高井（たかい）</td><td>上高井</td><td rowspan="3">２区
（１人）</td><td rowspan="18">長野市
（１人）

郡部
（９人）</td><td rowspan="3">４区
（１人）</td><td rowspan="6">１区
（３人）</td></tr>
<tr><td>下高井</td></tr>
<tr><td rowspan="3">水内（みのち）</td><td>下水内</td></tr>
<tr><td rowspan="2">上水内</td><td rowspan="3">１区
（１人）</td><td>１区＝長野市
（１人）</td></tr>
<tr><td>３区
（１人）</td></tr>
<tr><td>更級（さらしな）</td><td>更級</td><td rowspan="2">５区
（１人）</td></tr>
<tr><td>埴科（はにしな）</td><td>埴科</td><td rowspan="2">３区
（１人）</td><td rowspan="4">２区
（３人）</td></tr>
<tr><td rowspan="3">東信</td><td>小県（ちいさがた）</td><td>小県</td><td>６区
（１人）</td></tr>
<tr><td rowspan="2">佐久（さく）</td><td>南佐久</td><td rowspan="2">５区
（１人）</td><td rowspan="2">９区
（１人）</td></tr>
<tr><td>北佐久</td></tr>
<tr><td rowspan="8">旧筑摩県</td><td rowspan="3">南信</td><td>諏訪（すわ）</td><td>諏訪郡</td><td rowspan="2">６区
（１人）</td><td>10 区
（１人）</td><td rowspan="3">３区
（４人）</td></tr>
<tr><td rowspan="2">伊那（いな）</td><td>上伊那</td><td>11 区
（１人）</td></tr>
<tr><td>下伊那</td><td>７区
（１人）</td><td>12 区
（１人）</td></tr>
<tr><td rowspan="5">中信</td><td rowspan="3">筑摩（ちくま）</td><td rowspan="2">東筑摩</td><td rowspan="5">４区
（２人）</td><td>２区＝松本市
（１人）</td><td rowspan="5">４区
（３人）</td></tr>
<tr><td rowspan="2">７区
（２人）</td></tr>
<tr><td>西筑摩</td></tr>
<tr><td rowspan="2">安曇（あずみ）</td><td>南安曇</td><td rowspan="2">８区
（１人）</td></tr>
<tr><td>北安曇</td></tr>
</table>

16 郡は郡区町村編制法（1879）による。

教育県を成り立たせた諸条件

メディア政治家の輩出に関連のありそうな変数としては教育意識の高さがあげられる。長野県は教育県として知られている。一八七五年の就学率（満六歳〜一四歳）は全国平均が三五％だったのに対して、筑摩県は七二％で旧長野県は五九％だった。翌年、筑摩を併合した新長野県は六三％で全国一位だった（東京が五九％）。この就学率の高さの背景には寺子屋の普及があったと言われる。一八八三年に文部省が「寺子屋調査報告」を求めて集計した結果、一万五五六〇の寺子屋のうち長野県分が一三四一で全国一位だった。師匠の五五％は農民でこの値も全国平均より高かった。[★2] これらの事実は農民層＝庶民レベルの教育意識がズバ抜けて高かったことを示している。

メディア政治家の輩出もこれと関連づけて説明できるかもしれないが、それはおそらく「教育県（X）だから――新聞の影響力も大きいので――メディア政治家を多く輩出した（Y）」という単線的な因果関係ではない。なぜなら第一五回総選挙（一九二四年）までは直接国税（地租と所得税）の納付額を基準とする制限選挙だったから、庶民レベルの教育意識で説明するのは無理がある。また次節で述べるように、長野県のメディア政治家は国会開設の初期の頃から多かったので、その理由は教育とは別にあるはずだ。むしろ「明治以前からの信州固有の諸条件（Z）が、一方では教育県を成り立たせ（X）、他方ではメディア政治家を多く輩出した（Y）」という第三の変数（Z）が重要になる。

教育県を成り立たせた諸条件（Z）としては、経済的な観点から「江戸後期から菜種や綿花の栽培、蚕種の生産など商品経済が発達した信州では、庶民にも最低限の教養が必要とされるようになり、幕末には成年男子の六割が読み書きそろばんを修めていた[★3]」などと説明されるのが一般的である。ただ、同じように商品経済が発達していた他地域と信州との違いをあわせて考える必要がある。

第一は商品経済の中心に蚕糸（蚕種・養蚕・製糸）業があったことである。蚕糸業はきわめて労働集約性の高い産業である。蚕糸工程のうち多くの農家が関わった養蚕部門では、養蚕技術の知識をつねに更新する必要があり、農民たちには養蚕書を読みこなすリテラシーが不可欠だった。養蚕書には振り仮名がつけられ、蚕種と一緒に販売されていた。小県郡上塩尻村（現・上田市）には村内だけで一五もの寺子屋があり、その師匠のすべてが蚕種屋という業者（身分は農民）だったという。[★4] 日米修好通商条約（一八五八年）による横浜開港後、生糸の生産は外貨獲得のための国家的な輸出産業になり、もともと蚕糸業が盛んだった信州は「蚕糸王国」と呼ばれるまでになった。[★5]

第二は農民層の自治意識の高さである。信州（信濃の国）は、一〇の国に囲まれ川と街道による相互交通が活発でありながら、国内は山脈で複数の盆地が分断されており、各地域は互いに独立して文化的な相違も大きく、中世以来「難治の国」として知られた。江戸時代も最大一一の小藩が分立し、幕府・旗本領が複雑に入り組んでいたため、広域を支配する強大な領主が存在しなかった。その条件のもとで農民の経済力が高まったことが、自治意識を涵養したと考えられる。こうして「江戸時代に県域で起こった農民運動は二百件を超えて全国一位」[★6] となり、さらに幕末から明治維新直後に全国で起こった「世直し一揆」のうち、一割を信州が占めることになった。[★7]

「新思想のショウ・ウインドウ」

教育県を成り立たせた諸条件――蚕糸業の発達と自治意識の高さ――の影響は、明治維新以後の農民層に、就学率以外にも、さまざまな形であらわれた。大宅壮一は「幕末の洋学、明治初期の自由民権思想、普選運動にさかのぼってみても、信州人の動きはきわめて派手である」として歴史上の具体例をいくつも取り出してみせ、その「新思想のショウ・ウインドウ」ぶりに注目している。[★8] 洋学だけでない。幕末の国学者平田篤胤の門人三七四五名のうち信州人（とくに伊那谷と諏訪地方）が六二七名を占め、ここでも農民層出身者の割合が高かったという。[★9]

後の節で述べるように、信州の初期のメディア政治家たちの出自を遡ると、明治維新後に実業家や民権活動家となった中上層の農民（豪農層）であることが少なくない。そして国会開設や普通選挙を求める運動において他府県に先駆ける活躍たるや、確かに「きわめて派手」なものであった。

新思想への感度の高さは「進取の気性に富む」ということだが、裏を返せば「転向に躊躇がない」ということでもある。だから左翼運動の評価にも注意が必要である。

「長野県は社会主義県である」と言われることがあるが、これは大逆事件後の一九一一年に「政府が各府県について、社会主義者とそのシンパを調べたとき、信州は東京に次ぐ地方第一の社会主義県となり、北海道や大阪をさえ圧倒して、全国の注目をあびた[★10]」ことに由来する。一九三三年のいわゆる教員赤化事件もその社会主義県の延長で理解することができるが、大宅によれば「それから数年後に、翼賛会運動がはじまると、これにもっとも忠実になびいたのも長野県で、翼賛選挙で非推薦候補を一人も当選させないという全国でも珍しい記録をつくった。それどころか中原謹司〈651〉の率いる「郷軍同志会」が圧倒的な支持をえて、彼は文句なしに代議士になった。それが終戦を迎えるや、長野県は再転して日本の左翼運動の檜舞台となった[★11]」という。

この鮮やかな転向の歴史をふまえるならば、「新思想のショウ・ウインドウ」説を受け入れたくもなるが、ただ、これには蚕糸業への依存度の高さも関係している。第一次世界大戦後の不況や、とりわけ昭和初期の世界恐慌をきっかけに、生糸や蚕繭の価格が暴落、「蚕糸王国」は崩壊した。多くの養蚕農家はりんご栽培に「転向」[★12]し、さらに満蒙開拓に全国最多の人員を送り出すことになった[★13]。一九三六年以降は、総選挙での県民の投票率は低下、既成政党は支持を失っていくのである[★14]。

2　メディア政治家にどうアプローチするか

分析対象と関連資料

第一章でも述べているとおり、メディア関連議員のデータベースには定義上の制約がある（「厳密に言えば、新聞社、通信社、放送局、映画会社に関与したと『名鑑』の経歴に記載されている議員」、本書七〇頁）。すなわち、『衆議院議員名鑑』の経歴は本人の申告にもとづくものであり、もし新聞経営や記者などの経験があっても、本人の申告がない、つまり『名鑑』に記載していない場合には、本書リストには採録されない。したがって、本章のように特定地域を対象とした事例研究を行うためには、まずはその欠落を補う作業が必要になる。

そこで、第一回〜第二一回総選挙の結果から、県選出の衆議院議員全員の名簿を作成し、個別の人物情報を可能な限り網羅的に収集し、さらに県の新聞史等に登場する名前とも照合して、メディアとの関連の有無を調査した。これでも完全とは言えないが、五三名がリストアップされた（本書リスト記載の三七名に一六名分が追加）。この補完版を本章の分析対象とする。

表2　長野県選出議員に占めるメディア関連議員の割合

		選挙制度	長野県定数 a	本書リスト b	割合 (b/a)	補完版 c	割合 (c/a)
第1回	1890	小選挙区 直接国税 15円以上 (被選挙権も同じ)	8	3	29%	5	58%
第2回	1892			2		5	
第3回	1894			2		4	
第4回	1894			2		5	
第5回	1898			2		4	
第6回	1898			3 → 2*		5 → 5*	
第7回	1902	大選挙区 直接国税 10円以上 (被選挙権制限なし)	10	3	25%	6	58%
第8回	1903			2		5	
第9回	1904			2		5 → 4*	
第10回	1908			3		7	
第11回	1912			6	57%	8 → 8*	77%
第12回	1915			5 → 6*		8 → 8*	
第13回	1917			5		7	
第14回	1920	小選挙区 直接国税 3円以上	13	6 → 5*	54%	7 → 7*	62%
第15回	1924			8		8 → 9*	
第16回	1928	中選挙区 普通選挙 (第21回は翼賛選挙)	13	10	72%	11	74%
第17回	1930			9		9	
第18回	1932			9		9	
第19回	1936			5	36%	5	36%
第20回	1937			5		5	
第21回	1942			4		4	

＊印は辞職または死去にともなう異動。割合は大きい数字のほうで計算。

　補完版を用いて、あらためて選挙ごとのメディア関連の当選者数の推移をおさえておこう（表2）。ここから、第一に、一九三〇年代初めまで一貫して五〜七割という高い水準で推移していることがわかる（網掛けの部分が特に高い）。これはさきに述べた、長野県選出のメディア関連議員がとくに多いという命題を補強するものである。

第二に、本書リスト(b)と補完版(c)の差分をみると、明治期に当選したものにメディア関連の情報の欠落が多い(半数以上)ことがわかる。これは長野県だけでなく、『名鑑』の資料的制約の問題にも関わる。たとえば明治初期において、新聞経験は履歴書に書けるような専門的な職業とみなされていなかった、職業や役職の履歴情報が多いためにたまたま省略された、といった可能性が考えられる。これを「政治のメディア化」の四局面モデル(序章)に当てはめてみると、第I局面、すなわち新聞が政治システムに組み込まれており、メディア組織としての自立性が低い段階の特徴と言えるかもしれない。以下の節で具体的にみていくが、明治期に当選したものの多くのメディア経験は、一八八〇年代までの、県庁の広報や自由民権運動の宣伝と不可分の時代に重なるからである。

さきに述べたように、長野県は、長野・上田を中心とする東北信と、松本・諏訪を中心とする中南信の二つの文化圏(四つの地域)に分かれている。地方新聞の歴史を遡ると、長野(北信)と松本(中信)の展開はとくに対照的である。そこで、北信と中信の比較を軸に、新聞と政治の関わりをみていくことにする。

長野県の地方新聞の歴史を概観できる資料としては、日本新聞協会編『地方別日本新聞史』(一九五六年)の「長野県新聞史」、信濃毎日新聞社編『百年のあゆみ』(一九七三年)、松本市役所編『松本市史下巻』(一九三三年)の「第一八章　新聞」などがある。今回は調査できなかったが、各地の自治体史のなかには地元で発行された新聞雑誌の歴史に関してより詳しい情報が記載されている可能性が高い。

政治史としては、丸山福松『長野県政党史』上下巻(一九二八年)が、県内の政党活動や毎回の選挙の様子を当時の新聞記事や関係者の談話等を引用しながら記述したもので情報量が豊富である。政党の結成や会議の出席者や座長、役員などでの登場頻度は、県内での政治的な存在感の代理指標となる。メディア政治家が国政進出する以前の活動の様子もわかる。直接分析には使用していないが、同時代の政治的な動きやつながりを把握するために参照した。

地域史としては自由民権運動に関する研究蓄積が厚い。じゅうぶんに参照できたとは言えないが、中信地方については、中島博昭『鋤鍬の民権――松沢求策の生涯』（初版一九七四年、改訂版一九七九年）、有賀義人『信州の国会開設請願者　上条螘司の自由民権運動とその背景』（一九六七年）、同『信州の啓蒙家　市川量造とその周辺』（一九七六年）、山田貞光『木下尚江と自由民権運動』（一九八七年）など、また信州全体については、信州の民権百年実行委員会編『信州民権運動史』（一九八一年）、上條宏之『地域民衆史ノート』（一九七七年）、同『民衆的近代の軌跡』（一九八一年）、同『変革における民衆』（一九九四年）、上原邦一『佐久自由民権運動史』（一九七三年）などが参考になる。

地域の自由民権運動史にはとくに第三節で述べる第一世代のメディア政治家の名前が頻繁に登場する。彼らが運動で果たした役割や横のつながり、また行政上の役職や地方議会での活動などは「前史」を知るうえでは重要な情報であるが、本章の目的から逸脱するので大幅に割愛し、地方新聞との関わりに限定した。また自由民権運動の研究はしばしば国会開設前史（一八八〇年代）に力点が置かれがちであるが、本章の関心は、国会開設前の政治的・メディア的活動と、国会開設後のそれとの連続性にある。これらの資料を組み合わせながら、地方新聞とそれに関連するメディア政治家たちの動向をたどっていく。

政治的な力の源泉としてのメディア経験

分析枠組みとして、メディア経験の四つの類型を想定しておきたい。分類には、二つの軸を用いる。[★15]第一の軸は政治システムとの関係を従属的か／自立的かによってあらわす。これは「政治のメディア化」の四局面モデル（序章）における、第Ⅰ局面（メディアの成立）と第Ⅱ局面（メディアの自立化）に対応する。時代の趨勢は、メディアの自立化（組織の企業化・記者の専門職化）を促すことになるが、実際には、地域や時期により自立の程度は異なるし、自立できないまま廃刊や他紙に吸収合併された新聞は多い。自立化は必ずしも自明のプロセスではないのだ。たとえば地方新聞の多くは、初期の頃に県庁の御用新聞や政党機関紙など、政治システムに対して従属的な段階を経験している。行政や政治の手段だったというだけでなく、経済的に自立できるほどの購読料や広告収入がなかったためでもある。しかし経済的な自立は容易ではない。競合紙は次か

表3　政治家のメディア経験の分類

		政治システムとの関係	
		従属 ←→	自立
組織内の役割	編集	A（活動家）	C 主筆、記者
	↑↓		
	経営	B（実業家）	D 社主、役員

ら次に出てくるし、通信・流通網の整備が進めば全国紙も地方に販路を拡大してくる。したがって、自立化を可能にする（あるいは制約する）具体的な条件を注意深く見極める必要がある。

従属的な段階では、新聞事業への関わり方も、啓蒙や実業など本人の多様な活動のうちの一部分であることが少なくない。メディアだけでなく、政治や経済などほかのシステムも機能分化が進んでいないためである。たとえば衆議院議員には歳費が支給されたが（議院法）[★16]、戦前の地方議会は名誉職自治の建て前のもと原則無報酬であり、職業政治家が成立しにくかった。[★17]とくに国会開設以前（一八八〇年代）は、メディア組織だけでなく、政治システム自体、自立性が弱かった。メディアや政治や経済など領域横断的な活動をする個人が多かった背景には、こうした事情があったと考えられる。

第二の軸はメディア組織内での役割を編集寄りか／経営寄りかによってあらわす。政治システムからの自立性が低い段階では、組織のサイズも小さく、編集と経営が未分離（しばしば兼任）であることが多い。自立性が高まる段階においては、組織の企業化と記者の専門職化が進み、したがって、編集と経営の機能分化も進む。しかし、それは編集の経営からの独立を意味しない。経営が編集に圧力をかけたり、編集が経営の思惑を忖度して手を加えたりすることは現代でも問題になるから、「編集と経営の分離」は古くて新しい課題なのである。

これら二軸を組み合わせると、四つの類型ができあがる（表3）。自立的な段階における主筆・記者（C）と社主・役員（D）の区別はわかりやすい。他方、両者の区別が曖昧な段階では、その個人の（新聞を含む）活動全体の性格から、さしあたり活動家（A）と実業家（B）と呼ぶことにする。活動家が自由民権運動を組織したり、演説を通じて民衆を啓蒙したりするのに対して、実業家は新聞以外の事業を経営したり、業界団体を組織したりする。そうしたちがいはあるものの、領域横断的な活動を通じて地域のネットワークの中心的な役割を担うようになる点では共通している。また、AとCにまたがるタイプとして、「渡り職人」のように文筆一本でさまざまな新聞を渡り歩く遍歴型の記者がいる。これは新聞記者の専門職化というよりは、組織への帰属意識が希薄な職人文化の名残であろう。

以下の節では、この二軸による類型化を参照しつつ信州の南北両地域を比較することで、メディア経験がどのように政治的な力に変換されるのかを考察する。なお、「政治的な力」という言葉を、ここでは地位や身分など属性にともなう権力よりも広い、機能的な意味で用いたい。たとえば、地域や業界の有力者どうしを結びつける顔役として人望を集めることと、論説記事や政談演説など言論を武器に有名になること、政治部記者として有力代議士に食い込み中央政界とのパイプを太くすることは、タイプはまったく異なるが、いずれも政治的な力となりうる。次節で具体的な事例を整理分類していく。

3　世代と地域によるメディア経験のちがい

世代集団への着目

序章では、「政治のメディア化」の四局面モデルと、メディア関連議員の量的な変動を対応させた時期区分が、仮説的に提示されている。これを世代交代の観点から検証していきたい。作業の手続きは以下のとおりである。長野県を東北信と中南信の二つの地域に分割したうえで、五三名のメディア政治家を当人の地盤とする地域に振り分けて、生まれ年順に並べる。さらに、各回の総選挙の結果について、当選なら●、落選なら×、[★18]他府県での当選なら○であらわした（表4、5）。また、地元の新聞雑誌への関与がないメディア政治家については、網掛けであらわした。

議員としての活動時期は、当然のことながら、生まれ年が早いほど左側に、遅いほど右側に（右肩下がりに）分布する。ここに、次のような補助線を引くことで、世代のまとまりを可視化してみる。世代の分け方にはい

⑥ 1898	⑦ 1902	⑧ 1903	⑨ 1904	⑩ 1908	⑪ 1912	⑫ 1915	⑬ 1917	⑭ 1920	⑮ 1924	⑯ 1928	⑰ 1930	⑱ 1932	⑲ 1936	⑳ 1937	㉑ 1942
		●	×												
			●												
×	●														
●補	●	×	●死												
×		○													
●死															
		●	●	●	●	●									
●															
	●		×	●	×										
						●									
					○	○	○	○			●				
	●														
●	●	●						○							
					●	●	●	×	●死						
							●								
								●補							
				●											
								●死							
								×	●補						
					●	●補			×						
					●										
									●	●		●	×		
					●	●		●	×	●	●	●			
									●補	●	●				
												●	×	×	×
													●		×
									●	●	●	●	●	●	●
															●
														●	●

表4　東北信のメディア政治家の世代分類

	名前	生年	地盤	新聞・雑誌	【経営】創刊役員	【編集】主筆記者	①1890	②1892	③1894	④1894	⑤1898
1	小出八郎右衛門	1840	北信	長野新聞	*	*					
2	島津忠貞（450）	1845	北信	信濃日報	*		●	×	●	●	
3	佐藤八郎右衛門	1846	東信	信濃毎日新報	*		×	●	●		
4	前島元助（810）	1849	北信	信濃毎日新聞	*						
5	小坂善之助	1853	北信	信濃毎日新聞	*		●	●		●	×
6	石塚重平	1855	東信	信濃毎日新報	*					●	
7	丸山名政（845）	1857	北信	東京横浜毎日新聞ほか		*	×	●	×	×	
8	小山久之助（370）	1859	東信	雑誌『政理叢談』ほか	*	*	×	×	×	×	
9	矢島浦太郎	1860	北信	長野日日新聞ほか	*	*	×				
10	飯島正治	1861	北信	長野新聞	*	*					●
11	水品平右衛門（858）	1861	北信	信濃毎日新聞	*	*					
12	玉井権右衛門（585）	1862	北信	長野新聞	*						
13	鈴木梅四郎（476）	1862	北信	時事新報ほか	*	*					
14	宮下一清	1863	北信	長野新聞	*				×	×	
15	龍野周一郎（577）	1864	東信	雑誌『愛民』	*	*					●
16	岡部次郎（221）	1864	東信	北海タイムスほか	*	*					
17	諏訪部庄左衛門	1868	北信	信濃毎日新聞	*						
18	宮沢長治	1869	北信	長野新聞	*	*					
19	安川保次郎（902）	1870	北信	長野新聞	*						
20	花岡次郎（720）	1870	北信	信濃毎日新聞	*						
21	伝田清作（605）	1870	北信	信濃日日新聞	*						
22	風間礼助（250）	1874	北信	長野新聞		*					
23	小山完吾（368）	1875	東信	時事新報	*	*					
24	山本慎平（937）	1876	北信	長野新聞ほか	*	*					
25	小坂順造（349）	1881	北信	信濃毎日新聞	*						
26	篠原和市（441）	1881	東信	大阪毎日新聞ほか		*					
27	鷲沢与四二（970）	1883	東信	時事新報ほか	*	*					
28	田中弥助（521）	1883	北信	長野新聞	*						
29	松本忠雄（839）	1887	北信	やまと新聞		*					
30	小坂武雄（350）	1895	北信	信濃毎日新聞	*						
31	羽田武嗣郎（707）	1903	東信	東京朝日新聞		*					

⑥	⑦	⑧	⑨	⑩	⑪	⑫	⑬	⑭	⑮	⑯	⑰	⑱	⑲	⑳	㉑
1898	1902	1903	1904	1908	1912	1915	1917	1920	1924	1928	1930	1932	1936	1937	1942
●															
				●	●	×		×							
	×			●	●	●死									
							●								
●	●	●	●	×		●	●	●	●	●	●				
									×		×	●			
	×	●	●	●	●補	●	●	●	●	●	×	●	×		
			×		●辞	×									
										×	●	●	●	●	
											●				
						●	●	●	●	●					
				●											
							●	●	●	●	●	●	●	●	×
								●	×						
						×				●					
										●	×				
								×	●	●	●	●	×		
												×	●	●	●

ろいろな考え方がありうるが、以下で試みるのは世代集団が入れ替わる――つまり世代交代の――タイミングを重視するものである。

表4、5では、それぞれの世代のまとまりを、政界現役の時期を線で囲んだ長方形であらわし、世代集団が入れ替わるタイミングを網掛けであらわした。これをもとに時期区分を試みると、東北信は第一一回（一九一二年）と第一五回（一九二四年）が、また中南信は第一二回（一九一五年）と第一九回（一九三六年）がそれぞれ画期となる。時期区分については節を改めて論じることにして、本節では各世代集団の特徴をおさえる。

まず、一八九〇年代前半の初当選組を中心とする世代集団を第一世代とする。東北信では小山久之助（一八五九年生まれ）までの八名、中南信では森本省一郎（一八六一

表5　中南信のメディア政治家の世代分類

	名前	生年	地盤	新聞・雑誌	【経営】創刊役員	【編集】主筆記者	① 1890	② 1892	③ 1894	④ 1894	⑤ 1898
1	窪田畔夫	1838	中信	信飛新聞	*	*	×	●	×	×	
2	江橋厚（158）	1854	中信	信陽日報	*		●	×		●	×
3	小里頼永	1855	中信	松本日日新聞ほか	*	*	●	×	×	×	×
4	上條謹一郎	1855	中信	信濃民報	*						●
5	伊藤大八（71）	1858	南信	雑誌『政理叢談』	*	*	●	●	●	×	×
6	翠川鉄三	1860	中信	信濃自由新聞	*						
7	森本省一郎	1861	中信	松本新聞		*		×	●	●	
8	百瀬清治（884）	1863	中信	信濃民報	*						
9	降旗元太郎（793）	1864	中信	信陽日報ほか	*	*					●
10	平野桑四郎（761）	1864	南信	南信新聞	*						
11	小川平吉	1869	南信	新聞『日本』	*						
12	山田禎三郎（925）	1871	南信	千葉新聞		*					
13	百瀬渡（885）	1874	中信	信濃日報ほか	*	*					
14	林七六（729）	1875	南信	南信日日新聞	*						
15	樋口秀雄（753）	1875	南信	雑誌『新日本』		*					
16	渡辺千冬	1876	南信	電報新聞、大阪毎日新聞	*	*					
17	植原悦二郎（144）	1877	中信	日米商報	*						
18	野溝伝一郎（700）	1877	南信	南信毎日新聞	*						
19	伊原五郎兵衛（73）	1880	南信	南信新聞	*						
20	上條信（262）	1884	中信	志な野新聞	*						
21	戸田由美（608）	1886	南信	南信毎日新聞	*	*					
22	中原謹司（651）	1889	南信	信濃時事、信州郷軍新聞	*	*					

年生まれ）までの七名が該当する。衆議院議員の被選挙資格（三〇歳以上）により、第一回総選挙（一八九〇年）から政治活動のスタートを切ることができたのは一八六〇年以前の生まれである。それ以後に生まれた者が国政デビューする場合、年齢以上の時間差が生じることになる（第二世代の登場は八年後の第五回以降[★19]）。彼らが最後に当選した選挙は、東北信は第九回（一九〇四年）、中南信は第一二回（一九一五年）である。世代集団の政治的な寿命は二〇年前後といったところである。

次に、第一世代の時代の途中から登場する世代集団を第二世代とする。東北信では矢島浦太郎（一八六〇年生まれ）から龍野周一郎（一八六四年生まれ）の七名、中南信では百瀬清治（一八六三年生まれ）から山田禎三郎（一八七一年生まれ）までの五名が該当する。第二世代以降は、世代集団の括り方に地域差が出てくることに注意が必要である。

第一世代がほぼ退場した後に登場する世代集団を第三世代とする。東北信では岡部次郎（一八六四年生まれ）から小坂順造（一八八一年生まれ）の一〇名、中南信では百瀬渡（一八七四年生まれ）から戸田由美（一八八六年生まれ）までの九名が該当する。

第二世代がほぼ退場した後に登場する世代集団を第四世代とする。東北信では篠原和市（一八八一年生まれ）以降の六名、中南信では中原謹司（一八八九年生まれ）の一名が該当する。

以下では、世代集団ごとに、地元の新聞雑誌への関与の有無、主要な地方新聞の発達段階とメディア経験との関連などを中心に、メディア政治家たちの整理分類を試みる。とくに地元の新聞雑誌に関与していないメディア政治家については、関与のある場合との比較のために、注に略歴を載せた（出生地表記は表1の信濃国一〇郡にもとづく）。

第一世代——御用新聞からの脱却と自由民権

第一世代の多くは、村役人や実業家として地域の政治経済を担う豪農豪商の立場、あるいは代言人（弁護士）や教師として地域の近代化を担う知識階層の立場から、地元で新聞雑誌の発刊と草創期の経営に参画した。一八八〇年前後の自由民権（国会開設）運動についても、結社や集会の中心になるなど、当事者として経験している。[★20]

第一世代の一五名のうち、地元の新聞雑誌に関与していないメディア政治家は、北信の丸山名政[★21]（845）、東信の小山久之助[★22]（370）、南信の伊藤大八[★23]（71）の三名（二〇％）である。彼らはいずれも若くして東京でヨーロッパの最新の憲法理論を学び、そこから自由民権運動に入り、それと関係の深い新聞や雑誌の経営・編集に携わった。丸山と小山は、さらにそうした中央の政治ネットワークのなかで、政党の結成（立憲改進党・立憲自由党）にも参画した。このように高度な専門知識と中央との政治的パイプを活かして中央政界進出を果たすというパターンは、第一世代としては例外的にみえるが、東信と南信出身のメディア政治家としては珍しくない。以下にみていくように、北信と中信にはあった県庁の御用新聞が、東信と南信にはなかったので、地元の地方新聞の安定的な発行も明治三〇年代以降と遅かった。[★24] また、東信と南信は、北信や中信と比べて東京との物理的・心理的な距離が近いせいか、中央や海外でメディアを経験した政治家の輩出が少なくない。

明治初期に起源を持つ代表的な地方新聞として、北信の『長野新報』（のちの『信濃毎日新聞』）と中信の『信飛新聞』（のちの『信濃日報』）を取り上げる（表6）。この二紙はいずれも県庁の御用機関紙として発刊した。なぜ県庁機関紙が複数あるかというと、廃藩置県後の第一次府県統合（一八七一年）によって、信濃国は東北信からなる旧長野県と、中南信と飛騨国からなる筑摩県に再編され、第二次府県統合（一八七六年）で現在の長野県の形になるまでの五年間、二つの県が存在したからである。そのあいだに、『長野新報』（一八七三年）は旧長野県庁が、また『信飛新聞』（一八七二年）は筑摩県庁が、それぞれ指導育成する御用新聞として創刊された。

同じ御用新聞として出発しながら、その後の二紙の歩みは、政治システムからの自立化という観点からみると、きわめて対照的である。結論から言えば、『長野新報＝信濃毎日新聞』は、一八九〇年代に報道主義に立った商業新聞として自立化を果たしたのに対して、『信飛新聞＝信濃日報』は、民権派の政論新聞から政党機関紙への道をたどり、その路線から脱却できないまま、『信濃毎日新聞』に統合されることになった。この二紙に関わったメディア政治家は多いが、両紙の性格から、メディア経験のあり方にも差異が認められる。

北信の『長野新報』は、長野県庁の御用新聞のまま自由民権運動期を迎えたので、それに対抗する民権派寄りの競合紙（『信濃毎日新報』）が登場して激しく争った。そこで地元の有力な実業家だった小坂善之助（※）と島津忠貞（450）が社主グループに入り経営体制を立て直し、競合紙を吸収合併、『信濃毎日新聞』と改題した（一八八一年）。『信濃毎日新聞』の基本的スタンスは、第一回総選挙（一八九〇年）までは体制支持である。新聞条例改正を機に民権派寄りの新聞が次々と休刊に追い込まれるなかでも、政府与党である立憲帝政党を支持することで、生き延びることができた。さらに株式会社化（一八九〇年[★25]）することで、県庁や特定の政治勢

西暦	年号	出来事	北信（長野）		中信（松本）	
1891	明治 24		信濃毎日新聞（1881.4 改題） ・1882-90　帝政党系 ・1890　株式会社化、「不偏不党」の商業新聞へ ・【経営】小坂善之助①、島津忠貞①、小出八郎右衛門①、前島元助①、水品平右衛門②、諏訪部庄左衛門③、花岡二郎③、小坂順造③、小坂武雄④ ・【通信員】百瀬渡③		信府日報（1891.5 改題、改進系） ・【経営】降旗元太郎②	信濃自由新聞（1891.11 創刊、自由党系） ・【経営】翠川鉄三①、上條謹一郎①
～	～					
1894	明治 27	日清戦争			信濃日報（1894.9 改題、改進系） ・改進党→憲政会→民政党 ・【経営】降旗元太郎②、百瀬渡③	← 1894 合併
～	～					
1899	明治 32			長野新聞（1899 創刊、政友系） ・小坂財閥に対抗する更級財閥 ・1937 廃刊 ・【経営】小出八郎右衛門①、飯島正治②、玉井権右衛門②、宮下一清②、宮沢長治③、安川保次郎③、田中弥助④ ・【主筆】宮沢長治③、風間礼助③、山本慎平③		信濃民報（1899.9 創刊、政友系） ・【経営】百瀬清治②
～	～					
1937	昭和 12	盧溝橋事件				
1938	昭和 13	国家総動員法				
1939	昭和 14	新聞統合開始				
1940	昭和 15	近衛新体制			信州日日新聞（1940.7 改題） ・1942.4 廃刊 ・信濃毎日新聞に統合	← 1940 合併
1941	昭和 16	対米英開戦				
1942	昭和 17	第 21 回 総 選 挙				

⇔は対立関係、丸数字は世代を示す（本文参照）。
出典：『松本市史』下巻（1933）、『地方別日本新聞史』（1956）、『百年のあゆみ――信濃毎日新聞』（1973）

表6　メディア政治家を輩出した主要な地方新聞（北信と中信）

西暦	年号	出来事	北信（長野）		中信（松本）
1872	明治 5				信飛新聞（1872.10 創刊） ・【経営】【編集】窪田畔夫①
1873	明治 6		長野新報（1873.7 創刊）		
1874	明治 7	民撰議院設立 建白書	官許長野毎週新聞（1874.1 改題）		
1875	明治 8	新聞紙条例 讒謗律			
1876	明治 9	筑摩県廃止、 長野県に統合	長野新聞（1876.5 改題）		松本新聞(1876.11 改題) ・急進的な自由民権論を展開 ・1881.6 廃刊 ・【入社】森本省一郎①
1877	明治 10	西南戦争			
1878	明治 11				
1879	明治 12	郡町村制 第 1 回県会議員選挙	長野日日新聞（1879.7 改題） ・【記者】矢島浦太郎②		
1880	明治 13	集会条例 国会期成同盟	信濃日報（1880 秋改題） ・【主筆】矢島浦太郎② ⇔ ・同年 12 月、社主グループに小坂善之助、島津忠貞らが入り共同経営体制へ	信濃毎日新報（1880.9 創刊） ・急進的な自由民権論を展開 ・【経営】佐藤八郎右衛門①、石塚重平①	
1881	明治 14	自由党 国会開設の勅諭		← 1881 合併	信陽日日新聞(1881.11 創刊） ・1882.2 発行停止処分
1882	明治 15	立憲帝政党 立憲改進党			信中新報（1882.5 創刊） ・弾圧対策で東山自由新聞併刊 ・1883.6 廃刊
1883	明治 16	新聞条例改正			
1884	明治 17	秩父事件 自由党解党			松本日日新聞(1884.1 創刊） ・【経営】【編集】小里頼永①、森本省一郎①、江橋厚①
1885	明治 18				
1886	明治 19				信陽日報（1886.8 創刊、改進系） ・松本日日を合併 ・【経営】【主筆】降旗元太郎②
〜	〜				
1890	明治 23	第 1 回総選挙 第 1 回帝国議会			

表7　信濃毎日新聞の収入分類（1890年代）

	新聞代	広告料	印刷料	印刷依存度（収入に占める割合）
1891	3,193円	1,917円	5,933円	54%
1892	5,080	1,827	3,752	35%
1893	3,425	2,036	3,132	36%
1894	5,739	3,317	3,612	29%
1895	5,422	2,752	3,547	30%
1896	5,599	2,994	3,643	30%
1897	7,129	3,792	4,284	28%
1898	9,085	5,766	3,944	21%

出典：『百年のあゆみ』97頁の表をもとに作成

力に依存しない経営体制を確立、不偏不党を標榜する商業新聞への転換（あるいは「言論主義から報道主義への転換」[★26]）を図った。

社史はここを画期とみなし「明治時代の地方新聞は、企業としての経営は困難と考えられ、おおかたは政党有力者の機関紙となるか、或は財閥に依存したが、信毎は飽くまでも政党に偏することを避け、財閥に頼ることを好まず、編集の独立性を堅持して、終始、企業としての独立経営を導き出すことに情熱を傾け、そのことに成功した」と総括している。[★27] 実際、一八九〇年代から発行部数は順調に伸びて、広告収入も増大、県庁の御用印刷への依存度が低下したことで（表7）、新聞経営は軌道に乗った。[★28] 資金面だけではない。小坂善之助の社長就任（一八九八年）以降、外部から大物ジャーナリストを主筆として招聘して、編集の独立性の確保に努めたのである。[★29]

すなわち、『信濃毎日新聞』は、一八九〇年代から「政治のメディア化」の四局面モデル（序章）における第二局面（自立レベル）に移行していった。信州のメディア政治家のうち『信濃毎日新聞』に関与した者の数は最も多いが、こうした経緯から容易に予想されるように、その関係は、第一世代から第四世代まで一貫して、実業家としての経営参加である（活動家や主筆・記者を経由していない）。[★30] メディア経験の分類（表3）で言えば、政治システムからの自立性と編集の独立性を前提とした経営層（B→D）である。政治システムに従属した段階での編集・経営（A＝B）とくらべると、政治との距離は遠く、関係は間接的にみえるが、じつは政治的な力の源泉としては、Dのほうが、より洗練されている。この仮説については、また後で検討する。

他方、中信の『信飛新聞』は、筑摩県の廃止（一八七六年）により県庁という後ろ盾を失い、『松本新聞』として改題、再出発する。御用新聞からの脱却という点では『信濃毎日新聞』より一〇年以上も早かったが、目指す方向は報道主義的な商業新聞ではなく、自由民権運動に棹さす政論新聞であった。[★31]『信飛新聞』の系譜に連なるメディア政治家のうち、第一世代は村役人を務める豪農（窪田畔夫（※））、代言人（江橋厚（158））や教師（小里頼永（※）・森本省一郎（※））など身分はさまざまながら、自由民権運動に深くコミットしていた。あるいはむしろ、「松本平の自由民権運動に、機関紙による宣伝活動と演説会活動という組織的活動を積極的に位置づけた」[★32]とみることもできる。言い換えると、政治システムからの自立性が低く、編集と経営が未分離な段階（A＝B）で、政治に積極的にコミットする新聞のアイデンティティが固まることになった。このことは、後あとまで政党機関紙からの脱却を難しくさせた。

第二世代──政治的対立と地方新聞の割拠

第一世代が地方新聞を生み育てた世代であるのに対して、第二世代が青年期のときにはすでに地方新聞が存在していた。彼らにとってメディア経験とは新聞をゼロから作ることではなく、既存のものを継承・発展させたり、対抗的なメディアやオルタナティブな言論を組織したりすることである。

第二世代の一二名のうち、地元の新聞雑誌に関与していないメディア政治家は、北信の鈴木梅四郎[★33]（476）、南信の小川平吉[★34]（※）、山田禎三郎[★35]（925）の三名（二五％）である。いずれも東京で高等教育を受け、専門性を活かして実業家や弁護士、教育者として活躍するなかで政治の志を立て、第七回（一九〇二）年以降の総選挙で初めて出馬している。ちょうど小選挙区制から大選挙区制に変更され、被選挙資格から納税制限がなくなり、有権者も拡大した時期にあたる。それ以前の制度と比べて、地元密着型でなくとも、中央での活動実績に裏づけられた全県的な知名度が選挙に有利に働くようになっていた。

もっとも、第二世代でも依然として地元の新聞雑誌を経由するメディア政治家が多数派である。北信では、この第二世代から『信濃毎日新聞』に対抗するメディアが生まれた。それが一八九九年に創刊された政友系の

『長野新聞』である。その背景には次のような政治的対立があった。一八九四年頃、実業家の政治への発言力を強めるために信濃実業同志会が結成され、その中心には小坂善之助、小出八郎右衛門（※）、飯島正治（※）、前島元助（810）、矢島浦太郎（※）がいた。[★36] 小坂と飯島はともに銀行頭取[★37]でもある実業家で、もとは同志関係にあったが、第五回・六回総選挙（一八九八年）では信濃実業同志会を支持母体とする現職の小坂善之助に対して、更級同志会を支持母体とする新人の飯島正治が闘いを挑み、八歳若い飯島が二度とも勝利した。『長野新聞』は、飯島と小出、そして宮下一清（※）ら更級財界によって創刊された。

表4からもわかるように、第二世代と第三世代を合わせると、『信濃毎日新聞』の五名に対して、『長野新聞』は七名ものメディア政治家を輩出している。そしてメディア経験の種類も両者では異なる。すなわち、『信濃毎日新聞』は、先に指摘したように一貫して実業家としての経営参加であるのに対して、『長野新聞』は主筆として言論の表舞台に立つケースも少なくない（宮沢長治（※）・風間礼助（250）・山本慎平（937））。

中信でも、一八九〇年代に、『信飛新聞＝松本新聞』の系譜への対抗メディアが生まれている。メディア政治家を輩出したものに限定すると二つある。一つは『信濃自由新聞』（一八九一〜九四年）。もう一つは『信濃民報』（一八九九〜一九四〇年）である。

『信飛新聞＝松本新聞』の系譜は、一八八〇年代前半の激しい新聞弾圧のもと、発行停止や廃刊の時期を経て、一八八六年の『信陽日報』の創刊によって再興する。ここから第二世代の降旗元太郎（793）が登場する。中信の第一世代が地元密着型の民権家集団だったのに対して、降旗はそれとは一線を画す新世代である。一八六四年に松本浅間温泉で旅館業と蚕種製造業を営む家に生まれた。一八八二年に東京専門学校が設立されると、大隈重信に傾倒していた降旗は早速上京して政治科に学び第一回卒業生（一八八五年）となった。卒業後は松本に帰り、『信陽日報』を創刊するのであるが、それを支えたのが松本親睦会人脈である。松本親睦会は、降旗が東京専門学校在学中の一八八四年に、松本出身の在京学生の交流のために作られた親睦会である。[★38] 会員は東京専門学校と東京大学の在京学生を中心に約六〇名おり、『信陽日報』を資金面や経営・編集面で支えたのは彼らだった。松本在郷会員も約四〇名おり、そのなかには翠川鉄三（※）、江橋厚、小里頼永といった後の第一世代のメディア政治家の名前もあったが、『信飛新聞＝松本新聞』の系譜は、降旗の『信陽日報』をもって完全に世代交代する。そして中興の祖である降旗元太郎を社長とする経営体制は、彼が死ぬ一九三一年まで、じつに四五年間続くことになる。

降旗元太郎はその経歴から、第一世代の民権家集団とは区別されるが、新聞経営だけをやっていたわけではない。帰郷と同時に地元に浅間青年会を作り、さらに松本の信陽青年会、東筑摩郡連合青年会でも会長として指導にあたった。一八九〇年から九三年には県会議員を務め、その実績から満三〇歳になる第四回総選挙（一八九四年）のときから早くも有力新人候補として名前があがるほどだった。[★39] つまり地方新聞経営を拠り所に、地域の顔役として政治的な力をつけていく。新聞経営と政治活動が密接不可分な点では第一世代と似ているが、それが降旗元太郎という特定の人物とも密接不可分だった点で、やはり第一世代とは異なるのである。

さて、『信陽日報＝信府日報』（一八九一年改題）は、経営陣とそれを支える松本親睦会の会員構成からも早稲田系、つまり改進党系とみられていた。そのため、五年後の一八九一年にはそれに対抗する自由党系の『信濃自由新聞』が創刊される。経営に関わった翠川鉄三と上條謹一郎（※）は生まれ年からいえば第一世代であるが、総選挙への出馬は第二世代の降旗元太郎と同じく、第五回（一八九八年）以降である。一八九四年、『信府日報』は『信濃自由新聞』を合併して、『信濃日報』となった。一八九九年には、改進党＝憲政党系の『信濃日報』に対抗して、政友系の『信濃民報』が創刊される。これ以後、一九四〇年の新聞統合まで、中信では約四〇年にわたって『信濃日報』と『信濃民報』の対抗関係が続いた。

これは北信の『信濃毎日新聞』と『長野新聞』の対抗関係と似ているが、中信の二紙が輩出した第二世代・第三世代のメディア政治家は三名（『信濃日報』の降旗と百瀬渡（885）、『信濃民報』の百瀬清治（884））にすぎず、北信の一二名と比べるとかなり少ない。彼らのメディア経験は経営側であるが、新聞の経営体制が属人的、つまり特定の人物が長期にわたり役職を占めていたことが影響していると考えられる。

また新聞発行の規模でみても、中信二紙は北信二紙に大きく後れをとった。新聞条例改正（一八八三年）後の年間発行延べ部数の推移をみていくと、一八八四年は『松本日日新聞』七万七千部が『信濃毎日新聞』六万三千部をまだ上回っていたが、その後逆転し、一〇年後の一八九四年には『信濃日報』二五万七千部に対して『信濃毎日新聞』九〇万五千部と三倍以上の差がつき、さらに一〇年後の一九〇四年には『信濃日報』九二万一千部（『信濃民報』六八万八千部）に対して『信濃毎日新聞』六五九万八千部（『長野新聞』三九六万七千部）と七倍に差が開いていた。[★40]

第三・第四世代――中央とのパイプと知名度、地方新聞の新傾向

第三世代は第一世代がほぼ退場した後に登場する世代集団であり、第四世代は第二世代がほぼ退場した後に登場する世代集団である。いずれも世代交代を象徴する集団であるので、併せてみていこう。北信では『信濃毎日新聞』と『長野新聞』が、中信では『信濃日報』と『信濃民報』がそれぞれ並び立ち、中央政党とゆるやかに関係を保ちながら、一九三〇年代までこの対立関係のまま推移する。もちろん、その間にもさまざまな地方新聞が創刊と廃刊を繰り返しているが、メディア政治家を輩出する地元紙に限れば基本的に安定期である。

第三・第四世代合わせて二六名のうち、地元の新聞雑誌に関与していないメディア政治家は九名（三五％）である。このうち東信だけで岡部次郎[★41]（221）、小山完吾[★42]（368）、篠原和市[★43]（441）、鷲沢与四二（よよじ）[★44]（970）、羽田武嗣郎（ぶしろう）[★45]（707）の五名がおり、あとは北信の松本忠雄[★46]（839）、中信の植原悦二郎[★47]（144）、南信の樋口秀雄[★48]（753）、渡辺千冬[★49]（※）である。彼らは国内外で高等教育を受け、高度な専門性や海外事情の知識、論壇や文壇での知名度などを背景に政界からリクルートされ、第三世代は第一〇回（一九〇八年）以降、第四世代は第一五回（一九二四年）以降の総選挙でそれぞれ初当選している。また全国紙の政治部記者から有力代議士に見いだされ秘書等を経由して政界デビューに至るパターンも、第四世代（篠原・松本）から出てくる。いずれも本来の活動基盤は地元にはなく、中央とのパイプと知名度を武器に選挙戦を戦っている。その間に、大選挙区制から小選挙区制（第一四・一五回）、中選挙区制（第一六～二一回）に変わっているが、有権者が拡大し続けるなかでは、地元とのつながりの弱さが不利になることはなかった、ということであろう。

第三・第四世代になっても、メディア政治家で最も多いのは、地元の新聞雑誌に関与するケースである。北

信二紙と中信二紙の体制は変わらず、新しい傾向としては南信の地方新聞がメディア政治家を輩出するようになったことである。諏訪では不偏不党を標榜する『南信日日新聞』（一九〇一年創刊の『南信評論』が一九〇五年に改題）から林七六（729）、伊那では憲政系の『南信毎日新聞』（一九一四年）から野溝伝一郎（700）と戸田由美（608）、飯田では政友系の『南信新聞』（一九〇二年創刊）から平野桑四郎[★50]（761）と伊原五郎兵衛（73）、憲政系の『信濃時事新聞』（一九〇七年創刊の『伊那時報』が一九一五年に改題）から中原謹司[★51]の、以上六名である。北信の主要二紙と同じく、地元密着型の実業家による経営参加が多い。例外は、『南信毎日新聞』の専務取締役と主筆を両方務めた戸田由美と、『信濃時事新聞』主筆と『信州郷軍新聞』を発刊した中原謹司である。戸田は地元密着型の実業家であったが、中原の経歴はかなり特異である。

地方名望家の家に生まれた中原謹司は、俳優になる夢を抱いて早稲田大学に入学するが、兄の死をきっかけに予科修了と同時に帰郷、そこで一年志願兵のため入営。再訓練を受けて歩兵少尉任官。それに前後して、第一二回総選挙（一九一五年）で地元の樋口秀雄の選挙運動に関わった。現職の伊藤大八（政友会）に対抗して地元の非政友グループが統一候補として擁立した伊原五郎兵衛に出馬辞退を勧めて断られたため、中原は樋口に早稲田大学の校友ネットワークを使った大隈伯後援会からの立候補を勧め、同会下伊那支部を結成、大隈ブームに乗って樋口の当選を勝ち取った。その後信濃時事新聞社に入社してジャーナリストとして己の影響力を強めつつ、樋口の選挙参謀として地元の青年たちの組織化に努めた。樋口を「常勝将軍」と呼ばれるまで徹底して支えながら、中原は政治的な力を蓄積していったのである（自らの選挙では在郷軍人を支持基盤に組織化）。早稲田出身で、地方新聞を拠点とした言論の展開と、地元の青年たちの組織化により、自らの政治的な力を増大させていく点で、第二世代の降旗元太郎と共通性が認められる。

4　メディア政治家の諸類型――その展開と変容

メディア経験はどのように政治的な力に変換されるか

政治家のメディア経験は、まず地元の新聞雑誌（地方新聞）への関与の有無によって分かれる。身分制が解体され、社会秩序の流動性が高まる時代にあって、地域の利害関心に応える情報や知識の結節点となった地方新聞は、社会秩序の再編プロセスに棹さし、有権者への影響力を行使するのに最も有効な手段だったからである。

(1)　地方新聞に関与する場合

戦前のメディア政治家の王道は、地方新聞に役員または主筆として関与することだった。関与の仕方は、その地方新聞の政治システムからの自立性の程度に左右される。最も早い時期に自立したのは北信の『信濃毎日新聞』である。株式会社化を機に、報道主義の商業新聞の路線を徹底させることで、県内最大手の地方新聞に成長した。この『信濃毎日新聞』への関与の仕方としては、地元実業家が経営面でのみ参加するというパターンである。その半面、一人が長期にわたり選出され続けることは少なく、人材のプールから次々に異なる政治家を輩出した。『信濃毎日新聞』の対極にあるのが、中信の『信濃日報』である。降旗元太郎が経営と編集両面に関与する実質的な個人企業として、昭和の新聞統合まで四五年間続いた。降旗の通算当選回数は一一回、戦前の長野県選出議員としては最多であり、必然的に、信濃日報は政党機関紙（改進党＝憲政会＝民政党系）として機能することになった。ほかの地方新聞はだいたいその中間に位置する。

メディア経験の分類（表3）に当てはめると、『信濃日報』が、政治システムからの自立性が低く編集と経営の距離が近いメディアでの経験（A＝B）なのに対して、『信濃毎日新聞』の場合は、自立性と編集の独立性が高いメディアへの経営参加（D）である。さらに『長野新聞』は、自立性については中間的であるが、主筆（A／C）を経験したメディア政治家を何人も輩出している。『信濃毎日新聞』も、政治システムからの自立性と編集の独立性はどこまで真実なのかという疑念はぬぐえないにせよ、それとは別に、それを標榜するメディア経験はいかなる政治的な力を意味するのだろうか。

コンテンツへの介入を通じた政治的な力なら直截的でわかりやすいが、コンテンツへの政治介入を自ら禁ずる経営者が発揮する政治的な力とはどのようなものか。これこそ、「政治のメディア化」の四局面モデル（序章）における第Ⅱ局面（メディアの自立化）から第Ⅲ局面（報道のメディア化）への転換に関わる秘密である。第Ⅲ局面では、中立性という目的の裏に読者の最大化という経済的動機が隠されており、そのために報道では「政治の論理」（価値や理念の実現）より「メディアの論理」（社会的影響力の最大化）を優先させる。すなわち「政治の論理」を封印することで読者からの信頼が高まり、さらに信頼を高める積極的な企業努力が「メディアの論理」である。

実際に、『信濃毎日新聞』は不偏不党の商業新聞を追求して読者数と社会的影響力の最大化を果たした。したがって、「コンテンツへの政治介入を自ら禁ずる経営者」は「政治の論理を封印して社会的影響力を最大化する経営、を通じて政治的な力を最大化する政治家」と言い換えなければならない。だとすれば、主筆として言論の表舞台に出るメディア経験も、かつてのような主義主張を鮮明に打ち出す政論よりも、政治の論理を封印して社会的影響力を最大化する言論のほうが結果として政治的な力を高めることになる。そもそも政治家にとっては、一部の利益より万人の利益を擁護し、その実現のために、偏った主義主張よりバランスと柔軟性を発揮できる人物とみなされるほうが、有権者からの信頼を高める。その命題は選挙制度の改定で有権者が拡大するたびに強化されてきたのではないか。

(2)　地方新聞に関与しない場合

地方新聞に関与しないメディア政治家の割合は、第一世代が二〇％、第二世代が二五％、第三・第四世代が三五％と増加傾向にある。世代が下がるにつれて、前項でみた「政治の論理」を「メディアの論理」が上回っていくことを確認してみよう。

第一世代は、上京遊学して欧米の政治理論を学び、そこから自由民権運動に入り、民権派の新聞雑誌の経営・編集に携わった。ここでのメディア経験は、新知識の啓蒙と政治勢力の結集という「政治の論理」である。高度な専門知識と中央との政治的パイプを活かして中央政界進出を目指すが、彼らの活動拠点は基本的に東京なので、地元の選挙では苦戦を強いられる（通算五回当選の伊藤大八は地元に拠点を移していた）。第二世代は、東京で高等教育を受け、実業家や弁護士、教育者など専門性の高い職業生活のなかで政治に目覚めている。彼らのメディア経験は政治的な力に直結するわけではないが、地元に拠点がなくとも大選挙区制度のもとでは全県的な知名度が有利に働くので、自らの振る舞いのメディア的な効果は意識しただろう（日比谷焼打事件「扇動者」小川平吉や幻の中ノ鳥島「発見者」山田禎三郎など）。第三・第四世代は、国内外で高等教育を受け、高度な専門性や海外事情の知識、論壇や文壇での知名度などを背景に政界からリクルートされる。いずれも第二世代以上に「メディア映え」する著名人揃いである。

こうして、当人の意図やメディア経験とは別に、中央で活躍する彼らが地元の選挙で勝利するには「政治の論理」だけでなく「メディアの論理」がますます重要になっていく。地方新聞に関与しないメディア政治家の場合は、前項のようにメディア経験の分類に直接当てはめようとしても意味がない。むしろ自らの身体をメディアとして「社会的影響力の最大化」を実現できるかどうかが、有権者が拡大するなかで得票を最大化するための必要条件になってくる。ただし、第四世代で登場する、全国紙の政治部記者から有力代議士に見いだされ秘書等を経由して政界デビューするパターンには、例外的にメディア経験の分類が当てはまる。政治システムからの自立性が高い新聞から有力代議士の懐に入り込む記者が、政界にリクルートされるのは、その関係の親密性や記者自身の政治姿勢だけでなく、何よりも「政治の論理」と「メディアの論理」を自在に行き来できる翻訳能力を評価されるからであろう。

世代交代に着目した時期区分の試み

以上の分析と考察をふまえて、あらためて戦前期の総選挙を「政治のメディア化」の発展段階と対応づけてみたい。序章では、四つの局面がメディア関連議員の量的な変動と関連づけられていたが、ここではそれを世代交代論の観点から捉え直してみたい。

一つの世代集団の政治的な寿命は約二〇年である。例外はあるが、戦前期の衆議院議員が最も多い年齢階層が四〇歳代と五〇歳代であることを考えると、それほど不自然な数字ではない。第三節の分析をもとに、理念型として四つの世代を配置してみた（表8）。あくまでも長野県の事例にもとづいて構成したものであり、条件がさまざまに異なる他府県に一般化できるものではない。むしろ府県のあいだの差異を測定するための一つの基準として使用されることを想定している。

世代交代の重要な転機は二度訪れている。

一度目は第一〇回（一九〇八年）から第一一回（一九一二年）にかけて、第一世代と第三世代が入れ替わる時期である。すなわち地方新聞の創業者や自由民権運動の功労者が退場し、安定期の地方新聞に役員や主筆として関与する世代が登場してくる。これは四局面モデルにおける第Ⅰ局面（メディアの成立）から第Ⅱ局面（メディアの自立化）への転換に対応する。この前後で起こった変化は、地元の新聞雑誌に関与していない――つまり地元に活動拠点を持たない――メディア政治家に着目するとさらに明らかである。彼らのうち、第二世代は第七回（一九〇二年）あたりから、第三世代は第一〇回（一九〇八年）あたりから、それぞれ登場してきた。前者は選挙制度の変更（大選挙区制・被選挙権の納税基準なし）のタイミングであり、後者は、選挙制度は同じであるが、有権者数が倍増するタイミングであることに注目してほしい。これは日露戦争の戦費を支えるために直接国税が大幅に増税されたためである。[★52]選挙制度の変更と増税の効果が合わさり、一八九八年から一九〇八年にかけての一〇年間で有権者数は約四倍に増大しているのである。

二度目は第一四回（一九二〇年）から一五回（一九二四年）にかけて、第二世代と第四世代が入れ替わる時期である。すなわち地方新聞を実質的な政党機関紙として機能させてきた世代が退場し、既成政党を批判的に乗

表8　メディア政治家の世代類型

総選挙		選挙制度	長野県の有権者数	各世代の特徴			
第1回	1890	小選挙区（定数8）	10,602				
第2回	1892		10,226				
第3回	1894	直接国税15円以上（被選挙権も同じ）	10,607	【第1世代】			
第4回	1894		11,241		←日清戦争		
第5回	1898		11,198	地元密着型 地方紙創刊 ＋ 自由民権運動の功労者			
第6回	1898		12,533				
第7回	1902	大選挙区（定数10）	30,403		【第2世代】		
第8回	1903		29,752				
第9回	1904		22,480		政党間対立 地方紙割拠 ＋ 高等教育 専門的職業	←日露戦争	
第10回	1908	直接国税10円以上（被選挙権制限なし）	51,006				
第11回	1912		45,361				
第12回	1915		47,191				
第13回	1917		44,015			【第3世代】	←大隈ブーム
第14回	1920	小選挙区（定数13）	102,102			＋中央とのパイプと知名度	
第15回	1924	直接国税3円以上	106,455		→第2次護憲運動		
第16回	1928	中選挙区（定数13）普通選挙	342,933				【第4世代】
第17回	1930		353,143		→世界恐慌		＋既成政党からの脱却
第18回	1932		359,220		→農村恐慌		
第19回	1936	（第21回は翼賛選挙）	370,443				
第20回	1937		365,916			→戦時体制へ	
第21回	1942		353,147			→翼賛選挙	

長野県の有権者数は『長野県史　近代史料編　別巻統計（一）』282頁を参照。

り越えようとする世代が登場してくる。この世代交代の意味は、第三世代も退場して、第四世代だけが表舞台に残る第一八回（一九三二年）から第一九回（一九三六年）以後に明らかになるだろう。これは四局面モデルにおける第Ⅱ局面（メディアの自立化）から第Ⅲ局面（報道のメディア化）への転機に対応する。一九二〇年代の変化の意味が一九三〇年代以降に明らかになるとはどういうことか。第一四回と第一五回というのは、第一世界大戦後の世界秩序の再編や社会思想の更新が日本社会にも影響を及ぼし始めるタイミングで、選挙権の納税基準が一〇円から三円になり、有権者数がさらに倍増したときであった。

それゆえ、これ以降に登場するメディア政治家たちは既成政党からの自立性も高くなる。一部の利益のみ優先させる「政治の論理」の限界は、万人の利益を擁護する「メディアの論理」によって乗り越えられねばならない。既成政党が万人の利益より一部の利益を優先させているとみるや、「政治の論理」を転向させることも辞さないのが「メディアの論理」である。だとすれば、近衛新体制運動から大政翼賛会への流れは、第四世代のメディア政治家にとっては論理的な帰結であるとさえ言える。

一九三〇年代以降、メディア政治家が減少しているようにみえる。世代交代論の観点から言えば、それは「第五世代」を輩出できなかったからでもある。なぜか。第三・第四世代は有権者の拡大とともに誕生した。しかし男子普通選挙の実現以後、有権者は増えない代わりに、棄権数が増えている。長野県の棄権率（有権者数に占める棄権者の割合）は、第一五回（一九二四年）の四・四%、第一六回（一九二八年）の一一・四%に対して、第一九回（一九三六年）の一八・一%、第二〇回（一九三七年）の二六・一%であり、政治不信の強さがうかがえる。こうした条件下では新世代のメディア政治家は生まれにくいのかもしれない。なお、第二一回（一九四二年）の翼賛選挙では棄権率が一二・〇%にまで下がり、長野県は一三名の推薦候補全員が当選（非推薦候補全員落選）、うち四名がメディア政治家だった。

■註

1　ある条件（X_1）の効果を検証するためには他の条件（X_2、X_3…）は同一にしておく必要がある。これは対照実験の基本的な考え方であるが、歴史研究で因果推論（X_1→Y）を行ううえでも、他の条件（X_2、X_3…）をコントロールすることは重要である。

2　小林計一郎編『郷土史事典長野県』昌平社、一九七九年、一二八頁。その後、県の調査で判明した寺子屋は六一六三に達した（『長野県教育史』第一巻総説編、九二頁）。

3　山本博文監修『あなたの知らない長野県の歴史』洋泉社歴史新書、二〇一四年、一五二頁。『長野県教育史』第一巻総説編の第一章第二節「私塾・寺子屋の普及」によれば幕末に近くなるほど農民師匠が増加し（九八頁）、また寺子屋の教科書（往来物）として百姓往来ではなく商売往来が共通して使用されていたという（一三八頁）。

4　新津新生『蚕糸王国　長野県』川辺書林、二〇一七年、三〇頁。

5　同書、二三〜二六頁。蚕糸業の三部門（蚕種・養蚕・製糸）で全国トップを独走した長野県は文字通り「蚕糸王国」だった。蚕卵紙産出量と繭産出量は明治初年から、生糸生産量は明治三〇年代以降、蚕糸業の先輩格にあたる群馬県や福島県を引き離して首位の座を守った。この「蚕糸王国」の勢いは世界恐慌（一九二九年）まで続いた。

6　前掲書『あなたの知らない長野県の歴史』、一〇七頁。

7　同書、一四八頁。「信州における世直し騒動は、明治二〜三年でじつに一二件におよび、全国的にも件数・規模ともに注目された。これは、維新の混乱期に権力が弱体化したのに反比例して民衆の力がつよくなったこと、さらには近世後期に信州が蚕糸業の発達地となり、しかも開港後には生糸が有力な輸出品となるにおよんで、貨幣経済がより深く信州の農民をとらえていたからである」（前掲書『郷土史事典長野県』、一八一頁）。

8　大宅壮一「長野県・あまりにドイツ的な」『大宅壮一全集』第十一巻、蒼洋社、一九八二年、二一一頁。

9　前掲書『郷土史事典長野県』、一七二頁。信州の国学者の多くは幕末に倒幕運動にしたがったが、ただし「薩長倒幕派とは異なり、長期政権への展望が欠けていたきらいがあった」（一七三頁）とも言われる。

10　信濃毎日新聞社『百年のあゆみ』一九七三年、一九九頁。上條宏之『民衆的近代の軌跡』銀河書房、一九八一年には具体的な数字が紹介されている。「一九一一（明治四四）年の長野県の社会主義者は六七人、準社会主義者は一二三人で、ともに東京の一七八人・一五四人についで府県別全国第二位を占めている」（二五〇頁）。「一九一四（大正三）年、長野県下の社会主義者は三九人、準社会主義者は二一人、合わせて六〇人に減っている。しかしその数は東京につぎ、府県別数は依然第二位を占めた」（二五三頁）。

11　前掲書、「長野県・あまりにドイツ的な」、二一五頁。「朝鮮戦争時には浅間山において米軍基地（演習地）反対闘争で日本で初めて勝利を収め、一九六〇年の安保闘争では全国一位の国会請願数を誇った」（前掲書『蚕糸王国長野県』、二六一頁)。新津新生『青年たちの六〇年安保』川辺書林、二〇一〇年によれば、全国で約二〇〇〇あった地域共闘のうち長野県は約一七〇で福岡県に次いで二位、また、国会請願行動は合計六六五二名で地方代表としては全国一位。請願署名数八七万は長野県の有権者一二〇万の約七割に相当する(二二八〜二三〇頁)。

12 前掲書『あなたの知らない長野県の歴史』、一五一頁。「信州りんご」は現在青森県に次いで全国二位の生産量を誇る。

13 前掲書『蚕糸王国長野県』、二四六〜二四八頁。

14 上條宏之『地域民衆史ノート——信州の民権—普選運動』銀河書房、一九七七年、二八二〜二八四頁。

15 二軸による分類は、歴史的に変遷してきた新聞記者の類型化ではなく、あくまでも政治家のメディア経験(メディア経験がどのように政治的な力に変換されるのか)を分析することを目的にしている。新聞記者の成立と展開については、河崎吉紀『制度化される新聞記者——その学歴・採用・資格』柏書房、二〇〇六年を参照。

16 明治二二(一八八九)年制定の議院法(第一九条)により、衆議院の議員歳費は八〇〇円と定められた。その後、明治三二(一八九九)年の改正で二千円、大正九(一九二〇)年の改正で三千円に改められた。

17 石川一三夫『近代日本の名望家と自治——名誉職制度の法社会史的研究』木鐸社、一九八七年を参照。

18 落選情報については、『衆議院議員総選挙一覧』を参照した(国立国会図書館デジタルコレクションにて閲覧)。『一覧』には得票数が少ない候補者は「其他」にまとめられているため、落選者名の把握には限界があることに注意が必要である。

19 東北信の第二世代には、自由民権運動の時期からよく名前の知られていた有力活動家がいる。矢島浦太郎や水品平右衛門、龍野周一郎らである。しかし一八六〇年以降に生まれた彼らが中央政界にデビューできるのは、第五回総選挙(一八九八年)以後だった。

20 自由民権運動史には第二世代からも登場する。東北信の水品平右衛門(一八六一年生まれ)、龍野周一郎(一八六四年生まれ)などは二〇歳前後から活躍している。

21 丸山名政は一八五七年に須坂藩家老の長男として江戸藩邸で生まれ、東京の講法学舎と明治法律学校に学び、内務省地理局勤務を経て、民権結社・嚶鳴社に加入、立憲改進党の結成に参画した。『東京輿論新誌』、『東京横浜毎日新聞』(嚶鳴社—改進党系)で記者、『下野新聞』で主筆を経験している。また『通俗憲法論』『国会之準備』(ともに一八八一年刊行）という書物も東京で出している。こうした経緯から、長野県にも「中央」で活躍する理論的な活動家として改進党の勢力拡大のために訪れていた。第二回総選挙（一八九二年）で初当選、通算二回当選（第八回は東京府）。

22　小山久之助は一八五九年佐久に生まれ、幼少から学問に励み、上京して講法学舎から中江兆民の仏学塾に学び、雑誌『政理叢談』の編集や門下生の指導にあたった。中江が大阪に移ってからも、同行して『東雲新聞』、『立憲自由新聞』、『民権新聞』等の刊行に関わり、自由党の再興（立憲自由党の結成）にも参画した。長野県では、中江兆民の高弟でフランス流の民権理論に強い活動家として著名であった。第六回総選挙（一八九八年）で初当選（一回のみ）。

23　伊藤大八は一八五八年伊那に生まれ、幼少から学問に励み、上京して中江兆民の仏学塾に学び、高弟の一人として雑誌『政理叢談』の編集や門下生の指導にあたった。ここまでの経歴は小山久之助とよく似ているが、その後地元に帰り、第一回総選挙（一八九〇年）で初当選、通算五回当選。

24　日本新聞協会編『地方別日本新聞史』日本新聞協会、一九五六年、二二九～二三〇、二三二頁など。

25　この株式会社化の過程で中心的な役割を果たしたメディア政治家が、小坂善之助・小出八郎右衛門・前島元助である。政界出馬を目前に控えた小坂は自らは表に立つことを避け、株主に「小坂の身代わりとして信濃銀行常務取締役小出八郎右衛門、取締役前島元助が参画し、新しい新聞社には取締役岡本清三郎、前島、小出、監査役笠井らの陣容がととのえられた。〔略〕小坂は背後の実権者となった」（『百年のあゆみ』、七四頁）。

26　前掲書『百年のあゆみ』、七〇頁。

27　同書、一八四頁。

28　同書、九四～九七頁。

29　「小坂初代社長は、山路愛山をむかえたとき、経営の大綱は自らが握り、編集の責任は挙げて主筆にゆだねる大方針を確立し、このときから、信毎の編集における独立性が始まった。社長といえども編集には口出しをせず、言論の独立性を尊重するという習わしが始まり、社風となって育てあげられてきたのである」（同書、一三五頁）。

30　前身の『長野日日新聞』時代に記者・主筆を経験した矢島浦太郎も、『信濃毎日新聞』では経営側での参加だった。また合併前の競合紙・『信濃毎日新報』は、地元の有力実業家と自由民権活動家が手を組んで発刊したものだった。これに関与した第一世代のメディア政治家のうち、佐藤八郎右衛門は東信の蚕種業をまとめる実業家で、石塚重平は自由党創設にも関わった著名な活動家だった。

31 「信飛新聞」を改題した「松本新聞」は、これを機会に同じ社主窪田重平の下に〔県庁〕機関紙の性格を漸次脱皮して、十年の末頃から在野派の言論機関化した」（前掲書『地方別日本新聞史』、二二七頁）。

32 前掲書『民衆的近代の軌跡』九六頁。土佐高知出身の民権家・坂崎斌（さかん）を編集長に迎えてから（一八七七年）この方針が鮮明になった。坂崎は明治維新後に司法省を経て長野県松本裁判所判事に着任するが、この地の豪農民権家たちの活動に惹かれて、判事の職を辞して『松本新聞』の編集長に就いた。

33 鈴木梅四郎は一八六二年水内に生まれ、上京して慶應義塾で学び、卒業後に『時事新報』から横浜貿易商組合顧問となり、『横浜貿易新聞』の主筆を務めた。その後三井銀行支店長を経て王子製紙の経営に参画、医療所不足解消のための活動を機に政治を志し、第一一回総選挙（一九一二年）で初当選、通算五回当選。ただし選挙区は第一一〜一四回は東京府、第一七回のみ長野県。

34 小川平吉は一八六九年諏訪の呉服商人の家に生まれ、帝国大学卒業後、代言人（弁護士）となるが対外硬派として活動、近衛篤麿を担いで東亜同文会、国民同盟会、対露同志会の設立に参画した。第八回総選挙（一九〇三年）で初当選、通算一〇回当選。日露戦争後の一九〇五年には、河野広中や大竹貫一らと講和反対国民大会を開き、演説で群衆を煽り、日比谷焼打事件のきっかけを作った。司法大臣だった一九二五年に、新聞『日本』を創刊した。

35 山田禎三郎は一八七一年諏訪に生まれ、東京高等師範学校卒業後、さまざまな学校で教師や校長を務めるが一九〇〇年に教職を辞し、『千葉新聞』記者を経て実業家となり、教科書出版社の普及舎社長と帝国書籍取締役を兼務した。山田の名は太平洋上の幻の中ノ鳥島の「発見者」としても知られる。第一一回総選挙（一九一二年）で初当選するが、衆議院議員在任一周年を前に突如辞表を提出し、次点の小川平吉に議席を譲るなど、謎が多い人物である。長谷川亮一『地図から消えた島々――幻の日本領と南洋探検家たち』吉川弘文館、二〇一一年も参照。

36 前掲書『百年のあゆみ』、八九頁、および丸山福松『長野県政党史』上巻、信濃毎日新聞、一九二八年、四五七頁。その後の実業派の分裂については同書、五〇五、五三三頁を参照。

37 小坂善之助は信濃銀行の、飯島正治は六三銀行の頭取だった。

38 松本親睦会については、有賀義人『信州の啓蒙家市川量造とその周辺』「信州の啓蒙家市川畳造とその周辺」刊行会、一九七六年、五六九頁以下、および山田貞光『木下尚江と自由民権運動』三一書房、一九八七年、一八一頁前後を参照。一八八五年から雑誌『松本親睦会々誌』（在郷会員を認めた第五号から『松本親睦会雑誌』と改題）を発行しており、ここから会の関係者や活動の詳細がわかっている。会員には東京大学（卒業時は帝国大学）文学部哲学科に在学中の沢柳政太郎（一八六五年生まれ）や、在郷で松本中学校在学中の木下尚江（一八六九年生まれ）もいた。

39 『信濃毎日新聞』一八九四年六月七日付紙面にて「茲に新候補者として現はれ出づべしとの説有り。若し出でば相当の力を持して此選挙区の形勢を一変せしむべしと思はるのは降旗元太郎〔略〕の三氏にして、降旗氏は多年地方公事に公労多しとの故を以て人望多く」と紹介されたという（降旗徳弥『降旗徳弥回想録――井戸塀二代』「井戸塀二代」刊行会、一九九一年、六五頁）。

40 松本市編『松本市史』下巻、松本市、七三一頁。

41 岡部次郎は一八六四年佐久に生まれ、東京の同人社で英学を学び、高橋是清に従い渡米、アメリカの大学を卒業し修士号取得、英仏独にも遊学、帰国後は外務省翻訳官となり、立憲政友会の設立に参画した。第一一回総選挙（一九一二年）で初当選、通算四回当選。メディア経験としては『北海タイムス』主筆、『満洲新報』社長を務めた。

42 小山完吾は一八七五年佐久に生まれ、慶應義塾大学卒業後、ロンドン大学留学、『時事新報』記者。第一一回総選挙（一九一二年）で初当選（一回のみ）。その後に『時事新報』社長。

43 篠原和市は一八八一年佐久に生まれ、日本大学卒業後、『大阪毎日新聞』と『東京日日新聞』の政治部記者、清浦内閣の鈴木喜三郎司法大臣秘書官を経て、第一五回総選挙（一九二四年）で補欠当選、通算三回当選。

44 鷲沢与四二（よよじ）は一八八三年小県に生まれ、慶應義塾大学卒業後、毎日電報社記者、『時事新報』北京特派員として中国に渡り、北京で英字新聞『ノース・チャイナ・スタンダード』を創刊、北京新聞社社長、北京燕塵社社長、時事新報社顧問を務めた。その後、雑誌『ベースボール』を発行し、社長を務めた。第一八回総選挙（一九三二年）で初当選（一回のみ）。

45 羽田武嗣郎（ぶしろう）は一九〇三年小県に生まれ、東北帝国大学卒業後、『東京朝日新聞』政治部記者を経て、第二〇回総選挙（一九三七年）で初当選、通算七回当選（うち五回は戦後）。初当選の年に、岩波茂雄の勧めで神田駿河台に羽田書店という出版社を開業した。なお、初当選前後の経歴に関して、政治部記者から政界入りする前に大臣秘書官を経験したかのような記述が散見されるが、それは間違いである。羽田は、戦前の代議士時代に立憲政友会の前田米蔵に仕え、彼のもとで鉄道大臣秘書官（一九三九年一月）、運輸通信大臣秘書官（一九四四年七月）、大政翼賛会議会局長秘書および翼賛政治会総務会長秘書（一九四〇～四四年）をそれぞれ歴任している（『羽田武嗣郎伝』羽田武嗣郎伝記刊行会、

一九七四年、八一頁、有竹修二『前田米蔵伝』前田米蔵伝記刊行会、一九六一年、三九三頁)。

46 松本忠雄は一八八七年水内に生まれ、東亜同文書院卒業後、『やまと新聞』記者、加藤高明憲政会総裁秘書を経て、第一五回総選挙(一九二四年)から連続七回当選。一九四四年から四六年まで『ニッポンタイムズ』会長。

47 植原悦二郎は一八七七年安曇に生まれ、高等小学校卒業後、渡米してワシントン州立大学卒業、ロンドン大学大学院で博士号取得。アメリカ滞在中に週刊誌『日米商報』を発行。帰国後に明治大学や立教大学で政治学の教授を務め、国民主権論を展開して論壇で活躍。第一三回総選挙(一九一七年)で初当選、通算一三回当選(うち戦後五回)。

48 樋口秀雄は一八七五年伊那に生まれ、東京帝国大学卒業後、文芸評論家(樋口龍峡)として文壇で活躍。大隈重信主宰の雑誌『新日本』を編集。第一二回総選挙(一九一五年)から連続五回当選。

49 渡辺千冬は一八七六年筑摩に伯爵渡辺千秋(元・宮内大臣)の三男として生まれ、のちに叔父の子爵渡辺国武(元・大蔵大臣)の養子となる。東京帝国大学卒業後、フランス留学を経て、電報新聞社主筆、日本興行銀行、日本製鋼所と北海道炭鉱汽船で取締役、日仏銀行東京支店支配人など。第一〇回総選挙(一九〇八年)で初当選(一回のみ)。襲爵後、貴族院議員となる。その後大阪毎日新聞社取締役。

50 平野桑四郎は一八六四年生まれで第二世代に属するが、第一八回総選挙(一九三二年)で初当選なので、国政での活動時期は第三・第四世代に重なる。

51 中原謹司については以下も参照のこと。田上慎一「〈研究ノート〉「右翼政治家」中原謹司試論——愛国勤労党から信州郷軍同志会へ」『法政史学』七八号、二〇一二年、二六~五五頁。

52 三谷太一郎『近代日本の戦争と政治』岩波書店、一九九七年、四二~四三頁。日清戦争のときは国民の納税負担は日露戦争のときほど大きくなかったので、有権者数の変動は小さい(四三頁)。

第三章

九州における地方紙の政治性
——士族反乱の余波と「政論」の持続

福間良明

新聞人と政治の関わりを考えるうえでは、士族反乱のインパクトを見逃すわけにはいかない。佐賀の乱（一八七四年）や萩の乱（一八七六年）などの士族反乱は、廃藩置県（一八七一年）、秩禄処分（一八七六年）など、大久保利通に代表される中央集権的な政治への反感に根ざしており、したがって、のちの自由民権運動とも思想的に重なる部分もあった。こうした「反政府」の動きが新聞創刊を活性化させ、ひいては新聞人の政界進出を促してきた。

そして、士族反乱の最大のものは、言うまでもなく西南戦争（一八七七年）である。西郷軍（薩軍）四万と政府軍六万とがぶつかったこの内戦は、鹿児島から熊本、宮崎、大分など、九州一帯に広がった。九州の広い範囲で、地上戦が繰り広げられたのである。では、こうしたなか、九州ではいかなる背景のもとで新聞は立ち上げられたのか。新聞人は地方政治ひいては国政にどう関与していったのか。そのあり方は、その後、どう変容したのか。

本章は、主に福岡・熊本・鹿児島などの主要地方紙史を見渡し、近代九州の新聞と政党・政治家の関わりの変遷を考察する。福岡、熊本、鹿児島は、今日であれば「九州新幹線ルート」にあたるわけだが、九州新聞史を考えるうえで、きわめて重要な地域である。鹿児島は言うまでもなく、西南戦争の起点となった地であり、その従軍経験者らによって立ち上げられた鹿児島新聞社は、宮崎にも勢力を伸ばした。熊本は、徳富蘇峰、池辺三山、鳥居素川など著名な新聞人を輩出した新聞県と知られ、一時は宮崎、鹿児島、大分、長崎にも勢力を伸ばして九州の主要紙となった『九州日日新聞』が出されていた。[★1] 福岡ではのちに三大ブロック紙の一つである『西日本新聞』の源流となる『福岡日日新聞』が刊行されており、これも九州の代表紙をめざして、佐賀、佐世保、熊本にも進出した。

もっとも、江戸期において西洋との窓口であった長崎は、いち早く印刷技術が導入されたことから、九州で最初の新聞である『崎陽雑報』(一八六八年創刊)が出されるなど、九州新聞史の草創期を考えるうえでは重要だが、新聞の創刊・隆盛をめぐる西南戦争の影響の大きさ、その後の自由民権運動や地方政党(支部)の動き、地方政党政治の盛衰と地方紙の関わりを検討するうえでは、西南戦争の戦線や基地となり、その後、九州主要紙を生み出した鹿児島・熊本・福岡の新聞史に着目する必要がある。

加えて、これらの県は政争の過熱も際立っていた。鹿児島では、九州改進党の流れを汲む鹿児島同志会(自由党・政友会系)と帝国同志会が対立したが、とくに前者は地元選出の床次竹次郎の支持母体であり、政友会、政友本党、立憲民政党と、床次の帰属政党の変化に合わせて、中央の党本部を鞍替えした。熊本では、旧藩校系人脈を中心とした国権党(のちに立憲同志会熊本支部)と、民権派の相愛社や実学党の流れを汲む九州改進党(自由党系のちに政友会熊本県支部)とが鎬(しのぎ)を削っていた。福岡では、政談社(のちに立憲政友会福岡県支部)が力を有する一方、国権論的な立場の玄洋社も活発な活動を行っていた。

本章では、これらの県における新聞史と政党史を見渡しながら、地方紙が政治にいかに関わり、どのように政治家を生み出してきたのか、その機能の変容について考察したい。

1　西南戦争のインパクト

新聞創刊と県政との「癒着」

最初期の九州地方紙に見られるのは、県政との密接な結びつきであった。熊本で一八七四年に創刊された『白川新聞』は、もともとは県の補助を受け、県布令の印刷を請け負うことが意図されていた。[★2]官庁印刷物を手掛ける観文社が出資して発足した『福岡日日新聞』（一八八〇年創刊）も、県政への近さという点では同様であった。[★3]

今日の『南日本新聞』の前身である『鹿児島新聞』（一八八一年創刊）に至っては、県庁の印刷機械を借り受け、社屋も県庁が用意していた。県の布達類の印刷と広報行政の円滑化のために、県令が地元新聞創刊に好意的であったことが背景にあった。[★4]

このことは、しばしば報道よりも県の文書印刷が優先される事態を生み出した。県庁の委託印刷収入が新聞収益をはるかに上回っていたこともあり、布達類の印刷が多く入る際には、新聞印刷は後回しとなり、休刊が慢性化していた。一八八二年に自由党総裁・板垣退助が岐阜遊説中に刺客に襲われた際には、大阪滞在中の社長・市来政明がその第一報を本社に打電したにもかかわらず、印刷部の都合で、号外発行はおろか、新聞報道そのものも見送られ、すでに情報鮮度を失った頃に、ようやく記事掲載がなされる始末であった。[★5]

とはいえ、黎明期の九州地方紙が拡大する契機になったのは、士族反乱であった。『熊本新聞』（白川県が熊本県へと改称されたことに伴い、『白川新聞』より紙名変更）は、熊本鎮台を襲撃した神風連の乱（一八七六年一〇月）の報道で、部数が三〇〇から一五〇〇へと急増した。市街地が戦火に覆われた西南戦争の際には、『熊本新聞』も印刷不能の事態に陥ったが（一八七七年二月）、約五ヶ月後に印刷が再開され、社業は伸長を見せた。[★6]

福岡で『筑紫新聞』が発行された背景にも、西南戦争が関わっていた。福岡は政府軍の補給基地となり、兵員・物資が海陸より集まり、戦地に向けて南下していた。当然ながら、戦火に巻き込まれる恐れもあり、住民は情報を求めていた。しかし、当時の福岡には新聞がなく、戦況が不明だった。そこで、西南戦争勃発の翌月に薬種商・藤井孫次郎らによって創刊されたのが、『筑紫新聞』である。もっともこれは、西南戦争終結に伴い廃刊となったが、藤井が翌一八七八年に再び創刊したのが、『めさまし新聞』、のちの『福岡日日新聞』である。[★7]

「残党」と「私塾」と自由民権運動

西南戦争に従軍した薩軍の「残党」たちも、少なからず新聞創刊に関わっていた。奇兵隊を率いるなど薩軍の主要幹部の一員であった野村忍介は、同じく薩軍に従軍した市来政明とともに、一八八一年に『鹿児島新聞』を創刊した。[★8]

熊本では、一八九〇年、『九州日日新聞』の第三代社長に、佐々友房[★9]（※）が就任した。佐々は、藩校・時習館で学んだ後、上京して水戸学の影響を受けていた。西南戦争では、池辺吉十郎率いる熊本隊の小隊長として、薩軍に従軍したが、政府軍に捕らえられ、出獄後に済々黌の前身となる同心学舎を創設した。済々黌からは、第五代社長・山田珠一（922）、第六代社長・小早川秀雄、第九代社長・深水清（769）のほか、同社社員を経て朝鮮での新聞経営に携わった安達謙蔵（1）などが輩出されている。

ただ、それにもまして新聞が伸長するうえで大きかったのは、自由民権運動の影響である。一八七四年一月、板垣退助ら八名が、国会開設を要求する建白書（「民撰議院設立建白書」）を提出したことから、自由民権運動が各地で盛り上がりを見せた。地方紙の創刊も、これに後押しされた。熊本では、一八七七年五月、自由民権結社の相愛社が結成され、その機関紙として、一八八一年に『東肥新報』が創刊された。[★10]『福岡日日新聞』も、「自由民権」「国会開設」を叫び、部数は八〇〇から一二〇〇へと大きく伸びた。[★11]

そもそも、自由民権運動は西南戦争とも深く結びついていた。熊本の平川惟一や宮崎八郎らが集った士族結社・民権党は、「協同隊」として薩軍に加わっていた。彼らは福沢諭吉やルソー、モンテスキュー、ミルの影響を受け、県会開設や天賦人権論を唱えるなど、熊本県下で民権運動を主導し、植木学校を開設した。もっとも、平川らは征韓論者であったとはいえ、西郷隆盛らの「帝国武断主義」には相容れないものも感じていた。だが、彼らは「民権家としての政府批判と国家構想を抱きつつ、西郷の示した政府打倒の可能性に賭けた」のであった。★12先述の相愛社は、彼らの生き残りである池松豊記や松山守善らによって結成された。★13

また、薩軍が敗北し、その軍事力をもってしても政府を転覆できなかったことは、武力ではなく言論でもって政府に対峙する動きを加速させた。民権派は反政府という点において、民衆の支持を得ていくようになり、薩軍の核をなした私学校党の残党にとっても、民権運動は新たな抵抗の方途となった。こうした流れは、当然ながら新聞にも投影された。西南戦争で負傷した経験を有し、『鹿児島新聞』創刊期の指導者の一人であった伊地知峻の以下の回想は、このことを物語っている。

〔明治〕十年の戦のため、鹿児島城下の受けた損害は言葉でいえなかった。重だった者は討死し、生き残った者は将棋倒しに薙がれて獄につながれ、街は家財一切が兵火にかかり、満目荒涼たるものであった。初代社長の市来政明をはじめ、われわれは焦土と化した城下の跡始末をどうするかに心を砕いた。それには教育を興し、新聞を作り、それを通じて人間をつくらねばという考えで努力した。また失意の城下の人々も、鬱屈していた郡部の青年たちも、板垣伯(退助)の自由民権や大隈伯(重信)の改進の叫びに共鳴し、新聞発行を期待していた。★14

薩軍幹部だった野村忍介らが一八八一年に立ち上げた『鹿児島新聞』は、当初こそ、県庁の布達印刷請負を主としていたが、自由民権運動の盛り上がりもあり、反政府的な傾向を強めていった。ことに、一八八二年に集会条例が改正され、県令による演説禁止命令や政治結社解散命令が頻発すると、『鹿児島新聞』の政府・県当局批判はいっそう激しさを増した。社長の市来やのちに主筆・社長を務める元吉秀三郎ら、慶應義塾で福澤諭吉の謦咳に接した者も少なくなかっただけに、当局の言論弾圧への反感は大きかった。西南戦争の敗北感と挫折、鬱屈が、さらにその思いに拍車をかけていた。それが、九州新聞界の実情であった。

もっとも、自由民権運動が盛り上がりを見せていたとはいえ、論者や新聞の主張が民衆に広く理解されていたわけではない。演説会では、「弁士中止」を叫び、警察官が割って入ることが日常化していたが、それは国会の開設や憲法のあり方といった問題に関心や理解を示さない層にとって、痛快さや熱狂に浸らせてくれる見世物であった。歴史学者の松沢裕作は、ある演説会で巡査に石を投げて逮捕された者のなかに、取り調べで「演説の主旨は一向にわからなかったし、演説者の名前も知らない」と答えていた事例があったことを引きながら、こう述べている――「激しい言葉で政府を批判する弁士、悪役としての警官、両者の激突と会場の混乱。聴衆にとって演説会は一種の痛快な見世物であり、参加者は必ずしもそこで説かれる政治構想の理屈を理解し共鳴していたわけではなかったのである」[★15]。

言わば、その活劇じみた痛快さもあいまって、自由民権運動は「政治的無関心」層にも裾野を広げていった。そして、地方紙をはじめとした新聞も、こうした土壌のなかで拡大していったのである。

2 新聞人の政治進出

地方政党と機関紙

西南戦争の残余としての自由民権運動の高まりは、必然的に、新聞人と政界の結びつきを強めることとなった。鹿児島では、一八八二年に自由党系の九州改進党鹿児島支部（のちの鹿児島同志会）が創設されたが、そこには、市来政明や野村忍介、折田兼至ら[★16]、『鹿児島新聞』の創設メンバーも幹部として参加していた[★17]。もともとは官庁印刷物を手がけていた『福岡日日新聞』も、自由民権運動が高揚するなか、吉田鞆二郎（のちの第五代社長）や立花親信（のちの資本主）が、自由党結成に関わっている[★18]。一八八二年にはその流れを汲む九州改進党（自由党系）が結成され、自由党解散（一八八四年）後には、『福岡日日新聞』の主張に沿う形で、政治結社・政談社（福岡自由倶楽部）を設立し、地域における自由改進主義の中核となった[★19]。

それは、地方新聞が地方政党機関紙となることを意味していた。『鹿児島新聞』は、九州改進党鹿児島支部の流れを汲む鹿児島同志会に買収され、一九〇〇年にはその後進の立憲政友会鹿児島支部の機関紙となった。[★20]県当局批判の論陣を張っていた『鹿児島新聞』は、発行停止や投獄、罰金など、県による相次ぐ弾圧により経営悪化と部数低下を招き、廃刊の危機に陥っていた。他方で、鹿児島同志会は、地域で政治活動を行ううえで、機関紙を必要としていた。地方新聞の政党機関紙化は、地方政党と新聞の双方の利害の一致に基づくものであった。

同様の動きは、福岡でも見られた。一八八六年に福岡県令に着任した安場保和による民権派弾圧により、『福岡日日新聞』は経営危機に瀕していた。その結果、一八八八年には政談社に譲渡され、その機関紙となった。[★21]一九〇〇年に立憲政友会福岡県支部が発足すると、同紙は事実上、それに引き継がれることとなった。[★22]自由民権運動の盛り上がりが地方新聞社と地方政治結社を結びつける一方、県当局の弾圧で新聞経営は危機に陥った。これらの流れが、地方新聞社の政党機関紙化を促した。

必然的に、こうした状況は新聞人の政界入りを導いた。『鹿児島新聞』の監督・相談役の折田兼至（※）が、一八九〇年の第一回総選挙に鹿児島同志会から立候補し、当選を果たしているほか、西南戦争の従軍経験を有し、同紙監督・社長を歴任した柚木慶二（944）も、第七回総選挙（一九〇二年）から六期続けて当選し、のちに立憲政友会の長老となっている。[★23]

『福岡日日新聞』でも、第四代社長の岡田孤鹿[★24]（※）らが政談社から第一回総選挙（一八九〇年）に立候補し、当選を果たしているほか、第五回総選挙（一八九八年）では、社長の征矢野半弥（501）らが当選し、征矢野は以後、一〇年にわたって代議士を務めた。[★25]征矢野の社長在任は、一八九一年から一九一二年までの二一年間だったが、そのかなりの部分を代議士と兼任していたことになる。

地方紙が政党支部や地方政党の実質的な機関紙となることで、政治家を志す者を新聞社に引き寄せ、言論活動を通じて、彼らを政治の場に送り込む。そうした構造を読み取ることができよう。

図1は、九州・沖縄のメディア議員（代議士になった新聞人）の数の推移を表したものだが、そこからも同

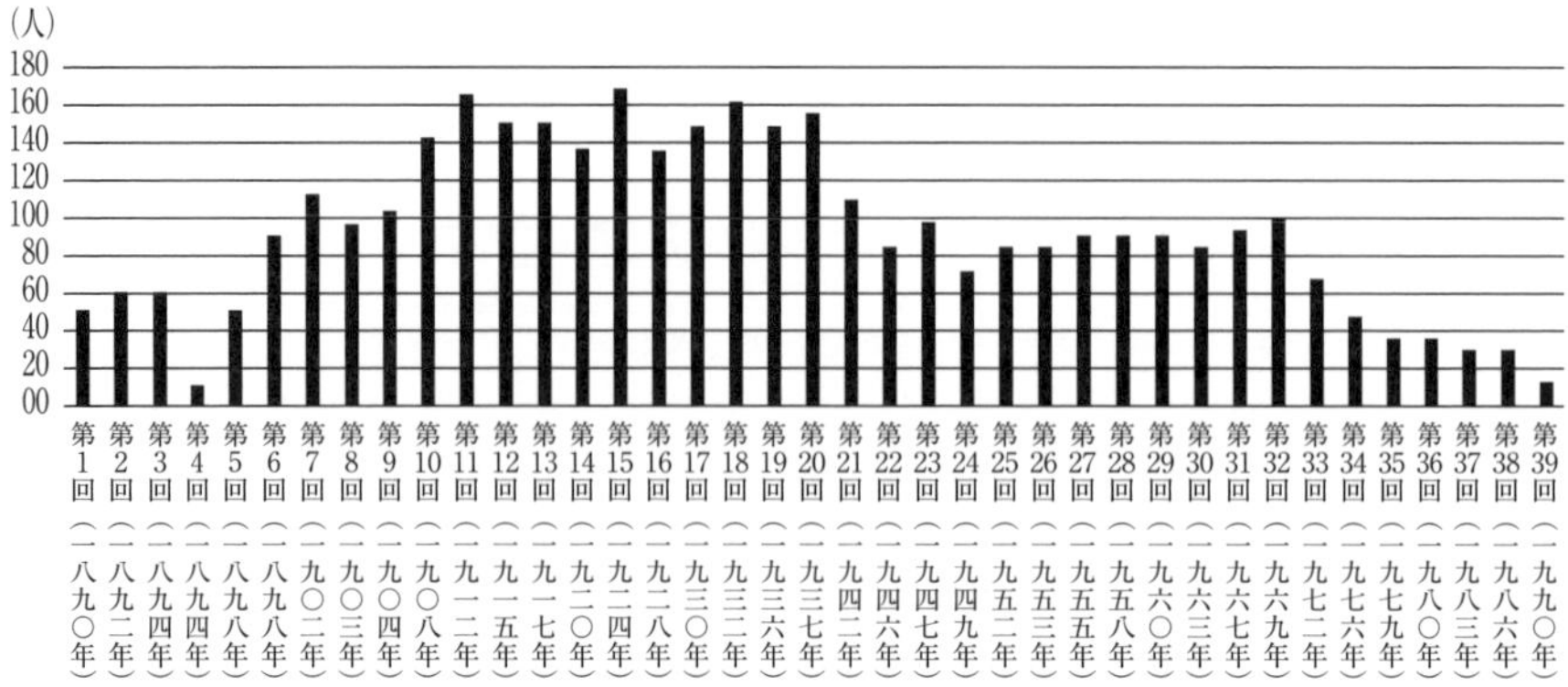

図1　九州のメディア議員数（定数変動調整後）[★26]

様のことを確認することができよう。九州地方のみであるため、限られた数字でしかないが、地方政党が成立し、地元紙がその機関紙となった一九〇〇年前後頃から、国政に進出する新聞人が増加している傾向がうかがえる。それは、自由民権運動の名残が色濃く見られた国会開設初期よりも、相当に大きな数字であった。

対抗言論としての民権批判

もっとも、こうした状況は民権派に限るものではなかった。むしろ、自由民権運動の高揚は、それとは距離を置く国権論の盛り上がりをも導いた。熊本では、自由主義や民権主義とは一線を画し、国権主義や保守主義を貫こうとする動きも見られ、一八八一年に政治結社・紫溟会が結成された。もともと水戸学を学び、済々黌を創設した佐々友房は、その主要メンバーであった。

紫溟会は学校党（藩校時習館出身者のグループ）を中心に結成され、その綱領には「皇室を翼戴し立憲の政体を賛立し以て国権を拡張す」「厚生の道を勉め吾人の独立を全し以て国家の富強を図る」などが掲げられ、新党結成趣意書でも「詭激政論の結果は朝野を離隔するに始まり、社会を転覆するに終る」「凡そ国民たるもの、我聖天子の旨に違ひ、軽躁過甚以て内乱を煽し及び雑（まじわ）るに分毫共和の主義を以てするものは、即ち我党にあらざるなり」と記されていた。[★27]民権論批判の姿勢は明らかであった。

その機関紙として翌年に発行されたのが、『紫溟雑誌』『紫溟新報』であった。紫溟会は、一八八九年の第一回衆議院議員総選挙に合わせて、国権党を組織し、機関紙『紫溟新報』も『九州日日新聞』へと改題された。[★28]

そこからも、少なからぬ政治家が生み出された。九州日日新聞社の第三代社長・佐々友房が衆議院議員を務めたほか、第五代社長・山田珠一や第九代社長・深水清も複数期にわたって代議士を務めている。また、同社出身の安達謙蔵も一九〇三年に代議士に当選し、桂太郎の立憲同志会に入党、のちに逓信大臣や内務大臣などを歴任している。

また、民権論を源流としながらも、のちに国権論に傾く動きも見られた。頭山満や平岡浩太郎らによって一八八〇年に結成された福岡の政治結社・玄洋社は、もともと民権論に近かった。そもそも頭山らは、国会開設・条約改正の請願書を元老院に提出するなど、福岡地方の民権運動をリードしていた向陽社の一員だった。しかし、長崎水兵事件(一八八六年に清・北洋艦隊の水兵が長崎で乱闘騒ぎを起こしたものの、清が高圧的な姿勢を取り続けたまま、艦隊を引き上げた事件)をきっかけに、国権論に傾斜するようになった。『玄洋社社史』にも、「殊に玄洋社員等は之の国辱を聞いて皆悲憤慷慨す。乃ち茲に民権伸長論を捨てて、国権主義に変ずるに至れるなり。民権伸長大いに可し、然れども徒に民権を説いて国権の消長を顧みる無くんば以て国辱如何せん」と記されている。[★29]

その玄洋社の機関紙として創刊されたのが、『福陵新報』であった。これは長崎水兵事件直後の一八八七年に創刊され、頭山満が社長を務めた。一八九八年からは、経営を初代玄洋社社長・平岡浩太郎が手掛け、紙名も『九州日報』へと改称された。[★30]

『九州日報』から代議士になったジャーナリストとしては、福本日南(誠)(780)があげられる。日南はもともと新聞『日本』のジャーナリストだったが、日露戦争後には『九州日報』の社長兼主筆となり、第一〇回総選挙(一九〇八年)で憲政本党(旧進歩党)から立候補し、当選している。『九州日報』の紙面に「自薦状」を掲載するなど、自紙を自らの政治宣伝の場として利用していた一方、当選後も新聞経営に携わり、「元禄快挙録」などを連載した。[★31]

3　政争メディアとしての地方紙

政争の過熱

さまざまな地方党派の機関紙となった地方新聞は、当然ながら、新聞人を国政に送り込んだだけではない。それ以上に地方政界に新聞人を送り込んだ。『九州日日新聞』の社長・山田珠一は、一九一三年に熊本市長に当選している。その後も、社長として、あるいは社務の指導を行う監督の名義で、同紙経営に関わりながら、三度にわたり市長を務めた[★32]。『鹿児島新聞』でも、柚木慶二の没後に第七代社長に就いた山岡国吉（907、一九一六〜二一年在任）は、立憲政友会県支部幹事長を務めるかたわら、鹿児島市会議長に就いていた。同じく同紙社長（第九代、一九二三〜一九三〇年）を務めた奥田栄之進（225）も県会議長となった[★33]。

むろん、こうした地方政界進出は、さらに国政進出につながった。先述のように、『九州日日』の山田珠一はのちに衆議院議員となっている。『鹿児島新聞』の山岡や奥田もまた、同じく、地方政界を経て代議士を務めている。地方紙が地方政界、ひいては国政へのルートを生み出していたことがうかがえる。

新聞が新聞人の地方政治・国政への進出を後押ししたことは、地方新聞が政争メディアの色彩を強めていたことを意味する。『九州日日新聞』は、桂太郎らの大同倶楽部に連なる熊本・国権党の機関紙として位置づけられていただけに、第一次護憲運動（一九一三年）には批判的だった。第一次護憲運動は、西園寺公望内閣が陸軍の横車で倒されたこと（帷幄上奏問題）、および、天皇に首班を推薦する内大臣の桂太郎が後継に就き、それが宮中と府中の別を乱すとされたことから、「藩閥横暴」との国民の憤激を招き、盛り上がりを見せた。桂内閣は二ヶ月の短命に終わったが（大正政変）、その際、『九州日日新聞』の社説（同年二月一一日）では、「修理を逸したる現下の政局は、終に非常の大混乱を来し、大破綻に陥りたり。是れ実に〝国家の為に憂ふべきの甚だしき者〟」と論じ、政友会や群衆の動きを強く批判していた[★34]。

その後、下野した桂太郎が立憲同志会を結成し、国権党もその熊本支部となるが、こうした動きに対し、後述する『九州新聞』（政友会系）とは露骨な対立関係にあった。両紙にはしばしば、「生等感ずるところあり、爾今政友会を脱し、国権党に加盟尽力す（あるいは逆に、国権党を脱し、政友会に加盟尽力す）」といった反対党からの入党広告が掲載されていた。なかには、本人の知らないところで離党・入党の広告が掲載され、その訂正広告が掲載されることも珍しくなかった。こうした動向について、『熊日四十年史』は「九日」「九州」の対立は政争の激烈な熊本県だけに、極言すれば全く仇敵の間柄であったといってよい」と評している。[★35]

鹿児島では、護憲運動が高揚していた一九一三年一月に「憲政擁護県民大会」「討閥興民大演説会」が開かれたが、これには当時、『鹿児島新聞』相談役の折田兼至ら同紙関係者が参加し、彼らがリードする形で非立憲的内閣に強く反対する旨の決議が採択された。[★36]『鹿児島新聞』が政友会鹿児島支部機関紙であったことを考えれば、こうした動きは当然のことであった。

その意味で、九州地方紙は、中央の政治的アジェンダを地方に波及し過熱させるのと同時に、政党人ひいては新聞人の政界進出を働きかけるべく、輿論形成を目論むメディアであった。

もっとも、そのことは、新聞社首脳人事において、ジャーナリストの経験が必ずしも重視されない状況をも生み出した。『鹿児島新聞』では、教職・弁護士出身の山岡国吉が一九一六年から五年にわたり社長を務めたが、その間、前述のように立憲政友会県支部幹事長を務めていた。その後は、本田休之助、ついで奥田栄之進が引き継いだが、彼らも政友会県支部総務の任にあった。一九三〇年には児玉実良（374）が社長に就いたが、それは床次竹次郎を支持していた政友会県支部の支部長を奥田から引き継いだことによる。[★37]児玉も、もともとは鹿児島地裁司法官や弁護士を務めるなど、法曹界の出身だった。

しかも、これら一連の人事は、立憲政友会鹿児島支部総会で決定されていた。そもそも鹿児島政友会の事務所は、鹿児島新聞社内に置かれていた。『南日本新聞百年志』では、これら首脳人事に言及しながら、「これでも明白なように『鹿児島新聞』の経営者は、社員や従業員の意思とは全く無関係な場所で、経営予算もまた政友会の幹部によって決められている。鹿新が、「政友会の機関紙」と呼ばれたゆえんである」と記している。[★38]

実業系新聞と政争への嫌悪

地方言論が政争や政党に支配されるかのような状況は、しばしば実業界の反発を招いた。裏を返せば、地方政党と地方新聞は、それほどまでに「癒着」していた。そのことへの強烈な憤りが、実業系新聞の立ち上げにつながった。

鹿児島では一九〇〇年に『鹿児島実業新聞』が創刊された。政党支部の機関紙でしかない『鹿児島新聞』のありように、鹿児島実業界が反発を抱いたことが背景にあった。言うなれば、それは「政治新聞」への違和感に根ざしていた。先の『南日本新聞百年志』でも、「政治に無縁な実業家集団にとってみれば、鹿新が中立公正を忘れた百パーセントの〝政治新聞〟に映り、新しい対抗紙を渇望し始めた」ことを記している。[★39]

当然ながら、『鹿児島実業新聞』の首脳陣には、財界人が多かった。初代社長の宮里正静は県庁の役人から財界に転じ、鹿児島商業会議所の初代会頭を二〇年近く務めた人物である。二代目の藤安辰次郎は、鹿児島市内で地酒・味噌・醤油の醸造業から多くの会社・銀行の役員を兼ねるようになった財界人であった。[★40]

鹿児島の実業家の機関新聞として発足した『鹿児島実業新聞』は、「厳正中立・不偏不党」を掲げた。[★41] 実業界にしてみれば、必要な情報は政党の主義主張ではなく、党派の利害を越えた政治・経済・社会の動向であった。「中立」や「不党」は決してジャーナリズムの論理ではなく、政党新聞に対する実業界のアンチテーゼであったのである。『鹿児島実業新聞』は、紙名が経済専門誌や業界紙と紛らわしいことから、一九一三年に『鹿児島朝日新聞』に改題された。それと前後して、『日本及日本人』や『万朝報』の記者を務めた鯵坂南水（貞盛）を編集長に据え、部数を伸ばしていった。[★42]

熊本でも同様の動きが見られた。一九〇六年に創刊された『九州実業新聞』は、政党には中立の立場をとり、「実業本位」を掲げた。同紙は一九一〇年に『九州新聞』に改称されたが、そこで経営面を担ったのは、高木第四郎（533）であった。高木は横井小楠の流れを汲む日新堂に学んだものの、のちに実業を志し、牛乳会社の弘乳舎を創業した。牛乳を通して日本人の体質を改善することが、欧米を追い越すために不可欠であるという、いわば「牛乳ナショナリズム」とも言うべき思考が根底にあり、晩年には帝国牛乳協会の会長に推されるほど、

業界での影響力は大きかった。[★43]

その一方で、高木は日清戦争後に九州商業銀行の常務兼支配人を務めたほか、二八歳で熊本市会議員になったことを皮切りに、県会議員、政友会県支部幹事長を務め、一九二〇年代前半には代議士にもなっている。ちなみに、『九州実業新聞』は創刊一年あまりで経営が悪化し、一九〇九年秋に政友会熊本県支部に援助を求めている。『九州新聞』に改称され、高木が経営するようになったのも、これがきっかけであった。[★44]高木は、改題第一号の社説（一九一〇年八月一日）において、「憲政の善美なる完成」「官僚政治の打破」「行財政の刷新」「産業の奨励発達」などを訴えている。[★45]だが、政友会との一定の結びつきが見られながらも、実業家が経営し、「実業本位」に根ざしていた点で、純然たる政党機関紙とは性格を異にしていた。

政治の大衆化と政党への距離感

政党機関紙色が強かった新聞のなかにも、やや実業色を濃くする動きが見られた。炭鉱と製鉄所を有していた福岡では、日露戦争期以降、地域産業が大きく伸長したが、そのことは新聞広告の増加をもたらした。すでに一八八〇年代には、『福岡日日新聞』は九州での鉄道建設キャンペーンを張っていたが、一九〇九年になって九州縦貫鉄道がようやく完成した。日清戦争が終わって間もない一八九七年には官営八幡製鉄所が開所し、一九〇四年頃に生産が軌道に乗るようになった。これを契機に北九州に工業地帯が成立し、物流の整備も進んだことで、福岡地域の経済・産業は活性化した。それに比例して、『福岡日日新聞』の発行部数は伸び、広告収入も増加して、経営が安定するようになった。[★46]そうしたなか、『福岡日日新聞』は、『九州日報』とともに、福岡で開かれた第一三回九州沖縄八県連合共進会（一九一〇年）を盛り上げるなど、政治的な主義主張だけではなく、地域貢献や産業振興にも焦点を当てるようになっていった。[★47]

それも、政党機関紙としての色彩から距離をとることにつながった。実際に、代議士のかたわら、一八九一年から二一年間にわたって福岡日日新聞社長を務めた征矢野半弥は、「福日は政友会の機関紙ということになっているが、権利機関であって義務機関ではない」「自由党以来、政友会の主張や政策が国家、国民のためになると思うからその代弁もするが、それが国家、国民に不利だと思う場合には、弁護の必要はない」と述べるなど、新聞と政党の是々非々の関係を模索した。[★48]

実際に『福岡日日新聞』では、一九二〇年一二月に菊竹六皷の後を受けて編集長に就いた阿部暢太郎のもと、少なくとも報道記事の面では党派にとらわれない「開放主義」がとられ、紙面から政党色が薄れていった。『西日本新聞百二十年史』では、その背景として、「報道競争の激化」とともに「発行部数の増加に伴う読者層の拡大」があげられている。[★49]『九州日報』との競争も激しくなるなか、広い読者層を獲得していくためには、政党（政友会）の代弁紙であり続けるわけにはいかなかった。むろん、こうした紙面方針の転換には政党から強い抗議があったが、社長・庄野金十郎は阿部の方針を支持した。

『鹿児島新聞』でも、同様の動きが見られた。昭和初期ともなると、郷土出身の床次竹二郎関連の報道や総選挙のときのみ、政党色が目立つ程度であったという。『南日本新聞百年志』には、当時の状況について、「床次が右といえば右、左といえば左、ただそれだけのこと」「政党機関紙といっても、選挙のときだけのことではなかったろうか」と記されている。[★50]

こうした背景には、政治が大衆化したこともあっただろう。制限選挙の納税要件が段階的に緩和され、一九二五年に普通選挙法が成立すると、選挙は一部の政治的な関心が高い層だけのものではなく、広範な国民大衆（ただし男子のみ）のものとなった。だとすれば、政党機関紙の色彩が濃いままでは新聞は部数を獲得できないのみならず、広範な読者の支持を得ることもできない。『南日本新聞百年志』にも、当時の状況について、「当時に保守系の政党理論、政党意識は、ごく限られた一部の人びとだけに通用することであって、地方の一般党員、支持者にとってはさして意味を持つものではなかった」「編集をはじめ各部局とも、政党本部には、なるべくかかりあいをもたないようにしていて、個人的には政友、民政、保守、革新をさけて、どことなく超然とした態度をとりがちだった」と記されている。[★51]

もっとも、『鹿児島実業新聞』（『鹿児島朝日新聞』）という競合紙が出現したことも大きかったものと思われる。それ以前は、『鹿児島新聞』が地域の圧倒的最大手であり、「一県一紙」の様相を呈していた。しかし、『鹿児島実業新聞』が部数を伸ばすにしたがい、シェアを奪われることとなり、特に政友会鹿児島県支部から距離を置く層が同紙から離れていくことが容易に予見された。しかも、『鹿児島新聞』はその政党機関紙としての「偏向報道」が、『鹿児島実業新聞』に批判されていた。政党色を薄め、「中立・公正」を前面に出さない限り、衰退傾向に陥ることは明らかであった。後身の南日本新聞社・社長を務めた吉田勇蔵（一九四九～五二年在任）も、「明治三十三年二月に、足もとから『鹿児島実業新聞』という新らしい競争相手が飛び出したので、必然的に紙面製作の方針を転換せざるを得なかったからでもあろう」と記している。[★52]

加えて、中央紙の地方進出の問題もあった。関東大震災を契機に、『大阪朝日新聞』の東京進出が進み、『読売新聞』も正力松太郎が経営を握るようになると、両紙をはじめとした中央紙の地方進出が加速した。すでに一九二〇年代には、『大阪毎日新聞』や『大阪朝日新聞』は、本紙と二ページ程度の現地添付紙（『西部毎日』『九州朝日』）をセットにした割引販売を進めていた。一九三〇年代半ばにもなると、両紙とも九州に支社・総局を設けるなど、九州進出がいっそう加速した。こうした背景から、『福岡日日新聞』をはじめ、九州の地方紙が、一定の読者数を獲得すべく、政党色に閉じた紙面方針を見直すようになったことは想像に難くない。

政党に左右される新聞のありようは、しばしば資金難をも招いた。先の『南日本新聞社百年志』では、当時の社員の回想として、以下のような文章が掲載されている――「例年というわけではないが、総選挙のあった年など、社は、運用資金に困ることが、再々であった。そんなことが歳末にかち合うと、給与遅配、むろんボーナスなど考えられないことで、暮れの三十日ごろようやく餅代として若干の金が渡されたものだ。苦情をいってもはじまらないので、みんな黙って受けとった。社の収入は選挙資金としてほとんど吸い上げられてしまった、とみんなわかっていた。だから、営業、工務、編集各部とも、党県支部の事務室にゴロゴロしている連中には、好感はもっていなかった[★53]」。

新聞が政党に従属することは、新聞が得た収益が党に吸い上げられることを意味した。その結果、給与や賞与が削られたり、遅配する事態が生じてしまう。こうしたなか、かつては密接であった新聞と政党の関係性に軋みが生じ、社員たちもわがもの顔で新聞を機関紙として利用する政党人に対して、不快感を抱くようになった。

政党批判の潮流

政党への疑義の社会的な広がりも、見落とすべきではないだろう。一九二五年八月の第二次加藤高明内閣(憲政会)から一九三一年一二月の犬養毅内閣(政友会)までの時期は、民政党(憲政会の後進)か政友会のいずれかの総裁に大命降下がなされていた。普通選挙法成立・公布から五・一五事件(一九三二年)までの間は、政友会と民政党の二大政党制が展開された時代だった。

二大政党制であったとはいえ(あるいは、そうであったがゆえに)、両党の基本的な政策は似通っていた。一九二〇年代は協調外交が基本的な前提であり、政友会政権が不戦条約(一九二八年)を結び、民政党政権がロンドン海軍軍縮条約(一九三〇年)を締結したのも、そのゆえであった。しかしながら、両党とも互いに言いがかりをつける始末だった。民政党は「我等は不戦条約そのものに苦情はない」としながらも、不戦条約の第一条「人民ノ名ニ於テ」が天皇大権を冒しているとして、政友会を非難した。政友会もロンドン海軍軍縮条約を「統帥権干犯」と言い立てた。二大政党制のもとでは、反対党の失策が自党の政権獲得を呼び込むだけに、二大政党は党利党略に走りがちだった[★54]。必然的に、国民の政党不信は高まった。加えて、昭和恐慌に改善の兆しが見えず、政党の無為無策を印象づけた。浜口雄幸襲撃事件(一九三〇年)や血盟団事件(一九三二年)、五・一五事件(一九三二年)など相次ぐテロリズムも、そのことを暗示していた。

このような状況下では、地方新聞が特定政党の支持を鮮明にすることは、読者の離反を招きかねない。これも、地方新聞が総じて政党色を抑えるようになった一つの背景であろう。

4　政治家輩出機能の低下

政党の解体と一県一紙

五・一五事件以降、二大政党の力は急速に衰えを見せた。事件後、元老・西園寺公望の推挙により、穏健派の海軍大将・斎藤実が挙国一致内閣を組織した。一九三四年には、同じく海軍大将・岡田啓介を首班とする内閣が成立した。その後も、政党総裁を首班とする内閣は成立せず、政党の政治力は削がれていった。

その一方で、政党間の足の引っ張り合いは、少なからず見られた。一時的に政民提携論も見られたが、民政党は岡田内閣期に協力していたのに対し、政友会は次の政権獲得を目論み、天皇機関説排撃事件（一九三五年）を積極的に政治利用していった。政党政治を正当化していた天皇機関説を攻撃することは、政友会にとっても自殺行為に等しいはずであった。

二・二六事件（一九三六年）後の広田弘毅内閣では、軍の意向を受けて、政党からの入閣者が削減された。一九三七年七月の盧溝橋事件をきっかけに日中戦争が勃発し、戦局が泥沼化するなか、近衛内閣は一九三八年四月に国家総動員法を成立させた。時を同じくして、近衛周辺で新党構想が浮上する。一九四〇年七月に第二次近衛内閣が成立するのに相前後して、政友会（正統派・革新派）が解党し、「新党」への合流を目指した。民政党もその流れを受けて、翌月に解党となった。その結果、同年一〇月に設立されたのが、大政翼賛会であった。すべての政党は解消し、これに合流することとなった。

こうしたなか、地方紙の政党機関紙としての色彩は、当然ながら薄れていくこととなる。そもそも、地方新聞自体、「翼賛体制」に組み込まれていく。いわゆる「一県一紙」である。

福岡の『九州日報』は、経営が振るわなかったこともあり、普通選挙実施を前にした一九二七年、代議士・中野正剛（646）に譲渡されて、立憲民政党系の新聞となり、さらに一九四〇年には正力松太郎（458）に買収され、『読売新聞』の傘下に入っていた。しかし、一九四二年に『福岡日日新聞』と合併することとなり、『西日本新聞』が発足した。鹿児島では、一九四二年二月、『鹿児島実業新聞』の後身の『鹿児島朝日新聞』と『鹿児島新聞』が統合され、『鹿児島日報』となった。熊本でも、一九四二年四月に、『九州日日新聞』と『九州新聞』が統合され、『熊本日日新聞』が創刊された。

『南日本新聞百年志』には、新聞統合の経緯に関して、次のように記されている――「永年政党機関紙として新聞事業をつづけて、六十余年の社歴をもつ鹿新は、それなりの考え方もあっただろうが、政党は解散して翼賛政治会となり、軍部官僚をはじめ、社会一般も民主政治、したがって政党そのものを否定する風潮があったので、朝日〔鹿児島朝日新聞〕との話し合いでは、やはり受け身のかたちで、うけいれないわけにはいかなかった」[★55]。政党の解消と大政翼賛会への統合の流れを受けながら、新聞統合が進められ、そのゆえに、従来の政党色が新聞からかき消された状況が透けて見える。

こうしたなか、地方紙が代議士を輩出する機能は、格段に弱まっていった。確かに、熊本日日新聞社初代社長の伊豆富人（65）など、この時期に代議士を務めた九州新聞人もないではなかった。しかし、翼賛選挙とも言われた一九四二年四月の第二一回総選挙は、大政翼賛会の推薦を得られたかどうかが当落の主な鍵を握っており、地方紙の影響力は相対的に限られていた。

このことは、先のグラフ（図1）からも明らかである。政党批判が高まりを見せたとはいえ、一九三〇年代後半までは、新聞人の政界進出はそれ以前に比べて、大きく低下しているわけではない。確かに、九州の地方新聞は地域政党から距離を取り始めてはいたが、それでも、まだゆるやかにつながっていた。政党支部で一定の発言力を有していた新聞人が国政に送り込まれていたのは、そのゆえであっただろう。しかし、政党が大政翼賛会に統合されただけでなく、新聞も一県一紙化され、政党との結びつきが実質的に断たれると、新聞人を政界に送り込んでいたパイプは失せてしまう。このことが第二一回の翼賛選挙以降の九州メディア議員の急速な低下を生み出していた。

新聞統合の戦後

一県一紙体制は、多くの県で戦後も引き継がれた。新聞統合された『西日本新聞』や『熊本日日新聞』は、その企業体制が戦後もそのまま維持された。『鹿児島日報』は一九四六年二月に『南日本新聞』に紙名変更したものの、体制自体は一県一紙を引き継いだ。そのことは、新聞人を政界に送り込む新聞の機能が、ますます弱まっていることを指し示す。一県一紙体制が維持されるということは、党派に偏らない「中立・公正」が重んじられることでもある。県域の広範な読者の獲得・維持のためにも、表立って特定政党の主義主張に偏ることは避けねばならず、したがって、政党所属の新聞人を紙面で推すなどということも困難となる。

例外は、長崎と沖縄であった。長崎では、『長崎日日新聞』、『長崎民友新聞』、『軍港新聞』(佐世保)、『島原新聞』(島原)が一九四二年に統合され、『長崎日報』(のちに『長崎新聞』に改題)に一本化されていた。しかし、戦後再び、この四紙に分裂した。自らの政界進出のため、一九二四年に『長崎民友新聞』を立ち上げた西岡竹次郎(676)が、戦後も政界に出る足掛かりとすべく、自紙を必要としたことも、その背景にあった。

西岡は一九二四年から計六回にわたり、衆議院議員選挙で当選を果たしていたが、一九四二年の翼賛選挙では、大政翼賛会の推薦を得られず、落選していた。さらに戦後は、長崎新聞社で従業員組合が結成され、戦時期に会長を務めていた西岡に退陣を迫る争議が激化していた。それだけに、西岡は自らの政界復帰のための新聞を必要としていた。そのことは、『長崎新聞』が新聞統合以前の状態に分解することにつながった。西岡は公職追放を受けたものの、新たな『長崎民友新聞』を足掛かりに、一九五一年に長崎県知事に当選した。

沖縄では本土とは異なり、米軍の直接統治が行われた。その統治の円滑化をはかるために、戦後初期には、広報紙として地方紙が乱立した。現在の『琉球新報』の前身で、住民収容所の広報紙として生まれた『ウルマ新報』(のちに『うるま新報』に改題)は、その代表的な存在である。

さらに、終戦まで本土に在住していたエリート沖縄青年が、戦後沖縄政界への進出を目指して、新聞経営に関わったことも大きかった。沖縄人民党を立ち上げ、那覇市長にも当選した瀬長亀次郎(494)は、一時期、『うるま新報』の社長を務めていたし、のちに那覇市長、沖縄自由民主党総裁、衆議院議員(沖縄の国政復帰後)、沖縄県知事を歴任することになる西銘順治（683）も、その足掛かりとして『沖縄ヘラルド』を創刊した（一九四九年）。

だが、これらの例外を除けば、戦後も一県一紙体制は温存され、したがって、かつてのように新聞が新聞人を政界に送り込むことも少なくなった。それは、「大政翼賛会化」し、政党色が薄れ、「中立」の色彩が際立つようになった戦前・戦時のありようを引き継ぐものであった。

5　おわりに――九州新聞界と「メディアの自立」の遅延

西南戦争の余波の持続

以上の変容プロセスから浮かび上がるのは、全国的な傾向と九州のそれとの異同である。以下、本節では、このことについて検討しておきたい。

もともと、不平士族の最大の集積地であった九州では、西南戦争の余波がさまざまな形で、「新聞と政治」の関係を編み出していた。九州で主だった新聞を立ち上げたのは、薩軍への従軍経験と敗北の鬱屈を抱えた旧士族たちだった。武力で政府を倒すことに挫折した彼らは、「言論」でもって政府を批判することに転じた。自由民権運動の高揚は、それを強く後押しした。もっとも、『九州日日新聞』のように、自由民権運動への批判が新聞創刊の端緒となるケースも見られたが、それも多様な政治志向を包摂していた薩軍の特質によるものでもあった。薩軍は反政府の旗幟のもと、帝国武断主義から民権派まで、さまざまな政治主義を取り込むものであった。見方を変えれば、薩軍はもともと同床異夢とも言うべき側面があったわけだが、そのことが、西南戦争後に多様な政治活動と言論活動を生み出すこととなった。敗北の屈折が、彼らの活動の激しさを増したであろうことは、想像に難くない。

その延長で、新聞は地方の政治結社や政党と結びつくこととなり、さらには、その機関紙と化した。そのことは、新聞人を地方政治や国政に送り出す「メディア」として、新聞が機能する状況を生み出した。こうした政治と新聞の過剰な結びつきは、政治の論理とは一線を画する実業界の強烈な反感を招くほどでもあった。九州において、実業人が新聞を立ち上げたのも、裏を返せば、新聞と政治結社の関係性があまりに緊密すぎるゆえであった。こうした状況は大正後期まで色濃く見られたが、それも元をたどれば、明らかに、西南戦争体験やその余波に駆動されたものであった。

この動きは、「政治のメディア化」のプロセスのなかに位置づけてみるならば、第I局面（情報レベル）に相当するものと言えよう。序章で提示されているように、第I局面は、「政治家が自らの理想や政策をかかげて新聞・雑誌を発行し、政論を執筆」し、「「政論新聞」が主流の時代」であった時期に相当する。しかし、近代日本の新聞史と比較対照してみるならば、九州の新聞が第I局面にとどまっていた時期の長さは際立っている。序章で論じられているように、『郵便報知新聞』は一八九〇年頃までは、大隈重信の下野や入閣に合わせてスタンスを変えるなど、「政治の論理」から自立していなかったが、それ以降になると、「政治家と新聞記者の分離」が促されるようになった。帝国議会開設（一八八九年）が、「新聞記者に報道のプロ意識を芽生えさせる」ようになったのである。

だが九州では、新聞が政治に従属する状況が、一九二〇年代頃まで顕著に見られた。議会開設は「政治家と新聞記者の分離」を促すどころか、政治結社の広報メディアとしての役割を新聞に強く投影するようになった。新聞社主が政界に進出し、また政治家が新聞社を経営していたことも、このことを裏打ちしている。

こうした背景には、上述のように、西南戦争の余波や鬱屈が地方の政治結社の活性化を生み出す状況があった。新聞はこれら政治結社と結びつくことで、経営基盤を安定させることができた。さらに言えば、地方の政治結社は国政のみならず、県政・市政にも政治家を送り込まなければならなかった。その広報紙として、地元有力紙を手放そうとしなかったことは、容易に想像できよう。

「政治と新聞の分離」の遅延

とはいえ、大正後期にもなると、こうした関係性は地域社会においても、また、新聞社内においても、疑問視されるようになっていった。政党への依存度の強さは、異なる党派の読者を遠ざけることにほかならない。部数を拡大させるためには、こうした事態は避けなければならなかった。選挙資金として、新聞事業の収益が政党に吸い上げられていくことも、記者や印刷部員、営業部員の反感を招いていた。大正デモクラシーや普通選挙法制定などを通して、政治が大衆化する一方、昭和期に入って政党批判が強まったことも、新聞の政党依存からの脱却に拍車をかけた。日中戦争以降、総動員体制が確立し、各政党が大政翼賛会に移行したことは、それを決定づけた。「一県一紙」体制は、新聞と政党・政論との乖離を象徴するものであり、ここに至って、地方新聞は「中立」性を帯びるものとなった。このことは当然ながら、新聞人の政界進出を抑制するものとなった。

この動きは、序章の「政治のメディア化」のプロセスにおける第Ⅱ局面（自立レベル）に相当する。新聞社は政治結社からの自立傾向を強め、企業化が進み、新聞記者のプロフェッショナル化が進んだ。全国紙ではこの局面への移行は、すでに日露戦争後から見られたが、九州の新聞界では普通選挙施行期にまで遅延していたことが特徴的である。

ただ同時に、メディアのコマーシャリズムが進む第Ⅲ局面との近さも見落とすべきではない。九州の新聞が政党から自立したのは、そもそも、そうでなければ経営が悪化し、部数の拡大が望めないことも大きかった。裏を返せば、部数を拡大させようとする商業主義の論理が、政党と新聞の分離を後押ししていたのである。

とはいえ、新聞の「中立性」を決定づけたのは、一県一紙体制の成立であった。複数の主要紙が県紙として統合されることで、新聞は県内の広範な読者を対象とするものとなった。それは、政党が解体し、大政翼賛会に移行したことによるものでもあったが、結果的にそれは、「中立」の規範を新聞に強く植えつけるものとなった。

「中立」の構築をめぐる齟齬——もうひとつのジャーナリズム史

全国紙、なかでも『大阪朝日新聞』が「不偏不党」「中立」を標榜するようになった契機として、白虹事件（一九一八年）が指摘されることが多い。しかし、九州地方紙において「中立」が選び取られるうえで大きかったのは、それよりはむしろ、地方政党との関係性の変化であった。政治が大衆化し、新聞の潜在的な読者層が拡大するなか、特定政党に肩入れすることは、新聞規模の拡大を阻む足かせでしかない。その意味で、地方新聞の「中立」化は、全国紙とはまた異なる背景によって、生み出されていた。

九州新聞人の国政進出は、その数字の変化だけを見れば、全国的な傾向とそう大きな相違はないようにも見える。だが、その変化を生み出すメカニズムに分け入ってみると、西南戦争を起点とする九州独自の力学も透けて見える。

ジャーナリズム史は多くの場合、東京圏や関西圏、あるいは全国紙を中心に論じられる。だが、それ以外の地域の人々が手にしていた地方紙は、それとは異なる力学に突き動かされながら、隆盛し、衰退していった。九州新聞人の政治進出をつぶさに眺めてみると、そこには、「もうひとつのジャーナリズム史」が透けて見えるのではないだろうか。

■註

1　熊日社史編さん委員会編『熊日四十年史』熊本日日新聞社、一九八二年、九二頁。熊本や福岡の新聞史については、阿部暢太郎「『福日』から『西日本』へ」および伊豆富人「熊本の新聞人と新聞」（いずれも『五十人の新聞人』電通、一九五五年）も参照のこと。

2　『白川新聞』の前身は、一八七三年五月に設立された熊本活版舎である。失業士族であった水島貫之と伊喜見文吾が、ときの白川県（熊本県の前身）県令・安岡正亮を訪ね、県布令の印刷を引き受け、月賦償還を条件に一千円を借り受けたことに、端を発している。前掲書『熊日四十年史』、四八頁。
3 西日本新聞社編・発行『西日本新聞百二十年史』一九九七年、四八～四九頁。
4 南日本新聞百年志編集委員会編『南日本新聞百年志』南日本新聞社、一九九一年、八頁、一七頁。
5 同書、一七頁。
6 前掲書『熊日四十年史』、四九～五一頁。
7 前掲書『西日本新聞百二十年史』、四六～四七頁。西南戦争後に『筑紫新聞』の経営が行き詰った背景には、戦争終盤になって読者の関心が離れていったことに加え、一般ニュースに重点を移そうにも、通信網が不足していたことにあった。
8 前掲書『南日本新聞百年志』、四～七頁。
9 本書リストには佐々友房はあげられていないが、九州日日新聞社の第三代社長を務め、第一回から第九回まで、総選挙で連続九期、当選を果たしている。済々黌を創立したほか、国民協会、帝国党、大同倶楽部を組織した。
10 前掲書『熊日四十年史』、五二頁。
11 前掲書『西日本新聞百二十年史』、四九頁。
12 小川原正道『西南戦争』中公新書、二〇〇七年、九四頁。
13 前掲書『熊日四十年史』、五一頁。
14 前掲書『南日本新聞百年志』、一〇頁。
15 松沢裕作『自由民権運動』岩波新書、二〇一六年、九一頁。
16 前掲書『南日本新聞百年志』、二五頁、一〇八頁。ただし、本書巻末資料には、折田の記載はない。折田は、鹿児島県会議員、同議長、鹿児島県農工銀行取締役頭取を務め、総選挙では四回（第一～四回）当選している。鹿児島新聞社の監督・相談役を務め、政友会でも長老的な立場にあった。
17 前掲書『南日本新聞百年志』、一九頁、二四頁。
18 前掲書『西日本新聞百二十年史』、五〇頁。
19 同書。
20 前掲書『南日本新聞百年志』、二四～二八頁、五六一頁。第三次伊藤博文内閣を退陣に追い込んだ初の政党内閣

（憲政党）である隈板内閣（一八九八年）が四ヶ月で崩壊し、新たに憲政党（旧自由党）と憲政本党（旧進歩党）が結成された。一九〇〇年に伊藤博文により立憲政友会が結成されたが、憲政党もそれに合流した。もともと自由党の流れを汲む鹿児島同志会（当時は鹿児島政友会）が立憲政友会に参加した背景には、こうした流れがあったものと思われる。

21 前掲書『西日本新聞百二十年史』、五六頁。

22 同書、六五頁。

23 前掲書『南日本新聞百年志』、一四九頁、五六三頁。

24 福岡日日新聞社第四代社長を務めた岡田孤鹿は、第一・二回総選挙で当選しているが、本書巻末資料にはあげられていない。福岡県会議員、同議長も務めた。

25 前掲書『西日本新聞百二十年史』、五六頁、六四頁。

26 新聞界出身の議員数の推移を見る際、総選挙ごとに衆議院議員定数が変化していることを考慮する必要がある。実数に着目するだけでは、議員総数のなかで、新聞界出身議員がどの程度の比重を占めるのかを見落とすことになる。したがって、図1では、その点を勘案した相対的な議員数の推移を扱っている。具体的には、第一回時定数と以降の定数の比率を求め（各回定数／第一回定数）、各回の実数をその比率を除した数値を相対的な（新聞界出身の）議員数として、その推移をまとめている。

27 前掲書『熊日四十年史』、五六～五七頁。

28 同書、六四頁。

29 前掲書『西日本新聞百二十年史』（五一頁）より重引。

30 同書、五四頁、六五頁。政談社を弾圧した安場県令（知事）が玄洋社に近かったこともあり、『福陵新報』は『福岡日日新聞』とは異なり、当初は経営が順調だった。しかし、そのゆえに無理な設備投資や報道競争が経営を圧迫し、一八九八年には多額の借入金を抱えるに至った。平岡が経営を引き継いだのは、このような時期であった。

31 前掲書『西日本新聞百二十年史』、八一～八二頁。

32 前掲書『熊日四十年史』、七八～七九頁。

33 前掲書『南日本新聞百年志』、一四九～一五〇頁、五九一頁。

34 前掲書『熊日四十年史』、九三～九四頁。

35 同書、一〇〇頁。
36 前掲書『南日本新聞百年志』、一〇八頁。
37 同書、一四九頁、一八二頁、五九一頁。
38 同書、四七頁、一四九頁。
39 同書、四七頁。
40 同書、一五〇頁。
41 同書、四八頁。
42 同書、一一〇頁、一二五頁。日本新聞協会編・発行『地方別日本新聞史』、一九五六年、四九八頁。
43 前掲書『熊日四十年史』、八七〜八九頁。
44 同書、八八頁。
45 同書、八八頁。
46 前掲書『西日本新聞百二十年史』、五一頁、五四頁、六六頁、八二頁。
47 同書、八三〜八四頁。
48 同書、八五頁。
49 前掲書『西日本新聞百二十年史』、九二頁。
50 前掲書『南日本新聞百年志』、一八〇頁、一八三頁。
51 同書、一八〇頁、一八四頁。
52 前掲書『地方別日本新聞史』、一九五六年、四九六頁。
53 前掲書『南日本新聞百年志』、一八四頁。
54 井上寿一『政友会と民政党』、中公新書、二〇一二年。
55 前掲書『南日本新聞百年志』、二三二頁。

第四章

出版関連議員と政論メディアの変遷——雑誌の専門化と商業化

福井佑介

1　はじめに——新聞・雑誌と政治との距離

ジャーナリズムを担うメディアは、新聞だけではない。ラジオやテレビ、ネットの登場によって、報道は、音声メディアや映像メディアを通じて広く伝えられるようになっている。一方で、政治と最も深い関係を持つメディアは、最も古くからジャーナリズムを担ってきた活字メディアである。本章では、新聞と同様に活字メディアとしてジャーナリズムに関係してきた、雑誌に注目する。

そもそも、新聞と雑誌との間に共通点は多い。メディアとしての性質に着目すれば、書籍と異なる逐次刊行物であり、一部あるいは一冊で完結しない連続刊行を想定した媒体であるため[★1]、時事的な事柄を扱うのに向いている。さらに、発行母体や寄稿者が同じことも多く、明治期から興隆した新聞と雑誌は近い発達過程を有している。

新聞の展開について、小野秀雄の『日本新聞発達史』[★2]（一九二二年）で示された時代の解釈や区分が基本的な枠組みになっている。すなわち、政論新聞時代から政党機関紙時代を経て、報道本位へと移行する。また、政党新聞の没落の原因として、政治的対立が新聞間の対立へと波及したことを明らかにしたり、日清・日露戦争期の従軍記者による報道や、大正期の報道規制が紙面に影響を与えたことを指摘したりしている。[3] このような史的展開は、新聞の歩みと政治が不可分の関係性にあったことを意味している。新聞と政治との密接な関係性が議論の前提になっているといると換言することもできる。それでは、新聞中心のほかの章とは異なり、本章が注目する雑誌メディアについてはどうであろうか。

雑誌研究では、『キング』[4]や『平凡』[5]、『太陽』[6]など、個別の雑誌に注目した研究が散見される。また、論壇雑誌や青年雑誌など、特定のジャンルに焦点をあてた研究も存在する。[7] 一方、雑誌の全般的な動向について言えば、管見の限り、小野が示した新聞史に相当する水準では史的展開がまとめられておらず、参照軸となりうる議論は存在しない。雑誌の全般的な展開を概説する文献として以下のような議論があり、各論者が動向を注目する雑誌によって、時代の描かれ方に若干のゆらぎがあることがわかる。

木村毅の『現代ジャアナリズム研究』（一九三三年）所収の「日本雑誌発達史」によれば、明治初期の雑誌は「洋学者の啓蒙事業」であった。明治一〇年代になると、雑誌は「政党の宣伝機関」として機能するようになり、『政理叢談』をその代表格としている。明治二〇年代までに、政治・経済・文芸・風刺・小説・婦人の各部門が出揃ったとした上で、この時期から雑誌は「資本主義的な商品的色彩」を有するようになった。[8] また、新聞の展開との関係性を重視する文献に、西田長寿の『明治時代の新聞と雑誌』（一九六一年）がある。明治六年頃までの雑誌は、程度の低い啓蒙雑誌であったのに対して、明治七年以降に、宗教、医学、産業、農業などの雑誌の専門化が進んだことを「新聞の世界では見られないところである」[9]と指摘している。この時期に本格化した政論雑誌について、明治一〇年代の展開にも触れており、「雑誌界においても政党運動の影響を受けた。従来からの政論雑誌は多少ともそれぞれの政党色を示したし、二、三の地方では政党機関として出発したものもある。が一般的に有力なものは東京を除いて非常に少ない」[10]として、木村とは対照的に、消極的な評価を下している。明治二〇年代については、雑誌界にも営利主義の傾向が強くなったことを指摘するとともに、ナショナリズムの台頭を特徴としている。[11]岡野他家夫の『日本出版文化史』（一九五九年）でも、明治初期には雑誌と新聞に密接な関係があったとしつつ、総合雑誌としての『明六雑誌』に着目している。明治一〇年代は、雑誌の専門分化が進んだことを特徴とし、明治二〇年代には雑誌全盛時代を迎えるという。特に、明治二〇年代初頭に約二〇〇種類以上の政治雑誌が存在していることを強調し、さまざまな媒体から記事を転載していた『日本大家論集』を、この時期の代表的な雑誌に位置づけている。[12]

このように、若干のゆらぎがある一方で、時代の切り分け方に共通点もある。すわなち、政治を扱う雑誌の台頭、雑誌の専門化、雑誌の商業主義化が強調されている。これは、序章の「政治のメディア化」のI〜IIIのプロセスを想起させる。ただし、雑誌の場合には、政論雑誌と、それ以外のジャンルの専門雑誌が明確に区別されている上に、西田の指摘を踏まえれば、雑誌が全般的に政治的動向と関わっていたわけではないことに注意を要する。そもそも、戦前の雑誌は二つの法的枠組みに分けられていた。一つは、政治経済ニュースを扱うことができ、保証金を納める必要がある「新聞紙法の雑誌」であり、新聞と一体化している。他方は、学術や技芸、統計、広告などを扱う「出版法の雑誌」であった。[13]

右記の研究状況を踏まえれば、雑誌の全般的な動向をまとめる研究の進展が求められるだろう。しかしながら、ここでは本書の枠組みに鑑みて、政論雑誌はもちろん、専門雑誌であってもメディア関連議員を輩出するという形で「政治と結びついた雑誌」に注目したい。先行研究では政論雑誌と、経済雑誌や、文芸雑誌、婦人雑誌などの専門雑誌がジャンルとして区別されていたが、雑誌と政治との関係を考える上で、それでよいのだろうか。確かに、専門雑誌を念頭に置けば、新聞ほどには、政治と雑誌との関係は自明ではない。同時に、そのような専門雑誌であろうとも、政治的な動向を射程に入れていたり、政治的な影響を及ぼそうとしていたりするという意味で、「政論メディア」としての側面を持ちうることも想定可能である。このことを念頭に、本章では、メディア関連議員を輩出した雑誌の展開や、雑誌関連議員の特徴を検討する。

構成は以下のとおりである。第二節において、量的な側面から出版関連議員および雑誌関連議員の全体的な傾向を分析する。第三節から、ジャンルごとに雑誌関連議員の経歴や雑誌との関わり方を概観し、質的な把握

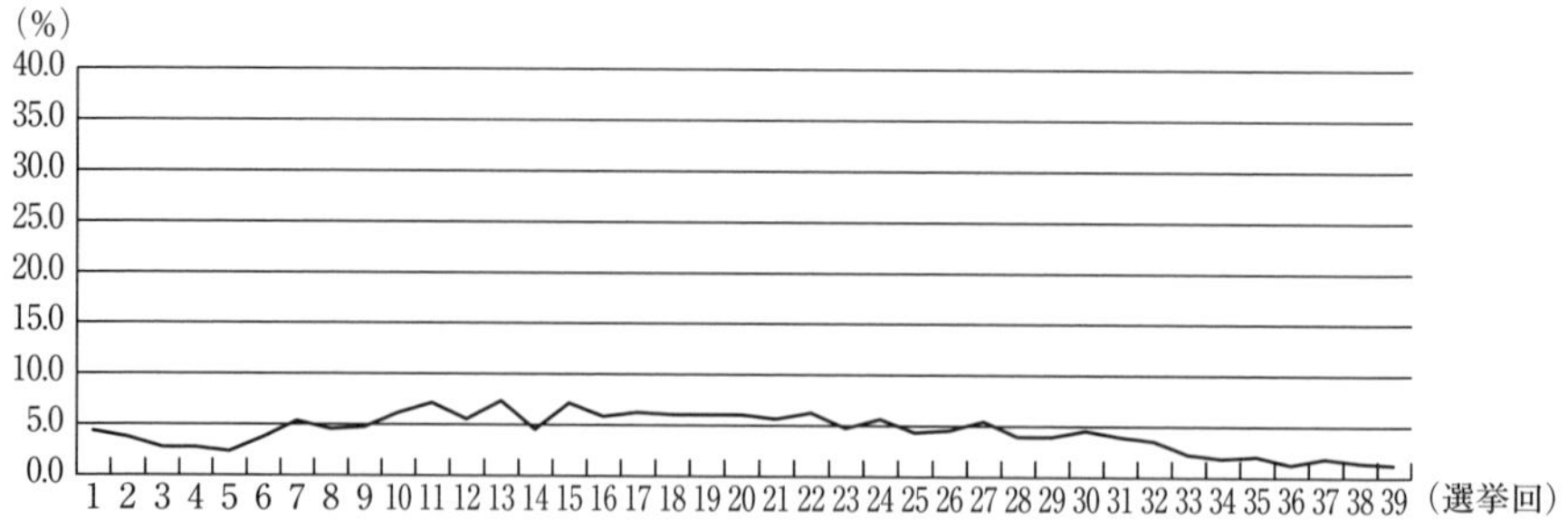

図1　議席の推移（出版）

を試みる。まず、政治との関係が自明な政論雑誌を見た上で、総合雑誌を扱う。これは、議員が関わる雑誌として、総合雑誌が後発しており、流れが理解しやすいからである。次に検討する専門雑誌では経済雑誌を先発させる。それは、最も早く登場し、雑誌関連議員の動向が経済雑誌のメインストリームに沿う形で長く展開していくからである。続けて、経済雑誌の一部と見なされることがある農業雑誌、明治二〇年代前半の動きが中心の法律雑誌、明治二〇年代後半からの医学雑誌を検討する。[★14] このようにジャンルごとの展開を見た上で、最後に、ジャンルを横断して、雑誌関連議員の特徴や雑誌の「政論メディア」としての変遷を検討する。議論を先取りすれば、新聞と相違して、政治と同化することなく、主題の側から政治を見るという独自の距離感を持つ「政論メディア」としての雑誌の存在を明らかにする。

2　出版関連議員と雑誌関連議員の量的把握

出版関連議員は二〇一名であり、メディア関連議員のなかでは新聞関連議員の八〇二名に次いで多い。出版関連議員の議席の推移は図1に示すとおりである。

定数に対して最も高い割合を占めているのは第一三回総選挙の二八議席（七・三％）であり、その前後の第一一回や第一五回総選挙がピークである。普通選挙が実施された第一六回総選挙以降も議席数三〇弱（六％）前後で安定しており、戦後（第二二回以降）には徐々に議席数を減らしている。これ

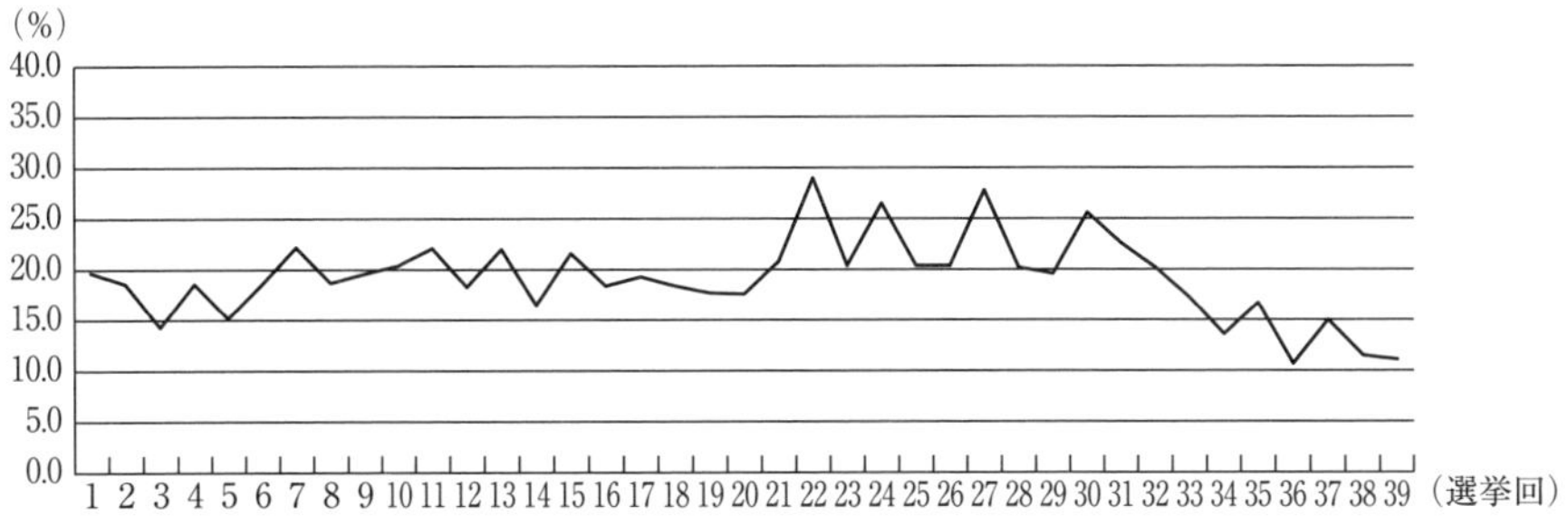

図2　メディア関連議員の当選者数に占める出版関連議員の割合

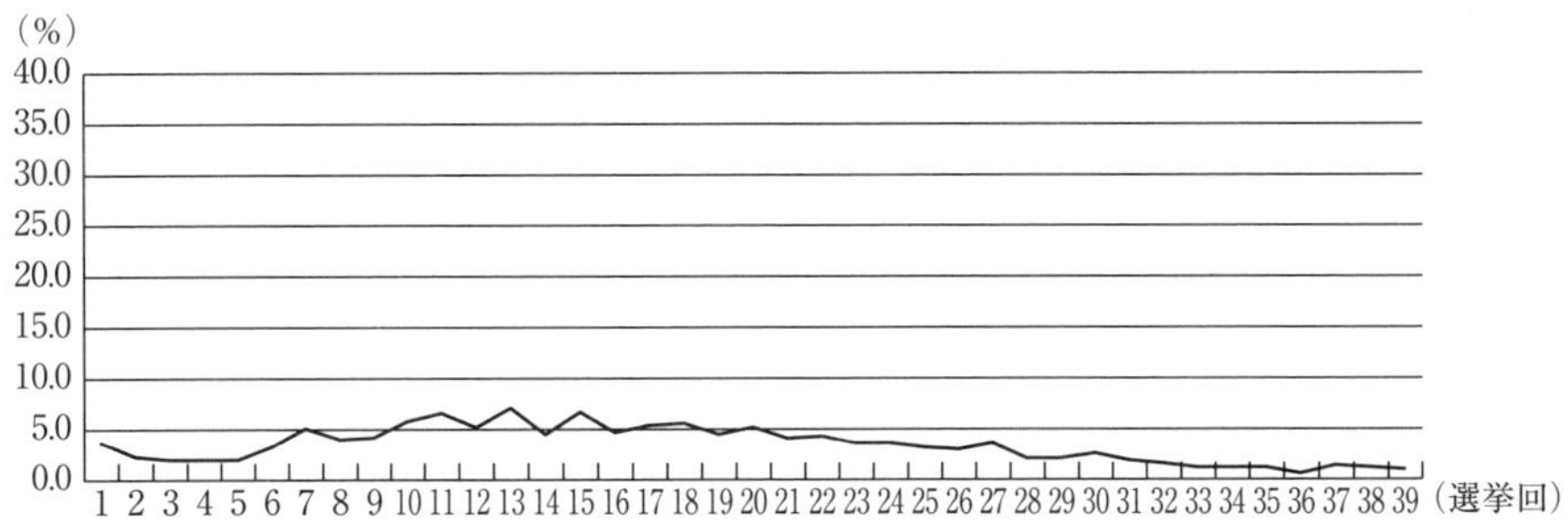

図3　議席の推移（雑誌）

は、メディア関連議員の全体的な傾向と軌を一にしている。

それでは、メディア関連議員に占める出版関連議員の割合は、どのように推移したのであろうか。

図2によれば、戦前はおおむね二〇％前後を推移している。戦後は、第三二回総選挙（一九六九年）まで約二〇％から二九％といった相対的に高い割合を占めているが、一九七〇年代以降に割合は低下し、一〇％程度になっている。出版関連議員の減少が、メディア関連議員全体の傾向よりも急激であることがわかる。

この出版関連議員は、第一章で示されているように、出版に関係した議員をすべて含んでいる。雑誌に注目するには、具体的な雑誌との関わりが不明確な役員や経営者、あるいは書籍のみに関わっている者を除外する必要がある。除外対象者の大半は、出版社の社長や監査役、顧問である。また、書籍商[★15]や、宗教関係図書[★16]及び教科書[★17]の出版業に携わる者が散見される。

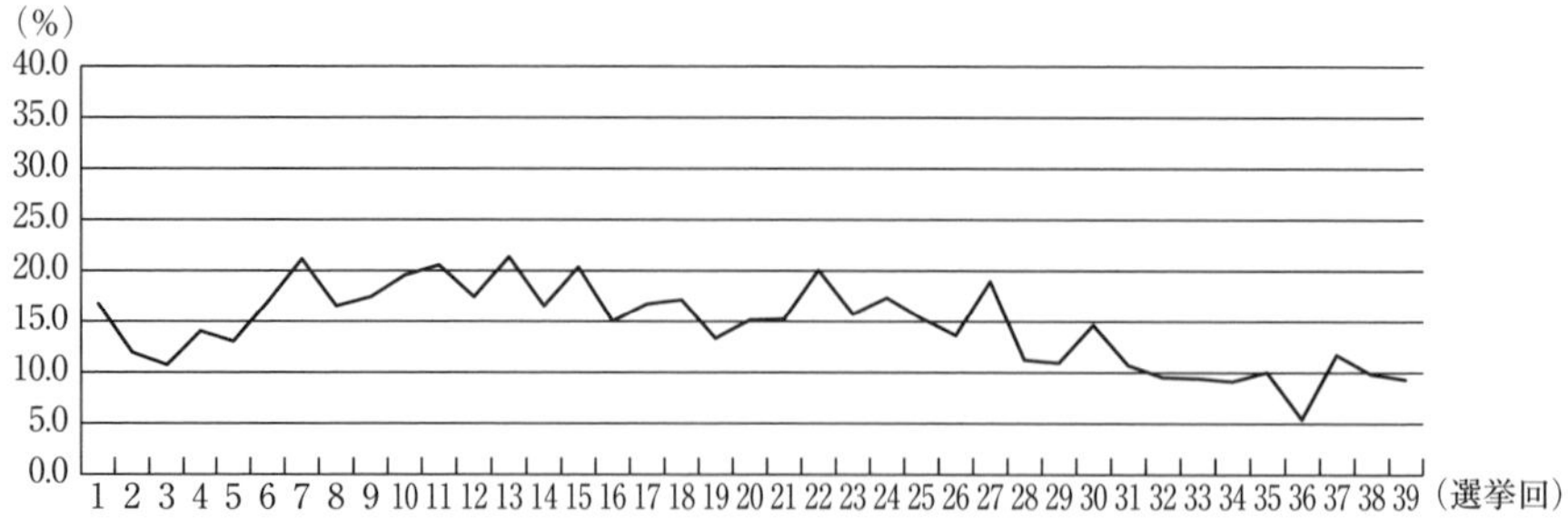

図4　メディア関連議員の当選者数に占める雑誌関連議員の割合

表1　メディア別（雑誌）

	実数（人）
新聞	83
通信社	8
放送	1
映画	2

注：複数回答

この作業によって、一五一名の雑誌関連議員が抽出された。議席数の増減は、メディア関連議員や出版関連議員の動向と傾向を同じくしている（図3）。一方、メディア関連議員に占める割合を検討すると、出版全体とは異なり、戦後の上昇が見られない。これは、戦後の伸びを支えていたのが、前述の除外対象となった議員だったことを意味する。雑誌関連議員は、一九七〇年代まで、メディア関連議員の一五％前後を推移している（図4）。

出版関係議員や雑誌関連議員には、ほかのメディアの経験を持つ者が多いという特徴がある。雑誌関連議員の経歴のなかで重複するメディアの種類をまとめたものが表1である。ここで注目したいのは、半数以上に、新聞に関わった経験があることである。ここにも新聞と雑誌の連続的な関係性が垣間見られる。

それでは、具体的に、雑誌関連議員はいかなる形で雑誌に関係していったのであろうか。

3　政論雑誌と雑誌関連議員

政論雑誌は、その主題のために、政治との関係性が自明である。当然のことながら、保証金を必要とする新聞紙法の雑誌である。そして、メディア関係議員が関わった雑誌全体を概観すれば、政論雑誌が自由民権運動の時期から最も早く登場し、その後も一定の割合を占めていることがわかる。

この時期に雑誌に関わっていた、「東洋のルソー」として知られる中江篤介（中江兆民、630）から論を始めたい。中江は、フランス留学を経て、一八七四年に仏蘭西学舎（のちに仏学塾と改称）を開塾した。翌年には元老院権少書記官を務めるも二年間で辞した。中江の言論活動が始まるのは、一八八一年に『東洋自由新聞』が創刊され、社長の西園寺公望との関係で主筆に就任したことからであった。同紙は、国会期成同盟の第二回大会において、自由主義の拡充を目的とした自由党機関紙の発行に関する議案が否決されたことを受けて、地方政社の関係者を中心に創刊が進められたものである。当時、民権派の論客は在官していたり、既存の新聞で記者をしていたりしたため、彼らを新興の新聞に招くことは困難であった。そのため、仏学塾の主宰者であり民権理論の唱道者として知られ、土佐出身であるにもかかわらず特定の政社や党派に属していなかった中江は、自由主義勢力の結集を目的とする同紙にとって適切な人材であった[★18]。同紙廃刊後には、一八八二年の自由党の機関紙である『自由新聞』に参加したものの、自由党には所属しなかった。この立場をとったのは、中江と、後述の経済学者・田口卯吉（506）、田中耕造のみであった[★19]。

このような動きに前後して、中江は仏学塾からの雑誌の刊行に着手する。一八八二年二月に創刊された『政理叢談』は、同年の第七号から『欧米政理叢談』へと改称され、翌年一二月の五五号まで継続した。「政理叢談ハ欧米諸大家ノ政法倫理ニ関スル論説ヲ訳出シ、自由ノ真理公私ノ大権ヲ簡約ニ解説スルヲ旨トス[★20]」とあり、その代表格が、第二号から第四六号まで、合計二六回にわたって断続的に掲載された「民約訳解」であった。これは、ルソーの『社会契約説』の一部に、中江が注釈を施したものである。

それでは、『政理叢談』刊行の趣旨はどのようなものであったのであろうか。創刊号の「叢談刊行之旨意」は、『東洋自由新聞』や『自由新聞』での趣旨説明と連続している[★21]。すなわち、自由権の重要性を説き、それを高めるには国会の開設が必要であるものの、政治の任に当たろうとする者は、「学ヲ講ジ術ヲ究メ深ク自ラ修メ[★22]」る必要があるとする。そのために「議論政理」に有益なものを訳出しようとするのである。

党や政社に参加しなかったことを考え合わせると、初期の中江の関心の基礎は、具体的な政治運動ではなく、政治思想の側にあったと把握すべきである。『東洋自由新聞』や『自由新聞』が自由党の機関紙という性質を持つ媒体であったのとは裏腹に、中江自身は具体的な運動よりも理論を重視していた。その傾向と媒体の性質が合致していたのが、『政理叢談』という雑誌であった。

その後も、中江は出版社の設立や翻訳・著述に力をいれる。議員としての中江につながる、政治的動向への直接的な関与は、大同団結運動からであった。その発端となる一八八六年の星亨による大懇親会の発起人となったことで、「兆民は、はじめて具体的な政治的活動の舞台に登場した」[★23]と位置づけられている。そして、中江は『公論新報』や、『東雲新聞』、『政論』[★24]といった新聞で政論を主張する新聞人になり、議員への出馬は、「政治上・思想上の立場からいえば、明治憲法に対する批判から」[★25]であった。

このように、中江は当然のことながら、政治的状況を強く意識していた。それにもかかわらず、雑誌における言論活動は、政論新聞のように運動と一体化していたわけではなく、運動とは一線を画す政治思想を重視するものであった。ただし、このようなケースはほかの政論雑誌にはあまり見られず、むしろ後述する専門雑誌に近いものである。以下に見るように、特に地方では、自由民権運動と政論雑誌での言論活動は一体化していた。

林正明主宰の『近時評論』は、民撰議院設立の建白から二年後の一八七六年より一八八三年まで存続しており、メディア関係議員の経歴に含まれる雑誌として最初期のものであり、高田露(540)が関わっていた。高田の郷里の熊本県では、一八七五年四月に宮崎八郎らが植木学校を創設し、中江の仏学塾で学んだルソーの民約論を教典とし、県下の自由民権運動の先駆となった。高田はここで学び、翌年からも宮崎と行動を共にして、「急進過激民権派言論結社」[★26]の代表とされる集思社の『評論新聞』の記者となり、同郷の林正明が発行した『近時評論』の編集に携わったのである。

大同団結運動以降も、地方の自由民権運動家による雑誌(および新聞)の発刊が相次いだ。たとえば、茨城県では、明治一〇年代から自由民権運動が本格化しており、その最大勢力であった同舟社を率いた森隆介(887)が関わった『常総之青年』は、一八八八年に創刊されている。[★27]同舟社が鬼怒川周辺から次第に県下の民権勢力の中心になっていったのに対して、同時期に、東北部の有隣社の大津淳一郎(197)も各種の新聞雑誌を発刊していた。また、宮城県で教員をしていた沢来太郎(428)は、一八八一年に公愛会を結成して自由民権を主張し、一八九四年には自由党の若手を糾合して血誠義団を組織して会長に就任するなど運動に従事し、自由党の勢力拡大のために雑誌『新東北』と『仙台新聞』を刊行した。[★28]

一方、第三章で取り上げられた紫溟会の『紫溟雑誌』のように、国権主義の立場からの雑誌も登場する。特に明治二〇年代から、政教社の機関誌『日本人』(一八八八年創刊)の系列[★29]は、欧化政策を批判する国粋主義[★30]の立場から言論活動を続け、多くの雑誌関連議員を輩出した。三宅雪嶺とともに政教社の中心人物とされる志賀重昂(主筆、433)に加えて、議員となっていった初期の構成員として杉浦重剛(471)、棚橋一郎(579)がいる。加えて古島一雄(373)や伊東知也(68)も経歴に含めている。ただし、これらの人物に限らず政教社は出入りが激しく、一九〇〇年頃になると初期の構成員は三宅しか残っていなかった。

創刊号における、日本に相応しい諸制度を選択し、日本人の方向性を打ち出す必要があるという主張を踏まえ、中野目徹は政教社および『日本人』の性質を次のように分析している。

例えば『明六雑誌』が明六社「同志」の談話を筆記して「同好ノ士」に頒つものだったのに較べ、時代社会に向かって自己の主張を展開すべく組織された結社(政教社)と媒体としての雑誌(『日本人』)は密接不可分に結合しながら、言論という独自の場により一歩踏み込んでいく姿勢を示していたといえるのではないか[★31]

この意味で、『日本人』は、主宰者と媒体の関係性という観点から見れば、従来の政論雑誌の延長にあるものと位置づけることができる。

その後の政治雑誌出身の議員として、大隈重信が主催とする『新日本』(一九一一年四月創刊、一九一八年一二月終刊)の主筆の樋口秀雄(753)と永井柳太郎(663)がいる。また、竹下文隆(568)が国論社の社長兼主筆として『国論』（一九一五年創刊）を発刊した。しかしながら、戦後になるまでは、総合雑誌の関係者も散見されるが、経済雑誌の割合が高く、政治雑誌はほとんど見られない。[★32]

4　総合雑誌と雑誌関連議員

「総合雑誌の先駆[★33]」と言われる『明六雑誌』（一八七四年創刊）の母体であった明六社の関係者にも議員となった者はいたが、西周や加藤弘之など貴族院議員であった。衆議院の雑誌関連議員が関わった総合雑誌の早い例は、加賀美嘉兵衛（233）が発行していた『学術協会雑誌』（一八八六年創刊）である。同誌の母体である「学術協会」は、山梨県の自由民権運動の政社や運動員の私塾を源流に持つが、基本的性格は学術研究・文化サークルである。誌面では、協会の特別賛成員であった高田早苗（541）や市島謙吉（114）などの東京専門学校の関係者による寄稿や講義録が掲載され、「綜合雑誌的色彩を有するサークル機関誌」であった。[★34]

明治二〇年代の代表的な雑誌として、前述の『日本人』とともに、徳富蘇峰によって設立された民友社の『国民之友』（一八八七年二月創刊）が広く読まれた。この後に、メディア関係議員となる大橋新太郎（201）の博文館が『日本大家論集』や『太陽』を発刊し、明治時代の出版業を牽引するようになる。その出版事業は、従来の少部数高定価主義で一部の知識人層を主眼に置く方法とは対照的に、大部数低定価と薄利多売主義を採用して読者層を拡大したため、「近代出版文化の出発点」と評価される。[★35]大正の実業之日本社および昭和の講談社と並び称される博文館王国の登場である。

博文館の最初の事業である『日本大家論集』は、一八八七年六月に創刊された。同誌のコンテンツはほかの諸雑誌の記事や論説を無断転載するものであり、表紙のデザインも『国民之友』と酷似していた。当時は、書籍と違い、雑誌記事には無断転載を禁じる法律がなく、違法行為ではなかったが、批判も招いた。この手法の意図を浅岡邦雄が分析するには、諸新聞・雑誌の記事・論説・雑報を転載あるいは要約する雑誌がすでに存在しており、出版業に着手する前の書店経営の際にそうした雑誌に触れるなかで、一つの雑誌に記事を集めて廉価で販売することは公衆の利便に供すると考えるようになったからである。[★36]

そして、『太陽』創刊に至るまで、博文館は多様なジャンルの雑誌を展開していく。創業から二年で宗教、女学生向け、商業、法律、読み物など一三誌を発行した。[★37] 一八九五年に、雑誌の統合を行い、『太陽』、『少年世界』、『文藝倶楽部』の三誌体制になった。『太陽』に統合されたのは、『日本大家論集』、『日本商業雑誌』、『日本農業雑誌』、『日本之法律』、『婦女雑誌』であった。[★38]

博文館の事業には、これまで見てきた政論雑誌、あるいは後述の初期の専門雑誌のように、学問や運動といった特定の関心から出発するという側面が見られない。雑誌発刊の性格が根本的に異なっているのである。鈴木貞美も『太陽』に焦点を当てながら、次のように述べている。

> しばしば『太陽』の特徴として、思想的個性のなさがいわれ、「商品」としての雑誌の性格が強調され、商業主義とも言われてきた。こうした評価は『国民之友』など啓蒙主義に立つ結社の言論雑誌と比較してのこと、博文館は自らの思想の啓蒙のために必要な営利的活動をも行う結社ではない。もともと営利を目的とした出版社である。いわば「大新聞」と「小新聞」を比べて、後者の思想的個性のなさ、商業主義というのと変わらない。『国民之友』と『太陽』を比べて、「大新聞」と「小新聞」の性格を比べるような比喩はあたらない。『太陽』は、強いていうなら「中新聞」的である。いや、「中新聞」が多分に持っていた「小新聞」的要素は薄い。〔中略〕
>
> 振り返ってみれば、博文館の事業の内容は当初より〈国民知識の供給者〉以外のなにものでもなかった[★39]

本章の関心からいえば、のちに政治家になる個人の思想と雑誌の性格の間に距離ができたということである。この潮流のなかで、商業主義的出版社の雑誌関係者から議員になる者が現れていった。[★40]

そして、『国民之友』や『太陽』の次に、時代の言論を牽引した「論壇」誌とも呼ばれる総合雑誌である

『中央公論』や『改造』に関係した議員も登場する。禁酒運動を主眼に置く仏教雑誌の『反省会雑誌』（一八八七年創刊）を前身とする『中央公論』（同誌名への改称は一八九九年）は、滝田樗陰（一九一二〜二五年に主幹）の提案による文芸欄の設置など、総合雑誌へと移行することで躍進した。特に、民本主義を唱える吉野作造や大山郁夫などの論考を掲載することで大正デモクラシーに大きな影響を与えた。このように総合雑誌では、編集者の手腕や思想を背景に、雑誌の社会的訴求力に直接的に関係するのは外部の書き手の思想であるという構図にある。[★41]

メディア出身議員による『中央公論』への関わり方もさまざまであった。谷口善太郎（581）は経歴欄に『中央公論』の特派員を特記しているが、プロレタリア文学の作家の側面が強い。[★42]また、のちに大阪新聞通信社の社長となる高松正道（556）、編集長として寄与していた佐藤観次郎（395）、労働運動に従事していた穂積七郎（795）がいる。戦後の再建直後にのみ副社長兼主幹として一年間だけ関わった蠟山政道（966）は、むしろ論壇で活躍する知識人としての性格が強い。

また、改造社では山本実彦（936）が雑誌出身議員である。山本は、『やまと新聞』記者と『門司新聞』主筆を経て『東京毎日新聞』を経営し、東京市議会議員も経験している。第一三回総選挙に立候補したが落選した。[★43]改造社の社史に相当する記録集である『雑誌『改造』の四十年』によれば、山本の政界志向は強く、一九一九年創刊の『改造』は、学者や思想家ではない山本には「背景もなければ信者もない」[★44]ために総合雑誌という性格を採用し、彼の「政界進出の手段ないし、準備」[★45]として進められた。ただ、三号までの売れ行きは悪く、大幅な方針転換が行われ、[★46]第四号は「労働問題・社会主義批判号」として表紙のデザインも一新した。それ以降もこの方針で刊行し、ほとんど売り切れの状態が続くこととなった。また、志賀直哉の「暗夜行路」の連載によって文芸欄の権威を決定的にし、ラッセルやアインシュタインの招聘で衆目を集め、誌面は「より広汎な思想文化的評論雑誌の傾向」を強めていった。[★47]さらに、関東大震災の後には『現代日本文学全集』の刊行によって円本ブームを牽引するなど、商業主義出版として時代の要請に応じた方針を打ち出していった。

5　専門雑誌と雑誌関連議員

経済雑誌

杉原四郎の『日本経済雑誌の源流』によれば、明治初期の経済雑誌は、農業を扱うものや全国の府県の勧業課によるものが多かった。これに加えて、内容面でも法令の通達や産業技術の知識紹介が中心であり、「後進資本主義国の初期の経済雑誌の特質を見ることができる」という。[★48] この時期の経済雑誌に関連した議員は見いだすことができず、議員に関連する経済雑誌が見られるようになるのは、明治一〇年代からである。

経済雑誌の関連議員として、最も生年が早いのは、一八五五年生まれの田口卯吉と犬養毅（120）である。田口卯吉は、一八七九年に経済雑誌社を創業し、日本初の本格的な経済雑誌と言われる『東京経済雑誌』を創刊した。経済雑誌の範疇を広く設定すれば、経済の特定分野のみを取り上げる「特殊経済雑誌」として、農業分野で『開農雑報』（一八七五年創刊）や『農業雑誌』（一八七六年創刊）のように先行する雑誌も存在した。経済一般を取り扱う「一般経済雑誌」の嚆矢こそ『東京経済雑誌』であり、関東大震災の当日である一九二三年九月一日の二一三八号まで継続した。[★49]

また、経済雑誌の特性として、「経済現象の現状とその推移とに関する客観的な情報を蒐集・提供するという報道性と、経済現象を整理・解説・論評するという評論性とをかねそなえている」[★50] ことが指摘される。『東京経済雑誌』は、創刊当初から評論性と報道性の両面に目配りされており、[★51]「論説」欄と「銀行及商業之景況」欄を持つ誌面構成にも反映されている。

田口の経歴を概観すると、ジャーナリストというよりも経済学者であることがわかる。一八七二年に大蔵省の上等生徒となり、一八七八年まで経済学の研究を進めた。[★52] 特に、そこでのお抱え外国人のシャンドとの出会いは、イギリスの『エコノミスト』誌を範とする『東京経済雑誌』の創刊の動機の一つにあげられている。そして、熊谷次郎が同誌について「論争に次ぐ論争がこの雑誌を特徴づけている」[★53] と評価するように、田口はさまざまな論点について発信していった。

田口が議員になったのは一八九四年の第四回総選挙からであり、死去の前年である一九〇四年の第九回総選挙まで当選した。立候補にあたって組織した政社である帝国財政革新会の設立趣意書では、日本が「富国」に到達できていないという認識を示した上で、「而シテ唯徒(いたず)ラニ政治的争闘ノミヲ以テ時日ヲ消セントス、是レ吾ガ輩ノ深ク慨嘆ニ耐ヘズシテ以テ本会ヲ設クル所以ナリ」[54]と述べている。[55]田口が議員として注力したのは、家屋税制や輸出税廃止運動などであり、「彼の主張する経済政策の実現のためのものであり、『東経誌』を通じての啓蒙的言論活動と相呼応するものにほかならなかった」[56]。このように、雑誌出身議員としての田口は、経済学的関心と連続していた。

『東京経済雑誌』の評論性に着目したとき、しばしば強調されるのは、自由貿易を主張していたことであり、犬養毅が『東海経済新報』で保護貿易を主張していたことと対比される。犬養が注目されるのは政党政治家としての後半生であり、ジャーナリズムの文脈では、『郵便報知新聞』からの従軍記者として西南戦争に参加したことである。それでは、犬養にとっての『東海経済新報』は、どのような位置づけにあるのであろうか。

犬養は一八八〇年八月に、豊川良平と『東海経済新報』を創刊した。創刊号には、「本社新報ハ内外経済ニ関スル一切ノ論説記事統計ヲ編輯シ傍ラ商律ヲ申明シ以テ商家ニ便ニス(ママ)」[57]とあるように、こちらも評論性と報道性の両面が強調されていた。犬養は同誌の主幹となり、田口が『東京経済雑誌』四一号で「自由交易論」を主張し始めると、これに反駁していった。この議論は経済学の派閥の対立の側面も有しているが[58]、貿易に関わる「政策」論争でもある。犬養の前半生に焦点を当てた時任英人は、犬養が意識的に経済問題の論客としての社会的評価を得ようとしていたという理解を示している。すなわち、すでに経済学者としての評価を得ていた田口卯吉を批判対象にすることについて、「一種の社会的評価を獲得するためであれば如何なることも厭わない傾向」との連続性で把握できるという[59]。

一八八〇年代の経済雑誌の傾向としては、経済官庁や各業種の団体からの報告や、博文館のような出版社による「商品」に特徴づけられる[60]。しかしながら、雑誌関連議員が経済雑誌に関わるのは一八九〇年代であり、国会開設や日清戦争を経て、日本の資本主義に一層の発展が見られ、経済雑誌の基盤が強化される時期であった。[★61]この時期に、現在にまで残る『東洋経済新報』（現・『週刊東洋経済』）が創刊された。町田忠治（818）は、『朝野新聞』や『郵便報知新聞』の記者を経て、外遊後の一八九五年に東洋経済新報社を創立した。同社出身の議員に、天野為之（42）、石橋湛山（102）、苅田アサノ（271）がいる。天野は、『朝野新聞』や『読売新聞』に寄稿して経済ジャーナリストとして活躍し、一八八九年には『日本理財雑誌』を発刊した。翌年の第一回総選挙の前に廃刊になっており、天野は立憲改進党系の佐賀郷党会から立候補し、議員になった。東京専門学校の教授のまま、町田から『東洋経済新報』の主幹を引き継いだのは、一八九七年のことであった。石橋は一九二四年から第五代主幹を務め一九四六年の第一次吉田内閣の大蔵大臣就任時に東洋経済新報社を辞した。苅田は女性解放運動の運動家として知られている。日本共産党員として治安維持法で検挙され、出獄後の一九三五年から同社に所属し、一九四九年の第二四回総選挙から議員になった。

『東洋経済新報』は「創刊いらい会社経営などいわゆる私経済よりも、経済界の大勢あるいは国家財政など公経済の分野を得意とし、社説をはじめとする評論は、政治・社会・教育・文化の各方面に及んだ」[★62]とまとめられる。創刊を回顧するにあたり、町田は日清戦争後の重要問題は財政経済に集中していたことを指摘している。それにもかかわらず、これまでの貢献こそ大きい『東京経済雑誌』も「田口君の史談その他詩文の類が紙面（ママ）の半ばを占めてをる観」があり、一般新聞での議論は「乾燥無味なりとして余り読者より歓迎せられなかった」ため、財政経済の専門誌を発行する必要性を痛感していたという。[★63]

『東洋経済新報』の主張は、日露戦争までは経済的自由主義の域にとどまっていたが、植松考昭が一九〇七年に第三代主幹となって以降、政治改革論を強調するようになり、さまざまな議論を展開した。特に、普通選挙制の採用を求めたことは、大きな反響を呼んだとされる。大正期以降も、帝国主義の放棄や民本主義などを主張し、石橋湛山の編集長の頃には小日本主義を唱えて日本の帝国主義的侵略を批判するなど、政治的な言論活動を展開した。

以上に見てきたように、議員を輩出した一般経済雑誌は、政論メディアとしての性質を備えていた。[★64]『東洋経済新報』のように、その種の経済雑誌が継続する一方、一九〇〇年代から経済ジャーナリズムは多様化するのであり、杉原は次のことをまとめている。[★65]

①一般経済雑誌と学術経済雑誌が分化する。

②一般経済雑誌の中では、一定の主義をもつ評論雑誌的なものに対して成功の指針としての実益雑誌型への傾向が強まる。

③特殊経済雑誌の中では、農林業に対して鉱工業部門の雑誌が漸次増加する。

④社会・労働問題に関する雑誌も出始める。

この②に該当し、明治三〇年頃以後輩出する「実業」雑誌の典型と位置づけられるのが、増田義一（一八七一−一九四九）の『実業之日本』（一八九七年から『実業の日本』、二〇〇二年から休刊）である。これは、「経済情報を提供するのみならず、経済人として成功するための人生案内的な読物という性格」を持ち、「『東京経済雑誌』よりも広範な読者層の獲得に成功した」。[★66]

増田義一は、教員を経て、一八八九年に高田新聞社に入社し、政治記者として改進党のための政治運動に関わった。翌年上京し、政治活動を継続しながら東京専門学校で学んだ。専攻が財政学であったため、一八九五年に高田早苗の推薦による読売新聞社入社後に経済部の主任記者となった。東京専門学校の同窓生の光岡威一郎の大日本実業会の創立に加わり、光岡の健康悪化により、一九〇〇年に同誌の「発行編輯に関する一切」が増田義一に譲渡された。[★67]

創刊号では、実業の興隆の機運が到来するなかで、『実業之日本』を「実際問題攻究の機関」〔傍点、原文〕と強調しており、[★68]初期には金本位制や保護貿易などの経済論や農業に関する記事が散見される。創刊一〇周年記念号では、次のように発刊の意図を回顧している。

> 時恰かも日清戦後国運進転の時機に際し、実業勃興の気運漸く全国民の間に萌芽せしと雖も『実業』の声は未だ国民の間に起らず、経済の発達を説き財政の改良を叫ぶの雑誌は一二之れなきにあらざりしも、

所説多く理論に傾き、而して其所謂実際なるものも亦主として経済財政に限られ、広き意味に於ける『実業』の題目を提唱して実業国民の建造を目的とせる者とては一も之れなかりき[★69]

「吾人が『実業国民の建造』の主張に一段の熱烈を加へたるは明治三十五年以来の事なり」[★70]〔傍点、原文〕と述べているのは、『実業之日本』一九〇二年九月一日号から「如何にして富を作る可き乎」と題する連載が始まったことからである。これは鉄鋼王カーネギーの著作を訳出したものであり、『実業の帝国』(*The Empire of Business*)として出版された。なお、キンモンスが『立身出世の社会史』ですでに指摘しているように、富と成功の秘訣を説いたものとして宣伝されていた当該訳書は原著の趣旨とは異なる。すなわち、経済問題や富者の責務にも紙幅が割かれていたにもかかわらず、出世について触れた唯一の部分(「実業的成功への道」と「労働者と資本家の共通の関心」)しか訳出されなかった。[★71]同書はわずかな期間で数十版を重ねるほど好評を博した。[★72]増田も「本書は成功の秘訣処世の要道を説いたものだと広告したらば、非常に売れたのである。其際予は成功の秘訣、是れ世人の要求する所だと覚つて、爾来成功に関する記事を沢山掲載することゝなつた」[★73]〔傍点、原文〕としている。

日露戦争期には、臨時増刊として『征露戦報』を発行するにあたって、従来の外部協力者が入社した。そのなかには、増田と同じく『読売新聞』にいた永田新之允(666)も含まれており、増刊の主筆や『実業之日本』の記者として関わり、のちに編集長や理事に就任する。

また、『婦人世界』や『日本少年』(いずれも一九〇六年創刊)、『少女の友』(一九〇八年創刊)、『幼年の友』(一九〇九年創刊)を相次いで発刊し、『実業之日本』とともに、明治の博文館時代に続いて、大正の実業之世界社時代とも言うべき好調を支えた。『実業之日本社百年史』によれば、特に『婦人世界』は返品制を採用したために小売店がリスクをとる必要がなくなり、マスセールスが可能になり、発行部数を伸ばしたとしている。一号当たりの平均部数が一〇万の大台にのり、やがて二五万部(最高三一万部)にまで到達したという。[★74]博文館と同じく多角的に事業を展開し、商業的成功を収めたのである。また、創刊を前に『実業之日本』に掲載した予告では、『婦人世界』を「時代の要求に応じて」、『日本少年』を「帝国の進運に鑑みて」と述べるように[★75]、時代や大衆のニーズを先読みし、積極的に迎合する姿勢は『実業之日本』と連続している。

そして、大衆迎合主義の最たる雑誌関連議員が、『実業之世界』を主宰した野依秀市（野依秀一、702）である。一九〇三年に大分県から上京した野依は慶應義塾商業夜学校に通い、一九〇五年に、安田将一、高田武、石山賢吉（108）とともに校友会機関誌を発行する話が持ち上がり、三田商業研究会を発足させて機関誌『三田商業界』を創刊した。野依は、三田商業研究会を一時的に離れ、『日本』を発行する日本新聞社に属し、『三田商業界』時代と同じく広告取りを行っていた。一九〇七年に退社すると、雑誌の発刊や隆文館での編集主幹を経て、同会に復帰する。そして経営者として、誌名を『実業之世界』に変えて、自らのジャーナリズムを実践していった。野依のジャーナリズムについて、佐藤卓己が『天下無敵のメディア人間』で詳述するなかで、次のように端的にまとめている。

> 野依秀一の言論とは、敵本位主義の喧嘩ジャーナリズムである。それは社会悪と見立てた相手を徹底的に攻撃し、その批判の過程で自己生成する行動主義と呼べるだろう。だから、野依式ジャーナリズムの内部に、守るべき絶対的価値、正義は存在する必要がない。論敵を否定する中で対抗的に価値は形成されるのだ[★76]〔傍点は引用者〕

もちろん、増田の『実業之日本』も野依の『実業之世界』も、政論を扱っている。しかしながら、それは経済学という学問から出発した田口の『東京経済雑誌』とは明確に性質が異なるものであった。時代や大衆の動向を意識し、それに積極的に関わっていくことで社会的影響力の増大を目指しているのであり、自らの雑誌経営も実業を扱うコンテンツも商業主義の色彩が強いのである。これらの二誌の後にも、実業系の雑誌から、『実業帝国』の社長兼主筆であった加藤鯛一（238）や『中外財界』の編集主任であった伊藤好道（69）といったメディア出身議員が続く。

一方で、『実業之世界』の編集を行っていた石山賢吉が発行した『ダイヤモンド』誌もまた、田口の経済雑誌あるいは野依らの実業雑誌とは異なる路線を見せることになる。石山は、実業之世界社を一九一一年に退社し[★77]、一九一三年にダイヤモンド社を設立し、『ダイヤモンド』誌（一九六八年から『週刊ダイヤモンド』）を創刊した。同誌には、財界の概況や時報が掲載され、会社の経営分析を連載し、あわせて経済統計や調査資料が示されていたものの、政論は含められていない。これまで見てきた経済雑誌は、報道性と評論性を兼ね備えるという点では一般経済雑誌であったのであるが、その評論性には政論が含まれており、「政論メディア」でもあった。一方、『ダイヤモンド』誌の評論性はあくまで経済評論にとどまっている点で対照的である。石山の回想によれば、会社分析はするが株価そのものについての意見は述べないという立場を堅固していたようである[★78]。

農業雑誌

経済雑誌の項目で述べたように、農業雑誌は知識や法令の伝達を目的に、明治の初期から存在した。しかし、雑誌関連議員と関係する農業雑誌では、単なる情報の伝達を目指した媒体は見られない。

十文字信介（457）は、一八七六年に学農社に加わった。学農社の創始者の津田仙（一八三七〜一九〇八年）は、津田梅子の父としても知られる明治期の農学者であり、新島襄と中村正直に並んで「キリスト教界の三傑」とされる。並松信久によれば、津田の農業に関する啓蒙活動は伝統と偏見を打破する「民間」活動であり、政府というよりキリスト教（プロテスタント）と接続していたという[★79]。あわせて、この啓蒙活動の一環である機関誌『農業雑誌』（一八七六年創刊）の内容として、「農業に関する学理、その実際的な応用、農業全般、農業の観点から議会政治に対する批評などにも及んだ[★80]」と総括している。そのため、津田は「明治の自由主義農学者」と位置づけられることもある[★81]。

十文字は、農学社の農学校で学ぶ傍ら、『農業雑誌』の編集に二年間ほど携わった[★82]。その後、広島や宮城の勧業課長を経て、第一回総選挙で当選し、第一期のみ議員活動を行った。十文字が自ら雑誌『農業雑報』を発行するのは、津田が『農業雑誌』から引退したのちの一八九八年であり、津田を引き継ぐかのようであった。創刊の趣旨として、技術面の農事改良論と社会経済面の農業政策論を並置しているところにも津田との連続性が見いだせるものの、詳細を検討すれば、『農業雑誌』には経済論、経営論が見られないのに対して、『農事雑報』の十文字執筆部分のほとんどが経済論・経営論であった。[★83] これを経済雑誌の潮流から考えれば、徐々に興隆してきた実業の文脈に沿ったと把握できる。

時代をやや遡るが、土井権大(611)が主幹であった大日本農政会の機関誌『農政研究』(一九二二年創刊)がある。同会の目的は、農業経済問題や農村教育など、「農業政策に関する一切の事項を研究し、農村の独立と農業の安定を計り、農業文化の建設をなす」ことであり、[★84]「創刊の辞」でも、都会の発展に対して農村の問題が山積であり、農政の必要性を強く訴えている。[★85]

業界誌としての農業雑誌も見られる。清水長郷(455)が編集主任を務めたこともある『岡山県農会雑誌』はその例である。また、新妻イト(673)と森田豊寿(892)が関わった『家の光』は、農業協同組合の前身である産業組合の全国組織、産業組合中央会の機関誌であり、産業組合法発布二五周年事業として一九二五年に創刊された。会報では扱いきれない情報や運動方針を伝えるための媒体の必要性から発刊され、「農家のための〝万能雑誌〟」というコンセプトで部数を伸ばした。[★86]

法律雑誌

法律雑誌に関係した議員として四名が確認できる。彼らのキャリアを見れば、法律家として歩みを進め、立法府に到達したようである。その過程で、どのような形で雑誌に関わっていたのであろうか。

一八八一年に東京法学校に入学した山田東次(926)は、神奈川県人学生寮・静修館に寄宿するなかで、神奈川県自由党に関係していった。[★87] 明治一八年に卒業後、高崎法学校で教鞭をとり、翌年、『法律経済新報』と『法律応用雑誌』を創刊する。山田の経歴には不明なところが多いが、自由民権・国会開設を主張していた『嚶鳴雑誌』(一八七九年~八三年)の第三七号(一八八二年一月)~第四五号(同年五月)までの署名印刷人に名前があることから、ここで雑誌編集のノウハウを得ていた可能性がある。一八八九年、大隈重信の条約改正案への反対運動に熱心に加わったのを機に自由党若手として台頭したという[★88]。そして、第一回総選挙で神奈川四区から当選している。山田にとって、法律家と運動家という性質は、雑誌創刊、立候補、さらに民法典に関する法典調査委員会の一員となった議員活動へと連続していた。

一方、平岡万次郎(759)は『裁判粋誌』の編集に従事していた。同誌は、大審院の判決を掲載するものであり、政論の入り込む余地はない。

花井卓蔵(719)と卜部喜太郎(151)には多くの共通点がある。両者は、英吉利法学校で学び、『法学新報』(一八九一年創刊)に関わり、一八九〇年の代言人試験に合格し、足尾鉱毒事件の弁護を担当するなど人権派弁護士として活動し、議員にもなっている。花井には大部の伝記で詳細な記述がある。それによると、東京大学法律研究会を前身とする法学協会は機関誌『法学協会雑誌』の発行を一時期に英吉利法学校に委託しており、花井が編集に関わった。また、英吉利法学校でも『万国法律週報』を発刊したが数号で廃刊になり、一八八九年に英吉利法学校内の法理精華社から『法理精華』が発行され、イギリス法関係者の議論が掲載された。同誌は一八九〇年七月一五日号の花井による法典延期問題についての社説[★89]が原因で発行停止処分となった。翌年、現在まで継続している『法学新報』が創刊された。伝記によれば、「博士は敢然として、法律が帝国議会に軽視せらるるを慨し、帝国法律統一の為め、将た帰一の為め[★90]」に『法学新報』の発行に携わったという。

憲法や法律はそもそも政治と深く関係しているが、当時は現在以上に、法の在り方を論じることに政策決定的側面が強かった。そうであっても、法学的な議論は、あくまで法学的知見に基礎があるのであり、政論やジャーナリズムとは異なる領域の言論活動であった。

医学雑誌

医学雑誌では、横田孝史(950)の『薬業雑誌』と、山谷徳治郎(943)の実践があげられる。山谷の経歴には「(株)日新医学社を創立し取締役社長となり、医学雑誌、図書の出版に従事す」と記載されており、日新医学社の『日新医学』を念頭においた記述であると言える。しかしながら、山谷は、「先覚的医界ジャーナリスト[91]」と評価されるように、長期にわたって医学の観点からの言論活動を続けた人物である。雑誌との関わりは、一八九二年の月刊誌『国家医学』が最も早い例である。

山谷は晩年に、明治以降の医学雑誌の展開についての自己認識を示した上で、自らが発刊した雑誌の位置づけを示している。太田雄寧による明治一〇年の『東京医事新誌』の発刊を日本の医学雑誌の嚆矢として医学雑誌の第一期に位置づけ、陸軍軍医の田代基徳の月刊誌『医事新聞』（一八七九年刊行）や原田貞吉と高木友枝の『中外医事新報』（一八七九年刊行）が続いた鼎立時代を第二期とした。なお、山谷の認識と相違して、太田の出版以前にも『医事雑誌』など先行する雑誌があったことにも注意が必要である。ただ、当該雑誌が和蘭雑誌の抄訳に過ぎず、太田の『東京医事新誌』は洋雑誌の *The Lancet* や *British Medical Journal* などの権威ある洋雑誌を底本としていたために歓迎されていた[92]。

山谷は、「医界に於ける言論雑誌（或は評論雑誌）の出現[93]」を第三期としている。すなわち、「明治二十三年には帝国議会が開かれて、我が医界も亦医政問題が簇出するに至つたので、医事雑誌の如きも純学術問題許りでなく、自然医政問題を論議し、医界の時事を報導するを目的とする新誌が必要となつた[94]」と述べている。この問題意識の下で、東京医科大学の修了後に月刊誌『国家医学』を刊行し、一八九三年には同誌を『週刊の純時事報道評論[95]』の『医海時報』に改めた。一九〇七年のドイツ留学時に、社員の田中義一に譲ったものの、帰国後の一九一一年に月刊誌『日新医学』を、一九一二年に週刊評論雑誌として『医事公論』を創刊した。その後、大病を患った時期を除いて編集を継続していることを古稀の時点で述べている。議員になったのは、一九二四年の第一五回総選挙の失格者のための再選挙であり、兄と同じく政友会から出馬し、当選している。山谷の死後も、『日新医学』は一九四三年まで、『医事公論』は一九六四年まで継続した。

6　おわりに――「政治のメディア化」と新聞／雑誌の分離

「はじめに」でも述べたように、雑誌と政治の関係は、新聞と政治の関係ほどに自明ではない。それゆえ、「政治のメディア化」プロセスの枠外にある雑誌が数多く存在したはずである。特に、専門雑誌を念頭に置くと、『裁判粋誌』のように、専門的な知識や情報を適確に伝達できれば、雑誌の目的は達せられるはずである。

しかしながら、本章でメディア関係議員が関わった雑誌を見てきたように、従来の雑誌研究の枠組みで言う政論雑誌はもちろんのこと、専門雑誌でも、ジャンルを越えて、ある種の「政論メディア」としての性質を持つ媒体があった。そしてこれは、「政治のメディア化」プロセスの第Ⅰ局面（情報レベル）との類比で理解することができる。

自由民権期の多くの政論雑誌は、運動あるいは党派と一体化しており、政治家が自らの政治的目的で発行する雑誌である。この「政党機関誌」は、新聞でいう「政党機関紙」に対応している。一方、専門雑誌では、専門家が自らの学術的目的で雑誌を発行して、あくまでその専門性に基軸を置きながらも、政治的な議論を展開する媒体が、専門を横断して生じていた。その顕著な例を創刊の早い順にあげれば、農業分野で、メディア出身議員とはならなかったが津田仙の『農業雑誌』（一八七六年創刊）があり、経済学では田口卯吉の『東京経済雑誌』（一八七九年創刊）、政治思想が基礎にあった中江篤介の『政理叢談』（一八八二年創刊）が該当する。医学では議会開設を意識した山谷徳治郎の『国家医学』（一八九二年創刊）が同様の性質を持つ。花井卓蔵の『法学新報』（一八九一年創刊）も法学雑誌のなかではこれに近い。これらの専門雑誌は、自由民権運動や、大同団結運動、議会の開設など、当時の政治的動向を認識しつつも、それと同化するのではなく、自らの専門性を基礎に政治に向かって言論を展開するという「政論メディア」であった。専門雑誌を発行する上でも、政治の圧倒的な存在感や影響力を無視しえない時局であったと換言することもできる。この第Ⅰ局面は、政論雑誌や一部の経済雑誌（特に『東洋経済新報』）において継続していく。

第Ⅱ局面は、序章で示されたように、政治システムに組み込まれていたメディア組織が自立性を高める段階であり、専門化と影響力拡大の自己目的化に特徴づけられる。政治との関わりが自明な新聞では、政治からの解放が進むことで、中立な報道の評価が高まったと理解されている。一方、雑誌の場合には、①政論よりもテーマへの集中という意味での専門化と、②社会的影響力の拡大の自己目的化が、ジャンルによって異なるベクトルで発生していた。

①との関係で注目したいのは、先行研究が明治二〇年代（一八八七〜九六年）を雑誌全盛時代と述べているにもかかわらず、政治家を輩出するという形で「政治と結びついた雑誌」に注目するという本章の枠組みでは、明治二〇年代後半から、医学雑誌や法律雑誌、農業雑誌がほとんど登場しなくなることである。つまり、政治への志向性を持つ者が専門雑誌を経由しなくなったのである。その背景として、次のような仮説が想起される。すなわち、雑誌が全般的に（政論ではなく）専門的なテーマに集中するようになったからではないだろうか。あるいは、政治家になるために言論人を経るという必要性が減じたために、政治を志向する専門家が雑誌に関わらなくなり、医師や法律家、農業関係者は、それぞれの専門家あるいは業界の代表者といったルートで政界入りするようになったのではないだろうか。

②の社会的影響力の拡大の自己目的化の象徴こそ、明治後期の出版業を牽引した博文館以降の雑誌出版事業である。他誌の記事を寄せ集める『日本大家論集』や、『明六雑誌』のように啓蒙家を前提とすることのない『太陽』（およびそれ以降の総合雑誌）は、基盤となる知識が存在していない点で、第Ⅰ局面の雑誌とは明確に相違している。商品としての雑誌を薄利多売することで、より広範に知識を供給し、商業出版の営利目的を達成するのである。実業系の経済雑誌も、これに近い。確かに、増田義一は当初から実業の重視を意図していた。しかし、実業が必ずしも立身出世を意味するわけではない。増田の『実業之日本』は、「成功」の秘訣が大衆に歓迎されてから、そちらの方向に舵を切るという経営的判断を下したのであった。さらに、『実業之世界』の野依秀一は、広告を重視し、「敵本位主義の喧嘩ジャーナリズム」を展開していた。これらを、第Ⅲ局面に該当する、経済的な動機（コマーシャリズム）に裏づけられた社会的影響力の最大化に到達していたと表現す

ることも可能である。

最後に、本章の議論をまとめた上で、新聞との比較の下で、「政治のメディア化」における雑誌の位置づけを確認しておく。本章では、メディア関連議員の側から、彼らが関与した雑誌を検討した。そこで明らかになったのは、右記のように、政治的動向と同化しない「政論メディア」としての雑誌の存在であった。すなわち、のちに政治家になるほどに政治への志向性を持つ者でさえ、必ずしも直接的に政治運動や政論を展開していたわけではなかった。特に明治中期の政治の存在感を背景に、それぞれの専門を基礎において、雑誌を新聞とは異なった特殊な「政論メディア」にしていたのであった。

さらに、その後の展開を見れば、新聞と雑誌の分化が進む。この独自の「政論メディア」としての雑誌は、政論雑誌とともに、雑誌のメインストリームから外れていった。このとき、雑誌に生じた「政治のメディア化」プロセスを検討すれば、雑誌と政治との関係性が新聞の場合とはまったく異なったものになっていったことがわかる。新聞史のメインストリームでは、政治のメディア化が進展しようとも、権力の監視や第四権力など、政治との関係性が前提にある（ア・プリオリに設定されている）ことに変わりはない。一方、雑誌の場合、「政治のメディア化」プロセスの進展の先に、逆説的に、主流の雑誌メディアと政治との乖離へと行き着く。このように、「政治のメディア化」に注目すれば、密接な関係を持ちながら明治期に成立した新聞と雑誌が、「政治のメディア化」と同時進行で質的に分化していったのである。

■註

1　次の文献において佐藤卓己は、新聞と雑誌が長く未分化であった歴史を解説し、「新聞」のスタイルの成立によって、両者を区別できるようになったのは一九世紀に入ってからであると述べている。柏倉康夫・佐藤卓己・小室広佐子『日本のマスメディア』放送大学教育振興会、二〇〇七年、七九頁。

2 小野秀雄『日本新聞発達史』大阪毎日新聞社、一九二二年。
3 後続の研究は、検討対象や文脈に相違があるが、小野が示した史的展開の大枠を修正するものではない。むしろ、小野の研究を深化させたり、扱う時代を延長させたりしていることがわかる。大西林五郎著・宍戸啓一編『日本新聞発展史――明治・大正編』樽書房、一九九五年。伊藤正徳『新聞五十年史』鱒書房、一九四七年。
4 佐藤卓己『キングの時代――国民大衆雑誌の公共性』岩波書店、二〇〇二年。
5 阪本博志『『平凡』の時代――一九五〇年代の大衆娯楽雑誌と若者たち』昭和堂、二〇〇八年。
6 鈴木貞美『雑誌『太陽』と国民文化の形成』思文閣出版、二〇〇一年。
7 竹内洋・佐藤卓己・稲垣恭子編『日本の論壇雑誌――教養メディアの盛衰』創元社、二〇一四年。佐藤卓己編『青年と雑誌の黄金時代――若者はなぜそれを読んでいたのか』岩波書店、二〇一五年。
8 木村毅「日本雑誌発達史」『現代ジャアナリズム研究』公人書房、一九三三年、一五五～二一二頁。
9 続けて、「このような半面、時事批判の雑誌が発生、発達し、世情の一段落とともに漢詩文、和歌、俳諧等を中心とする雑誌が現われ始めたことが注目されねばならない」と述べている。西田長寿『明治時代の新聞と雑誌』至文堂、一九六一年、七八頁。
10 同書、一三二頁。
11 同書、二〇六頁。
12 岡野他家夫『日本出版文化史』春歩堂、一九五九年。
13 下記の解説を参照。前掲書『日本のマスメディア』、七二～七三頁。
14 ここでは、少年雑誌や婦人雑誌、文芸雑誌の項目を立てない。紙幅の関係もあるが、後述の博文館で関わった者を含めても数名ずつしか経歴にあげていないからである。
15 具体的には、大野敬吉（199）や片野東四郎（256）、春島東四郎（745）、宮前進（867）、山森隆（941）である。
16 キリスト教関係図書の出版で知られる教文館の会長・北村徳太郎（310）や天理教教庁印刷所の東井三代次（615）がいる。
17 大分県学校図書株式会社取締役であった小松幹（362）や、岩手教科図書株式会社の常務取締役であった柴田義男（442）などである。ただし、小松は小中学校の教員を務め、日教組の書記次長になったのちに議員になり、柴田は社会運動家として知られるなど、出版業への積極的な関与は見られない。また、山田禎三郎（925）も教員としてキャリアを開始し、一時期には『千葉新聞』の記者に転身し、その後、帝国書籍の取締役になっている。

18 松永昌三『中江兆民評伝』岩波書店、一九九三年、八二頁。

19 その理由として、松永の分析によれば、中江が、自由党が民権政社・都下学士論客の大連合による自由主義政党ではないと判断し、仏学塾の立場を自由党系一色にすることを避けるという判断を行ったからであるという。同書、九九～一〇〇頁。

20 「稟告」『政理叢談』一号、一八八二年、表紙裏。

21 前掲書『中江兆民評伝』、一〇三頁、一六九頁。

22 「叢談刊行之旨意」『政理叢談』一号、一八八二年、二頁。

23 前掲書『中江兆民評伝』、二〇七頁。

24 『政論』は雑誌として出発し、後に新聞になった。雑誌時代の『政論』では大石正巳（183）が主筆を担当していた。中江が関わったのは、新聞になってからである。

25 前掲書『中江兆民評伝』、二六四頁。

26 澤大洋「集思社の小研究」『東海大学紀要政治経済学部』二〇号、一九八八年、四四頁。

27 動向については下記参照。飯塚彬「明治二〇年代 地方青年の活動についての一考察――森隆介と雑誌『常総之青年』を中心にして」『法政史学』八四号、二〇一五年、一一一～一一三頁。

28 その後、一八九七年に河野広中の自由党離党に従い、東北同盟会を組織し、県会議員を経て、一九〇二年の第七回総選挙以降、六回当選している。『新選代議士列伝』金港堂、一九〇二年、一七四頁。

29 何度も発禁処分を受け、『亜細亜』というタイトルに何度か改称している。また、新聞『日本』で欧化政策を批判していた陸羯南が一九〇六年に死去したことに伴う社長交代に関する混乱を受け、元の『日本』を継承するという意図で『日本及日本人』へと誌名を変更した。

30 ここでいう国粋主義は、後年に見られるような天皇制に即した政治的イデオロギーというよりも「日本という国土に住む民族の長い歴史を通して刻まれた生活の年輪とでも言うべき包括的な――したがって単に政治的のみならず同時に地理的、経済的、文化的な――観念であった」。松本三之介編『政教社文学集』筑摩書房、一九八〇年、四二三頁。

31 中野目徹『政教社の研究』思文閣、一九九三年、五〜六頁。
32 なお、政党機関誌を経歴に含めている者として、森本駿(896)、佐藤琢治(400)、高橋秀臣(551)、龍野周一郎(577)、中野寅次郎(649)、岩佐善太郎(128)がおり、主に明治後期を中心に活躍している。広瀬順晧・季武嘉也・村瀬信一・西川誠編『近代日本政党機関誌記事総覧』柏書房、一九八八年。本書が主眼を置く範囲を逸れるが、戦後の雑誌関連議員を見てみると、大多数が政党機関誌の関係者である。公明党の支持基盤である創価学会系の出版社である潮出版では、池田克也(81)、渡部通子(972)、大野由利子(200)がいる。社会党では渋沢利久(443)が『月刊社会党』の編集部長を経歴にあげている。共産党の機関誌『前衛』では、編集長であった米原昶(962)や榊利夫(418)、岡崎万寿秀(217)、同誌の編集部員・工藤晃(320)がいる。
33 前掲書『明治時代の新聞と雑誌』、七八頁。
34 藤原昭夫「『学術協会雑誌』と経済学――明治前期の山梨県における経済学の需要と普及の一例」『千葉商大論叢』第一九号B(商経編)、一九七三年、二〇一〜二三六頁。
35 田村哲三『近代出版文化を切り開いた出版王国の光と影――博文館興亡六十年』法学書院、二〇〇七年、iii頁。
36 浅岡邦雄「博文館『日本大家論集』の虚実」『中京大学図書館学紀要』三二号、二〇一一年、一〜三〇頁。
37 前掲書『雑誌『太陽』と国民文化の形成』、四〜五頁。
38 坪谷善四郎『博文館五十年史』博文館、一九三七年、九四頁。
39 前掲書『雑誌『太陽』と国民文化の形成』、一三〜一四頁。
40 博文館の編集員の出身議員として、中村千代松(654)と早速整爾(726)がいる。ただ、彼らが博文館の編集員であったのは短期間で、キャリアの大半を新聞人として過ごした。中村は、郷里で『秋田魁新報』の主筆を経験し、上京後に博文館の『婦女雑誌』と『幼年雑誌』の編集員を経て、熊本の『忠愛新報』主筆、再度『秋田魁新報』の主筆、『東北公論』の後身の『秋田毎日新聞』の社長となった。宮武外骨・西田長寿『明治新聞雑誌関係者略伝』みすず書房、一九八五年、一七五頁。早速は、故郷の広島の『芸備日報』を経営する早速勝三から打診を受けて、一八八九年一月に『芸備日日新聞』に入社し、同年一二月に養子入りして社長兼主筆となった。のちに、広島から衆議院議員になっている。彼は、政治家として立つには言論機関を背景にする必要があると考え、英語教員を経て、一八八八年からの博文館に在籍し、『日本之女学』の編集を担当したが、在籍期間は一年未満であった。社史編纂委員会編『中國新聞八十年史』

中国新聞社、一九七二年、四一〜四二頁。湊邦三編『早速整爾傳』早速千代野、一九三二年。
41　戦後の『中央公論』にもこの傾向は見られる。たとえば編集者と書き手（あるいはテーマ）との関係性について、「風流夢譚」事件を扱った次の研究書を参照。根津朝彦『戦後『中央公論』と「風流夢譚」事件——「論壇」・編集者の思想史』日本経済評論社、二〇一三年。
42　谷口は「生涯を通じて労働運動家であり革命的政治家」であったとされる。須井一の筆名で一九三一年にデビューしており、主要な発表媒体に『改造』と『中央公論』が含められる。なお、『改造』一九三四年一〇月号の「工場へ」から筆名を加賀耿二に変更している。伊豆利彦「解説」『谷口善太郎集（日本プロレタリア文学集二九）』新日本出版社、一九八六年、四三一頁。
43　衆議院事務局編『衆議院議員総選挙一覧——自第七回至第十三回』衆議院事務局、一九二六年、一〇〇頁。なお、次の資料では、『改造』の元編集長である横関愛造の未発表原稿を元に、この落選には台湾総督府に検挙されたことが関わっており、これを横関は対立候補による選挙妨害と認識していたことを指摘している。関忠果・小林英三郎・松浦総三・大悟法進編『雑誌『改造』の四十年』光和堂、一九七七年、二七〜三〇頁。
44　「個人的傾向の強い雑誌が多く存在し、それ相当の読者を持っていた。しかし、その読者には一定の限界があった。雑誌主宰者の思想への傾倒者が読者の大部分であったということである。しかし山本の場合は事情が違う。彼は学者でもなければ思想家でもない、一個のジャーナリストにすぎない。もとより背景もなければ信者もない。とすれば『太陽』『中央公論』の道、すなわち総合雑誌の道を進む以外にない」。同書、三二一〜三二三頁。
45　同書、三六頁。
46　編集実務を担当した秋田忠義の証言では、編集から山本をオミットして行われた方針転換だったという。同書、四二〜四三頁。
47　「大正十三年のはじめ、創刊以来実質的に編集長の役割をつとめた秋田忠義が退社して、編集の主導権が完全に山本実彦の手に帰するとともに、山本の意思が強く表面に出はじめて、政治評論雑誌的傾向が一段と濃くなったとみることが出来る」と解釈されている。同書、八七頁。
48　杉原四郎編『日本経済雑誌の源流』有斐閣、一九九〇年、三頁。
49　これほど長く継続したのは初期の雑誌として極めて珍しいことであった。また、『東京経済雑誌』は田口の言論活動の主軸であり、ライフワークとも言うべき存在であった。田口の死後に『東京経済雑誌』を引き継いで編集あるいは主幹を担当した塩島仁吉は「博士生前に発行せし雑誌にして、博士の閲読を経ざりしものは、僅に一冊に過ぎざるなり。世間には羊頭狗肉を売るもの多しと雖、博士の東京経済雑誌は決して然らざりしものなり」と述べている。塩島仁吉「田口博士と東京経済雑誌」『東京経済雑誌』一八三四号、一九一六年、九四頁。

50 続けて、「報道性が強くなると経済新聞に近づき、評論性に傾くと経済書にゆきつくことになる。逐次刊行物としての経済雑誌が通常週刊または旬刊、月刊の発行形式をとるのはこうした性格による」とされる。前掲書『日本経済雑誌の源流』、二頁。

51 創刊号の「例言」において、「此雑誌ハ銀行、商業及ビ財政一切ニ関スル紀事論説及ヒ其他有要ノ事実ヲ纂輯シ我国及ヒ外国経済ノ有様ヲ世人ニ報道スルヲ目的トス」とある。「例言」『東京経済雑誌』一号、一八七九年、表紙裏。

52 当時は、福沢諭吉による経済学講義が始まっていたものの不十分であり、そのほかの国内の教育機関で経済学の教授が本格化しておらず、経済学の洋書が豊富に所蔵されている大蔵省は、極めて恵まれた環境であった。杉原四郎「田口卯吉と『東京経済雑誌』」杉原四郎・岡田和喜編『田口卯吉と『東京経済雑誌』』日本経済評論社、一九九五年、三頁。

53 熊谷次郎「三つの経済論争——平均・平準の社会秩序を求めて」前掲書『田口卯吉と『東京経済雑誌』』、二五頁。

54 「帝国財政革新会の組織」『東京経済雑誌』七一七号、一八九四年、三四二頁。

55 第四回総選挙では、帝国財政革新会から立候補した全員、すなわち、田口、須藤時一郎、山田忠兵衛、橋本省吾が当選し、同会の発起人の一人であり、『東京経済雑誌』の編集にも携わっていた伴直之助(747)も当選している。

56 前掲書『田口卯吉と『東京経済雑誌』』、五頁。

57 「例言」『東海経済新報』一号、一八八〇年、表紙裏。

58 たとえば、この時期の議論の内容を分析した堀は、「この論争は、第十九世紀末葉の、英国派経済学(田口氏が之を代弁する)に対する米国派経済学(犬養氏が之を代弁する)及び独逸派経済学(大島氏が之を代弁する)の対抗の、我国に於ける縮図と、看做されるべきである」とまとめている。堀經夫「保護貿易論と犬養毅氏」『社会経済史学』三巻八号、一九三三年、九九九〜一〇一九頁。

59 時任英人『明治期の犬養毅』芙蓉書房出版、一九九六年、二三〜四六頁。なお、犬養は一八九〇年の第一回総選挙で当選し、以後四二年間で一八回連続当選した。時任の解釈に従えば、犬養にとっての『東海経済新報』は、政党政治家よりもむしろ、学問での立身出世を志向した前半生と結びついていたと把握することができる。同書、五八頁。
60 前掲書『日本経済雑誌の源流』、三頁。
61 同書、四頁。
62 松尾尊兊『近代日本と石橋湛山――『東洋経済新報』の人びと』東洋経済新報社、二〇一三年、一二八頁。
63 町田忠治「創刊当時の思出」『東洋経済新報』一一七四号、一九二五年、三一頁。
64 ここにあげたほかに、一般経済雑誌と思われるものの所在が不明で誌面を確認できなかった雑誌に以下のものがある。各人の経歴から見れば、これらの雑誌も政論への志向性を持っていたと推察される。『東北経済雑誌』は、『山形新聞』主筆であった大石五郎(181)によるものである。大石は一九〇〇年に『山形新聞』記者となり、一九〇三年に同主筆となるなど、新聞ジャーナリズムの出身者であった。また、経国社を創立して『政治及経済界』を主宰した猪野毛利栄(75)も『二六新聞』の記者を経験しており、日本浪人社を創立して雑誌『日本浪人』も発行していた。
65 前掲書『日本経済雑誌の源流』、四頁。
66 同書、四頁。
67 「謹告」『実業之日本』三巻九号、一九〇〇年六月、七三頁。
68 「茲に実際問題攻究の機関として雑誌『実業之日本』を発刊し、又来る九月を以て高等農商科を新設せむとす、本会是に於てか学術と実際両な(ママ)から研究の機関を兼ね備えたりと謂ふべし」〔傍点、原文〕と述べている。『実業之日本』の発刊に就きて稟告す」『実業之日本』一号、一八九七年、前付の八頁。
69 「『実業之日本』は十年間に何を為したるか」『実業之日本』第一〇巻一二号、一九〇七年、三～四頁。
70 同書、四頁。
71 E．H．キンモンス『立身出世の社会史――サムライからサラリーマンへ』広田照幸ほか訳、玉川大学出版部、一九九五年、二三九頁。
72 実業之日本社社史編纂委員会編『実業之日本社百年史』実業之日本社、一九九七年、二八頁。
73 増田義一「予が苦心の告白」『実業之日本』二八巻一三号、一九二五年、六頁。
74 前掲書『実業之日本社百年史』、三八頁。
75 「二大雑誌の新発行予告」『実業之日本』八巻二六号、一九〇五年、七〇～七一頁。

76 佐藤卓己『天下無敵のメディア人間――喧嘩ジャーナリスト・野依秀市』新潮社、二〇一二年、八六頁。
77 野依が、東京電燈に対して料金値下げキャンペーンで攻撃するなかで、社長や理事に自決せよと出刃包丁を送りつけたために恐喝罪及脅迫罪未遂で裁判中のことであった。同書、一二七頁。
78 石山賢吉『雑誌経営五十年』ダイヤモンド社、一九六三年。
79 並松信久「明治期における津田仙の啓蒙活動――欧米農業の普及とキリスト教の役割」『京都産業大学論集社会科学系列』三〇号、二〇一三年、八五頁。
80 同書、一〇一頁。
81 小倉倉一『近代日本農政の指導者たち』農業統計協会、一九五三年、三二～四六頁。
82 創刊号では、貿易の不均衡の是正のために農産物の輸出が必要であり、そこに貢献する農学の重要性を説いている。『農業雑誌』創刊号、一八七六年、一頁。
83 藤井隆至「明治中期の農業革命構想」『新潟大学経済論集』三六号、一九八三年。
84 「大日本農政学会会則」『農政研究』一号、一九二二年、一二七頁。
85 「創刊の辞」『農政研究』一号、一九二二年、三頁。
86 『家の光八〇年史』家の光協会、二〇〇六年、一三～一九頁。
87 明治一七年に、神奈川県出身の民権派青年による読書会にも参加している。色川大吉「〝明治十七年読書会雑記〟について」『文学』二七巻六号、一九五九年、一〇〇頁。
88 七戸克彦「現行民法典を創った人びと（一八）」『法学セミナー』五五巻一〇号、二〇一〇年一〇月、六八～七一頁。
89 「社説」『法理精華』三八号、一八九〇年、一～七頁。
90 『花井卓蔵全伝　上巻』大空社、一九九七年、一〇九頁。
91 中山沃・小田皓二「先覚的医界ジャーナリスト山谷徳治郎」『日本医史学雑誌』四九巻一号、二〇〇三年、一三〇～一三一頁。
92 竹林熊彦「太田雄寧のこと」『書物展望』第一一巻四号、一九四一年、四一～四四頁。また、以下の文献も参照。近藤禧禔男「『東京医事新誌』――明治初期の医学雑誌についての考察」『医学図書館』二〇巻二号、一九七三年、一四一～一五二頁。

93　瀬尾一雄編『樂堂古稀記念集』日新医学社、一九三五年、四三八頁。

94　同書、四三九頁。

95　同書、四三九頁。

第五章

ポスト政論新聞・大阪系全国紙の迂回路——特ダネ主義と政治部記者

松尾理也

1　はじめに——論より特ダネ

かつて自民党から飛び出し新自由クラブを結成して旋風を巻き起こした田川誠一（504）は、歴史学者の伊藤隆らが聴き取りにあたったオーラルヒストリーの場で、自分が朝日新聞記者時代、いかにデキる記者で、特ダネを抜いてきたか、を誇らしげに語っている。一九五一（昭和二六）年に書いたある記事についてである。

「自慢話ばっかりして申し訳ないけど、一番大きかったのは『小選挙区制答申案』を抜いたんですよ。昔、昭和の中頃、朝日の野村秀雄（元政治部長で終戦直後の社長）さんという人が、小選挙区を全部すっぱ抜いたって、新聞界では有名な話が私の頭にありました。〔中略〕選挙制度調査会の答申なんです。定数配分をやるっていうので、デカイ記事をずいぶん書いたんです★1」

「自慢話で申し訳ない」というからには、田川にはこうした話が受け取られ方によっては嫌味な自己顕示と受け止められかねないという危惧があったのだろう。インタビュアーの伊藤には、そうした機微は必ずしもピンとこなかったようだ（あるいはピンとこないふりをしたのかもしれない）。「さっきの『小選挙区制答申案』というのは、あれはスクープなんですか」と、やや無遠慮に確かめている。

田川としては、謙遜をまともに受け取られても困る。「スクープです。あれは簡単なスクープじゃないですよ。三週間以上粘って」「中に、いろいろ教えてくれる人がいまして、『こういう答申をつくることに決まったよ』って言って、内部で事務官が教えてくれるわけですよ。それはわざわざ教えに来るんじゃなくて、自分が自ら行って、雑談をしている間に。それとなくこっちも聞きますけどね」。一転して詳しく説明している。伊藤は「そういうスクープをやったら、賞か何かもらうんですか」と、いわずもがなの質問を投げかける。「いや、誉められるだけで、それがうれしいんで。家に帰らずに一所懸命にやって。単純なものです」[★2]。ここに至って田川の情熱とその純粋さについての共通理解が生まれた形となり、話はなごやかに進んでいく。

しかし、半世紀以上前の話でありながら熱く語られる特ダネの興奮は、単に純粋なものだったのだろうか。「スクープはうれしい」「単純なものです」と田川は言うが、見返りは本当になかったのだろうか。特ダネという成果物が新聞社やジャーナリズム、ひいては取材活動を行っている業界や分野における自己評価に直結するからこそ、田川は功成り名遂げた後の回顧談でもこれほど熱心に語るのではないか。

「特ダネ」とは何か。この場合の特ダネは、「報じられなければ世に出ることのなかった隠された真実」ではない。小選挙区の定数配分案は、いつか必ず発表される。この場合の特ダネとは、それを一足早く知ったという意味である。とすれば、核心的な価値は「権力との距離」にある。機密事項を真っ先に自分が知り得たこと、すなわち「自分は権力から一番近いのだ」という事実の誇示にある。

こうした心性は特異なものではない。ここで取り上げる大阪系全国紙、すなわち『朝日新聞』と『毎日新聞』から後年代議士となった新聞記者たちの回想を読んで驚くのは、現代の記者との驚くほどの類似、共通性である。特ダネ、すなわち他社を出し抜くスクープにこだわり、「抜いた・抜かれた」（特ダネを書いた、書かれた）に一喜一憂し、「紙を取る」（機密書類を入手する）ことに執着する。「他紙があわてて追いかけてきた」（後追い報道をしてきた）ことに無上の喜びを感じる。それは、特ダネを取ることに至上の価値を置き、給与も出世も私生活も、メディアとしての価値もすべてその一点に従属させる「特ダネ主義」と言ってよい。

この特ダネ主義というゲームのルールは、新聞のみならずテレビなどマスメディア全般へも広がる形で今も根強くメディアの送り手側を支配している。無償の特ダネ競争に熱中する記者たちの立ち居振る舞いをジャーナリズムの公共性に結びつけて論じることもできるにせよ[★3]、記者たちがみな無欲であるはずもない。

影響力の最大化を図るのが「メディアの論理」だが、それは「売れればよい」という単純な論理として現れるとは限らない。スキャンダリズムに走るメディアが最大の影響力を持っているかと言えば、そうではない。「影響力」なる抽象的な事象をどうやって計ればいいのか。デジタル化されビッグデータの取り扱いが容易になった現代ならば、リアルタイムに読者のアクセス数を計測しそれを影響力の指標にできるかもしれない（おそらくそれでも無理があるだろう）が、そうでない以上、日常的に勝ち負け、優劣を計測する何らかのモノサシが必要になる。明治の政論新聞あるいはパーソナル・ジャーナリズム[★4]を統御する指針であった「名望」や「声望」が社会の高度化・複雑化によって過去のものとなったとき、代わって何が立ち現れたのか。

結論を先取りして言えば、そこで案出されたモノサシが「特ダネ」であり、採用された新しいゲームのルールが「特ダネ主義」であった。部数増や営業強化にどれだけ寄与するのか曖昧な点が残る特ダネ競争[★5]がメディア運営の根本に据えられるようになったのは、特ダネ主義がメディアの影響力を擬似的にせよ計測・表示する最もよくできた指標だったからである。

本章では、明治期の大新聞＝政論新聞の後にめざましい成長を遂げ「全国紙」というシステムを創出した大阪系全国紙に焦点をあてる。『朝日』『毎日』という二大紙は言うまでもなくわが国の新聞史における「勝ち組」であり、勝者が自らの歴史を語った結果としての社史も一つならず存在する[★6]。また、基本的には現状肯定の態度によって記述されたそれらの社史から一歩踏み込んで、とりわけ戦時下での権力への迎合のプロセスを追った先行研究も少なくない[★7]。が、いずれにしても、権力の監視や民主主義の擁護といった目標や使命がア・

プリオリに設定されていることは、大阪系全国紙をめぐる研究の大部分に共通している。

そのなかで有山輝雄は、明治末期から昭和戦前期にかけて全国紙が登場し新聞が変容していく過程を、新規新聞読者の開拓に伴う〈民衆動員的ジャーナリズムの機能進化〉と、大資本を投下し営利を追求していく〈新聞事業の企業的構造化〉とが、不整合のまま展開していったプロセスと描いた。[★8]「政治の論理」に照らし合わせて『朝日』や『毎日』を吟味するほとんどの研究に対して、有山の視点は「メディアの論理」からの批判とも言える。「メディア化」の四局面モデルにあてはめるなら、有山のいう〈民衆動員的ジャーナリズムの機能進化〉はいわば「プロフェッショナリズム」の深化すなわち第Ⅱ局面であり、〈新聞事業の企業的構造化〉とは「コマーシャリズム」の進展すなわち第Ⅲ局面にほかならない。有山は、互いに異なる二つの局面が同居する矛盾こそが構造的な不安定さをもたらす、とした上で、矛盾を解決するために生み出された新たな看板が「不偏不党」ジャーナリズムだったとした。

プロフェッショナリズムからコマーシャリズムへとメディアの論理が転換するなかで、操觚者の矜持から辞表をたたきつけるという選択もあり得たが、[★9]大部分の記者は新しい現実に適応していった。その際、それまでの政論記者を突き動かしていた「歴史的な重大事件の神経繊維の一本をこの手で握っている」という権力感情もまたアップデートされる必要があった。そして、特ダネ主義という新しいゲームのルールは、アップデートされた権力感情を作りだし配分する仕組みでもあったのである。

天下国家をメディアにおいて論じ、広く共鳴者を作りだすことで議員への道筋とする。大新聞＝政論新聞時代のそんな直截なやりかた、つまり四局面モデルでいう第Ⅰ局面がいつか許されなくなったとすれば、大阪系全国紙出身の政治家たちの一群は、どのような〝迂回路〟を通って国会にたどり着いたのか。その道筋は、明治期の政論新聞が現代的な「ポスト政論新聞」に脱皮する過程をも照らし出すはずだ。

2　二つのピーク――「政客」「論客」から「政治部記者」へ

明治初期に本格的に始動した日本の新聞は政論を前面に押し出し、自らの政治的主張を訴える「大（おお）新聞」と、通俗的な社会ダネや娯楽を中心とし、一般庶民でも簡単に読めるようルビが振られた「小（こ）新聞」に二極化していた。このなかで、大阪系全国紙は、日清、日露両戦役でのニュース＝報道の価値の飛躍的な増大をテコに急速に伸長した。

『朝日新聞』は一八七九（明治一二）年、大阪で創刊。小新聞ながら論説も掲載する「中新聞」的な編集方針でぐんぐんと部数を伸ばし、一八八八（明治二一）年には東京に進出した。一方『毎日新聞』は、民権派の政論新聞が実業界の支援を受けて政党色を薄め、一八八八年に『大阪毎日新聞』（以下、『大毎』）と改題し再出発したのが始まりだ。

『毎日新聞』と『東京日日新聞』（『東日』）との関係についてもあらかじめ整理しておかなければならない。『大毎』は一九一一（明治四四）年の『東日』の買収で、『朝日』を追って悲願の東京進出を果たしたが、『東京日日』の題号はそのまま残した。東西の題号が統一され『毎日新聞』が発足するのは太平洋戦争下の一九四三（昭和一八）年である。

こうした経緯からもわかるように、『朝日』は純粋な小新聞、『毎日』は政論新聞寄りと出発点が分かれる。★10 カラーの違いは、後述する出身代議士の輩出状況にも現れている。

メディア関連議員全体の数の推移を見ると、明治末期から昭和初期にかけて、総議席の三〇％以上を占める隆盛期を迎え、その後減少していくという流れがすでに明らかになっている。この流れを念頭に置きつつ、大阪系全国紙に関連する議員の動向を検討してみよう。

表1に、『朝日』関連、『毎日』関連、および『東京日日新聞』関連の代議士のリストを掲げておく。『朝日』出身者は五四人と、『毎日』の四〇人を引き離している。

表1　朝日新聞、毎日新聞、東京日日新聞出身の代議士

朝日新聞	安藤正純、浅野陽吉、有田温三、伊豆富人、池田秀雄、石井光次郎、石橋為之助、石原善三郎、一宮房治郎、緒方竹虎、大山郁夫、奥村千太郎、風見章、兼田秀雄、神尾茂、神田正雄、川西清、木下重範、聴濤克巳、清瀬規矩雄、小坂徳三郎、小西和、小山松寿、児玉右二、河野一郎、河野密、志賀健次郎、篠田弘作、清水長郷、鈴木巌、鈴木文治、鈴木正文、田川誠一、田中和一郎、田原春次、高倉寛、高橋円三郎、高松正道、竹内克巳、頼母木真六、中野正剛、中山貞雄、野上徹、野田武夫、羽田武嗣郎、橋本登美三郎、春名成章、藤田義光、細川隆元、松本誠之、三浦数平、三宅磐、村松恒一郎、村山龍平　(54人)
毎日新聞	安倍晋太郎、相島勘次郎、荒木武行、今尾登、大島理森、神近市子、川崎巳之太郎、川島正次郎、岸井寿郎、楠山義太郎、小林正巳、古島一雄、児玉亮太郎、阪本勝、逆瀬川仁次郎、篠原和市、鈴木恒夫、鈴木茂三郎、瀬長亀次郎、高野金重、竹内正志、竹内黎一、土屋興、土居通夫、馬場秀夫、浜田尚友、春名成章、原敬、保利茂、坊秀男、堀川美哉、松前重義、松本重太郎、武藤七郎、山田毅一、山下春江、山本猛夫、吉川兼光、和田敏明、渡辺治　(40人)
東京日日	加藤小太郎、越山太刀三郎、末松謙澄、関直彦、野間五造、福地源一郎、松本君平、三土忠造、三宅磐、水島彦一郎、横井時雄　(11人)

それぞれ『名鑑』掲載順。

改めて断っておくと、ここにあげた代議士はあくまで、『名鑑』のプロフィールに『朝日』『毎日』『東日』との記載がある代議士たちである。現実に在籍しながらも、『名鑑』に記載がない代議士は含めていない。これは、個別の経歴を参照しながら関連の有無をたどっていくとどうしても抜け・漏れが生じる可能性があることに加え、『年鑑』のプロフィールにおける記載の有無自体も、その代議士のメディアとの関連を示す一つの尺度になり得るとの判断からである。

この結果、本来なら当然含まれるべき「大物」が本書リストから落ちているケースもある。たとえば、大毎初代主筆、柴四朗（※）である。柴は東海散士の筆名で知られたベストセラー作家でもあり、『大毎』が大阪の実業界の支援を受け中立新聞として再出発した際に招かれた重要人物だが、『衆議院議員名鑑』には『毎日』の記載はない。このため、一覧には入っていない。

『東日』は東京で最初に発行された名門日刊紙であり、福地源一郎（桜痴、778）ら論陣を押し立てた大新聞＝政論新聞であった。『大毎』による買収は、名門『東日』が政論新聞から報道新聞に切り替わる画期を示すものといってよい。こうした変化を踏まえ、『東日』関連議員のうち、『大毎』による買収以後に『東日』に入社した

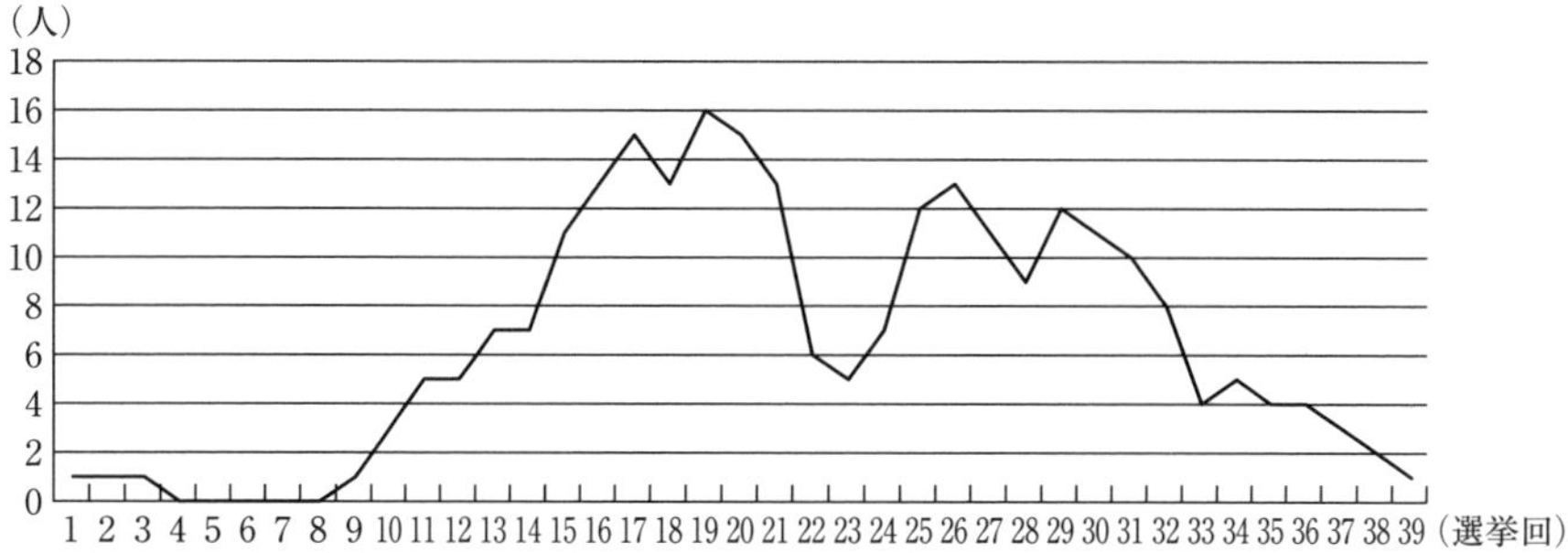

図1　朝日新聞出身代議士数の推移

者は『毎日』にカウントすることとした。この結果、『毎日』出身代議士の代議士は四〇人、『東日』に分類される者は一一人となった。

図1は、『朝日』に関連する代議士数の推移である。『大阪朝日』（以下、『大朝』）、『東京朝日』（以下、『東朝』）の区別はあえてしなかった。『大朝』と『東朝』には差異や対立関係が当然ながら存在しており、一律に同一視することはできないが、一方で時代が下るにつれ東西間での人事交流も盛んとなり、両方に足跡を残した人物も多くなる。明確に区別することは不可能だ。個別の点についてはのちにそれぞれの人物ごとの検討を行う際に触れることとし、ここでは東西合わせての数の推移を見ておく。

特徴的なのは、グラフに二つのヤマがあることである。いわば、「フタコブラクダ型」である。第1章の図表2で示されたメディア関連議員全体の議席数の推移が、大正年間をピークとし、戦時下一九四二年の第二一回衆議院議員総選挙（翼賛選挙）で大幅に議席を減らして以降、なだらかな下り坂をたどる「ヒトコブラクダ型」であるのとは明らかに異なる。

メディア政治家は第一回総選挙から存在したが、『朝日』の存在感は当初、薄い。最初のコブは明治末期から始まる。「政治のメディア化」第二局面の始まりとほぼ重なると見てよい。メディア政治家が代議士全体の三割を占める高原状態のなかで、『朝日』出身の代議士数は急角度の上昇カーブを描く。戦前期一九三六（昭和一一）年に行われた第一九回総選挙で一六人を送り込み、ピークを迎える。

その後、『朝日』出身代議士数は急激な下降に転じ、戦後の第二三回総選挙（一九四七年）で五人にまで減少する。ここまではおおむね、全体の推移と同様の曲線を描いている。

ところが、『朝日』関連議員はその後再び増加に転じる。二つめのコブの頂点は一九五三（昭和二八）年第二六回総選挙の一三人[★11]で、しばらく同様の高いレベルで推移する。その後、六〇年代末から低落傾向が始まるものの、戦後の相当な期間、つまり「メディアの論理」がプロフェッショナリズムよりコマーシャリズムの色彩を強めることになる第Ⅲ局面において、『朝日』は政治との回路をむしろ強めているのである。

まず、明治期に低調だった理由について言えば、大新聞＝政論新聞が政治と直結した影響力をふるうなかで、小新聞として出発した『朝日』と政治を結びつける回路はいまだ形成されていなかったということだろう。

その後、大正期にかけて出身政治家の数は増えていく。これが一つめのコブの始まりを構成しており、その多くは『大朝』出身者[★12]である。この時期、『朝日』の論説の主力は大阪にあり、大正デモクラシーとともに華々しい政府批判の論陣を張った。そうした「論」の充実が、この時期の『朝日』出身政治家の増加をもたらしていると見るのは不自然ではない。

『大朝』論説の絶頂期は一九一八（大正七）年の白虹事件で途切れる。記事が内乱の予感を意味する「白虹日を貫けり」との故事成語を用いたことをとらえ、発行禁止に持ち込もうとする政府に『大朝』は屈服し、以後論調は急進性を失っていく。日本のジャーナリズム史の転換点とも言える大事件だった。しかし、この事件で『朝日』出身政治家の増加傾向が止まったわけではなく、逆に昭和戦前期にかけて、出身政治家はさらに増加していく。ただし軸足は『大朝』から『東朝』に移っていく[★13]。それは行政において官僚制度が整備され、社会の仕組みが専門化、高度化するにつれ、これまでの国士的ジャーナリストが大新聞社から姿を消し、専門知識に基づく客観的なレポートを旨とする新しいタイプのサラリーマン記者が誕生するのと軌を一にしている。こうした流れの背景には当然、「主筆が言論戦をリードするのではなく、編集局長を中心にチームで取材する、つまり、各人が分担して事件にあたらなければ報道戦には勝ち得ない状況[★14]」の強まりが存在していた。

では戦後に見られる二つめのコブは何を意味するのか。メディアの論理がプロフェッショナリズムからコマーシャリズムに重心を移していく第Ⅲ局面における『朝日』出身者の健闘あるいは伸長は、何を意味するの

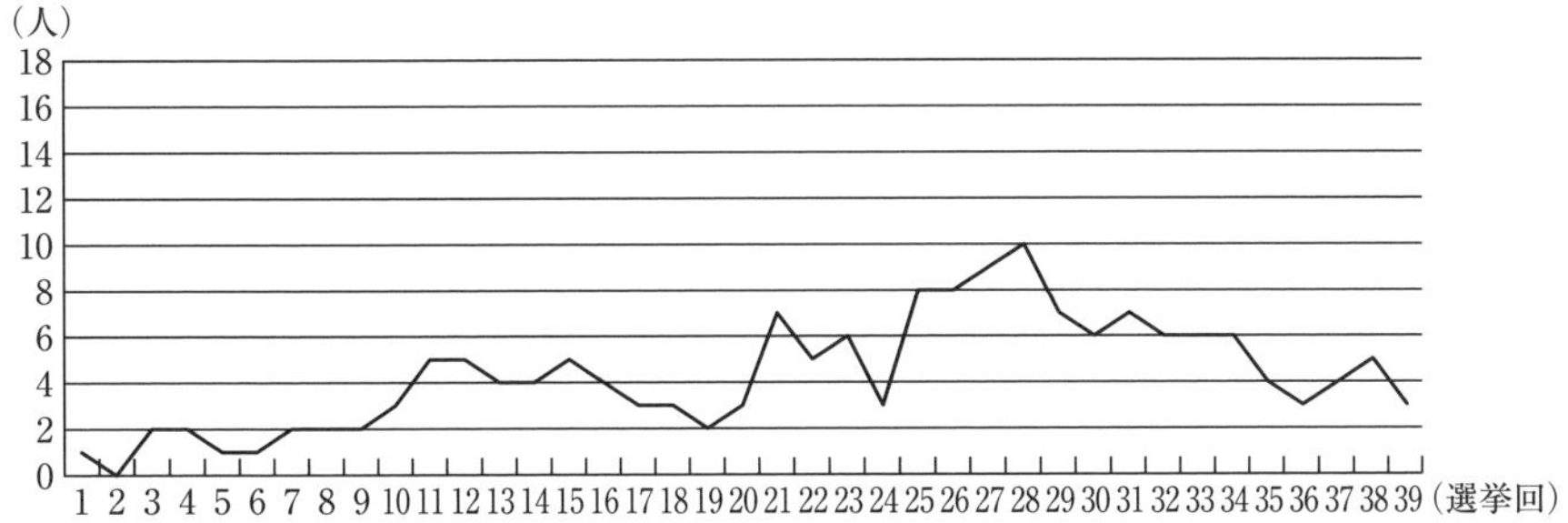

図2　毎日新聞出身代議士数の推移

か。『朝日』の記者たちが第二次世界大戦が終わって売らんかなの大衆迎合路線にシフトしたというわけではあるまい。むしろ記者たちは敗戦の衝撃のなかで報道の使命を問い直そうと、言い換えればプロフェッショナリズムの何たるかをとらえ直そうとしていたはずである。

全国紙に特徴的に出現するこの二つめのコブこそ、現代につながる「政治部ルート」の完成を示すものだと言えよう。冒頭に触れた田川誠一のほか、野田武夫（696）、羽田武嗣郎（707）など、政治部出身代議士がこのコブの中核を構成している。それは、戦前から構築されてきた政治とメディアとの密着が制度化していった結果でもあった。その新しい政治への回路と、特ダネ主義という行動様式は、密接に関連していた。のちに触れるいくつかの例からも、理想に燃える記者たちがその情熱を特ダネ競争に向け、そこでの成功がきっかけとなって政界へのルートが開けるという構図を見ることができる。

次に『毎日新聞』を見てみよう。前述の基準に従った『毎日』出身代議士の推移を、図2にまとめた。

「フタコブラクダ型」とは何とか言えるものの、その形は『朝日』とはかなり異なっている。一つめのコブの高さはさほどではなく、またなだらかである。戦後に二つめのピークを迎える点も共通しているが、戦後より戦前のピークのほうが高い『朝日』と違って、『毎日』のピークは戦前より戦後のほうが高くなる。

こうした違いは、『東日』出身者のデータを重ねてみることで、かなり整理することができる（図3）。『東日』出身政治家を加えると、フタコブラクダの姿がより明確になるのである。

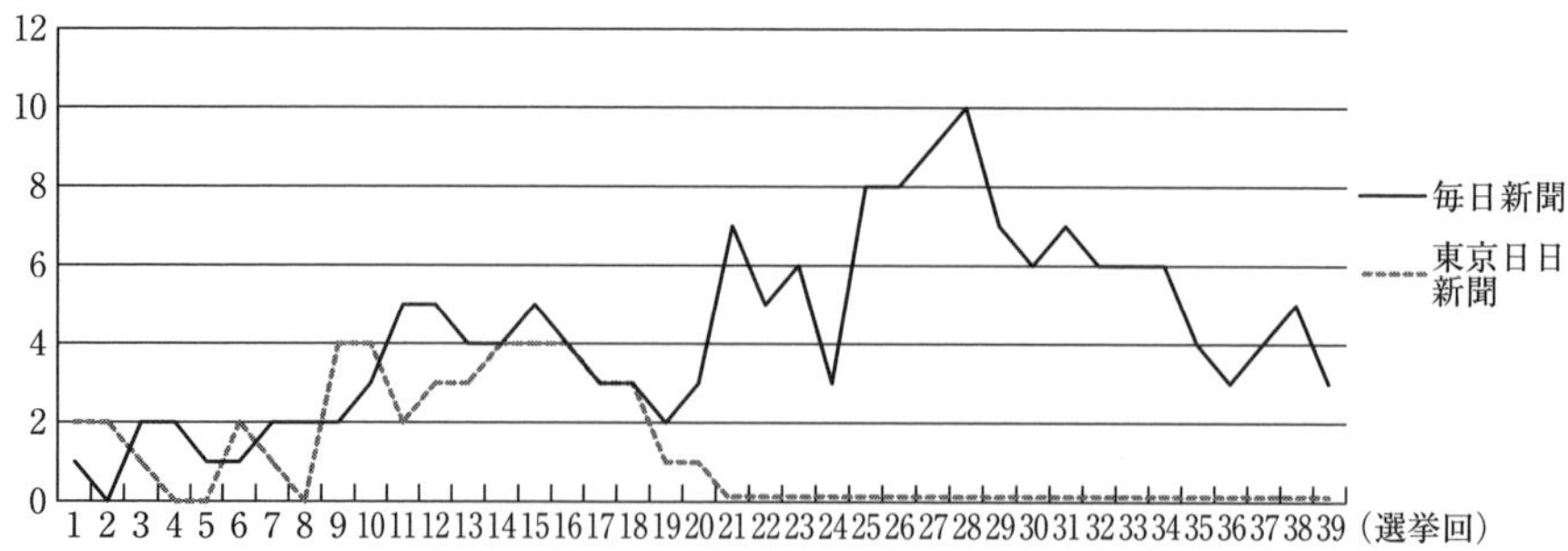

図3　毎日新聞、東京日日新聞出身代議士数の推移

一つめのコブの上昇カーブが早い時点で始まり、かつ上昇角度がなだらかな理由は、政論新聞が持っていた政治への回路の存在に求められよう。『東日』は明治を通じて「大新聞」的編集路線を取っていた。『大毎』にしても、政論新聞だった『大阪日報』を前身とし、その初期には大新聞的色彩は残っていた。『朝日新聞』が第八回総選挙まで村山龍平（876）を除いて一人も代議士を輩出しなかったのに比べ、『大毎』からは主筆の渡辺治（973）、実業家として経営に参画した松本重太郎（836）や土居通夫（614）、社長を務めのちに首相となる原敬（739）らが出ている。

政論新聞的なルートが残存していただけに、『朝日』に強く現れた特ダネ主義への転換は、『毎日』ではやや遅れたのかもしれない。大衆の政治参加の画期となった一九二八年の初の普通選挙（第一六回総選挙）からしばらく、『毎日』関連の代議士数は減少する。急上昇曲線を描く同時期の『朝日』とは対照的である。

もちろん、特ダネ競争に『毎日』が傍観者であったわけではない。日清、日露両戦役時からの号外競争、それに続く激しい部数競争など、両者はつねに競い合ってきた。ただし、政治部という限られた取材空間における新たに定められたルールの下での特ダネ競争では、後述するようにそのルールの策定自体が『朝日』主導で進んだこともあって、『毎日』の遅れが目につくと考えられる。

さらに言えば、第1章でも言及されているように、『朝日』・民政党の三井ｖｓ対『毎日』・政友会の三菱という大きな構図に由来する権力との遠近も作用したのかもしれない。しかし、これ以上のことは資料からだけでは言うことがむずかしく、推測にとどめておくことにする。

『毎日』における二つめのコブも、『朝日』同様に戦後まもなく隆起する。安倍晋太郎（2）、神近市子（265）、鈴木茂三郎（485）、坊秀男（796）など、なじみのある名前が次々と登場する。『朝日』とも共通する特徴は、明確に重心が西から東に移動していることだ。そのうち少なくない割合を政治部出身者が占める。戦後『大毎』から代議士になったのは、女性初の国会議員としてしられる山下春江（918）ほか一握りにすぎない。

ともあれ、二つめのコブは、新聞がコマーシャリズムの色彩が強まる第Ⅲ局面に入っていく際、全国紙だけに特徴的に出現した政治への新たな回路を指し示している。「政治のメディア化」の第Ⅱ局面の論理（プロフェッショナリズム）は、特ダネ主義というゲームのルールを媒介として、第Ⅲ局面の論理（コマーシャリズム）に接続されたのである。それこそが、明治末期から大正期にかけて種がまかれ、芽吹いた「政治部ルート」であった。そしてその新しい回路は、メディア関連政治家全体の推移を見ればわかるように、全国紙にのみ許された特権的ルートであった。

以降、具体的に代議士たちの横顔を追っていく。

3　新世代の台頭と「大阪」の存在感――一つめのピーク

明治期の特徴は、第一回総選挙からしばらく、『朝毎』出身の代議士があまり見られないことである。『朝日』では、社長の村山龍平が第一回から三期を務めたほかは、一九〇三（明治三六）年第八回総選挙まで、代議士が出ていない。

『毎日』ではより多くの代議士が見受けられる。前述のように、『大毎』がそもそも大新聞的な性格を残していたことによるものと考えるのが妥当だろう。

明治期の『大毎』出身の大物代議士と言えば、社長を務めた原敬だろう。原が政客、論客であったことは言うまでもない。原は一九〇〇年『大毎』を辞すが、その際相談役だった松本重太郎が原に対し「社長を続けてもらいたいが、本心はどちらか」と尋ねたところ、原は「政界入りが本心である」とこたえたというエピソードも残っている。[★15] その後、白虹事件で存亡の危機に瀕した『朝日』に対し、首相として対応した原は密室のなかで幕を引く役回りを演じた。

『東日』には、のちに内務大臣などを歴任する末松謙澄(469)、あるいは経営者であった福地源一郎(桜痴)などが代議士に転身している。しかし、福地は経営不振の責任を取って、『東日』が『大毎』傘下に入る前に退社している。

明治末期になると、紙勢の伸長につれて出身代議士がひんぱんに登場するようになる。台頭したのは、筆名が社の看板より大きい「政客・論客」というより、あくまで報道機関のなかで成長し、知名度を獲得していく名物記者、看板記者的なジャーナリストたちであった。

一九〇八年第一〇回総選挙で『大朝』から当選した石橋為之助(101)はその一人である。同志社大を卒業し、二六歳で入社した。語学を得意とし、外電翻訳係を振り出しに外事課長、通信課長、府市課長を勤めた。[★16] 四六歳まで在籍し、「白羊」の号で社説も担当。在籍中に当選し、そのまま勤務も続けた。

日露戦争後のポーツマス講和会議で、外電係だった石橋は政府の検閲を逃れるため暗号電報の受け取りに苦心するなど奮闘した。当時は電信が検閲の対象だったため、機微に触れる情報のやりとりは差し止められてしまう。そこで外報主任であった石橋は暗号を作り、商業用電報に偽装して自宅に打電させた。「『テキサスの米の収穫は如何』と聞いてやると、『日本移民のテキサス州における米の収穫は見込み少なし』と返電が来る。テキサスはロシア、米は償金、日本移民は我が全権を意味し…」という調子であった。[★17] 池辺三山の指揮の下、清新な書き手が集まった明治三〇年代の『朝日』執筆陣を代表する一人にあげられてもいる。[★18]

石橋が当選する一期前の一九〇四年第九回総選挙に当選したのは、浅野陽吉(37)である。浅野は『朝日』に入る前、久留米商業の校長をしていて、教え子の一人が、のちに朝日新聞社副社長、副総理、衆議院議長を歴任する石井光次郎(88)であった。石井は回顧録のなかで高校時代を振り返るなかで浅野について「あんまり細かいことはいわないが、ずっとすみからすみまで見通しているというような人だったから、非常に評判がよかった。しばらくしてやめられ、朝日新聞に入り、大阪朝日で経済部長になった。第一次世界大戦による成り上がりの金持ちに「成金」という名称を付けたのはこの人だ。とにかく、どこへ行っても、人一倍働ける人だった」[★19]と好意的に描いている。浅野は通算三期、代議士を務めた。

報道新聞時代に入って名物記者はより特ダネを意識するようになる。『朝日』出身で一九一七（大正六）年の第一三回総選挙に立憲国民党から出馬し当選を果たした高松正道（556）が好例である。

日露戦争報道は『朝毎』に飛躍をもたらしたが、高松は『大朝』取材班の一人として佐世保で待機。「明治三七年一二月上旬ひそかに対馬の竹敷港に渡って漁船を雇い、寒風すさぶ玄界灘を屈強な漁夫の〝六人艪〟で三昼夜こぎ続けて乗り切り、鎮海湾潜入をやってのけた」[★20]という。

その後、代議士となった高松は普選運動にのめり込み、党の方針に異を唱えて脱党する騒ぎを起こした。当時脱党六人組と呼ばれたグループには、同じく『朝日』出身の村松恒一郎（875）もいた。

『毎日』系では、正岡子規とともに日清戦争に従軍し、のち自らも俳人として活動した相島勘次郎（18）をあげておきたい。

一八九四（明治二七）年、日清戦争の戦線北上に備えて特派された相島は、旅順方面の戦況をスケッチ入りで報道するなどして好評を博した。翌年には大阪の第四師団が出動するにあたって三度目の従軍を務め、満州で「新聞縦覧所」を開設し喜ばれたというから、ちょっとしたアイデアマンである。[★21]自らの米国留学の経験をもとにした『渡米のしるべ』なる本を出版したりもしている。[★22]

二期で政界を去った相島は、その後『大毎』に復帰、さらに大阪時事新報社に総務理事として迎えられるも短期間で退社。政界復帰を志すも果たせず、閑居して句作生活を送るなど迷走の感の強い後半生を送った。大衆社会の本格的な到来でメディアの論理が変化していく時代にめぐり合わせてしまった昔気質の記者の悲劇だったのかもしれない。

こうして見ると、この時期のメディア出身政治家たちにはみずみずしい理想とチャレンジ精神、素人臭さと単純さが同居していた感がある。政客、論客というには小粒であっても、後ろ向きな前例主義やきゅうくつな規範論にからめ取られないだけの自由さがまだまだ健在だった。

ちなみに、朝日新聞社の社史に掲載されている日露戦争取材班の顔ぶれを見ると、高松以外にものちに代議士になった名前がいくつか登場する。従軍記者として第一軍に従軍した小西和（355）、大本営の置かれた広島を担当した有田温三（49）らである。代議士にはならなかったが、のちに白虹事件の中心人物となる鳥居赫雄（素川）も第一軍に従軍している。[★23]『朝毎』を全国紙に成長させた日露戦争は、メディア出身政治家を生み出す揺りかごでもあった。

壮士、論客、政客ふうの人物もこの時期消え去ってはいない。代表的な存在が中野正剛（646）である。中野が『東朝』に入ったのは、一九一〇（明治四三）年。在籍していた桐生悠々は、

> 当時の中野氏は覇気と言ってよいか、衒気といってよいか、そうした気分の満々たる、いずれかといえばまだ書生気質の残っていた人で、常に紬の三ツ紋付の羽織に袴という扮装だった。犬養〔毅、のちの首相〕氏の崇拝者で儕輩（せいはい）を見下していた。[★24]

と描写している。中野はまた、いずれものちに政治家として名を残した緒方竹虎（179）、風見章（251）を『朝日』に引き入れた人物でもあった。

匿名で連載した人物評論が話題を呼び、格調高い筆致から「主筆の池辺三山が書いたのだろう」[★25]という投書まで来たという中野は、社の首脳部に愛され、政界上層部にもてはやされてはいたが、同僚からは遊離していた。結局中野は一九一六（大正五）年に『朝日』を退社してしまう。一九四三年に東條英機に退陣を迫る「重臣工作」に失敗した後、自決。波乱に満ちた生涯は、政客と形容するにふさわしいだろう。

中野の同志の一人で、同じく『朝日』を経て政治の道へ進んだのが、のちに近衛文麿をかついだ新体制運動で中心的な役割を果たすことになる風見章である。風見のジャーナリストとしてのキャリアは、一九一三（大

正二）年一月の『大朝』への入社とともに始まる。すでに入社していた中野正剛と緒方竹虎の推薦によるものだった。当初外報部に配属されたものの連絡部に移った。[★26]

茨城県出身、早稲田大卒で大阪に縁のなかった風見が『大朝』に入ったのは、語学に堪能だったことが関係している。「フランス語に通じる風見は外報部が良かろうというので、大阪朝日の外報部員に採用された」[★27]。当時、外報部は東京ではなく大阪に置かれていた。外報記者として、風見の能力には光るものがあった。「日本における本格的な外信記者は風見さんと東川佳一さん（『国際通信』大阪支局長）にはじまる」[★28]と、ジャーナリストとしての後輩である松本重治は激賞したという。

ただし大阪での生活は、世を憂う政客タイプの風見にとっては、あまり心楽しまないものであったようだ。一九一七年、風見章は飄然と『大朝』を去った。「彼を朝日に推挽した東京の中野正剛は、一九一六年夏すでに朝日を去って雑誌『東方時論』の主筆として卓抜な論陣を張っていた。風見としても焦燥を感じたのであろう」[★29]

留意すべきなのは、この時期の『朝毎』関連政治家の多くが大阪で活躍したり、少なくとも勤務したりした点であろう。当時まだ大阪に本社機能を置いていた大阪系全国紙は、野心を抱いた人材がキャリアの途中に立ち寄ってみようと考えるような魅力を備えた場であった。[★30]

4 「政治部ルート」の隆盛と特ダネ主義の確立——二つめのピーク

大正時代に逓信相、商工相などを歴任した野田卯太郎のもとに出入りしていた『時事新報』の前田蓮山[★31]、『東日』の田中朝吉、『東朝』の野村秀雄の三人の記者について、野田の長男でのちに衆院議員、福岡県知事を歴任した俊作の描写が残っている。

それによると、前田は、「ニュースを採るなどは考えていない。父に向かって政治道を説く、人に教えるつもり」のようであった。田中は「何事か考え何事か画策している。記者というよりも政治家」。これに対して、野村は「あくまでもニュースをもとめニュースを得ようという態度だった」[★32]。

新聞界は急速に変化しようとしていた。フロックコートやモーニングコート、あるいは羽織袴姿で闊歩していた国士風の旧来の政治記者たちは時代に取り残され、代わって事務能力を備え、専門知識を駆使する背広姿の記者たちが台頭してきていた[★33]。『東朝』の政治部長から終戦直後社長まで務めた野村はそういう記者たちの代表的存在であった。

転換のきっかけは、何といっても第一次世界大戦であった。総力戦という概念をもたらし、軍事のみならず外交、政治、社会のすべてに根底的な変化を強制した戦争は、報道のあり方をも大きく変えた。野村は当時を回想して、

外交も軍事も多岐となり、経済も思想も複雑となって政府の政策も各省の事務も重要を加えて来た。外電は引っ切りなしに飛んでくる。それが直接間接日本の政治にも外交にも至大の影響があり、政治記者も朝早くより夜晩くまで足を棒にしてかけずりまはらねばならぬが同時に頭脳的にも色々の問題を具体的に勉強せねば追っ付かない。この時から政治記者は論者ではなく、文字通りの記者に還った[★34]。

と書き残している。

そんな時代の移り変わりを体現する存在として、川島正次郎（280）がいる。一九一九（大正八）年に『東日』に入社[★35]して記者として活躍し、のち政界で名をなしたメディア出身政治家の一人である。戦後長く自民党副総裁を務め、その寝業師的政治スタイルからフランス革命期の謀略政治家ジョゼフ・フーシェにたとえられることもあった。

川島は苦学して専修大卒業後、内務省警保局に入省する。当時の内務大臣は後藤新平、警保局長は永田秀次郎（青嵐）だった。「内務省で川島に与えられたのは、全国の警察の元締めである内務省の警保局で、各地か

ら集まってくる選挙情報を整理する係であった。〔中略〕機転が利く川島は、次第に永田の秘書のような役割を果たすようになった」[36]。この関係は、『東日』に入社し、新聞記者に転じてからも変わらなかったようだ。「川島氏は内務省担当で警保局長永田青嵐氏と師弟の関係にあり、勢い、警保局の特ダネを素っ破抜いて抜群の成績を挙げ各有力紙を仰天させた〔中略〕当時の政治部の特ダネは〝地方長官の更迭〟といわれたが、川島氏は取材の名人として各社を圧倒した。抜かれた有力社は異口同音に『あれは永田青嵐の警保局長時代の乾分だったので、トーシャ版を極秘の間に抜いて東日の殊勲となり記者となった』と説く向きもあった」[37]。

川島自身は「江戸前フーシェ」らしく自らをひけらかすような言説は残していないが、川島が特ダネで他社を圧倒したという記述はあちこちに出てくる。現代に続く特ダネ主義が確固とした形を取り始めた時期でもあった。川島は後藤新平が東京市長に就任するとまもなく秘書として呼ばれ、『東日』を退社する[38]。『毎日』傘下となり、一時期の低迷を脱して自他共に認める有力紙への脱皮を遂げつつあった同じく大正期の『東日』の名物政治記者でのちに代議士となった人物として、もうひとり篠原和市（441）をあげたい。

支那か、朝鮮の大人型の巨大漢で名物男〔中略〕「東日」入社以来三十年、伊東巳代治伯が社長時代から一貫していると云う、磊落でユーモアに富んだ愛嬌者、部長でも何でもない平記者で担当は司法省。そのころの世の中は新聞記者というと大いに嫌われ家を貸す者もないし、嫁に呉れ手もない時代だつた。篠原大記者は四谷あたりに住むでいた。選挙をやりたいし、又一度落選もしているので、となり近所に見栄を張る必要があるので〔中略〕〔辻車を〕あらよツと威勢良く駆けさせ、玄関近くに着いたら「おかえりツ」と怒鳴らせた。それが毎日のことなので、篠原家の旦那サマは司法省のお偉方だと専らの評判。〔中略〕本人は大得意であつた。後年鈴木喜三郎氏が清浦内閣の法相となるや彼は忽ち秘書官となつた。そして多年の夢が実現して代議士にも当選したと云う逸話がある[39]。

豪放磊落、社内の出世には興味がない一方で、政治家になることを渇望する。壮士風だが、あくまで体制内の名物記者であり、また活躍の舞台は海外でも戦場でもなく永田町に限られている。目を引くのは、法相の秘書官になったことが代議士への道を切り開いたという部分だ。川島もそうだが、この時期以降、政治記者から秘書官というルートは、政治家を目指すジャーナリストの定番コースとなっていく。もちろん、誰にでも歩める簡単な道ではない。難関を切り開いていくためには、ちゃめっけや愛敬、そして何より特ダネが必要だというルールを川島や篠原は示している。

一九一七（大正六）年に『東朝』に入社し、戦後『熊本日日新聞』の社長などを務めた伊豆富人（65）も、秘書官に転じたこの時期の政治記者の一人である。この頃になると、在職中から、場合によっては新聞社へ入社前から政治家になる野望を持つケースが珍しくなくなってきていた。伊豆は入社する前から代議士志望だった。「政党記者になると大言壮語することばかり覚えて、自分の身に付くものは何もないよ、政党記者なんかよしたらどうだ」と先輩から諭されたという。それでも、「私はやはり政党記者になって代議士になろうと思っていたものですから〔中略〕それじゃ仕方がないというので国民党担当になったのです[★40]」。すでに「政治部ルート」は誰の目にも明らかになっていた。

伊豆は三六歳で秘書官に転身する。「私はかねて政界に志をもっていたのであるが、安達〔謙蔵〕先生が大臣になられたら私は秘書官になることは師弟の間に以心伝心的に決まっておった様なことではあり、〔中略〕緒方、野村ら先輩友人の了解を得て〔中略〕東京朝日新聞を退社し、〔中略〕逓信大臣秘書官に任ぜられた。〔中略〕編集局長緒方竹虎も、他の理由ならば是非慰留するが、宿望である政界転向だからやむを得ないところよく同意〔中略〕フロックコート一着をお祝いとしてくれた[★41]」

なお、篠原、伊豆は戦後には議席を持っていない。その意味では「二つめのコブ」を構成する議員ではなく、「一つめのコブ」を構成する「初期政治部記者」とでも言うべき存在である。しかし、二つのコブは互いに断絶しているわけではない。「政治部ルート」の芽生えを見るには、昭和戦前期、さらには大正期にまで遡る必要がある。その意味で、篠原、伊豆についてはこの項で言及した。

一九三二（昭和七）年初当選の河野一郎（382）になると、さらに「政治部ルート」は明確になる。取材や報道というゲームを利用していかに政界への扉をこじ開けていくかという点において、河野は天才的とも言えるエピソードを数々残している。

河野は人なつこく、相手のふところに飛び込む天性の才を持っていた。取材先の自宅を夜、訪問し、プライベートな関係を構築する手法を夜回りというが、河野のやりかたは群を抜いていた。「東武氏が農林政務次官のころ、その東邸に行くと、〔中略〕『河野がいるぜ』と東氏がいう。いつも勝手口から無案内で北海道式な囲炉裏を囲み、東夫人と談笑していたようだ[★42]」

「一線」を軽々と越えるのが河野流だった。「河野は安田〔庄司、のち読売新聞副社長〕とともに帝国議会における農林関係法案を審議する特別委員会に乗り込み、委員の後ろの席に陣取ると、政府委員と各委員との質疑の最中、これこれのことを質問しろというメモを委員に渡し、その記載通りの質問をさせて、答弁にあたる政府委員を困らせる、などということをやっていた[★43]」

問題視されたのは、河野が役所の人事に介入するのを好むことであった。正式な人事権を持っているわけではもちろんない。ただ、政治部記者の特権として、ありとあらゆる奥の院にも出入りし、意見を求められ、いろいろと論評したりするうちに、隠然たる影響力を及ぼすようになる。同時期の農林省担当記者の回想によると、「これは河野君のいい点でもあり悪い点でもあるんだが、新聞記者のくせに農林省の人事に口を出すんだな。ぼくは新聞記者という者は、そういうことをしてはいけないんだよ、というんだが、さっぱり聞かないんだ。河野君はあのころからそういうことに興味を持っていた。またそんなことで普通の新聞記者以上に尊敬もされ、こわがられもした。〔中略〕もっとも、人事にくちばしを入れると言っても参与官や政務次官に信用があって、局長をだれにしたいがどうだくらいの相談があったんでしょう。それに対して『それはこれがいい』とか『それはあいつがいい』とか話をしたんだ[★44]」

当局や役所相手の取材で、「人事を押さえる」ことが急所なのは現在も同じである。ただ、そんな芸当はふつう、経験を積んだベテランにしかできない。河野は弱冠三四歳で選挙に初出馬したのだから、官僚や政治家相手に人事話をぶっていたのはまだ三〇歳前後だったと思われる。やはり異能というしかない。

ともかく、河野の人なつこさや大胆さという長所は、新聞社の政治部ルートという新しい道を駆け上っていくために、不可欠な資質でもあった。外的な状況と内的な能力がピタリと合わさったところに、政治家河野一郎の幸福があったのではないか。

足りないところもあった。歴史学者の村瀬信一は「地方意識の欠如」だと指摘している。河野が生まれた小田原は東京とあまり離れておらず、明治の元老たちがこぞって湘南の地に別邸を建てたこともあって、地方意識はさほどではなかった。ゆえに河野は地方の人々が感じている格差や抑圧に鈍感だったのではないか、というのだ。河野は「つまらん陳情」にことのほか冷淡だった。[★45]

永田町、霞ヶ関という狭い空間に凝集した権力との密着を本義とする「政治部」こそ、河野が能力を全開にできる職場だったのだろう。そして、本質的に「地方」を排除する形での権力とメディアとの密着が、政都＝東京から離れた商都＝大阪を発祥の地とする『朝日』『毎日』という全国紙によって構築されたということに、コマーシャリズムの政治的勝利という歴史の皮肉を見るべきかもしれない。

大阪系全国紙出身の政治家と言えば、『朝日』主筆を経て政治家に転身し、一時は首相の座をもうかがった緒方竹虎に触れないわけにはいかない。緒方は山形県に生まれたが、父の転勤で四歳のときに福岡に移り、中学は名門修猷館で学んだ。修猷館の一年上にいたのが中野正剛であった。

一九一一（明治四四）年に『大朝』に入った緒方が一躍その名を知られたのは、大正の元号のスクープである。緒方は『大朝』入社ながら大阪通信部勤務として東京で仕事をしていたが、入社早々いきなり新しい元号が大正となることをキャッチした。情報源は、顧問官の三浦梧楼であった。緒方は学生時代から三浦のもとに出入りしており、そこで得た情報をすばやく号外として世に出したのであった。[★46]この時期「特ダネ」が新聞記者にとって極めて重要な事象として浮上してきたのは、速報を可能とするテクノロジーが構築・熟成されてきたことにも密接に関係があることがわかる。[★47]日清・日露両戦役を通じて速報システムに磨きを掛けてきた大阪系全国紙が、その流れの先頭に立ったのは必然であった。

だが、緒方はそのまま「特ダネ記者」の道を歩むのではなく、紙面制作全体、ひいては『朝日』全体の発展を見据えて仕事をするようになる。この点で、入社後たちまちその盛名をうたわれながら同僚から距離を置かれ、ボイコット同然の境遇に嫌気がさして飛び出した中野や、約四年間の外報部、連絡部暮らしを「月給取りはもういやだ」と飛び出した風間とは毛色が違う。

緒方がジャーナリストとしての仕事に興味がなかったわけではない。一九一九（大正八）年にはワシントン軍縮会議の取材班キャップとして現地に乗り込んだ。『時事新報』が日英同盟破棄、四国協約成立という世界的なスクープを放ち、『朝日』としては負け戦に終わった取材合戦を振り返り、

新聞記者を一番鼓励するものは、特ダネ意識ですね。ニュースくらい有難いものはないし、どこの社も知らん、おれのところだけ知っているとなると、冷静なモノサシで計れんほどの興奮を感ずる〔中略〕そういう特ダネを逃すまいというスピリットがなくなると、新聞の仕事はできないですね。[★48]

と述べてもいる。特ダネ主義は無頼型、やんちゃ型からはほど遠い緒方の意識にも、くっきりと刻み込まれていた。

緒方は戦時下に情報局総裁として閣僚になっているが、代議士として出馬したのは戦後である。だが戦前、戦中を通じて、すでに緒方の存在は一介の代議士をはるかに超える大きさにふくれ上がっていた。自ら「緒方閥」を公言してはばからなかった細川隆元（800）は「当時の緒方の名声はまったく社内外に隆々たるものがあって、このために政府関係の各種委員は二代目社長の村山長挙に行かずに、ことごとく緒方に就任の交渉が行った[★49]」と書き残している。

緒方の声望は、好きなことを好きなように書く政論記者たちや名物記者たちとは違って、時には筆を曲げ、妥協することも必要と考える新しい時代の新聞人像を示してもいた。二つめのコブが象徴する「政治部ルート」の典型だったと言えるかもしれない。洗練され、現代的である一方で、明治の明るさに比べて重苦しく、抑圧的でもあった。満州事変勃発を受けて『朝日』、そして日本の新聞全体は急速に軍部寄りにシフトしてい

く。そのなかで中心的な役割を果たした緒方はさまざまな感慨を抱えつつも、基本的には体制側に組み込まれていく道を選んだ。

二・二六事件後、『朝日』の論説にいた笠信太郎★50が新聞の現状に対して不満を漏らしたとき、緒方は「非常に残念なことだが、新聞の黄金時代は過ぎてしまったんだよ。あまりいろいろ細工すると却ってまずいことになるんだ」と述べた★51。それは、中野や風見らといった同志たちとともに歩み出した出発点から、緒方があまりに遠くまで来てしまったことを示す一言だった。同時に、「政治の論理」を圧する「メディアの論理」が営業や販売ではなく編集、それも「主筆★52」から告げられた衝撃的な場面でもあった。

『朝毎』出身政治家の「二つめのコブ」は、一九五〇～六〇年代をピークとして下降線をたどる。そうしたなかで「政治部ルート」の御利益と副作用、効用と限界を体現してみせたのが、首相の座を目前に病に倒れ、「悲運のプリンス」と呼ばれた安倍晋太郎であろう。晋太郎は戦前の政治家安倍寛の長男であり、言うまでもなく安倍晋三の父である。

一九四九（昭和二四）年、『毎日新聞』に入社し、政治部に配属された。安倍に目をつけたのが岸信介であった。一人娘の洋子を新聞記者である晋太郎に嫁がせることを決断したのである。「縁組みは、岸の義母・千代の反対に遭って一時は危うくなったが、その難局も若い二人の情熱が打ち破った★53」。

安倍は特ダネ記者であったのかどうか。当時の首相官邸記者クラブの良きライバルに、『日本経済新聞』記者の田中六助（522）がいた。田中は口八丁手八丁で知られていたが、一杯機嫌になると「安倍ちゃんに時にニュースをやった」とからかった。安倍はこれを否定せず、「彼はすばしっこいがボクはボンヤリだった」とおっとりしていた★54。ただし、そうした毛並みの良さが政治取材ひいては政界でプラスに働いたのかもしれない。

安倍は一九五六（昭和三一）年に毎日新聞社を退社。石橋湛山内閣で外相を務めた岸の秘書官に、さらに翌年、岸内閣の首相秘書官に就任する。型どおりの政治部ルートのように見えるが、結婚してからたびたびあった秘書官就任の要請に難色を示した節もある★55。ルートに素直に乗るのを拒むように見えた理由は、ジャーナリストとしての純粋さだったのか、羨望の眼で見る周囲への気配りだったのか。安倍は若い頃から政治家志望を公言していたから、あるいは、政治部ルートに混入してきた「七光り」的な部分にすっきりしない思いを抱いていたのかもしれない。

ともあれ、一つめのコブが政客たちや名物記者たち、そしてその流れを受け継ぐ初期政治部記者たちが活躍した時期だったとすれば、二つめのコブは、政治部というシステムが確固たるものとなり、そこで確立された特ダネ競争というルールにそれぞれの記者たちの個性や特質が回収されていった時期と言えるだろう。「政治部記者」は政客、論客、名物記者とはずいぶんと違うが、それでも自分の書くことがどれだけ儲かるかなどと考えて原稿を書いているわけではない。しかし、特ダネ主義というモノサシを媒介にすることによって、結果的にコマーシャリズムの色彩が強いメディア化の第Ⅲ局面に組み込まれていったのである。

5　おわりに——ゲームの起源

「働き方改革」が叫ばれる昨今の風潮にあって、本来そうした問題に警鐘を鳴らし、改善に向けての方策を論じる立場にあるはずの報道機関で、相次いで過労死や長時間労働、セクハラなどの問題が噴出している。二〇一五年暮れに発生した広告代理店最大手・電通の過労死事件を批判していたさなか、朝日新聞社では出退勤記録の書き換えによる〝残業隠し〟が発覚した。ＮＨＫでは選挙報道の激務のなか、月一五九時間の残業を強いられた女性記者が過労死していたことが二〇一七年秋に明らかになった。さらに二〇一八年四月には財務次官に取材中のテレビ朝日の女性記者がセクハラ行為を受けていたことがわかり、次官は辞任に追い込まれた。

こうした問題の背景にあるのは、一線の取材記者にとって当然の業務とされる「夜討ち朝駆け」だ。取材先との個人的かつ親密な関係を構築し、自分だけの情報を教えてもらうために、記者は取材先の自宅を毎朝毎晩訪れる。昼間も自宅に帰って寝ているわけにはいかない。ともかく限界まで取材先との密着を続けることが、この手法の主眼である。月一五九時間の残業を三〇日で割れば一日あたり五・三時間。朝、出勤前の取材先を訪れ、夜、二軒ほどを回れば、この数字はあっという間に現実になる。土日の休みが一ヶ月にわたってないということもめずらしいことではない。休日であろうが深夜であろうが取材先に呼び出されれば何をおいても駆けつけるという記者の行動様式も、ここから生まれる。

この「夜討ち朝駆け」という方法論の創始者として知られる人物が、すでに何度か登場した野村秀雄である。全日空社長、朝日新聞社社長を歴任した美土路昌一は、

〔野村の〕外勤記者時代には現在のやうなクラブ組織はなかつた。単独に早朝、著名人の出勤前か、或は帰宅後をねらつて訪問し、大小さまぐ〵の事件をスクープして屢々他社を戦慄させた。「夜討ち朝駆け」という言葉は、端倪を許さぬ野村君の昼夜を分かたぬ行動に対する、各社記者の評定から始まつたといふ事は、有名な事実である。[★56]

と回想している。

野村の下で鍛えられた細川隆元は、こんな証言を残している。

昭和初期における政治記事の取り扱い技術、政治記者活動のしかたというものは、およそ野村秀雄によって打ち立てられ、野村型が政治記者活動のパターンとなったように思われる。〔中略〕一口に言うと、朝から晩まで、早朝から夜遅くまで、取材先を足で歩き廻って、原稿を書くのが夜の十二時前後という行き方である。これを三百六十五日続けるのである。〔中略〕とにかく、硬派の新聞記者は、訪問と張り番と自動車おっかけの連続だった。寝ても起きても種、種、種、種である。〔中略〕こんな取材技術は、おそらく日本特有のものであろうと思われる。[★57]

現代の記者には交通手段（タクシー、ハイヤー、あるいは世界中への出張を可能にする飛行機）も通信手段（携

帯電話、メール、SNS）もある。しかし、根本的には野村の時代の取材方法と何も変わっていない。

特ダネ競争というゲームでは、「持ち場」という取り決めによって戦いの土俵が画定される。持ち場＝土俵から離れたところでいくら興味深い記事を提供しても、ゲームのルールに照らせば無効なのである。だから、交通手段や通信手段が拡張された現代の政治部記者が政治家の外遊に同行し、現地でさまざまな興味深い事象を見聞きしたとしても、第一義的な関心は常に「持ち場」内にある。海外にあっても政治部記者たちが重視するのはまず宿舎での政治家との懇談であり、そこでの話題はしばしば国内の政局でしかない。

念のため付言すれば、特ダネ競争そのものはこの時期の政治取材から始まったわけではもちろんない。戦争報道や事件報道などの形で、新聞は以前から激しい競争を繰り広げてきた。毎日新聞大阪本社社会部が編んだ『社会部記者――大毎社会部七十年史』には、政治部とは無縁に大阪の地で繰り広げられたさまざまな特ダネ競争が出てくる。[★58]各社一人しか派遣できない日露戦争第一軍従軍記者に選抜され最前線ルポを連発した奥村信太郎、[★59]火事になると社会部長でありながらいてもたってもおられなくなり現場に飛び出してしまう福良虎雄、[★60]「聯合艦隊」と呼ばれた子飼いの手勢を率い水際だった指揮を執る徳光伊助。[★61]彼らの仕事の密度は決して野村にひけをとるものではなかっただろう。

ただし決定的な違いは、野村の「土俵」が永田町・霞ヶ関における政治空間という特殊な空間であったことだった。極めて限定的で小さな空間であったが、その影響力は社会の近代化につれて日本全体を覆うまでに拡大していた。加えて、濃密かつ圧縮された空間であるがゆえに地方からの新参者の参加を許さない特権的な空間であり、全国紙の独擅場であった。そんな空間で繰り広げられる「抜いた・抜かれた」は、当の記者たちにしてみれば栄利とは無縁の意地と意地とのぶつかり合いだっただろうが、永田町・霞ヶ関という特殊な磁場において政治的な含意を知らず知らず帯びていったのである。

野村は一九二〇（大正九）年、『東朝』入社。終戦直後の一時期朝日新聞社の代表取締役を務め、一九五八年にはNHK会長に就任した。死んだら朝日新聞の社旗で遺体を包み、社名入りの鉛筆一ダースとザラ紙の原稿用紙を一冊、棺に入れてくれ、というのが遺言だった。[★62]

野村が作ったゲームのルールはその後、新聞統合を経て日本のメディア空間が寡占化、均質化するなかで支配的となった。ゲームの勝者が代議士への道を駆け上がるさまも、しばしば目撃されてきた。それは、政論新聞から政治家へつながるメーン・ルートに対するオルタナティブ・ルート＝迂回路としての「政治部ルート」であった。

そのルールは苛酷である。休息や静謐な時間、思索のための余裕はほぼ完全に記者から奪われてしまう。しかし「抜いた・抜かれた」に明け暮れる現場の記者に、ゲーム自体の歴史や起源を問う余裕も意味もない。かくして、「夜討ち朝駆け」は当然の取材手法と見なされ続けていく。

誤解してはならないのだが、野村はどす黒い権力欲をたぎらせるタイプではなかった。野村は代議士にはならなかったが、一度、総選挙に立候補しようとしたことがある。一九四八年一〇月、芦田均（38）内閣が昭電疑獄で瓦解した際のことであった。「政治部ルート」の父祖とも言える野村がひとたびそのメカニズムを自らのために作動させたなら、代議士の座などたやすく手に入ったに違いない。ところが野村は無所属で立候補し、「公明選挙」「理想選挙」をやると言いはった。それでは落選必至と見た周囲はこぞって出馬に反対した。

盟友で、すでに戦前に代議士になっていた伊豆富人も、思いとどまるよう説得した一人である。「政界は泥沼のようなもので、君のような人がでるべきところではない」。ところが野村は「そういう政界だから、僕が理想的な候補者になって、理想選挙をやる」という。それは濁流に一滴の清水を流すくらいのものだと伊豆が反論すると、「一滴の清水だけでも清くなる」[★63]。書生論にもならぬような理想主義の持ち主、それが野村であった。

その理想主義こそが、権力と密着しながらも「メディアの政治化」をよしとしなかった野村の最後の一線だったのであろう。そして言うまでもなく、野村ほどの理想主義の持ち主ばかりではない現実のなかで、「政治部ルート」は『朝毎』あるいは全国紙の「政治化」を実現するための装置として威力を発揮していった。さらに言えば、「夜討ち朝駆け」に象徴される特ダネ主義はその後社会部の事件報道や経済部の速報競争にも応用され、日本のジャーナリズム全体のゲームのルールを抜きがたく規定する根本原理となった。

ただし、インターネットやデジタル化の奔流がマスメディアという枠組み自体を揺るがし、グローバリゼーションの圧力が日本的な情報流通の枠組みそのものを解体しつつある今、「政治部ルート」へはもちろん、背後にある特ダネ主義に対しても、正当性を問う声は高まっている。ゲームのルールはいつまで有効なのか。

■註

1 田川誠一(述)『田川誠一オーラルヒストリー 上巻』政策研究大学院大学C.O.E.オーラル・政策研究プロジェクト、二〇〇一年、六七頁。

2 同書、六八頁。

3 たとえば司馬遼太郎は産経新聞社での講演で「新聞記者は観念的な事も含めて広く考え、広く耕す、実にいい仕事です。だれから頼まれたわけでもないのに、これだけ、いつも公の事を考えている人種は他にいないのではないか」と述べている(産経新聞社『新聞記者司馬遼太郎』文春文庫、二〇一三年、二二七頁)。

4 春原昭彦『三訂 日本新聞通史』新泉社、一九八七年、六四頁。

5 特ダネと新聞の売れ行きとの相関関係を実証的に検証した文献は管見の限り見当たらないが、たとえば現代の新聞業界をテーマにした畑尾一知『新聞社崩壊』(新潮新書、二〇一八年)は「スクープでは部数は伸びない」と言い切っている。歴史的に見ればもちろん、日清日露両戦役での号外合戦などは部数増に直結したが、本章で扱う特ダネ=政治部という限られた取材空間での「抜いた・抜かれた」競争とは性質が異なる。

6 朝日新聞に関しては朝日新聞百年史編修委員会編『朝日新聞社史 明治編』朝日新聞社、一九九〇年ほか、毎日新聞に関しても『毎日新聞百年史』毎日新聞社、一九七二年ほかいずれも複数の社史がある。

7 たとえば後藤孝夫『辛亥革命から満州事変へ 大阪朝日新聞と近代中国』みすず書房、一九八七年や今西光男『新聞資本と経営の昭和史 朝日新聞筆政・緒方竹虎の苦悩』朝日新聞社、二〇〇七年など。

8 有山輝雄『近代日本ジャーナリズムの構造 大阪朝日新聞白虹事件前後』東京出版、一九九五年、九頁。

9　一九一八年の白虹事件で『大阪朝日』の論説陣を率いた鳥居素川らが退社した事例を想起されたい。

10　前掲書『毎日新聞百年史』によると、『大阪毎日新聞』は一八七六年創刊の『大阪日報』を祖とし、号数を一八八五年にその身代わり新聞（発行停止処分を受けた際の代替紙）として創刊された『日本立憲政党新聞』から数えている。「書生新聞」と評されるほど激論を戦わせる大新聞だったが、経営的な行き詰まりもあり、一八八六年に小新聞（『百年史』では「絵入りの中間紙」と表現）の『浪華新聞』が発刊された。『大阪毎日新聞』はこの二紙を引き継ぎ、経営陣を一新して出発したため、厳密に「大新聞」出自とは言えない。部数では『浪華新聞』が圧倒的に多かった。また、『毎日新聞』が東京進出のため買収した『東京日日新聞』は伝統ある大新聞であり、一九四三年に東西が統合されるまでは別々の題号を名乗っていた。現在も『毎日新聞』東京本社版の号数は『東京日日新聞』創刊から数えており、紙齢は大阪本社版よりも古い。

11　ふたつのコブのなかでピークとなる第二六回総選挙（一九五三年）での当選者は安藤正純（6）、石井光次郎、緒方竹虎、風見章、河野一郎、河野密（386）、志賀健次郎（432）、篠田弘作（440）、鈴木正文（484）、高橋円三郎（545）、羽田武嗣郎、橋本登美三郎（714）、藤田義光（785）の一三人である。

12　厳密に「大阪朝日出身者」を確定させることはできないが、たとえば高松正道、浅野陽吉、有田温三、石橋為之助、奥村千太郎（229）などは『大阪朝日』を主な職場としたといえる。

13　これも厳密な分類は困難だがたとえば第一四回総選挙（一九二〇年）初当選組には鈴木厳（475）や中野正剛、清瀬規矩雄（314）、第一五回（一九二四年）初当選組には神田正雄（264）、清水長郷（455）らがいる。

14　河崎吉紀『制度化される新聞記者——その学歴・採用・資格』柏書房、二〇〇六年、一七一頁。

15　前掲書『毎日新聞百年史』、七七頁。

16　伊藤貞五郎『神戸市長物語　市政研究　四版』神戸市政研究社、一九二五年、一九四～一九五頁。石橋は一九二二～二五年、第六代神戸市長を務めた。

17　朝日新聞社『朝日新聞の九十年』朝日新聞社史編修室、一九六九年、二二九～二三〇頁。

18　前掲書『朝日新聞社史——明治編』、三五二頁。

19　石井光次郎『回想八十八年』カルチャー出版、一九七六年、三九頁。

20　前掲書『朝日新聞社史　明治編』、四七三頁。

21　前掲書『毎日新聞百年史』、七〇頁。
22　相島勘次郎、佐藤政次郎『渡米のしるべ』岡島書店、一九〇二年。
23　前掲書『朝日新聞の九十年』、二一八〜二一九頁。
24　太田雅夫編『桐生悠々自伝』現代ジャーナリズム出版会、一九七三年、一〇三頁。
25　猪俣敬太郎『人物叢書　中野正剛』吉川弘文館、一九六〇年、三一頁。
26　望月雅士「風見章の原点」『早稲田大学史紀要』（第四四巻）二〇一三年、一九一頁。
27　須田貞一『風見章とその時代』みすず書房、一九六五年、二〇頁。
28　同書、二四頁。
29　同書、二二頁。
30　現在も株式会社朝日新聞社の本店所在地は大阪市北区中之島である。
31　政治記者、政治評論家として活躍。原敬との近しい関係で知られ、『原敬傳〈上・下〉』（高山書房、一九四八年）などをものした。
32　野村秀雄傳記刊行會『野村秀雄』野村秀雄傳記刊行會、一九六七年、五〇〜五一頁。
33　同書、四〇〜四一頁。
34　野村秀雄「昔の政治記者」『五十人の新聞人』電通、一九五五年、二二四頁。
35　川島が『東日』に在籍した期間は判然としないが、住本利男「新聞記者としての川島さん」川島正次郎先生追想録編集委員会編『川島正次郎』信行社、一九七一年によると、一年から長くても三年間にとどまる。
36　宮前敦「日本国の参謀 戦後日本を築いたもう一人の政治家　⑹政権を支えた党務の名人・川島正次郎　⑴小粋に一寸先の闇を読む」『月刊自由民主』（通号五七七）二〇〇一年四月号、自由民主党、一一五頁。
37　荒木武行「新聞記者時代の川島さん」『政界往来』一九七一年一月号、政界往来社、二四頁。
38　前掲書『川島正次郎』、三二〇頁。
39　荒木武行「国会記者時代⒂」『國會』（第五巻第五号）國會社、一九五二年五月、五四〜五五頁。
40　伊豆富人『新聞人生』熊本日日新聞社、一九六六年、二二頁。
41　同書、一一三頁。

42 荒木「国会記者時代(8)」『國會』(第四巻一〇号)國會社、一九五一年一〇月、四三頁。
43 村瀬信一『首相になれなかった男たち　井上馨・床次竹二郎・河野一郎』吉川弘文館、二〇一四年、二五七頁。
44 同書、二五九頁。
45 同書、二四八～二五〇頁。
46 緒方竹虎伝記刊行会編『緒方竹虎』朝日新聞社、一九六三年、二七頁。
47 羽田武嗣郎(のちの首相羽田孜の父)は自らの特ダネを振り返って、ネタを取ってからあっというまに号外が街に出て行くさまを愉しげに振り返っている。「朝日在社時代に一番大きいスクープをしたのは、『満州事件により日本がジュネーブの国際連盟脱退か否か、松岡首席代表の演説如何』と世界が日本の動きに注視していた際、松岡代表の演説要綱をスクープしたことであった。即ち国際連盟脱退理由書が枢密院本会議に上程され決定を見た直後、すなわち昭和八年三月二四、二五日ごろ某閣僚とかねて約束していたので、諮問案が決定したとの報に、某大臣邸を訪ねてコンニャク版の原本を頂戴し、急いで社に帰り野村部長に渡すと、緒方編集局長と相談、ただちに号外ということになり、号外発行のベルが高らかに鳴った。政治部のデスクに居合わせた緒方編集局長が上衣を脱いでコンニャク版を写す。一枚一枚野村さんが目を通して、ただちに整理部に回り、印刷局に回る。十五分もすると、社の前に景気のいい号外売りの鈴の音がして街に消えていく。実に気持ちがいい」(『羽田武嗣郎伝』羽田武嗣郎伝記刊行会、一九七四年、四九頁)
48 三好徹「政治家緒方竹虎――保守政治家の原点を問う」『世界』第五〇三号、岩波書店、一九八七年七月、一九六～一九七頁。
49 細川隆元『朝日新聞外史〈騒動の内幕〉』秋田書店、一九六五年、一四〇～一四一頁。
50 戦後、朝日新聞論説副主幹、常務などを務めたジャーナリスト。大原社会問題研究所から朝日入りし、戦前の新体制運動でも中心的な役割を演じた。
51 前掲書『緒方竹虎』、八九頁。
52 緒方が朝日新聞主筆に就任したのは二・二六事件後の一九三六年五月である。
53 安部晋太郎伝記編集委員会編『安倍晋太郎　輝かしき政治生涯』安部晋太郎伝記編集委員会、一九九三年、四八頁。
54 木立眞行『いざや承け継がなん』行政問題研究所出版局、一九八六年、七七～七八頁。
55 同書、一〇五～一〇七頁。

56 前掲書『野村秀雄』、一～二頁。
57 細川隆元『実録朝日新聞』中央公論社、一九五八年、一三五～一三六頁。
58 毎日新聞大阪本社社会部・社会部史刊行委員会編『社会部記者――大毎社会部七十年史』毎日新聞大阪本社社会部・社会部史刊行委員会、一九七一年。
59 のち毎日新聞社社長。
60 『東日』の政治部長も務め、のち『大阪新聞』常務、編集主幹。
61 名社会部長と呼ばれ、城戸元亮とともに退社。のち『京都日日新聞』編集局長などを務めた。
62 前掲書『野村秀雄』、一頁。
63 同書、一九五頁。

第六章

普通選挙体制下のメディア政治家
――政党政治と「世論」政治

白戸健一郎

1　メディア政治家の時代

本章は普通選挙法制定以後の第一六回総選挙(一九二八年)から翼賛選挙前の第二〇回総選挙(一九三七年)までのメディア政治家を考察の対象とする。周知のように、この時期は、一九二五年五月に治安維持法と抱き合わせで普通選挙法(衆議院議員選挙法の改正)が公布され、「憲政の常道」理念のもと政友会と民政党による政党政治が一定程度定着するものの、右派と軍部のテロにより崩壊に至る時代である。また、本書の視角から付言するならば、一八九四年の第四回総選挙から増加し始めたメディア関連議員の数が、高原状態を保っていた時期でもある。メディア関連議員が占有する議席の割合は、一九一二年の第一一回から一九四二年の第二一回の翼賛選挙により議席数を落とすまで、ほぼ三割を維持していた(第1章の図表2)。他方、メディアの大衆化が急速に進む時代でもあった。一九二四年一月には『大阪毎日新聞』と『大阪朝日新聞』が一〇〇万部突破を宣言し、一九二四年一二月には講談社は「一家に一冊」を謳う国民雑誌『キング』を創刊し、翌一九二五年三月には東京放送局がラジオ放送を開始した。一九二七年には円本ブームが起こり、岩波文庫が創刊された。本章が対象とするのはこのような普通選挙制度のもとでメディア議員の数が高原状態を保ち、メディアの大衆化が進んだ時期である。

普通選挙制度と二大政党制が確立した戦前昭和期を対象とする研究は、政治史においてはまさに汗牛充棟の感がある。[★1] 他方、メディア史においては当該期に関する研究は多いものの、戦争を通じたメディア政策に関するものや大衆文化に焦点化したものが多く、メディア政治史として政治権力とメディアとの関連を主題とする研究は意外なほど少ない。[★2]

メディア議員が日本議会史史上で最も多く輩出されたこの時期、政治権力が構造的な転換を迎えるだけでなく、メディアと政治の関係も転換しつつあった。それでは、普通選挙制度期に輩出されたメディア政治家はこの時期にいかなる環境に置かれ、いかなる活動を展開したのか。また、メディアはそこでいかなる機能を果たしたか。このことを考察するのが本章の課題である。

2　普通選挙制度期におけるメディア議員の特徴

当選回数・学歴・地域

まずは、第一六〜二〇回におけるメディア関連議員の特徴について確認しておきたい。総メディア議員数九八四名のうち、当該期に当選実績のあるメディア関連議員は二九七名であった。また、当該期に一度の当選実績を持つメディア議員は九五名、二回の当選実績を持つメディア議員は六六名、三回以上の当選実績を持つメディア議員は一三六名であった。約六八％の議員が当該期に複数回の当選を果たしている。[★3] 表1は二回以上の当選実績を持つメディア議員を政党別に分類し、さらに所属した新聞社の地域別に分類した。後者は「1．東京または大阪に本拠を持つ新聞社に所属した政治家」「2．東京または大阪に本拠を持つ新聞社とそれ以外の新聞社の両方に所属した政治家」「3．東京または大阪以外の新聞社に所属した政治家」という分類である。

次に、第一六回から第二〇回において当選実績がある議員の学歴である。当該期におけるメディア関連議員として算出できた二九七名のうち、(イ)東京帝大などの帝大系、(ロ)早稲田（東京専門学校）や慶應義塾、日本大学（日本法律学校）等といった非帝大系高等教育機関、(ハ)帝大や私大などを経由したものも含む海外留学組、(ニ)中等教育機関などのその他、(ホ)空白になっているものの五つに分類した。(イ)は三五名で一一・七%を占める。(ロ)は一四八名で四九・八%を占める。(ハ)は三九名で一三・一%を占める。(ニ)は三三名で一一・一%を占める。(ホ)は四二名で一四・一%を占める。これは表2に示した。

ここからわかるのは非帝大系の多さである。河崎吉紀『制度化される新聞記者』（二〇〇七年）は、私立大学出身者の多さが新聞記者を特徴づける指標であることを指摘している。[★4] 議員になった人物においても同じ傾向が存在しているといってよい。次に、当選したメディア関連議員の学歴の高さである。麻生誠「近代日本におけるエリート構成の変遷」（一九六〇年）は、官僚、ビジネスリーダー、地主、教育家、医者、弁護士などの社会的エリート層における高学歴者所有者の歴史的変遷を明らかにしている。それによると一九二八年から一九四一年の時期において、エリートの高等教育学歴所有者の割合はおよそ四〇から五〇%ほどであったという。[★5] また、升味準之輔『日本政党史論』（一九六九年）は代議士の学歴を、大卒の学歴を持つものが普選前では三七%、普選後では五一%としている。[★6] 一方、ほぼ同時期に当選したメディア関連議員の高等教育学歴所有者の割合は、帝大出身者こそ少ないものの、約七〇%と同時代のエリート階層や同時期の代議士と比較してもかなり高い。前出の河崎による研究でも新聞社構成員の学歴は、ほかの職業と比較しても決して低くはないことが指摘されているが、[★7] 当該時期においてメディアと関連し、議員となった人物はその中でも高等教育学歴所有者がより多かった。

新聞記者の高学歴化は、一九二〇年代以降の新聞の企業化と軌を一にしている。大組織化しつつあった新聞社は、職種や担当分野により細分化され、新聞記者に専門的職能を求めるようになった。この過程で「政論を旨とした大記者」による個人プレーは許されなくなり、不偏不党に基づきニュースを手際よく組織プ

政友会	
3. 地方	4. その他
東武（北海道時事新聞・北海タイムス）、大本貞太郎（伊予新報社）、木下成太郎（北海道新聞）、久山知之（中国民報）、庄司良朗（駿豆新聞社・静岡朝報）、高橋熊次郎（山形自由新聞社）、武田徳三郎（福岡日日）、津雲国利（下野新報・下野日日）、東條貞（室蘭タイムス・北海中央・北見実業・日刊網走）、中野猛雄（九州新聞）、西方利馬（山形新聞）、松実喜代太（北海タイムス・札幌毎日）、山口忠五郎（静岡新報）、山本慎平（長野新聞・新潟日報） 14名	岩瀬亮（大日本映画協会）、植原悦二郎（日米商報）、小高長三郎（自由通信社）、窪井義道（不二映画）、沖島鎌三（樺太日日）、小谷節夫（青島新報・大青島報）、菅原伝（従事）、土井権大（隆分館図書・雑誌『農政研究』）、中村嘉寿（紐育日米週報・雑誌『海外之日本』）、藤生安太郎（武道公論、雑誌『道義』）、松野鶴平（電通）、三尾邦三（美術新聞）、山崎猛（京城日報・遼東新報・満洲日日・満洲日報） 13名
小野廉（大分日日）、尾崎天風（北海道新聞）、片野重脩（秋南新報・秋田放送）、佐藤実（能登新聞社長）、島田七郎右衛門（高岡新報）、清水銀蔵（江州日日）、田村実（土陽新聞）、高橋金治郎（新潟時事・長岡日報）、中田儀直（北鹿新聞）、山村豊次郎（南予時事） 10名	木村作次郎（雑誌『濃州』・美濃新聞）、小泉策太郎（記者）、竹下文隆（雑誌『国論』）、南条徳男（札幌テレビ）、船田中（ニッポン放送）、行吉角治（連合通信社） 6名
民政党	
3. 地方	4. その他
伊礼肇（沖縄毎日）、岡田春夫（北海タイムス）、清寛（岐阜新聞社）、熊谷五右衛門（福井日報）、小坂順造（信濃毎日）、木桧三四郎（上野日日新聞）、佐藤謙之輔（新潟新聞）、佐藤啓（山形日報・山形民報）、沢田利吉（北海道日日）、清水留三郎（関東産業新聞・上野新聞）、信太儀右衛門（秋田魁）、武知勇記（愛媛新聞）、戸田由美（南信毎日）、富田幸次郎（土陽新聞・高知新聞・東京帝国通信社）、中井川浩（いばらぎ新聞）、中村不二男（長崎日日）、永井柳太郎（雑誌『新日本』・北陸毎日）、深見清（京城日報・九州日日）、牧山耕蔵（朝鮮新聞・長崎日日・九州日報）、松井郡治（新潟新聞）、三好英之（栄次郎）（山陰日日・日本海新聞社）、百瀬渡（信濃毎日・信濃日報）、森肇（長崎日日・長崎新聞）、山道襄一（鳥取新報・大漢日報）、山田又司（北越新報）、山枡儀重（鳥取新聞）、山本厚三（小樽新聞）、渡辺泰邦（函館新聞） 28名	安達謙蔵（朝鮮時報・漢城新報）、池田英雄（東朝・京城日報）、一宮房治郎（順天時報・盛京時報）、小山倉之助（行政学会印刷所）、加藤鯛一（雑誌『実業帝国』、東京政治通信社）、木村小左衛門（松竹）、小泉又次郎（記者）、佐藤正（教育新聞）、桜内幸雄（朝鮮新聞）、田中武雄（東京政情通信社）、多田満長（大日本通信社）、高橋守平（平凡社・新民印書館）、土屋清三郎（医学評論雑誌）、永田善三郎（台湾日日・満洲日日・大連関東報）、坂東幸太郎（雑誌『旭川評論』） 15名
猪股謙二郎（鳥海新報）、氏家清（福島民友）、片岡恒一（名古屋新聞）、小畑虎之助（又新日報）、齋藤太兵衛（下野新聞）、谷口源十郎（鳥取新報）、西英太郎（佐賀毎日）、則元由庸（長崎日日）、原田佐之治（徳島日日・徳島毎日）、松田喜三郎（海南新聞）、水久保甚作（都城新聞）、山崎伝之助（和歌山日日）、山田助作（新潟新聞社長） 13名	小俣政一（雑誌『江東公論』）、岡野龍一（雑誌『日本及日本人』）、中村啓次郎（台湾日報）、原淳一郎（ラジオ高知） 4名
その他	
3. 地方	4. その他
高岡大輔（新潟新聞）、福井甚三（大和日報） 2名	笠井重治（国際出版印刷）、助川啓四郎（雑誌『農村之青年』） 2名
中原謹司（信濃時事）、西川貞一（関門日日・山口新聞・宇部時報）、山崎釼二（静岡産業通信社） 3名	川俣清音（雑誌『建設社』、雑誌『農民運動』）、後藤亮一（雑誌『正法論』、雑誌『表現』）、平野力三（農業新聞）、 3名

で分類している。

表１　第 16 ～ 20 回総選挙における複数回当選実績を持つ議員

	1. 東京・大阪	2. 東京・大阪＋地方
政友会		
3 回以上当選 58 名	安藤正純（大朝・東朝）、青木精一（大阪新報社・中央新聞社）、秋田清（二六新報）、芦田均（ジャパンタイムス）、井上知治（読売新聞）、太田正孝（報知）、兼田秀雄（中央新聞・東京朝日）、川島正次郎（東京日日）、河上哲太（国民）、川崎克（日本新聞・元山時事）、清瀬規矩雄（東朝）、小林絹治（中央新聞社）、河野一郎（東朝）、中山貞雄（東朝・亜細亜活動写真）、箸本太吉（中外商業・万朝報）、原惣兵衛（東京毎日）、春名成章（時事・東朝・東京日日）、堀切善兵衛（時事）、松岡俊三（都新聞）、三土忠造（東京日日）、水島彦一郎（東京日日・東京毎日）、宮沢裕（国民）　22 名	犬養毅（東海経済・報知）、今井健彦（中央新聞・中外商業新報社・福井日報）、工藤十三雄（時事、陸奥日報・弘前）、児玉右二（東朝、岡山中国民報・大分中正日報・二六・大陸新聞通信・哈爾浜日日）、鈴木吉之助（京都毎日）、西岡竹次郎（都新聞・雑誌『青年雄弁』・長崎民友・佐世保民友）、野田俊作（電通・西日本新聞）、肥田琢司（広島毎夕・自由評論社）、匹田鋭吉（読売・富山日報・九州日報・北陸タイムス・岐阜日日）　9 名
2 回当選 28 名	岩元栄次郎（ジャパンタイムス）、粕谷義三（自由新聞）、来栖七郎（二六新報、帝国通信）、篠原和市（東京日日・大阪日日）、難波清人（中外商業新報）、葉梨新五郎（大阪時事）、三浦数平（新総房、東京朝日）、矢野晋也（二六新報）、吉植庄亮（中央新聞）、依光好秋（東京毎夕・読売）　10 名	倉成庄八郎（万朝報・長崎民友）、高橋光威（福岡日日・大阪新報）　2 名
民政党		
3 回以上当選　69 名	工藤鉄男（二六新報・日本新聞）、栗原彦三郎（中外新論）、小西和（東京朝日）、崎山武夫（やまと新聞）、斯波貞吉（万朝報・東京大勢新聞）、田中万逸（報知）、頼母木桂吉（報知・東京毎日・帝国通信社）、寺田市正（時事・自由通信社）、中野正剛（東京朝日・『東方時論』）、野中徹也（時事）、平野光雄（時事）、堀内良平（報知）、増田義一（読売・『実業之日本』）、町田忠治（朝野・報知）、松村謙三（報知）、松本忠雄（やまと新聞）、三木武吉（報知）、三宅磐（大阪朝日・東京日日） 18 名	伊豆富人（東朝・九州日日・熊本日日）、風見章（大朝・信濃毎日）、小山松寿（大朝・名古屋新聞）、沢本与一（新潟新聞・大阪新報）、寺島権蔵（東京毎日・富山日報）、西村丹治郎（都・雑誌『青年雄弁』・長崎民友）、紫安新九郎（鎮西日報・万朝報）、山田道兄（扶桑新聞・東京毎日・読売） 8 名
2 回当選 25 名	神田正雄（東京朝日）、河西豊太郎（国民新聞）、清水長郷（読売、東京朝日）、原玉重（報知）、村松恒一郎（関西日報・東京朝日・大阪朝日）、最上政三（万朝報）、山田毅一（東京日日・やまと・国民）　7 名	降旗元太郎（内外新報・信陽日報）　1 名
その他		
3 回以上当選　9 名	猪野毛利栄（二六新報・雑誌『日本浪人』）、鈴木正吾（読売・雑誌『第三帝国』）、田川大吉郎（報知・都）、鈴木文治（東朝）　4 名	尾崎行雄（新潟新聞・報知・朝野）　1 名
2 回当選 13 名	池崎忠孝（万朝報・大阪時事）、加藤勘十（東京毎日）、川崎巳之太郎（邦字新聞「日本」、大阪毎日、時事）、北昤吉（日本新聞、雑誌『祖国』）、河野密（東京朝日・大阪朝日）、朴春琴（やまと新聞）、武藤山治（ジャパンガゼット・時事）　7 名	

外地、中国大陸、米国発行の新聞は「その他」に含めた。雑誌、または専門紙は「その他」に含めた。「その他」に含まれるメディアと「東京・大阪」または「東京・大阪＋地方」に分類されるメディアを持つ議員は、「その他」以外の項目

表2　第16～第20回におけるメディア関連議員の学歴

		（実数）	（%）
1	帝大系	35	11.7
2	私大・外語・商業系（早稲田、慶應、中央、日大、専修大など）	148	49.8
3	海外	39	13.1
4	その他（中等学校、塾、農業など専門職業など）	33	11.1
5	残り　空白	42	14.1

レーが重視されるようになった。[★8] ただし、入社する学生達は必ずしも「サラリーマン記者」でありたいと願うものばかりではなく、旧来型の「大記者」にあこがれを抱いていた。[★9] 政治的野心を実現する上で限界を感じる記者は、政治家へと転身することになったと考えられる。また、報道重視で販売部数増加（新聞商品論）を主義とする新聞社は、第五章で指摘されているように、「特ダネ」を取るために政治家と密接で親密な関係を結ぶ必要がある。新聞記者が政治家へ転身していくのは、政治家との親しい関係が政治へ目覚めさせるきっかけを与えたがゆえとも考えられる。

表3　6大都市の議席数と当該選挙区のメディア関連議員数

	（人）	（議席数）
東京	26	31
大阪	7	21
京都	6	11
愛知（名古屋）	6	17
兵庫（神戸）	6	19
神奈川（横浜）	6	11

次に地域という観点から見る。東京・大阪・京都・横浜・神戸・名古屋の六大都市の第一六回から第二〇回のメディア関連議員の輩出数をみると、全三四二人のうち、東京が二六人、大阪が七人、京都が六人、愛知が六人、兵庫が一〇人、神奈川が六人であった。データリストでは選挙区は府県ごとに記されており、大阪が大阪市を、京都が京都市を、また、名古屋市や横浜市、神戸市を記しているわけではないため、これは概算でしかない。割り当てられた議席数は第一六回において東京府が三一議席、大阪府が二一議席、京都府が一一議席、愛知県が一七議席、兵庫県が一九議席、神奈川県が一一議席であり、東京を選挙区として当選したメディア関連議員はほかと比較して確かに多いものの、他の五大都市は目立って多いわけではない。これはメディア関連議員が東京を中心として活躍したというよりもむしろ、地域に散在していたことを示すものであろう。先の表1でも示したように、政友会系で1が三二名、2が一一、

3が二四名となり、民政党系で1が二五名、2が九名、3が四一名となり、大新聞社が集中していた東京大阪とそれ以外の地域でほぼ同数、民政党系においては地方がより多い数字となる。このことは、東京や大阪などの大都市に本拠を持つ新聞社から議員の道へとすすむ人物も多かったが、自ら新聞社を経営したり、文筆をふるうなどして、地方における権力を維持し、当選を果たしていた地方名望家的なメディア関連議員がかなりの数を占めていたことを示している。

新聞業界誌『新聞及新聞記者』（一二〇号、一九二八年四月一日号）は、第一次普通選挙での各地域での新聞社の活動に関して、特集「我社の選挙戦報道」を掲載しており、ここでは政党機関紙としての地方新聞の活動が赤裸々に語られている。たとえば、大分の『豊州新報』主筆・荒木貞雄は「本社は多年政友系の新聞でありますが、政戦中は編集局員総動員にて大活動を為し、候補者の応援弁士などにも数名出しました〔中略〕言論及び報道に至つては、徹頭徹尾主義政策に重きを置き、同時に選挙人の普選に対する政治的理解と政治的道徳の喚起に努力しました」とあり、★10 新聞記者による直接的な選挙協力があったことを記している。また、福島民報社主幹の中目元治は、福島民報社の正副社長（堀切善兵衛（806）、八田宗吉（※））が立候補したため、「随分忙しい選挙」であったとし、「社員の応援演説は、従属関係となるので不可ないと言ふので、二三の記者諸君は俄に退社届を出して戦場に立ち向かふ騒ぎでした」と新聞社としての直接的な選挙協力は一応否定しつつも、「社員はなるべく実戦には参加せしめず、人手を内部に収めて、所謂選挙記事の充実を期し、速報第一主義の下に協力一致、新聞本来の使命に邁進」し、結果「堀切、八田両社長も大多数で当選し、本社が同情を有する政友派の、公認候補六名も全部打ち揃つて当選した」と報告している。「同情を有する政友派」と立場を明確にしていることからも、政友会系候補者へ有利な紙面作りをしていたことが容易に推察できる。★11

また、第一八回の第二次普選期のことであるが、労農党の候補として出馬した上村進は地方新聞の党派的報道を次のように回顧している。「地方新聞は純然たる政党機関紙であるだけに、実に露骨であつた。〔中略〕既成政党の買収行為を私は告発した。民政党系の新聞はこれを掲げたが、政友系の新発田新聞、新潟毎日等は一行も報道しなかつた。即ち自党に不利だつたからである。若しまた之が民政党に不利なニュースであつたなら、新潟新聞、北越新報も矢張り黙殺しただろう。こうした不愉快な記憶は際限がない」[★12]。販売部数を伸ばすことを考えるならば、政党性は前面に出さずに中立的な報道重視の方針を採用したほうが望ましかったはずであるが、地方新聞においては必ずしもそうはならなかった。

メディア議員と政党

本項では政党に焦点をあててメディア関連議員の特徴を浮上させたい。本論集が、主として依拠している『衆議院議員名鑑』には所属政党も記載されているが、そこに記載されている政党名は一つしかない。当然ながら、議員人生の中で頻繁に所属政党を変える人物も存在したが、それは当該資料からはわからない。また、記載されている政党名もそれぞれいかなる基準で採用されたのかは凡例等からは判然としない。メディア関連議員について考察を深める上で「政党」の項目は非常に重要なものとなるはずであるが、『名鑑』に記載されている「政党」を分析に用いることは難しいと言わざるをえない。

たとえば、中野正剛（450）は『名鑑』では「無所属」とされているが、第一五回総選挙では「憲政党」から、第一六回総選挙では「立憲民政党」から当選している。また、植原悦二郎（144）は『名鑑』では「自由民主党」と記載されているが、第一五回総選挙では「革新俱楽部」から、第一六回総選挙では「立憲政友会」から当選している。同様に、町田忠治（818）は『名鑑』では「日本進歩党」と記載されているが、戦前は憲政会、民政党に所属した第三代民政党総裁である。このような変遷は『名鑑』からは拾うことはできないし、また、中野正剛や町田忠治を留保なく『名鑑』の記載で分析してしまうことも危ういであろう。このような事例は枚挙にいとまがない。

これを補うため本稿では、衆議院事務局編『衆議院議員党籍録 自第一回帝国議会至第九二回帝国議会』衆議院事務局、一九五七年を利用する。この資料には第一回から第九二回までの帝国議会開催時での議員名、所属政党及び当選地区が記載されている。各議会の情報が記載されているが、本稿では総選挙実施直後の議会における所属政党を調査した。すなわち、第一六回総選挙では第五五回議会、第一七回では第五八回議会、第一

表4　第16～20回総選挙時の政党の獲得議席数とその割合

第16回総選挙［464］	政友会221名［47.6％］、民政党214名［46.1％］、無産党議員団8名［1.7％］、明政会7名［1.5％］、実業同志会3名［0.6％］、革新党2名［0.4％］、無所属9名［1.9％］
第17回総選挙［464］	民政党269名［57.9％］、政友会172名［37％］、第一控室20名［4.3％］、無所属3名［0.6％］
第18回総選挙［466］	政友会303名［65％］、民政党144名［30.9％］、第一控室18名［3.8％］、無所属1名［0.2％］
第19回総選挙［466］	民政党204名［43.7％］、政友会170名［36.4％］、昭和会25名［5.3％］、第一控室22名［4.7％］、第二控室28名［6％］、国民同盟13名［2.7％］、無所属4名［0.8％］
第20回総選挙［466］	民政党180名［38.6％］、政友会175名［37.5％］、第一議員倶楽部49名［10.5％］、社会大衆党36名［7.7％］、第二控室13名［2.7％］、東方会11名［2.3％］、無所属2名［0.4％］

（衆議院事務局編『衆議院議員党籍録 自第一回帝国議会至第九二回帝国議会』衆議院事務局、一九五七年より筆者作成）

八回では第六一回議会、第一九回では第六九回議会、第二〇回では第七一回議会である。[★13]なお、総選挙直後の議会から次の総選挙までの期間に所属政党を変更した議員の所属政党の変化については、調査していない。

ひとまず、メディア関連議員が第一六回から第二〇回総選挙の期間において、どの政党において当選し、どの政党が多くのメディア関連議員を送り出したのかを明らかにしたい。まず、第一六回から第二〇回総選挙の定員数と各政党の獲得議席数とその割合を表4にまとめた。

次に、『名鑑』から作成したデータから各総選挙直後における各政党のメディア関連議員の人数と政党に占める割合を調査した。それをまとめたものが表5である。主なところを記述すると、第一六回では、民政党が七一名で三二・一％、政友会が六九名で三一・二％である。第一七回では、民政党が八九名で三三％、政友会が五二名で三〇・二％、第一控室が六名で三〇％である。第一八回では、政友会が八八名で二九％、民政党が五四名で三七・五％、第一控室が八名で四四・四％である。第一九回では、民政党が六三名で三〇・八％、政友会が六一名で三五・八％、昭和会が八名で三二％、第一控室が五名で二二・二％、第二控室が一〇名で三五・七％、国民同盟が八名で六一・五％である。第二〇回では、民政党が五六名で三一・一％、政友会が六六名で三七・七％、

表5　各政党におけるメディア関連議員の人数と政党に占める割合

第16回総選挙	民政党71名［32.1%］、政友会69名［31.2%］、無所属2名［22.2%］、無産党議員団2名［25%］、実業同志会1名［33.3%］
第17回総選挙	民政党89名［33%］、政友会52名［30.2%］、第一控室6名［30%］、無所属2名［66.6%］、不明2名
第18回総選挙	政友会88名［29%］、民政党54名［37.5%］、第一控室8名［44.4%］、無所属1名［100%］
第19回総選挙	民政党63名［30.8%］、政友会61名［35.8%］、昭和会8名［32%］、第一控室5名［22.2%］、第二控室10名［35.7%］、国民同盟8名［61.5%］、無所属2名［50%］
第20回総選挙	民政党56名［31.1%］、政友会66名［37.7%］、第一議員倶楽部18名［36.7%］、社会大衆党5名［13.8%］、第二控室6名［46.1%］、東方会2名［18.1%］、無所属1名［50%］、不明4名

「『メディア出身議員』調査によるメディア政治史の構想」研究プロジェクト作成のデータと衆議院事務局編『衆議院議員党籍録 自第一回帝国議会至第九二回帝国議会』衆議院事務局、一九五七年より筆者作成。

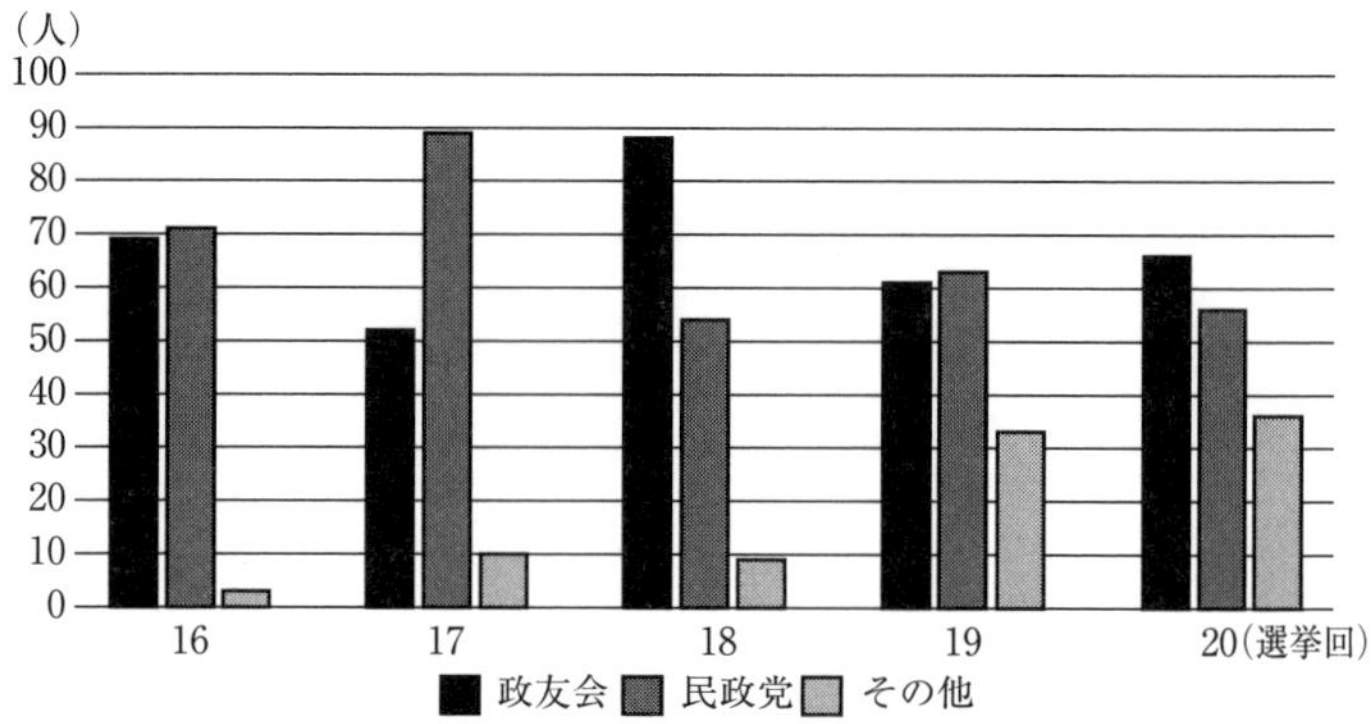

図1　第16～20回総選挙時における二大政党のメディア議員数

第一議員倶楽部が一八名で三六・七%、社会大衆党が五名で一三・八%、第二控室が六名で四六・一%である。

また、メディア関連議員の各総選挙直後の議席に占める割合は第一六回では一四七名の三一・五%、第一七回では一五〇名の三二・二%、第一八回では一五二名の三二・六%、第一九回では一五八名の三三・九%、第二〇回では一五九名の三四・一%である（第一章の図表2）。

ここからわかるのは、議会における優勢党はほぼ常に三割強のメディア関連議員を有しているということである。また、民政党と政友会の二大政党におけるメディア関連議員はおおむね六〇名から七〇名という政党の三割程度の議員を安定的に輩出している。特に、第一七回の民政党が単独過半数を獲得したときには、民政党のメディア関連議員は八九名を数える。第一八回総選挙以降では、政友会のメディア関連議員の活躍が目ひく。第一八回総選挙では政友会が大勝し、獲得議席数をおおいに伸ばしたがゆえに、政友会のメディア関連議委員の割合としては少なくなっているが、八八名を数える。第一九、二〇回では、政友会は第二党に転落したが、メディア関連議員の政友会の議席に占める割合は高い。ここから得られる示唆は、メディア関連議員の二大政党における割合は、どちらかに偏しているわけではないということである。都市型政党とされる民政党でメディア関連議員の輩出率が高いという想定が持たれがちであるが、政友会にメディア関連議員が少ないわけではない。

ここまで第一六回から第二〇回総選挙におけるメディア関連議員の特徴を主としてデータベースから示した。以下では、普通選挙制度施行のもとでの議会や選挙とメディアに関する言説をとおして、いかなることが問題として認識されたのかを示し、普選時代の新聞と議会の関係を考察したい。

3　普選体制下におけるメディア政治家と「世論」政治

普通選挙時代の議会と「政治のメディア化」

(1)「人気政治」の普通選挙と新聞

戸別訪問が禁止され「言論と文書」による選挙戦が展開されることが予想された普通選挙であるが、メディアの大衆化が進んだ社会状況の中で、議員に必要とされたのは必ずしも言論の質ではなかった。普選施行後、最初の衆議院議員総選挙であった第一六回総選挙について、社会思想家の高畠素之は次のように顧みている。

意外に番狂わせが少なかつたといふが、それがむしろ意内なのであつて、さすがに普選時代らしい現象である。大きな声で言はれぬが、普選法に依る有権者には有象や無象が多く、政綱や政策を見て賛否を決するよりも、候補者の閲歴や声望に基づく有名無名が、彼等の判定する人物的上下の標準となる場合が多い。〔中略〕これら素人乃至半素人に取つては、対象たるべき人物がポピユラーであればあるだけ、それだけ『偉い』とか『強い』とか思ふのである。といふよりも、爾余一切の比較考証すべき材料を欠くが故に、ヨリ有名かヨリ無名かの一事をもつて、人物判定の唯一標準とするの外なかつたと解すべきであらう。〔中略〕普選時代の候補者が、人物的にポピユラーでなければならぬことは、これも有産党と無産党との相違を問はない。むしろ私から言はせれば、人物さへヂアーナリズム的に有名であるなら、所属の党籍如何などは少しも問題でなささうに思へる。★14

普選時代の選挙の勝敗が候補者の認知度や有名性に左右されるのは、メディアの大衆化が進んだことと無関係ではないだろう。★15 この傾向が助長されると、新聞報道の重要性がより大きくなることは想像に難くない。そのようなメディア環境で重視されたのは、議員がどれだけ新聞記事に掲載されるかであった。明治後半から大正期にかけて『万朝報』で主筆を務め一九二五年の衆議院補欠選挙で当選した斯波貞吉（436）は、自らが新聞記者であった当時と一九三一年現在の段階を比較して次のように述べる。

私が新聞記者であつた当時は、議会といふものは今少し議論を持ち、その議論が議会に於ける絶対的な役割を務めるものだと思つてゐた。そして議会はも少しまぢめに万事を進行させ且進行するものだと考へてゐた。所が今日の日本の議会は、政党的色彩が過度に濃厚である。〔中略〕新聞が一斉に非難すれば議員も反省しやうが新聞は暴行事件を興味半分に提灯持ちする傾向だ。議員は議員で新聞に名前の出ることだけを喜んでゐる。その行動が是が非でも新聞に喧伝されさへすればよい。そして、そういを（ママ）議員は次の選挙に、却つて得票を増すだらうといふ段取りだ。従つて議員となれば、新聞に名前の出る事は最も当を得た策なのだ。★16

暴行事件のように政論とは関係ない、むしろ、「言論の府」としては否定すべきものであっても、新聞を通じて報道されれば、多くの新聞読者に認知されることになり、次の選挙の好結果につながると見られた。『万朝報』や『福岡日日新聞』の記者を勤めた坂口二郎も、政党人にとっての新聞記事の重要性を次のように記している。「『新聞に書かれる』ことが如何に現在政党人の必要なる成功条件であるかを見るが宜い。醜名と芳名とを問はず、悪評と好評とを問はず、政党人又は議会人に取つては、新聞こそ唯一の助けである。勢ひ新聞がこの対議会および議会人乃至政党および政党人に向かつて、如何なる待遇、如何なる批評、如何なる刺激を与ふるかは、デモクラシーの上には大なる関係がなければならぬ」[★17]。とりわけ、メディアへの露出は「普選時代のデモクラシー」おいては、より選挙に直結するものとなっただろう。このような状況は議員を政策論に集中させるのではなく、新聞記者にどう映るかというメディアへの意識を強めさせることになった。一方、新聞記者自身も議会や議員の新聞記者を意識した振る舞いを掲載する弊害を認識していた。『国民新聞』の編集部長を務めた石川六郎は次のように指摘している。

議会記事に過大のスペースを供給することの弊害の一は、不知不識(しらずしらず)の間に全新聞が朝野二大政党の絶好の宣伝機関たる役目を勤めてゐる事である。既成政党の害毒を痛撃しつつある新聞平生の論調に照らして、如何に議会記事に於て党争のための党争、宣伝のための政論が強調激成されつつあるかは、思ひ半ばに過ぎるものがあらう。議会記事こそは極言すれば政党の無料広告である。それだから党人たちが壇上に声を涸らし卓を叩いて絶叫するのは、誰に向かつて呼びかけてゐるのか、大臣席でもなければ、自党議員でも他党議員でもない。はた又民衆傍聴席でもない。只々新聞記者の耳と手に向かつて呼びかけているのだ、と云つても過言ではないのである。[★18]

新聞が社会的影響力を持つにしたがって、政論空間である議会に「メディアの論理」が侵入し始めたのである。また、普選時代になって生まれた宣伝媒体として選挙ポスターがあった。一九二八年の第一次普選においては、選挙ポスターが積極的に用いられ、街中にあふれるほどの氾濫状態にあったが、ポスター作成による選挙費用の高騰や街の美観を損ねるなどの理由からポスター利用は第二次普選以降に大幅な制限をうけることになった。[★19] 他に用いられたものとして、政治広告がある。政治広告はとりわけ第一次普選、第二次普選を通して大型化し、内容もエスカレートした。新聞紙面一頁を使用する全面広告や党首の写真とスローガンを大きく掲げてイメージに訴える広告が選挙戦術の一つとして積極的に利用された。「我等の浜口内閣を支持せよ 節約か浪費か 建設か破壊か 真の好景気か泡沫景気か」(『大阪朝日新聞』一九三〇年二月一八日付朝刊)や「景気か不景気か 希望に輝く政友会 再び陰惨へ民政党」(『大阪朝日新聞』一九三二年二月一八日付朝刊)などである。[★20] 政党のシンボルとなる党首の写真や二項対立的で敵対的なスローガンは、複雑な政治現象をわかりやすくさせ、かつ、感情に訴えるものになる。ポスターや政治広告においては政論のような難解さや派閥間の力関係などの複雑だが重要な事柄は切り捨てられ、討議よりも印象にいかに残るかが重要になる。政治広告の主たる掲載媒体は新聞であったが、政治広告が大規模化すると、やはり資金力を有する二大政党の強みが発揮される。

(2)普選における「実弾戦」と選挙活動

普選導入により「言論と文書戦」が重視され、常態化してきた投票買収も激増した有権者に対しては困難になり減少するとの期待があった。しかし、一九二八年二月の第一六回総選挙、すなわち第一次普選において早々にその期待は裏切られ、投票買収は全国各地で行われた。[★21] 特に、一九三〇年二月の二回目の普通選挙となった第一七回総選挙では、「競争激甚であつた為殊に前回の普選第一回戦に於て言論文書戦が期待されたほど効果がなかつたので実弾戦が熾(さかん)に行はれ」、買収犯罪者の検挙人員は総選挙開始以来、二番目に多い検挙数であったという。[★22] 第三次普選時の第一八回においても金権政治は大きく変化しなかったと言ってよい。一九三二年二月の第一八回総選挙は上海事件の最中でもあり、国民の主たる関心は大陸での軍事行動にあって選挙の言論文書戦ではなかった。そのため、「選挙ブローカーやボスに依つて潜行活動」が盛んに行われたという。[★23]
また、買収犯罪の検挙数自体も減少したものの、各政党から公認候補者に送られた運動費は多額に上り、政友

会と民政党の両党から出た資金は少なく見積もって一千万円を突破していた。[★24]

このような「実弾戦」が力を発揮する選挙活動において、やはり資金力を持つ大政党が台頭することになった。他方で、普選により有権者が拡大することで、躍進が期待された無産政党は議席数を伸ばすことはできず、実質的な影響力を発揮することはできなかった。無産政党については無産政党内での不統一や地盤のなさが主たる敗因としてあげられるが、法学博士・吉野武は無産党候補者にも質的な問題があったことを指摘している。言論取締方針が厳格であった時代は「労働者」や「資本家」といったワードを演説中に使うと即座に「弁士中止」と止められ、その「中止」命令が演説会を盛り上げることになり、無産政党の弁士も論旨に詰まると演説の破綻を弥縫するのに利用していた。しかし、浜口内閣下で実施された第一七回総選挙では言論取締方針が緩和されたため、「弁士中止」となる場面が減り、無産政党の弁士の貧弱さをさらけ出すことになったという。[★25]

(3)疑獄事件と政党不信

政友会の田中義一内閣のもと一九二八年二月二〇日、第一次普通選挙でもある第一六回総選挙がなされた。二大政党の結果は政友会が二一七名、民政党が二一六名であり、政友会と民政党の議席数は伯仲していた。一九二八年六月四日には張作霖爆殺事件が起こり、その対応で不信を買った田中義一は一九二九年七月二日に内閣を総辞職させた。次の内閣が民政党の浜口雄幸内閣であったが、浜口内閣は直ちに田中内閣時における不祥事を摘発していった。天皇即位大典における記念章作成の請負業者選定時に前賞勲局総裁天岡直嘉が金銭を授受したとされる売勲事件が、さらに、前鉄道大臣の小川平吉とその関係者が北海道鉄道や伊勢電気鉄道、東大阪電気鉄道、奈良電気鉄道、博多湾鉄道汽船の買収や路線延伸に関して便宜をはかったのと引き換えに金銭を授受したいわゆる私鉄疑獄事件が暴露された。一九二九年九月に政友会の小川は検挙された。

ただし、新聞記者の山浦貫一は政権交代を果たした民政党もまた金権政治に侵されているとして次のように指摘している。

早い話が、政治の公明を政綱の第一に掲げる浜口内閣にしてからが、目の先にぶら下がつてゐる選挙費の出処を発表できるであらうか。選挙の公正を期する御託宣の手前、法定選挙費の一人一万円内外で当選できるであらうか。もし真に政治の光明を期したら、政府党は二人か三人になつてしまふ。だから、既成政党即金権政治の番人である連中が、世間を甘く見た様な形容詞を濫用するのはやめるがいい。天に唾する者だ。[★26]

この論稿が書かれた同時期に、一九二九年一一月に発覚した越後鉄道疑獄事件で逮捕された越後鉄道前社長の久須美東馬が、浜口内閣文相の小橋一太に賄賂を渡したことを自白し、小橋は辞任に追い込まれた。さらに安達謙蔵内務大臣（1）やロンドン海軍軍縮会議に全権大使としてまさに出立しようとしていた若槻礼次郎の関与もあったことがほのめかされた。[★27] まさに、与党・民政党にまで飛び火したのである。政治学者の佐々弘雄は多発する疑獄事件の影響とそれを政争に利用した政党について次のような見解を示している。

> 買勲事件、北海道鉄道、東大阪電鉄、伊勢電鉄、博多湾鉄道、越後鉄道等に関する疑獄は天下を聳動せしめたと云ふより寧ろ唖然として冷嘲せしめた。「どうでもいいや」と冷笑する手当五円の解剖組頭、「修身の教材にする」と力む中等教員、「共産党より悪い」と罵倒する月五十円の車掌君〔中略〕社会はかくて混迷の裡に一大旋回しつつある。ところが疑獄を政治的に利用したかせぬとか政民両派が論争してゐる。問題の深度はその程度ではないが、その程度で見る人もゐるわけだ。「地方選挙の敗北は疑獄利用のためである」「一朝自己に不利となると司法権に干渉する」（政友会）――「無根の風雪で若槻全権を傷ける」「倒閣の陰謀」（民政党）と論戦が続けられる。百魔横行で同罪と見るのが一般の見解である。[★28]

頻発する疑獄事件と「疑獄を政治化し各々の立場のために利用」し、報道されることで、民政党もしくは政友会のどちらかではなくそもそもの政党政治への不信感を高めることになった。新聞が政治家の不正を明るみに出すことは否定すべきではない。しかし、新聞が称揚していた憲政や普通選挙による政党政治の威信は、繰り返される新聞の不正暴露報道により下落していった。ただ、政党がスキャンダルをも利用して政変に持ち込む動機を強めた要因として、小山俊樹『憲政常道と政党政治』（二〇一二年）は「両党迭立」論に基づく政権交代の原則（「憲政の常道」）があったことを指摘している。[★29] 与党が倒れれば選挙の結果や議席数にかかわらず野党第一党に政権が移譲される「憲政の常道」は、やみくもな倒閣へと野党を導くことになった。与野党間における政策の差異の過度な強調やスキャンダルによる政党攻撃は政権奪取のために必要なものとなるが、その様子をメディアを通じて知る国民は、政党政治そのものへの反発や失望を抱くことにつながったのである。[★30]

メディア政治家の「世論」形成——武藤山治時代の『時事新報』

本章では最後に、メディア政治家による「輿論の世論化」の事例として、帝人事件のきっかけとなった武藤山治時代の『時事新報』を取り上げたい。帝人事件は、「情報の真偽」を対象とする歴史学やジャーナリズム史研究においてはすでに学問的決着を見た問題であろうが、「情報の効果」を分析するメディア史研究の視角からは十分な考察が加えられてこなかったと考える。佐藤卓己は一九二五年の普通選挙法成立による「政治の大衆化」の中で理性的討議により形成される「輿論」（public opinion）と情緒的参加による共感により形成される「世論」（popular sentiments）が曖昧化したことを指摘した。[★31]『時事新報』の「番町会」を暴く」は世論に訴え、内閣倒閣にまで導いた政治キャンペーンである。

『時事新報』はよく知られているように一八九七年に福沢諭吉が「独立不羈」を理念として創刊した大新聞である。福沢諭吉の退社後も、石川幹明、板倉卓造、伊藤正徳らによる政党や軍部におもねらない政論は社内的にも社会的にも評価され、政論と品格ある紙面作りを維持し、声望を高めていた。しかし、大阪系商業新聞がいち早く進めた株式会社化や報道重視の中新聞化に出遅れ、『大阪時事新報』発行による大阪進出も失敗し、さらに、関東大震災による被災で経営上の大きな打撃を受け、東京進出した『朝日』と『日日』の後塵を拝することになった。[★32] 報道重視の新聞においては正確性よりも速報が重要になり、速報態勢を円滑にするため機械

表6 『時事新報』関連の議員

局面	メディア政治家の類型と人物（職位：他社での活動、当選選挙）
Ⅰ：情報	【成立期（議会開設～1904）：第9回まで】 6名 小金井権三郎（社員：4）、渡辺治（社員：都新聞、大阪毎日主筆・初代社長、1）、井上角五郎（記者：大同新聞記者、1-14）、菊池武徳（記者：雑誌『演芸画報』社長、『朝野新聞』社長、8-9・11-12）、竹越与三郎（記者：国民新聞・読売新聞・雑誌『世界之日本』各記者、7-11）、波多野承五郎（記者：郵便報知新聞記者、朝野新聞社長兼主筆、14）、
Ⅱ：自立	【プロフェッショナリズム（～1937）：第10から20回まで】 14名 加藤十四郎（記者：シヤトル市旭新聞主筆、九州毎日新聞主筆、15）、工藤十三雄（政治部記者：弘前新聞社長、陸奥日報を経営、15-20）、小山完吾（記者、社長：11）、坂本志魯雄（通信員：中外新報記者、16）、鈴木梅四郎（記者：横浜貿易新聞社長、11-14・17）、野中徹也（記者：16-20）、浜田精蔵（記者、ロンドン特派員：15）、春名成章（記者：東京朝日・東京日日記者、18-20）、平野光雄（記者：14-15、17-20）、堀切善兵衛（記者：11-20）、武藤山治（社長：ジャパンガゼット社員、15-17）、鷲沢与四二（記者・北京特派員：毎日電報社記者、18）、川崎巳之太郎（北米特派員：大阪毎日、報知新聞社など15・20-21）、寺田市正（記者：自由通信社副社長、15-21）
Ⅲ：報道	【コマーシャリズム（～1969）：第21から第32回まで】 10名 荒木武行（記者：東京日日・福島民友新聞記者、22）、有馬英治（経済部記者：読売新聞政治部記者、21）、金井芳次（記者：東京毎夕新聞横浜支局長、22）、志田義信（記者：中外新報政治部記者、24）、田中久雄（横浜販売局長：22-23・25-27）、中西伊之助（記者：雑誌『人民戦線』主幹、22・24）、藤原節夫（記者：読売新聞記者、29）、山田長司（記者：名古屋新聞記者、25-30）、山本猛夫（政治部記者：毎日新聞社政治部記者、23-24、27-29）、池田禎治（政治部長：都新聞・読売新聞政治部記者、25-28・31-34）

化と多数の人員の配備に多額の資本が必要になるが、報道戦において『時事新報』は大阪系商業新聞の『朝日』や『日日』に太刀打ちできなかった。[★33] 序章の枠組みをあてはめるならば、報道主義の「新聞記者のプロフェッショナリズム」を重視する第Ⅱ局面「自立化」への移行に、『時事新報』は失敗することになった。

また、メディア関連議員という観点から見るならば次のように言える。第一章の表8「企業別メディア関連議員数（延べ議席数）」によれば、『時事新報』輩出のメディア議員は、第五位の三〇名で、[★34] 第四位の『読売新聞』との差はわずか四名である。延議席数でも第一位の『朝日新聞』二五四名、第二位の『報知新聞』二二八名、第三位の『毎日新聞』一六七名、第四位の『読売新聞』一六一名ときて、『時事新報』の一一一名はここでも第五位である。『朝日新聞』、『毎日新聞』、『読売新聞』

が戦後も存続する一方、戦前で経営を終えた『時事新報』の数字は決して少なくない。本稿で対象とする時期に当選した記者ではないものも含まれるが、序章で提起されたⅠ・Ⅱ・Ⅲ局面により分類し、職位、他のメディア関連勤務先と当選時期とともに列挙すると表6のようになる。★35

本章と関連する第Ⅰ、Ⅱ局面に限って見ていくと、第Ⅰ局面に分類される議員は政治活動も実施しつつ、政論家としても活躍した人物が議員となっている。小金井権三郎（347）は自由民権運動家、井上角五郎（54）は朝鮮の独立運動に従事した。菊池武徳（305）は『時事新報』ののちに民権派の『朝野新聞』に移った。竹越与三郎（567）は、慶應在学中から『時事新報』に執筆し、卒業後に入社するものの、『時事新報』の論調に反発して退社後、創刊直後の『国民新聞』において政治評論を担当した。のちに『世界之日本』の主筆となり、著書には『二千五百年史』がある。波多野承五郎は『朝野新聞』の社長兼主筆も担当し、のちに外務省に入省し天津領事を務める。

第Ⅱ局面になると、実業家として著名な人物が議員となっており、一四名中七名を占める。加藤十四郎（237）、坂本志魯雄（412）、鈴木梅四郎（476）、浜田精蔵（723）、平野光雄（765）、武藤山治（871）、鷲沢与四二（970）である。一九二〇年代以降、メディアの企業化によりジャーナリストの職能は専門職（プロフェッション）として意識されるが、この時期に『時事新報』から輩出された議員の多くは、ジャーナリストとしての専門性を蓄積して議員になるよりも、経済界とのつながりを持ちつつ議員になっていったことがわかる。すなわち、『時事新報』が輩出した議員は第Ⅱ局面における客観性や権力監視を重視するジャーナリストとしての専門的職業経験を得る機会は少なかったと思われる。ただし、ジャーナリストとしての専門職業観を重視せず、実業家の経営感覚で新聞社を経営するとき、商業主義的色彩を強めるが、商業主義ゆえの客観性よりもセンセーショナリズムによる短期的な効果を求める。それが武藤山治時代の『時事新報』であった。

以下、武藤山治時代の『時事新報』を中心に考察するのは、これがこれまで確認してきた普選時代の「わかりやすい政治」と「既成政党への不信」が交叉した地点において、一九三〇年代後半のメディアと政治の重要な関係を示していると考えるためである。武藤山治については、経営者としての側面に焦点を当てた伝記的研究は多いが、『時事新報』時期に焦点を当てたものは少ない[★36]。また、帝人事件についても、司法ファッショによる政権転覆を図ったものとして位置づける政治史研究が中心であり、そのメディア史的意義にも焦点は当てられておらず、帝人事件というきわめて大きな事件に比してその研究は少ない[★37]。だが、『時事新報』期における武藤山治は、一九二〇年代以降の普通選挙制度下でのメディア政治家の一事例として着目することで、その果たした役割を理解できる。また、その活動は当該期のメディア政治家の象徴的な事例として浮かび上がる。

(1)武藤山治における政治とメディア

武藤山治（一八六七～一九三四）は美濃国（現・岐阜県）出身。慶應義塾大学に入学し、一八八四年に卒業した。翌一八八五年にアメリカに留学し、一八八七年に帰国後、博聞雑誌社並びに全国新聞広告取扱所を創設し、また、雑誌『博覧雑誌』を発刊した。同一八八七年には英字新聞を発行していたジャパンガゼット社に入社し、翻訳記者となった。この頃、後藤象二郎の秘書となり、大同団結運動に参加し、『ジャパンガゼット』においても運動を支持する言論を展開した。これは武藤にとって現実政治に触れる本格的機会となった。大同団結運動終息後、武藤はガゼット社を退職し、一八八八年に貿易業イリス商会に入社、一八九三年には三井銀行に転職したが、ここが武藤の転機となった。一八九四年には三井銀行の命で鐘淵紡績株式会社兵庫分工場支配人に転勤した。経営者として着目されるのはこの時期の活動以降である。紡績大合同論を唱えた武藤は、中国の上海紡績や国内の紡績会社を吸収合併し事業を拡大させた。一方で、過酷な職場環境に置かれがちな職工を優遇する「温情主義」を実践した。一九一九年には第一回国際労働会議に資本家代表として参加した[★38]。

武藤は資本家としてだけでなく、政治家としても活躍した。一九一九年、武藤は大日本実業連合会を組織し、その会長に就任した。一九二三年四月に既成政党と政商により腐敗した政界の浄化と経済的自由主義を主張する政党組織・実業同志会を結成した。さらに、一九二五年、理想の政治を実現するためには国民への政治教育が不可欠だとの認識から、雑誌『公民講座』を創刊し、武藤は毎号巻頭言を記した。前年の一九二四年二月の第一五回衆議院議員総選挙では、大阪市より立候補し当選。武藤が率いる実業同志会は一一議席を獲得した。

一九二八年二月の第一六回総選挙、すなわち第一次普通選挙でも当選を果たした。このときの選挙では実業同志会は三議席を獲得するにとどまったが、政友会と民政党の議席数の差がわずかであったため、実業同志会は第三党としてキャスティングボートを握った。実業同志会は一九二九年に実業界のみではなく「国民すべての政党」という意味を込めて「国民同志会」と改称した。少ない議席数ではありながら議会への足場は築いていたものの、武藤が描いていた理想は現実と程遠く、既成政党の牙城を崩すことは難しかった。また、国民に公民としての自覚を促すには在野での政治教育が必要であるとの認識のもと、武藤は一九三二年一月に政界からの引退を決意した。[★39]

政界引退直後、武藤は一九三二年四月に乞われて時事新報社の経営担当者に就任した。武藤は、現実政治での挫折から、闘争の舞台を議場から紙上へと移し、既成政党と政商への批判を継続した。政界にて達成しえなかった意図をメディア界という異なる場において達成しようとしたという意味で、武藤はまさしくメディア政治家であった。

武藤が入社した時期の『時事新報』は、かつて福沢諭吉が率いた「大新聞」の威光は陰り、往時の勢いはなかった。武藤はこの状況を変革するため、大胆な組織改変や大胆な人事を実行し、さらに『時事新報』上に自ら筆を執って「思ふまま」や「月曜論説」などの連載を持ち、経費の節減と読者拡大に努めた。そのような『時事新報』上の経営改革と武藤の理想の交叉点となったのが、連載「「番町会」を暴く」であった。この連載が帝人事件の引き金となって、斎藤実内閣を総辞職へ追い込んだのである。

(2)武藤山治と帝人事件

帝人事件は、番町会関係者が[★40]政府高官に働きかけて、台湾銀行より帝国人造絹糸株式会社（以下、帝人）の株を不当に安価に譲り受け、巨額の私利を得たとして糾弾された疑獄事件である。一九三四年七月二日の斎藤内閣総辞職後、二一日に中島久万吉前商工大臣、九月一三日に鉄道大臣・三土忠造も逮捕され、政治家、財界人、官僚の計一七名が起訴された。帝人事件の判決は一九三七年一二月一六日にようやく下され、被告人は全員無罪、藤井裁判長は公判後の記者会見において、「証拠不十分ですらなく犯罪の事実が存在しない」「空中楼閣」の事件だと断じた。[★41]

この帝人事件の引き金を引いたのが、一九三四年一月一九日から『時事新報』で武藤の発意により開始された連載「「番町会」を暴く」であった。連載「「番町会」を暴く」が開始される前日、連載の予告広告が『時事新報』上に出された。「和製タマニー番町会を暴く」と題され、次のように紹介されている。

> 政党と政商の結託暗躍はあらゆる社会悪の源となり、遂に五・一五事件を誘発して非常時内閣の出現を見たことは汎く知るところ、然も五・一五事件の洗礼をうけた非常時内閣下に於て政党政商等はしばらくその爪牙を隠し世の指弾を避くるに汲々たる折柄、ここにわれらはわが政界財界の蔭に奇怪な存在を聞く。曰く『番町会』の登場がそれである。即ち彼等はいまやその伏魔殿に立籠り、嘗て政党政商が為せる以上のギャング的行為。紐育タマニー者流にも比すべき吸血をなしつつ政界財界を毒しつつあるといふ。然もこの番町会のメンバーとして伝へられるものに某財界巨頭を首脳とし、これを囲繞するものに現内閣の某大臣あり、新聞社の社長あり、政権を笠に、金権と筆権を擁して財界と政界の裏面に暗躍する暴状は目に余るものがあり〔中略〕よつて本社は財界と政界の表裏に通ずる某氏に嘱して、最近このギャング団に依つてなされつつある策謀に対し忌憚なき摘発を加へ、以て社会の批判に訴へることとした。[★42]

この予告文から開始された連載は、五六回を数え、一月一九日から三月一四日まで、おおよそ二ヶ月継続された。激しい筆致は連載の中でも引き継がれ、スキャンダラスな内容ともあいまって世間の耳目を引いた。一方、武藤に糾弾された番町会メンバーも沈黙を貫くはずはなかった。番町会の幹事・後藤国彦は声明書「番町会に就て」を広告として出し、中島の人格を擁護するため「中島久万吉男を語る」(『経済往来』一九三四年三月号)を、さらに「武藤山治氏への抗議」(『文藝春秋』一九三四年三月号)を執筆した。河合良成も「武藤山治君に対する公開状」(『経済往来』一九三四年三月号)を執筆しており、番町会メンバーは積極的な反対論陣を張っていた。

他にも阿部真之助「番町会郷誠之助」（『中央公論』一九三四年三月号）、木村毅「武藤山治論」（『経済往来』一九三四年四月号）、伊藤正徳「故武藤氏への『思ふまま』」（『中央公論』一九三四年四月号）があり、武藤山治と「「番町会」を暴く」が社会的にも大きな注目を集めていたことがわかる。一方、武藤は連載「「番町会」を暴く」を『時事新報』購読者外にもさらに広げていくため、「社会正義の筆陣」と題した宣伝ビラを作成し、二月二四日に東京都下に配布した。このビラは色刷り輪転機により六行のスローガンに赤字が用いられた印象的なものである。さらに『時事新報』は、連載をまとめた「帝人事件の巻」と「神鋼乗取の巻」の二冊パンフレットを出版した。

「「番町会」を暴く」が新聞紙上の告発キャンペーンにとどまらず、斎藤内閣総辞職にまでいたったのは、『時事新報』の記事をもとに貴衆両院において追及していく政治家がいたためである。まず、帝人事件をめぐる汚職事件は、貴族院において問題視され、一月二四日の貴族院本会議では伊澤多喜男と上山満之進が取り上げ、ついで二月二日関直彦（496）が舌鋒鋭く追及した。衆議院では、政党としていち早く、かつ集中的に取り上げたのは国民同盟であった。国民同盟は民政党から脱党した安達謙蔵、山道襄一（917）、富田幸次郎（620）、中野正剛らと関直彦、大竹貫一らの革新党とが合流して一九三二年一二月に結成された政党である。第六五議会においては議席数三二を占め、内メディア議員は一六名と半分を占める。煩を厭わず列挙すれば、中川観秀（633）、中田正輔（642）、野中徹也（698）、風見章（251）、栗原彦三郎（338）、加藤鯛一（238）、鈴木正吾（336）、鷲沢与四二、戸田由美（608）、佐藤啓（402）、山道襄一、中野正剛、安達謙蔵、伊豆富人（65）、深水清（769）、伊礼肇（74）である。以後、国民同盟の党勢が衰微してもメディア議員の割合は減少せず、第一九回総選挙後の第六九回議会においても一三名中八名がメディア議員であった。国民同盟はメディア議員純度の高かった政党であったと言ってよい。政友会や民政党は帝人事件について静観的態度を維持する一方、国民同盟は斎藤内閣攻撃に性急かつ積極的にこれを利用した。国民同盟は一九三四年五月一九日には内閣倒壊は必然として声明書を発表し、斎藤首相と高橋是清蔵相に辞表を勧告した。★43 五月二五日には日比谷公会堂において臨時大会を開催し、内閣批判を強めていた。[44]六月二八日にはついに倒閣の声明書を発表し、倒閣国民大会の実施を予定していたところ、[45]七月二日に斎藤内閣総辞職となったのである。

(3)『時事新報』の「世論」政治

閣僚や高級官僚、財界の有力者が逮捕され、斎藤内閣総辞職にまで追い詰めた『時事新報』の「「番町会」を暴く」は、当然ながら世間的に大いに耳目を集めた。これについて、野上文一郎は大新聞・『時事新報』の伝統とは断絶するセンセーショナリズムに則した「黄色主義」のキャンペーンであったと次のように指摘している。

> 最近の東京新聞で最も目につくのは時事の『番町会を発（ママ）く』である。これは武藤社長の趣味と主義とが新聞の販売政策と結びついたものであらうが、二つの点に特色を有する。第一は現代の新聞（無論特殊の新聞ではなくて一般的サーキュレーションを持つ新聞の意）殊に例へばこの時事新報のごとく歴史と曾ては矜持をも持つてゐたような新聞は、特定の人物や団体の秘事を特に摘発攻撃するといふ態度はとらなかつた。にも拘らず時事は勇敢（？）にこの伝統的な新聞の態度を放擲して悪意と憎悪とに満ちた筆致で記事の予告も出せば日々の筋も進んでいる。（中略）第二に従来新聞といふものは同業者に関する悪意の記事は相互に抑制してきたものだ。にも拘わらず時事は番町会のメンバーたる正力松太郎氏を明らさまにではなくても槍玉にあげることを辞してゐない。（中略）時事新報は一流紙の伝統を放棄して黄色主義を殆ど唯一の特色とするかに見える。その最も極端なのが今度の『番町会を発（ママ）く』である。[46]

「「番町会」を暴く」は内容上も、筆致上も、「黄色主義」の新聞のものであった。これについて武藤はどのような考えを抱いていたか。『読売新聞』の記者を勤め、雑誌『第三帝国』の編集長を勤めた後、衆議院議員となった鈴木正吾（479）は以下のように回想している。一九三四年二月、鈴木が時事新報社を訪問したときの武藤の言葉である。

あの記事に就て、世間には、あれは余りに深刻すぎて、私の品格を傷つける虞があるる殊に中島商相を追ひ退けて戦は大勝利に帰したのだから、ここらで筆陣を収めたらどうかと忠告して呉れる人もあるが、私はそうは思はない。同じ暴露でも、赤新聞がゆすりの為にするのと、私が正義の為にするのとは全然違ふ。あの記事は新聞人としての私が、自己の天職と信じて揮ふ破邪顕正の活人剣だ。目的は中島商相を退けるに在るのではない。私の目的は現代に横行する政治悪を一掃するにある〔。〕此の目的を達する迄、私は断じてやめない。何事にも中途半端で、お茶を濁すのは、我が国民性の欠陥である、私は現代の政治悪に対して徹底的に抗争するつもりだ。[★47]

「「番町会」を暴く」は、武藤による「破邪顕正の活人剣」、すなわち、武藤の思想的実践であり、単なる暴露記事ではなかった。番町会に対しても疑惑が生じたのならば、「濁れる分子は絶対に排除」し、「政界と財界一部との結託」により生じている「腐敗を絶滅」しなければないと、苛烈さを緩めることはなかった。[★48]また、武藤にとっては司法上の「法律悪」と社会通念上の「社会悪」は別の次元の問題であった。それゆえ、帝人事件に関わった番町会メンバーは「仮に法律悪にあらずとの遁辞が許さるべしとするも、社会悪としては断じて許さるべきではない」し、武藤にとっては「公判の結果が或は有罪とならうと或は無罪とならうと」問題ではなかったという。[★49]武藤にとって重要であったのは、事の「真偽」よりも社会通念上の「善悪」であった。

遺稿となった武藤山治「破邪顕正の裁判」も短いながら印象的な論稿である。武藤は英書にあった次の物語を紹介している。兄弟二人と父親の家族がいたが、兄が外国へ出ているときに父親が死亡したため、弟が父の遺言書を改ざんし、周囲の人間に賄賂を渡して父親の財産を横領した。困り果てた兄は裁判に訴えるものの勝利は困難と見られた。これを耳にしたロンドン最高法官のヘールが単身ここに乗り込み、弟の不正を暴いて正義の裁判を行わせた。この物語を紹介し、武藤は次のようにこの論稿を終わらせる。「司法上の問題は別として政界に於る腐敗行為に対する破邪顕正の裁判は独り之を裁判所に求めずとも吾々国民自らが輿論の力に依て、この名判官ヘール氏同様の威力を揮はねばならぬ」[50]。これはまさに不正に手を染める「悪の政界・政商」とそれに対峙する「自らの正義」を位置づけるために持ち出したものであろう。ただ、ここで武藤が用いている「輿論」ははたして理性的討議を経て形成される公的意見であろうか。これはむしろ「善悪」という主観的価値判断により、二元論的に自らを「正義」として「悪」を断罪しようとする「世論」と言うべきであろう。一九二〇年代後半以降に混同されるようになる「輿論」と「世論」は、一九三〇年代後半の武藤山治の『時事新報』においてはまさに「世論」を軸としたものになっていた。

また、武藤が政党や財界の一部を「悪」と糾弾する行為は、必ずしも独善的で孤立したものではなかった。「不当に私腹を肥やす政党や財界」というイメージは政党政治が積年蓄積してきた「腐敗」イメージに合致したものであり、むしろ『時事新報』の連載は「世論」に迎合したものであったとも言えよう。「世論」に訴えた「「番町会」を暴く」キャンペーンは、確かに「世論」に響く内実を備えていた。

さらに、「空中楼閣」として判決をくだされる「帝人事件」のきっかけとなった「「番町会」を暴く」の内容を信じさせるにあたり、経営者、政治家として成功を収めてきた武藤の声望は甚大なものがあった。その典型例の一つが、尾崎行雄(178)である。「昨春武藤君が番町会のことを時事新報に書き始めた時、私は武藤君のことであるから確信がなければ、ああ云ふ騒ぎを起こすはずはない」とし、「其後司法部は之を取り上げた〔。〕取り上げたには相当の確信があるからに相違ない。〔中略〕唯新聞が書いたから、それを確かに其通りであると云ふ想像の下に、斯ういふ事件に司法部が力を入れたとは無論信ぜられない」としている[51]。尾崎は、事実関係や事件の経過については理解していなくとも、武藤山治が『時事新報』に「「番町会」を暴く」を書いた事実、司法省が起訴をしたという事実から、犯行自体も存在したはずだろうと考えるに至っている。

同様に衆議院議員・江藤源九郎も「武藤さんが時事新報上で『番町会を暴く』の記事を連載し、政府与党一派の悪に向かつて猛烈な筆誅を加へ始めた。私は新聞が書くからと云つて直にそれを軽々しく信ずるものではないが、武藤さんがやられるのだから信じた」[52]としている。武藤はこれまで積み重ねてきた自らの声望を利用しつつ、「腐敗した既成政党と政商の悪事を暴露する」という大衆感情に合致したキャンペーンを展開したのである。加えて、司法が事件としてこれを起訴したことも記事の信憑性を高めることになった。★53

武藤自身の「声望」、腐敗した政党や政商などの「悪の上層階級」、大衆感情を煽動する筆致、これらがあいまって「「番町会」を暴く」はきわめて大きな効果を発揮した。かくして、福沢諭吉が創設して以来、「輿論」指導を担っていた『時事新報』は、武藤山治時代において「世論」煽動の新聞となった。

ただし、「「番町会」を暴く」が武藤の思想的表現であったことは確かだとしても、武藤が経営を引き受けた時点での、時事新報社の財政状況も念頭に置いておくべきであろう。関東大震災以後、『朝日』や『東京日日』などの大阪系商業新聞資本の東京進出により『時事新報』は後退を余儀なくされていた。武藤が『時事』の経営を引き受けたのは一九三二年四月のことであったが、その段階ですでにその経営は危殆に瀕していたと言っていい。それゆえ、武藤は積極的な改革を断行して経営難を打開しようとした。特に、人件費節約のため果断な人事を行い、板倉卓造、松永安左衛門、名取和作らを辞任させていた。★54さらに、一九三三年には伊藤正徳も編集方針上の差異から退任することになった。★55このような武藤の果断な経営は『時事新報』の財務状況を改善させていた。★56「「番町会」を暴く」もこの文脈の上で展開されたキャンペーンであった。ただ、武藤の尽力にもかかわらず赤字経営は継続し、しかも武藤の突然の死により経営再建は道半ばで挫折した。三月九日、武藤は私怨を抱いていたとされる福島新吉により狙撃され、それがもとで翌一〇日に死去した。「「番町会」を暴く」もその直後に連載を停止するが、これは武藤の死より前に決定していたようである。『時事新報』は経営再建を果たせなかった結果として、『東京日日』に吸収合併されることとなった。栄光ある『時事新報』は、かろうじて『東京日日』の題号の下にその名を付記することで残されることになった。「「番町会」を暴く」というセンセーショナルな連載は、読者を強く惹きつける記事を掲載することで、読者増と売上増が見込め、時事新報社の経営改善を目指すものであったと同時に、武藤の思想的実現を企図する政治キャンペーンであった。

4　おわりに——普通選挙制度下における「政治のメディア化」と「世論」政治

本章では普通選挙制度下でのメディア政治家について見てきた。普通選挙制度は、多数の有権者に選挙権を与えるだけでなく、「言論と文書による選挙」を理想とし、それを達成することも期待されていた。また、有権者数が飛躍的に拡大したため、大規模な有権者への買収は困難になり、投票不正は減少すると見込まれた。加えて、無産政党躍進が予測された。だが、実態として、投票買収は減少せずむしろ増加し、無産政党も票を集めることにはならなかった。政友会と民政党が二大政党としてむしろ力を強める結果となった。普選期と同時期に確立した「憲政の常道」理念の下、内閣を打倒すれば、野党第一党に政権が回ってくるという慣習ができたため、二大政党は互いのイメージダウンを企図する不正暴露戦術をしばしば取った。結果、政党腐敗イメージを有権者に植えつけ、政党政治への支持は下落することになった。

このような現象に拍車をかけたのが、普選導入と軌を一にして進展したメディアの大衆化であった。普通選挙という有名性が重要になる選挙において、有名であるためにも新聞に載ることが政治家にとっては重要なものとなった。議会という理性的討論により輿論を形成していく空間に「メディアの論理」が侵犯し始めたのである。さらに、選挙広告などメディアを利用する選挙活動も用いられるようになったが、ここでもやはり資金力を持った二大政党に有利になった。政治はメディアへの依存度を次第に高めていき、「政治のメディア化」を一段階進めることとなった。

普通選挙制度とメディアの大衆化によって、輿論は世論化し、理性的輿論と感情的世論の区別は曖昧になった。その「世論」に動かされる象徴的な事件として、本章では帝人事件に焦点をあて、それを引き起こした武藤山治時代の『時事新報』の連載「「番町会」を暴く」を考察した。

帝人事件は犯罪実態のない虚構の事件であったわけだが、「「番町会」を暴く」は「悪」の政治家と政商とそれを糾弾する「正義」の『時事新報』というわかりやすく、受け入れやすい枠組みで展開された。「「番町会」

を暴く」を推し進めた武藤山治は「自らの正義」を掲げて対峙する「悪」を糾弾するためには、「法的真実」をさほど重視しなかった。これは情報の真偽よりも、「悪」の糾弾という送り手（武藤・『時事新報』）の意図の効果的達成を重視したものであり、斎藤内閣倒閣という現実政治にも影響を与えるまでに至った。現実の多面性を直視せず、「主観的正義」で世論に訴える手法は、現代の「ポスト真実」に類似する現象であろうし、流言蜚語と見なしてすらよいはずである。平形市蔵はまさに「「番町会」を暴く」を執筆した和田日出吉を「流言蜚語を作る人々」（『日本評論』一九三八年三月号）のなかでその代表的な人物として名指している。

また、帝人事件のような情報の真偽よりも目的達成の効果を重視したメディアキャンペーンはこの時代において孤立したものではなかった。一九三〇年代は新聞、雑誌、ラジオがまさに「マス・メディア」としての実態を備える時期であるが、一方で、この「マス・メディア」生成期は怪文書が氾濫する時期でもあった[★57]。社会学者の赤神良譲は「嘗て日本社会に於いて、殊に政党政治の崩壊期において、甚だしく怪文書の横行を見るに至つた。而もその横行を見るに至つたのみではなく、その怪文書なるものが、有力なる社会動因となり、社会的行動をばそこに衝動づける様になつて来たのである」と一九三〇年代を位置づけている[★58]。赤神はこの論説において、怪文書横行の要因として「非常時の不安性」を指摘しているが[★59]、一九三〇年代前半は「一九三五、三六年の危機」説が取り沙汰されており、数多くの危機説に関する書籍等が出版され、非常時意識や危機意識を加熱していた[★60]。また、フィクションの分野でも「未来戦記」がかつてないほど流行し、戦争への不安を昂揚させていた[★61]。情報の根拠自体は曖昧なまま社会的不安を煽動し、流言や怪文書が氾濫する環境が形成されていた。すなわち、帝人事件のような現実政治へ直接影響を与える事件の素地ができていたのである。

普選と二大政党制、そしてメディアの大衆化を通して生まれた「世論」政治は、「政治のメディア化」の流れの中で、情報の真偽を超えて主観的目的を達成する効果を重視する政治を台頭させた。やがて、国策が国民的目標となると、「世論」政治は全面展開されていくことになるだろう。

■註

1　この分野の重要な研究としては、升味準之輔『日本政党史論』第五巻、東京大学出版会、一九六九年、伊藤隆『昭和期政治史研究』東京大学出版会、一九六九年がある。また、近年のものとして、源川真希『近現代日本の地域政治構造』日本経済評論社、二〇〇一年、小林道彦『政党内閣の崩壊と満州事変』ミネルヴァ書房、二〇一〇年、村井良太『政党内閣制の展開と崩壊』有斐閣、二〇一四年、小山俊樹『憲政常道と政党政治』思文閣出版、二〇一二年、河島真『戦争とファシズムの時代へ』吉川弘文館、二〇一七年、筒井清忠『昭和戦前期の政党政治』ちくま新書、二〇一二年などがある。

2　今西光男『新聞――資本と経営の昭和史』朝日新聞社、二〇〇七年など新聞通史の観点から政治家や政変に言及する研究が中心になる。他に、佐々木隆『メディアと権力』中公文庫、二〇一三年は番記者と大物政治家の関係を明らかにしている。一方、大正期における研究はメディアが護憲運動や普選運動の主体となっていたため、蓄積がある。代表的なものとしては有山輝雄『近代日本ジャーナリズムの構造』東京出版、一九九五年など。なお、本章の一部は拙稿「普通選挙体制下のメディア政治家に関する予備的考察」『京都メディア史研究年報』第四号、二〇一八年四月としてすでに公刊している。

3　なお、当該期に一回のみの当選といっても第一五回以前に当選を果たしていた議員も含まれているため、メディア関連議員の当選回数はこの時期だけに限ってみても、他の前職の議員よりも一回のみの当選で終わる議員は、第一章で指摘されていたように少ないことが推察できる。

4　河崎吉紀『制度化される新聞記者――その学歴・採用・資格』柏書房、二〇〇七年、五八頁。

5　麻生誠「近代日本におけるエリート構成の変遷」『教育社会学研究』第一五集、一九六〇年、一五六頁。

6　前掲書『日本政党史論』、一五三頁。

7　前掲書『制度化される新聞記者』、五四頁。

8　山本武利『新聞記者の誕生』新曜社、一九九〇年、三六～三七頁。

9　前掲書『制度化される新聞記者』、九六～九七頁。

10　荒木貞雄「政友の主義政策に重きを置く」『新聞及新聞記者』一二〇号、一九二八年四月一日号、二八頁。

11　中目元治「機関紙として見事な戦勝振り」『新聞及新聞記者』一二〇号、一九二八年四月一日号、一二一～一二三頁。

12　上村進「国家予算の一部を割愛しても新聞の義務購読を行へ」『新聞及新聞記者』一四四号、一九三〇年三月号、三四頁。

13　ただし、『名鑑』には総選挙直後の議会で当選した議員だけではなく、総選挙実施後の補欠選挙で当選した議員も記載されている。そこで補欠選挙で当選した議員については、総選挙直後の議会だけではなく、その後の議会の情報から該当者を探し出し、補欠選挙時点での所属政党と当選選挙区として補った。

14　高畠素之「普選戦総評――総選挙より新議会へ」『経済往来』三（四）、一九二八年四月。

15　有名性が必要になるのは候補者のみではない。応援弁士の権威や知名度も重要になってくる。法学博士・吉野武は選挙活動における空虚な応援弁士の招来について次のように嘆いている。「政戦正に酣（たけなわ）になると、各候補者は其個性を発揮し空景気を製造する為に大童（おおわらわ）である。先輩を通じ知人を介し、礼を厚うして、名士を応援に引き出さうとする。〔中略〕やれ陸上競技の選手だとか、やれ水泳の世界的選手とか、やれ、ラグビーのウイングだとか、やれ、日本のベーブ・ルースとか、なん申すマネキンボーイを陳列して、鼻の穴を一段と広げて御座る候補者もあるのだからなさけない」。吉野武『選挙の常識と選挙運動のうらおもて』大阪回宏社、一九三一年、二八〇～二八一頁。この言説は必ずしも普選特有の現象を指しているものではないかもしれないが、先の高畠の言説と合わせて考えるならば、普選期において認知度や有名性はより重要になったものと考えられる。

16　斯波貞吉「議会で起こる『芝居』を黙殺せよ」『新聞及新聞記者』一二（二）、一九三一年二月号、九頁。同様の指摘は中野正剛「興味本位の議会記事を」『新聞及新聞記者』一二（二）、一九三一年二月号でも指摘されている。

17　坂口二郎「新聞対議会の変遷」『新聞及新聞記者』一二（三）、一九三一年三月号、五頁。

18　石川六郎「議会記事に対する一考察」『新聞及新聞記者』一二（二）、一九三一年二月号、三～四頁。

19　玉井清『第一回普選と選挙ポスター』法学研究会、二〇一三年が選挙ポスターについては詳しい。

20　山本武利『広告の社会史』法政大学出版局、一九八四年、三八四～四〇四頁。

21　平田奈良太郎『選挙犯罪の研究――特に買収犯罪に就て』司法省調査課、一九三五年、四九二頁。ただし、第一六回に関しては投票買収の犯罪者の割合は、有権者の増加も考えると第一五回の制限選挙時よりも低くなったことも指摘されている。同書、四九三頁。

22 同書、五四一頁。
23 同書、六八二頁。
24 同書、六八二～六八三頁。
25 前掲書『選挙の常識と選挙運動うらおもて』、二七八～二七九頁。
26 山浦貫一「昭和疑獄に登場する人々」『中央公論』一九二九年一一月号、一八二頁。
27 前掲書『憲政常道と政党政治』、二二八～二二九頁。
28 佐々弘雄「政治時評 疑獄事件の政治化か政治の疑獄化か」『経済往来』一九三〇年一月号。
29 前掲書『憲政常道と政党政治』、第五章。
30 『時事新報』の編集長を努めた伊藤正徳は、憲政と普選を称揚していた新聞が疑獄事件報道を行うことの逆説を次のように指摘している。「所謂憲政の常道を謳歌し、政党内閣制を是認する理論の上に立ちながら、政党政治の腐敗を批判し、弾該し続けたのがこの時代の新聞である。」その上で疑獄事件報道は新聞にとっての格好ネタであった。「前大臣、前総督といふやうな地名人士が、一朝にして囹圄の身となる劇的境遇は民衆時代の社会記事として最も煽情的なニュースでなければならない。新聞紙は求めずして往年の三面記事時代には得られなかつた毒々しい人情の弱点を衝く種をば政党から供給されたわけである。」伊藤正徳『新聞五十年史』鱒書房、一九四三年、三四〇～三四一頁。
31 佐藤卓己『輿論と世論』新潮社、二〇〇八年。
32 『時事新報』の概況については内川芳美『福沢諭吉後の時事新報』慶應義塾大学、一九八二年を参照。
33 伊藤正徳によるとワシントン会議後で『東京日日』が四〇万、『東京朝日』が三〇万以上の発行部数であったのに対し、『時事新報』は一七万であったという。伊藤正徳『新聞生活二十年』中央公論社、一九三三年、三三八頁。
34 『名鑑』では坂本志魯雄の経歴は『時事新聞』と記されているが、『時事新報』の誤記と考えられるため、『時事新報』に含めて算出した。宮武外骨・西川長寿『明治新聞雑誌関係者略伝』みすず書房、一九八五年、八六頁。
35 なお、局面を跨いでいる人物もいるが、主たる当選時期から判断して、井上角五郎、菊池武徳、竹越与三郎は第Ⅰ局面に、川崎巳之太郎、寺田市正は第Ⅱ局面に、池田禎治は第Ⅲ局面に分類した。
36 帝人事件を中心に武藤と番町会メンバーの思想的対立に焦点を当てた松浦正孝「「帝人事件」考――戦前日本における財界の組織化と政界・財界関係」『日本政治学会年報政治学』一九九五年や時事新報時代の武藤の足跡を明らかに

した松田尚士『武藤山治と時事新報』国民会館、二〇〇四年、入交好脩『武藤山治』吉川弘文館、一九六四年などの武藤の評伝はあるものの、メディア政治家としての武藤に焦点を当てたメディア史的研究といったものではない。

37 前島省三「帝人事件とその後景――日本ファシズムの議会主義的特質をめぐって」『立命館法学』(一一)、一九五五年六月や駄馬裕司「帝人事件から天皇機関説事件へ――美濃部達吉と検察ファッショ」『政治経済史学』(三八九)、一九九九年が帝人事件を扱っている。また、斎藤内閣をテーマにした政治史研究である菅谷幸治「帝人事件と斎藤内閣の崩壊――昭和戦前期「中間内閣」期研究の一視角として」『日本政治研究』四(一)、二〇〇七年一月のなかで言及されている。

38 以下、武藤の略歴に関しては、前掲書『武藤山治』を参照した。

39 武藤山治「立候補を中止した私の心境」『中央公論』一九三二年三月号。

40 番町会とは、日本商工会議所会頭の郷誠之助のもとに集った少壮実業家たちが定期的に開いていた私的会合のことである。郷亭が東京・番町にあったため、この会合は番町会と呼ばれた。

41 渡辺徹「帝人事件」『日本近現代史辞典』東洋経済新報社、一九七八年、四三七~四三八頁。

42 「座談会番町会事件の真相を語る」『公民講座』一九三五年二月号、一七七頁。

43 「政府は責を負へ」『東京朝日新聞』一九三四年五月二〇日、「首相蔵相に辞職勧告」『東京朝日新聞』一九三四年五月二二日。

44 「国盟臨時大会」『東京朝日新聞』一九三四年五月二五日。

45 「国盟倒閣の声明書発表」『東京朝日新聞』一九三四年六月二九日。

46 野上文一郎「時事の黄色主義」『現代新聞批判』(九)、一九三四年三月一五日号。

47 鈴木正吾「衆生済度の姿」『公民講座』一九三四年五月号、一四五~一四六頁。

48 武藤山治「思ふまま」と番町会問題」『公民講座』一九三五年二月号、一三七、一四五頁。

49 森田久「武藤さん勝てり」『公民講座』一九三五年二月号、七五頁。

50 武藤山治「破邪顕正の裁判」『公民講座』一九三四年四月号、二~三頁。

51 尾崎行雄「国務大臣の責任」『公民講座』一九三五年二月号、一〇八~一〇九頁。

52 江藤源九郎「高橋蔵相の責任」『公民講座』一九三五年二月号、一二二~一二三頁。

53　一方で、『時事新報』のこのキャンペーンに反論する言論活動を展開したのは、野依秀市が主宰する『帝都日日新聞』であった。『帝都日日新聞十年史』では、このときのことを次のように回顧している。「昭和九年の特筆すべき事は、二月に入つて同業『時事新報』に掲載せる帝人事件に関し番町会をあばいた記事の批判を連載したことであつて、憶測や根拠薄弱な虚構的な同紙の記事を堂々と事実に基いて反駁し、一時世間から疑惑の眼をもつて見られた、郷誠之助を中心とする番町会のために大いに弁護し、世間の誤解をとくに努めた。帝人事件はその後摘発されて大問題となつたが、『帝日』の反駁せる如く、果して番町会の人々は無罪となつて我等の主張の正しいことを裏書きした」『帝都日日新聞十年史』帝都日日新聞社、一九四三年、二九頁。

54　「武藤君時事独裁案敢行」『新聞及新聞記者』一三（一〇）、一九三二年一〇月号、五四頁。

55　「売らんが為に武藤氏は時事をセンセーショナルな新聞にした。これは決して氏の本来の新聞観ではないのだ。元来はタイムス主義の理解者であるが、さていよいよ経営して見ると政客論客としての武藤氏は影をひそめ、そこに商売人としての武藤氏が現はれざるをえなくなった。茲に時事の指導性が衰へて商品性がこれに代つた（無論割合の問題だが）。」と回顧しているように、伊藤にとっても武藤時代の『時事新報』は「黄色主義」であった。伊藤正徳『新聞生活二十年』中央公論社、一九三三年、三五五〜三五七頁。

56　武藤が入社した一九三二年上半期の赤字が七六万円であったのが、下半期には四六万円、一九三三年上半期には一八万円、下半期には一二万円にまで減少していた。有竹修二『武藤山治』時事通信社、一九六二年、一七〇〜一七一頁。

57　この時代の怪文書ネットワークに着目した研究として佐藤卓己「キャッスル事件をめぐる「怪情報」ネットワーク」猪木武徳編『戦間期日本の社会集団とネットワーク』NTT出版、二〇〇八年がある。

58　赤神良譲「怪文書の心理学」『指導者心理学』日本政治経済研究所、一九四四年、一〇七頁（初出は一九三五年一〇月）。

59　同書、一一〇〜一一一頁。

60　小林龍夫「一九三五〜三六年の危機説（一）、（二）、（三）」『國學院法学』一六（二）、一九七八年一〇月号、一八（三）、一九八〇年一二月号、一九（二）、一九八一年九月号。

61　稲生典太郎「明治期以降における戦争未来記の流行とその消長」『國學院大学紀要』（七）、一九六九年二月。

第七章

海外経験を持つメディア議員たち
——東亜同文書院卒業者を中心として

本田毅彦

明治維新以後、外部世界との交渉を再開した日本社会にあって、多くの人々が日本列島の外側に自らの人生の「フロンティア」を求めた。欧米先進諸国に渡って「学問」を身につけようとする者たち、南北アメリカに移住あるいは植民して農業やビジネスに従事しようとする者たち、あるいはアジア主義を掲げて東アジアに野望を抱く者たち、などである。[★1] しかし二〇世紀に入り、アメリカ合衆国（以下、アメリカと略記する）での日本人移民排斥機運の高まりと、第一次世界大戦後のヴェルサイユ条約での「人種差別撤廃条項」の否決をうけて、アメリカという主要なフロンティアは日本人に閉じられていき、一九二四年の新移民法（排日移民法）の成立で、アメリカへの新規移民は事実上できなくなった。[★2] かくして東アジアは、とりわけ「満洲国」の建国以降、日本社会の多様な背景を有する人々にとって、共通のフロンティアになった。

フロンティアに赴く人々の目的は、「成功」だった。そして、フロンティアから戻り、選挙区（故郷）で衆議院議員（名士）となることは、まさしく「故郷に錦を飾る」行為であり、際立った成功の証の一つだった。古川隆久によれば、明治・大正期の衆議院議員たちが政治家を志望した動機を一般化すれば、「人に認められたいという、誰にでもある願望を実現する手段として政治家を選んだ、あるいは政治家を選ぶ運命にあった」ということになる。[★3] 海外渡航者が故郷に戻り、衆議院議員という名士になるための条件は、主としてフロンティアで富裕になることだったであろうが、フロンティアにおける、あるいはフロンティアに関わるメディアで執筆し、名声を博すことも、名士となるための有効な手立てだった。

しかし、再び古川によれば、「代議士になるためには、立候補する選挙区の票を取りまとめる立場にある地域有力者の支持を取り付ける必要」があった。そして、地域有力者が政治に求めていたことは「地域社会の安定を可能な限り維持した上での地域の発展」だった。したがって本章の主題である「海外経験を持つメディア議員たち」は、議席を得る上で、いわば二重のハンディキャップを課せられていたことになる。すなわち、メディアでの活動は、近代日本社会の中央＝東京で行われている限り、それが留学経験や特派員経験に裏打ちされた、いかに華々しいものであっても、「地域」の人々にとっては間接的な関心の対象であり、ましてや、そのメディア活動が海外で行われたとすれば、地域との結びつきはなおさら弱いものだったから、である。それにもかかわらず、本書巻末資料によれば、メディア議員たちのなかで相当数が、留学、海外のメディアでの活動、特派員としての活動、従軍報道などの海外経験を有しており、むしろそれをスプリングボードとして衆議院議員の地位に至ったことが示されている。

本章の目的は、こうした人物たちが、課せられたハンディキャップを克服し、むしろ海外経験を資産としながらメディア議員となりおおせた経緯について、考察することである。そのために、まず、海外経験を持つメディア議員たちの概観を行う。彼らの海外経験はアメリカを舞台とすることが多かったから、アメリカでメディア活動を行い、衆議院議員となることを目指した人々について検討する。

ついで、近代日本社会にとってもう一つの主要なフロンティアだった東アジアに目を転じ、上海にあった東亜同文書院卒のメディア議員たちを取り巻いていた条件・環境を整理する。そして、さらに具体的に、同校卒のメディア議員五名（一宮房治郎（112）、小谷節夫（354）、神尾茂（263）、松本忠雄（839）、齋藤正身（406））の分析を行う。[★4] そのうちの一人である小谷は、一九三七年八月の時点で、「四百六十六人の代議士中、英語の話せる人は恐らく過半数に達するであらうが、支那語の話せるは幾人あるか。五指を屈するに足りないと思ふ」と述べていた。[★5]このような状況下、東亜同文書院卒のメディア議員たちは「帝国」を代表する衆議院議員となる可能性を秘めていたのかどうかを、最後に検証したい。

1　海外経験を持つメディア議員たちの概観

データ上の概観

メディア議員たちが行った海外経験として注目すべきなのは、海外留学、海外でのメディア活動であり、後者はさらに、現地のメディアでの活動、特派員としての活動、従軍報道に分類できる。また、海外経験が行われた地域としては、おおまかに、アジア、アメリカ、ヨーロッパに分類するのが適当だろう。

よく知られているように、日本政府によって選抜されて国費留学を行った官僚たちの行く先は、ヨーロッパであることが多かった。これに対して民間から留学を目指し、あるいは海外でメディア経験を積むことを志した将来のメディア議員たちは、以下で見るように、圧倒的にアメリカに親近感を抱いていた。

データの具体的な検証に入りたい。「海外に留学した経験がある」、「海外でのメディア活動の経験がある」という二つの条件のいずれか、あるいは両方をクリアするメディア議員たちを本書巻末資料にもとづいて拾うと、一五七名である。そしてこれらを、海外留学経験の有無、海外でのメディア活動の有無に応じて分類すると、以下の三つのグループに分けられる。すなわち、⑴海外留学経験がなく、海外でのメディア活動がある者が五九名、⑵海外留学経験があり、海外でのメディア活動がない者が六七名、⑶海外留学経験があり、海外でのメディア活動がある者が三一名である。

⑴、⑵、⑶について、それぞれ、メディア活動の内容ごと、留学した地域ごとに分類を行った結果が、表1、表2、表3である。いずれの表でも、メディア活動の内容別、留学した地域別のカテゴリーは、全員を生年順

表１　海外留学経験がなく、海外でのメディア活動の経験があるメディア議員たち

	メディア活動の内容	人	姓名（生年順）
①	台湾でメディア活動	9	金子圭介、山移定政、中村啓次郎、坂本素魯哉、田川大吉郎、佐々木安五郎、松井鉄夫、坂口主税、小田栄
②	日清戦争に従軍記者として参加	3	楠目玄、古島一雄、大門恒作
③	アメリカでメディア活動	5	頭本元貞、山口熊野、森田小六郎、中村嘉寿、堤隆
④	満洲・関東州でメディア活動	6	松本誠之、児玉右二、木下栄、内海安吉、大石ヨシエ、久保田豊
⑤	朝鮮でメディア活動	7	安達謙蔵、深見清、池田秀雄、桜内幸雄、牧山耕蔵、山道襄一、高倉寛
⑥	日露戦争に従軍記者として参加	3	吉良元夫、永田新之允、武田徳三郎
⑦	マスメディアの特派員として勤務	17	浜田精蔵、鷲沢与四二、山森利一、竹内克巳、箸本太吉、鈴木正文、細川隆元、馬場秀夫、福田一、聴濤克己、和田敏明、佐々木盛雄、浜田尚友、石田博英、藤尾正行、青木正久、田中六助
⑧	シベリア出兵に従軍記者として参加	2	青木精一、浅井茂猪
⑨	樺太でメディア活動	2	沖島鎌三、正力松太郎
⑩	台湾・満洲・関東州でメディア活動	1	永田善三郎
⑪	朝鮮・満洲・関東州でメディア活動	1	山崎猛
⑫	中国でメディア活動	3	杉田馨子、戸叶里子、福家俊一
計		59	

に並べて、そのカテゴリーに属する人物が最も早く現れた時代順に排列してある。

表1～3から、いくつかの特徴を読み取ることができる。まず、いずれの表でも、アメリカの存在感が際立っている。表1を見ると、海外で留学はせず、メディア活動だけを行ったメディア議員のうち、アジア以外で、また、マスメディアの特派員以外の形でメディア活動を行った者たちは、それらの経験をすべてアメリカで行っていた（③の五名）。また、表2を見ると、海外で留学だけを行ったメディア議員のうち、アメリカへ留学した者は、複数国にまたがる者を含めて四一名おり、六〇％を占める（B、F、Jに属する者たち）。さらに表3でも、

表2　海外留学経験があり、海外でのメディア活動の経験がないメディア議員たち

	留学した地域	人	姓名（生年順）
(A)	イギリス・中国に留学	1	山崎猛
(B)	アメリカに留学	26	根本正、柴四朗、横井時雄、大石熊吉、佐藤虎二郎、粕谷義三、相島勘次郎、頼母木桂吉、武藤山治、関和知、石橋為之助、児玉亮太郎、大石五郎、高橋熊次郎、大島高精、笠井重治、湛増庸一、小林絹治、新妻イト、高橋清治郎、田中斉、田原春次、原健三郎、永末英一、小宮山重四郎、秋葉忠利
(C)	フランスに留学	3	宮城浩蔵、加藤恒忠、林毅陸
(D)	イギリスに留学	7	末松謙澄、杉浦重剛、斯波貞吉、工藤鉄男、小山完吾、土屋興、西岡竹次郎
(E)	ドイツに留学	3	有森新吉、山谷徳治郎、原惣兵衛
(F)	米欧に留学	14	蔵原惟郭、西村丹治郎、高橋光威、大山郁夫、堀切善兵衛、北昤吉、堀川美哉、中野正剛、田中武雄、唐沢俊樹、窪井義道、野中徹也、武藤嘉一
(G)	欧州諸国に留学	6	山田禎三郎、三土忠造、永井柳太郎、渡辺銕蔵、榊原千代、風早八十二
(H)	「海外に遊学」＊	1	橋本喜造
(I)	中国に留学	1	川上法励
(J)	米中に留学	1	清水留三郎
(K)	東亜同文書院に学ぶ	1	松本忠雄
(L)	カナダで中等教育	1	山本宣治
(M)	満洲法政学院に学ぶ	1	玉置信一
(N)	独中に留学	1	薩摩雄次
(O)	台湾で中等教育	1	山中貞則
計		68	

＊は、「遠く海外に遊学する身」となり、「数年、専ら海運船舶の事業を研鑽」したことまでしか確認できなかった（人物評論社編輯部『時代を創る者・財界人物編　第四輯』人物評論社、1938年、68頁）。

海外留学と海外でのメディア活動の双方を行ったメディア議員のうち、アメリカへ留学した者が二〇名おり、六五％を占めている（イ)、(ウ)、(カ)、(ク)、(ケ)、(シ)、(ス)に属する者たち）。

次に、表1、表3からは、以下のような世代的変遷を読み取ることができる。

まず表1では、海外留学をせず、メディア活動だけを経験したメディア議員たちのなかでは、すでに取り上げた③（アメリカでメディア活動をした者たち、五名）から、⑦（マスメ

表3　海外留学経験があり、海外でのメディア活動の経験があるメディア議員たち

	留学した地域	メディア活動の内容	人	姓名（生年順）
(ア)	中国に留学	中国でメディア活動	2	井手三郎、石本鏆太郎
(イ)	アメリカに留学	アメリカでメディア活動	10	菅原伝、加藤十四郎、日向輝武、川崎巳之太郎、星一、清瀬規矩雄、笹森順造、中嶋太郎、石崎千松、頼母木真六
(ウ)	米欧に留学	日露戦争に従軍記者として参加し、満洲でメディア活動	1	岡部次郎
(エ)	イギリスに留学	イギリスでメディア活動	1	望月小太郎
(オ)	中国に留学	日清戦争に従軍記者として参加し、台湾でメディア活動	1	野間五造
(カ)	アメリカに留学	アメリカ・中国でメディア活動	1	松本君平
(キ)	欧州諸国に留学	朝鮮でメディア活動	1	井上雅二
(ク)	米欧に留学	アメリカでメディア活動	2	植原悦二郎、布利秋
(ケ)	米欧に留学	マスメディアの特派員として勤務	1	神田正雄
(コ)	東亜同文書院に学ぶ	中国でメディア活動	3	神尾茂、一宮房治郎、小谷節夫
(サ)	欧州諸国に留学	中国でメディア活動	1	柏田忠一
(シ)	米欧に留学	シベリア出兵に従軍記者として参加	1	最上政三
(ス)	アメリカに留学	マスメディアの特派員として勤務	4	栗山長次郎、楠山義太郎、今尾登、殿田孝次
(セ)	東亜同文書院に学ぶ	満洲でメディア活動	1	齋藤正身
(ソ)	オーストリアに留学	マスメディアの特派員として勤務	1	吉川兼光
計			31	

ディアの特派員として勤務した者たち、一七名）へ、いわば「主流派」の交代が起こっていた（これに対して、①台湾、④満洲・関東州、⑤朝鮮でのメディア活動者たちの生年は、さほどの時期的な偏りを見せていない）。図1を参照されたい。

③の世代は、主として、海外留学をするほどの経済的な基盤を持たず、しかし、民主主義の国、輿論の国であるアメリカでメディア活動を体験することによって、その知見を日本の政界に還流させた人々だった。★6 これに対して⑦の世代は、日本

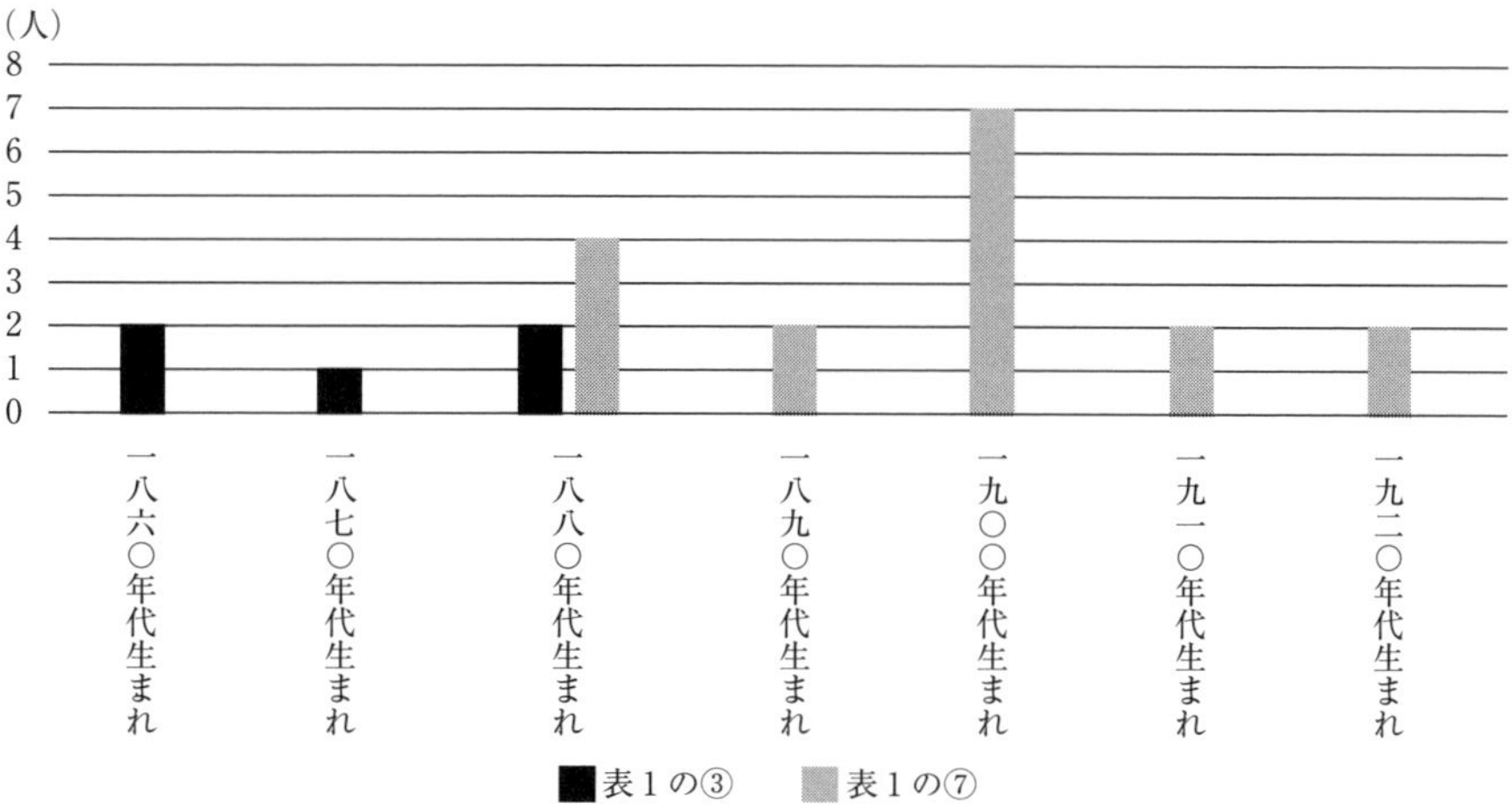

図1　③「アメリカでメディア活動」から、⑦「マスメディアの特派員」へ

社会の「近代化」がある程度軌道に乗った時期に高等教育への就学年齢に達した人々であり、新たなエリート層の出身者だった。つまり、もはや海外留学せずとも日本社会で満足できるレベルの高等教育を享受することが可能になっており、さらに大学卒業後は、やはり一定の社会的ステータスを得るに至ったマスメディアに就職することが期待できるようになっていた。表3でも、アメリカに留学し、アメリカでメディア活動をした者たち一三名（(イ)、(カ)、(ク)）から、アメリカに留学し、マスメディアの特派員として勤務した者たち五名（(ケ)、(ス)）への、世代交代が起こっていたことが読み取れる。図2を参照されたい。

他方、将来のメディア議員たちのアジアでの海外経験のありように関しては、まず、アジアを留学先に選ぶ意欲が極端に低かったことが、表2、表3から明らかである。近代日本社会そのものが、学ぶべきは欧米の学問であり、それに追いつき追い越すのを「国是」としていた以上、驚くべきことではないのだろう。逆に、それゆえに、東亜同文書院で学んだメディア議員たち五名（表2の(K)、表3の(コ)、(セ)）の特異さが際立つことになる。

したがって、やがてメディア議員となる者たちとアジアとの関わりは、圧倒的にアジアでのメディア活動を通じて生じた。まず表1からは、戦争などによる日本の影響力の地理的

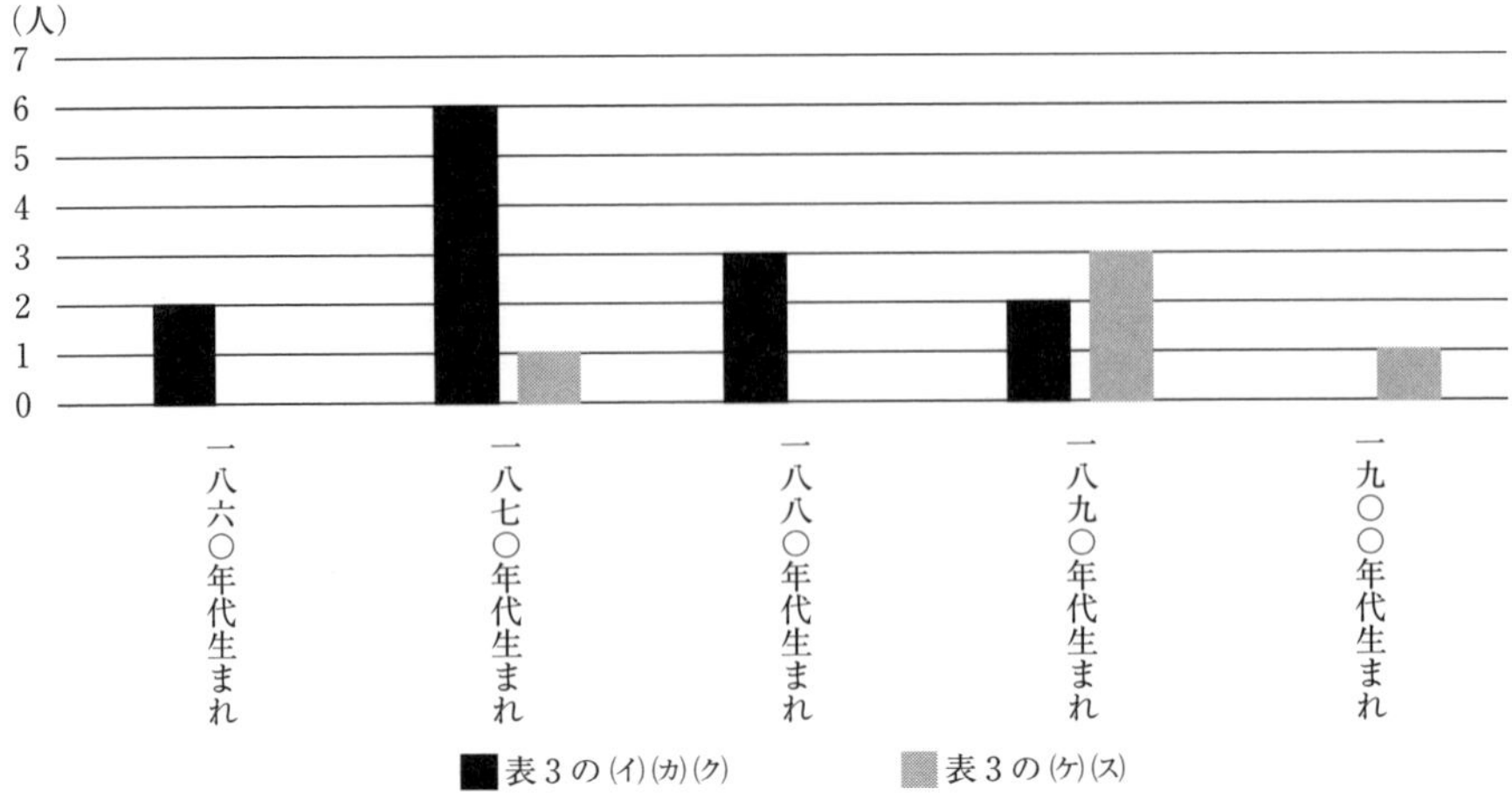

図2　(イ)(カ)(ク)「アメリカに留学してアメリカでメディア活動」から、(ケ)(ス)「アメリカに留学してマスメディアの特派員」へ

範囲の広がりと、該当する人物たちがメディア活動をした地域の広がりが明快に対応していることがわかる。①台湾→④満洲・関東州→⑤朝鮮→⑨樺太→⑩台湾・満洲・関東州→⑪朝鮮・満洲・関東州→⑫中国という順である。これに対して表3では、中国でメディア活動を行った者たちが、比較的コンスタントにあらわれている。海外留学経験（東亜同文書院を含む）を有する者たちにとっては、日本の植民地になった（なりつつあった）地域よりは、列強が競合し続ける中国のほうが、メディア活動を行う場所としてより魅力的であり、彼らに対するメディア側からの需要も大きかった、ということだろうか。

　将来のメディア議員たちが、日本国家が行った、アジアでのどの戦争で従軍報道を経験したのかは、当然だが、表1、表3で、ほぼその発生順にあらわれている。海外留学経験のない表1の人物たちのほうが、海外留学経験を有する表3の人物たちよりも戦地に赴く可能性が高かったのは、双方に与えられた人的資源としての評価の差を暗示しているのだろうか。

アメリカへ留学し、あるいはアメリカでメディア活動を行ったのち、衆議院議員を目指した人々

日本社会からアメリカへの初期の渡航者のなかでは、留

学生が高い比率を占めていた。[7]そして前項で見たように、とりわけ日本社会が「近代化」を始めた早い段階で、つまり「政治のメディア化」の第Ⅰ局面に青年期を迎えた、将来のメディア議員たちの多くにとっては、アメリカで学び、あるいはアメリカでメディア活動を行ったことが、そのキャリアの形成上、重要な因子として作用した。こうした人々を具体的に検証すると、その社会的背景、アメリカへ赴くことを決意した経緯などに関して、一定の特徴が見えてくる。

その社会的背景に関しては、「明治維新」という変化によって不利益を被ったか、それがもたらす便益をつかみ損ねた（と考える）社会層の出身者が多い。徴兵義務を回避する目的でアメリカへ渡ろうとした例も、頻繁に見られる。[8]アメリカへ渡るにあたっては、キリスト教信仰への接近を利用しようとする傾向が見られる。日本社会が近代化を始める以前の事情から、一定の知的準備と上昇志向を持ちながらも、その属する家系が近代化の開始に伴う権力の再配分に際して「誤った側」に位置したため、日本社会では得ることが困難だった「機会」を、アメリカ社会で手にすることを企図した人々だった、とまとめてよいであろう。メディア議員ではないが、アメリカでの就業ないし留学経験を、そのキャリア形成の出発点ないしは核とした高橋是清（本書の序章では、高橋が毎日新聞社で翻訳を行っていた体験を社史から引き、「メディア関連首相」としている）や松岡洋右（「メディア・パフォーマンス型」政治家の典型とされる）なども、これらの人々に近い存在だったと考えられる。

神繁治『移民ビブリオグラフィー――書誌でみる北米移民研究』（二〇一六年）は、日本社会から北米へ渡った移民に関する研究についての網羅的な紹介を行っているが、北米移民に関わる人物史的研究のレヴューでは、興味深いことに、メディア関連の人物たちだけが取り上げられている。[9]ハワイに関しては六名、アメリカ本土に関しては一二名、カナダに関しては一名が紹介されており、これら一九名のうち、日本へ戻って衆議院議員になったのは星一（798）のみ、である。つまり、アメリカでのメディア経験を有したメディア議員の数は比較的多かったし、また、アメリカ移民の人物史的研究がメディア関係の人々を主な対象としてきたのにもかかわらず、日本社会へ戻って衆議院議員となった人物に関する研究は多くない、ということになる。また、唯一取り上げられた星一にしても、その息子であり、高名なＳＦ小説作家の星新一が父親の生涯についていくつかの著述を残したが、一次資料に依拠した本格的な研究は存在しない。[★10]

こうした状況（アメリカでのメディア経験を有するメディア議員たちについての、人物史的研究の低調さ）は、何に起因するのか。日米二つの社会のありようを体験し、その双方に一定の影響を及ぼした人々なのだから、それなりに興味深い研究対象であろうと、一応は推定できる。しかし彼らは、彼らをその守備範囲に取り込んでおかしくない二つの分野の研究者たちにとって、いわば物足りない存在なのかもしれない。すなわち、近代日本社会の政治史に関心を持つ研究者にとっては、日本政治の舞台に突如現れる闖入者であり、また、日本政界に一定のパトロンを持たなければ議席を得ることが困難な、陣笠議員の一人に見えがちなのではないか。また、移民史に関心を持つ研究者の目には、移住先のメディアで活躍したとはいえ、結局日本社会へ戻り、衆議院議員となって「功成り名遂げた」人物であり、移住先での経験を踏み台としか考えることのなかった、中途半端な存在として映じるのでは、と考えられる。

他方、ハワイで日本語新聞の発行に関わった人々の動向について、鈴木啓『ハワイの日本語新聞雑誌事典１８９２―２０００』（二〇一七年）が明らかにしており、そこで取り上げられた者たちのなかでは、日本社会へ戻ったのちに衆議院議員となった人物として、岡部次郎（221）と堤隆（598）の二名がいる。[★11]

２　東亜同文書院卒のメディア議員たちを取り巻いていた条件・環境

海外でのメディア活動を通じてキャリアを形成した人物が、政治的野心を抱き、政治家となる適性が自分にあると考えたとしても、どうすれば日本社会で衆議院議員となるための選挙区を手に入れることができるのか、という課題は、東アジアでメディア活動を行った者たちにとっても、容易には解決できないものだった。ただし彼らには、自分たちはアメリカ帰りの人々とは異なる、と主張することを可能にする側面があった。すなわち、自分たちは日本帝国の影響範囲の拡大に応じて東アジアでメディア活動を行ってきた、いわば「帝国の尖兵」でもあり、したがって「帝国の代表」として衆議院議員になっておかしくないはずだ、との観点である。

実際には、東アジア帰りのメディア活動経験者も、日本に戻って選挙区を手に入れるには、日本政界の有力者との間でコネクションを持つ、あるいはネットワーキングを行うことが不可欠だった。しかし、彼らの東アジアでの活動は、帝国の影響範囲の拡大という日本社会のエスタブリッシュメントの方針に沿うものだったし、東アジアに関する専門家としての彼らの知見や技能は、政治家たち、軍人たちの目から見れば、存分に活用すべきものだった。したがって、日本社会の選挙区に「降下」する上で、アメリカ帰りのメディア議員志望者に比べれば、明らかに優位に立っていた、ということになるだろう。

こうした意味では、東亜同文書院卒で東アジアでのメディア活動の経験を持つ者たちは、さらに有利な条件を持っていた。東亜同文書院は、そのパトロンとして多くの日本政界の有力者を擁しており、また、東亜同文書院の学生の多数は、郷里の中等学校で取り分け優秀な成績を収めて道府県から派遣された者たちであって、すでに東亜同文書院に入学した時点で、郷里の「輿望」を担う存在でもあったから、である。

「中国エキスパート」養成機関としての東亜同文書院

一九〇一年、東亜同文書院に第一期生が入学した。同校は特異な入学者選抜制度を有しており、中等教育機関で際立って優秀な成績を収めた青年たちを集め、専門性の強い教育を数年間上海で施し、半世紀にわたって四千数百名の卒業生を送り出した。卒業者たちは「外交・行政、経済・貿易、ジャーナリズム、研究などの分野」で「中国エキスパート」として活動した[★12]。

江頭数馬によれば、上海という中国の開港場に東亜同文書院が誕生したのは、むしろ清朝の地方実力者からの要請にもとづいており、卒業者たちによって中国の産業が開発され、日中の貿易が振興されることが期待されていた[★13]。具体的には、中国語教育、中国学、そして同時期の日本社会の商業学校的な教育を柱とした。その後、日本の学制に従って四年制の高等商業学校となり、一九三九年には商科系中心の大学に昇格した。

東亜同文書院という組織自体が、日本社会と中国社会の間で「メディア」として機能した、とも表現できる。東亜同文書院の母胎であり、同校を管理し、運営する上部団体だった東亜同文会は、一九世紀末から一九四〇年代にかけて、民間組織と半官機構の二重の資格で日中「両国の官の間、官民の間、民衆の間にあって、直接これらをつないでいく機能」を果たした。[14] 東亜同文書院の卒業生たちは、日本社会と中国社会の間で枢要な役割を果たしていくことを約束されていたことになる。

ただし、教育機関としての東亜同文書院のアイデンティティは、その歴史を通じて変化していた。当初から日本陸軍との関係が深かったが、[15] 満洲事変の発生を受け、卒業者の多くを「満洲国」の経営に送り込むという形で、同地域へのコミットメントが大きくなった。中国社会全般を専門とするビジネス・スクールから、中国社会の一部（満洲）を運営する人材の養成機関に変化したようにすら見える。たとえば、第四〇期生は、以下のような回想を残した。[16]

> 大学昇格に触発されたかのように擡頭してきたのがアカデミズムへの憧れだった。〔中略〕こうした流れが伝統に立つ書院精神にぶつかる時、幾つもの渦巻きを生じさせることも自然の理であった。〔中略〕部屋の扉に麗々しく「高文受験のため寮回りはご遠慮下さい」の一文がある。部屋の主は広長敬太郎。まずこれにかみついたのが阿久津房治、柔道部に籍を置き、尚志会のリーダーである彼は某夜広長を院子に呼び出し、論戦を挑んだ。「君は何のために書院に入学したのか。高文を目指すならば、よろしく内地の帝大にでも行くべし。書院の使命を何と心得るか」という次第。これに対し広長の答えは、「僕は大陸の各地を回って書院卒業生が中央の政策の実施機関として働いているのを見た。中央にあって政策決定者となるために高文を目指すのが僕の目標である」というもの。

東亜同文書院が大学へ「格上げ」されたことを受けて、その学生たちのなかに「帝国の官僚」への指向性が強まったことを示すエピソードであろう。

東亜同文書院に入学した者たちの、社会的背景

東亜同文書院の入学者選抜の基軸は、各道府県からの「公費派遣制度」だった。この制度の存在が、入学者の社会的背景を強く規定したと考えられる。第一六期生は、同制度について、次のように述べていた。

学生自身は金銭上の心配は一切無用、遠く海を隔てた大陸に建てた学校に送り込まれて全寮生活。三百余人の同住同食の同志が北は北海道から南は台湾まで、天下の逸材を集めた類例のない特殊学校が東亜同文書院だ。

その子弟に中等教育を受けさせる程度の文化的、経済的な資産は有するが、高等教育へまで送り出すことはためらう社会層の出身者を、中学校での学業成績という「メリット」にもとづいて日本全国から選抜し、卒業後に日中関係運行上の主要なメディアとして機能させるべく、無償で教育を施す、というプログラムだったわけである。別の言い方をすれば、そうした方針を支持する日本社会全体のコンセンサスがなければ持続させることが困難な、至って長期的でコストもかさむプログラムが、比較的スムーズに運行されていた、ということになる。

第二〇期生以降は、満鉄からの「給費生制度」が始まった。また、その前年度から、すでに外務省が「委託生制度」を始めていた。

満鉄派遣の第一回生は、社員から四名、中学卒業生から十四名という大量の給費生を、書院に送り込むことができた。〔中略〕その後の二〇年間、人員の増減こそあったが、満鉄からの派遣生は続き、その数は百三〇名に達し、満鉄社内に一大光彩を放ったことは余人のよく知るところである。

第二一期生は、自分たちの出身背景について、次のように整理している。

入学者の色分けを見ると、満鉄よりの二回目の派遣生が二十名、これがグループとしては一番人数が多かった。外務省留学生（第三回目）としての委託学生が四名、他は府県の派遣生であった。府県では、愛知（八名）、福岡（七名）、長崎（六名）、鹿児島（五名）、新潟・長野・滋賀・広島・高知・佐賀・熊本（各三名）などが多かった。私費生も数名いたように思う。

本書の第二章、第三章で扱われた、福岡・鹿児島・熊本や長野など、「新聞県」からの出身者が多いことは注目に値する。海外留学への憧れとジャーナリズムへの関心には、確かに重なる部分が大きいように思われる。「満洲国」建国以後、日本社会一般で「大陸」への関心が高まったことを受けて、入学希望者が著増した。第二一期生の中では「私費生」は「数名」に過ぎなかったが、第三六期生のなかでは「全国から集まった県費派遣生、私費留学生約半数ずつあわせて百余名」になっていた。

東亜同文書院からメディアへ

東亜同文書院出身者のメディアでの活動は、まず、中国で発行されていた漢字新聞・邦字新聞・英字新聞で開始され、その後、日本で発行される新聞へと広がった。[★17] しかし、一九〇五年以降の中国新聞界では、中国人側の民族意識の高揚により、外国人による漢字紙の存在する余地がなくなっていった。逆に、日本の政治的経済的進出が加速するのに比例して、中国全土に日本語紙が増加することになった。[★18] 他方、日本で発行される新聞においては、東亜同文書院出身者は「中国問題専攻のエキスパート」と見なされるようになり、東亜部長や論説委員となる者もあらわれた。[★19]

『東亜同文会史・昭和編』に掲げられた「東亜同文書院卒業生職業別分布状態一覧表（大正一五年九月末調査）」は、東亜同文書院の歴史の前半期における卒業生たちの就職状況を示しており、それによれば、その時点での卒業者一五九八名のなかで「新聞記者」は五二名、全体の三・三パーセントだった。[★20]

さらに、同時点での、東亜同文書院出身新聞記者たちの地理的な分布は次のようだった。「日本内地」は一九名（京浜が七名、阪神が六名、その他が六名）。「朝鮮及台湾」が一名。「支那各地」は三二名（上海が七名、漢口が一名、北京・天津が六名、青島・済南が四名、大連・旅順が三名、奉天が九名、その他が二名）。「外国」（欧米）には一人もいない。日本よりは中国で活動しており、その中国では、上海、華北、満洲が鼎立していた、ということになる。

同表では、東亜同文書院出身者たちの新聞社内部での地位も地理別に示されている。「社長及副社長」は四名おり、「日本内地」の京浜・阪神以外で二名、「支那各地」では青島・済南に一名、奉天に一名だった。全部で五名いた「主筆」に関しても、「日本内地」の京浜・阪神以外で二名、「支那各地」では、大連・旅順に一名、奉天に二名だった。東亜同文書院出身者は、それぞれの地方の中心地に所在する新聞社では、経営・編集のトップにたどり着きにくかった、ということだろうか。

しかし、第二八期生を下限として、東亜同文書院出身者のメディアへの進出はふっつりと途切れた。第二九期生から第三六期生までのなかでメディアへと進んだのは、わずかに二名だけだった。そのようになった理由を、『東亜同文書院大学史』は、「時局逼迫のため言論の自由が束縛されるようになったこと、満洲、支那事変で大陸景気が出たことなどで経済的に余り恵まれない新聞関係希望者が減ったことなどによる」と説明している。[★21]

3　東亜同文書院卒のメディア議員たちの分析

東亜同文書院卒のメディア議員たち五名は、ほぼ同じ世代に属していた（一八九七年生まれの齋藤正身を除いて、残りの四名はすべて一八八〇年代生まれ）。本書の第二章は、この世代を「第二世代」と呼び、彼らは「大正期ごろから、高等教育を受け、県外で新聞記者を経験、弁護士や議員秘書等を経て、政界進出を図」ったとし、以下で取り上げる松本忠雄を、その世代の「典型例」の一人としている。

①一宮房治郎（第一期生、一八八四〜一九四八年）

一宮のキャリアは、東亜同文書院の運命とほぼ同期していた。第一期生として入学し、卒業後は東亜同文書院の上部団体である東亜同文会の幹部になり、太平洋戦争後は東亜同文会と東亜同文書院双方の最期を看取ることになった。一宮は「政治のメディア化」の第Ⅱ期を体現する、中国情勢を専門とするプロフェッショナルなジャーナリストであり、それを背景としてメディア議員になった人物だった。

一宮は大分の出身だった。東亜同文書院を一九〇四年に卒業するのと同時に、中国語新聞『順天時報』（一九〇一年に北京で創刊されていた）の主筆となり、『大阪朝日新聞』の通信員嘱託も兼ねた。日露戦争終結後の一九〇六年に奉天で中国語新聞『盛京時報』が創刊されると、一宮はこれに参加し、主幹兼主筆となった。そのかたわら、外務省嘱託も兼ねている。『盛京時報』も、一九〇五年以降、日本政府外務省が直接経営することになった[★22]。日露戦争終結後の一九〇七年以降、日本政府外務省から補助金を得ることになった[★23]。一宮は一九一一年に兵役を済ませ、大阪朝日新聞社に入社した。北京と大阪の間を往復しながら、「蒼鷹公」と称して辛亥革命後の中国情勢に関する論説の執筆を担当したが、一九一六年に退社している。日本が中国から山東半島を租借することに反対する論説を書き、これを見た大隈内閣が大阪朝日新聞社に圧力を加えた結果だった、とされる[★24]。

一宮は奉天に赴き、『盛京時報』の社長として迎えられたが、一九一七年の第一三回総選挙に際して大分県第一区で立候補して当選し、以後七回当選することになった。その間の所属政党は、立憲政友会→政友本党→立憲民政党である。

一宮は一九一〇年代後半には代表的な中国問題論者と見なされるようになり、東亜同文会では調査編纂部を主宰した[★25]。東亜同文会の機関誌『支那』は一九一九年一月にパリ講和会議が開始されたのを受けて、日中共存問題について論じ始めたが、一宮は、一九一九年三月に同誌で発表した「支那門戸開放と我国」で、日中共存の原則は、日本が「支那に対して徹底的門戸開放を要求すると共に、支那人の権利を擁護し、支那の主権を尊重する」ものでなければならない、と主張した。しかし他方で、第一次大戦以来、中国が産業保護政策を続行することで日本企業に損害が出ており、中国のこうした政策は日中共存の大義に反するとともに、中国の発展にも役立たない、とも述べていた。[★26]

一九一九年四月、山東問題がパリ講和会議の首脳会議に上程されると、一宮は五月に「日支関係の危機」を『支那』で発表し、山東問題による日中関係の危機は、中国側が「夷を以て夷を制する」外交を行おうとするために生じており、日本がドイツの利権を獲得するのは当然であって、中国の対日非難は不条理だ、とした。一宮は、ほぼ同じ時期にパリ講和会議で人種差別撤廃問題が「正義人道の本家たる英米に依つて葬ら」れたことに強く憤っており、「某々の諸国〔英米〕が支那に対して歓心を買うに急なる、支那人より之を見れば有力なる味方を得たるの感なきにあらざるべし」と指摘した。[★27] また一宮は、やはり『支那』で五月に発表した「巴里会議と支那」において、中国全土に広がった五・四運動は「全く一部野心政治家の扇動」によるものだ、と主張した。[★28] 英米への一宮の嫌悪感はさらに高まりを見せ、「〔パリ〕講和会議員は、名は世界の改造を以て称せらるゝと雖も、其実英米即ちアングロサクソン人種の優越権を確立せしものにして、ドイツの軍国主義に次いで来るべきものは英米の資本主義的帝国主義」だ、とも述べている。[★29]

一九二四年夏から一九二五年五月にかけて一宮は世界一周旅行を行い、帰国して半年後に、『赤露より帰りて』を刊行した。[★30] 第一次世界大戦後の世界情勢を漏れなく観察しようとする旅程になっており、東亜同文書院での最終学年に経験した「大旅行」を世界規模に拡大して再現しようとしたもの、と考えられる。一宮は、革命後のロシア社会の実態だけでなく、「米国に於ける軍国主義的帝国主義の体現せられつつある事実」にも注目していた。[★31]

他方、政界において一宮は民政党の総務になり、その「重鎮」の一人と目されるようになっていた。[★32] 高橋是清内閣では農商務大臣山本達雄の秘書官となった。[★33] 一九二八年、張作霖爆殺事件が起こった直後に一宮は「田中外交の総決算」を『外交時報』に発表し、田中義一内閣の「満蒙の治安維持と特殊権益の保護とを強調」する政策を痛烈に批判した。張爆殺に関しては「変死」とだけ記しているが、「満洲に於て政治的進出を試みやうとする」田中のような日本の「軍閥」を戒め、中国社会における排日運動が過去に見られないほどの広がりを見せていることを警告し、「我日本の対支国政策は、支那四億の民衆と親善なる関係を維持し、国家としても個人としても暖かな気持で支那民衆の心を把握し、グンぐ経済的結合を進めて行くのでなければならぬ」と主張していた[★34]。一宮が、初期の東亜同文書院出身者としてのアイデンティティを強く保持していたことが察せられる。浜口雄幸内閣では、内務参与官となった。東亜同文会の主要なパトロンだった近衛家の当主、近衛文麿と一宮の関係は密接であり、第一次近衛内閣では海軍政務次官、内閣委員、大東亜省委員となって近衛を支えている。鶴見祐輔によれば、「日独同盟に反対して、〔一宮〕氏は同志とともにその阻止に奔走し、日米開戦を憂慮して各方面を説伏せんとして努力」した[★35]。

太平洋戦争が始まると、一宮は一九四二年四月の翼賛選挙で「翼賛推薦候補」として当選した[★36]。太平洋戦争終結後、東亜同文会は、会長の近衛が自殺し、阿部信行副会長（朝鮮総督）、津田静枝理事長（海軍中将）、理事長事務代行の一宮が追放処分を受けたため、一九四六年一月、解散することを決定した[★37]。解散手続きを進めるのにあたって一宮は「複雑な事情の中で苦労した」とされる[★38]。

②小谷節夫（第五期生、一八八五～一九五九年）

小谷は岡山の出身で、東亜同文書院を一九〇八年に卒業し、古河鉱業に入社した。大連で勤務したが、一九一六年に古河を辞して青島で天祐公司を設立し、貿易業を始めた。

一九二一年一一月、原敬（739）総理大臣が暗殺されたのに触発され、『原さん（白頭公側面観）』を刊行した[★39]。小谷にとって原は、メディア議員としてのロールモデルだった。のちに小谷が青島で新聞を創刊するのは、原が『大阪毎日新聞』、『大阪新報』を経営したことに影響を受けたからであり、また、青島で活動を続けたのにもかかわらず、小谷が岡山で衆議院議員としての選挙区を得ることができたことについても、原との関係が作用していたと考えられる。原に比べればはるかに小粒だったが、帝国を舞台としてメディアを操作することで自らの目的を達成しようとするメディア議員だった、と見なすべきだろう。

一九一一年四月に原が「北支漫遊」を行った際、小谷は古河鉱業の社員として随行員の役割を果たし（原は古河の顧問だった)、以後、原が亡くなるまで、接触を続けた。[40] 原の首相在任中の一九一九年、小谷は青島居留地問題について陳情を行うため、ほかの「上京委員」たちとともに官邸の応接室で原と面会したが、すでにその前日、総理大臣事務室で「総理大臣と、机を中に向かい合つて一時間半余、いろ〱と申上げた時、縷々急所〱では、反問せられつゝ問題のすべてをよく聞いて」もらっていた。[41]

原の遺志を継ごうとする小谷は、「日本国民をして善く中国の実情を理解し、其敬すべく親むべきを知悉せしめん」ことを目的として、『何人も知らねばならぬ支那の智識』を一九二二年一二月に東京で刊行した。[42] さらに一九二三年一〇月には『中華民国と帝国日本(受難の日本=法滅の支那)』を今度は青島で刊行した。同書には日本語版と中国語版があり、「華文は、これを中国諸公の一読に供し、日文はこれを日本国民に分つ」ことが目的だった。[43]

小谷は一九二四年の第一五回総選挙に際して郷里の岡山県第二区で立候補するが、落選した。一九二五年には青島でメディア活動を開始し、『青島新報』(日本語紙)、『大青島報』(中国語紙)の両新聞を創刊している。一九二八年の第一六回総選挙で初当選し、以後四回当選した。衆議院議員となったのちも、小谷の政治・経済活動は山東ないし青島で行われた。[44]

小谷は、一九三七年八月刊の『文藝春秋』臨時増刊号(「日支の全面激突」)に「在留日本人は斯く叫ぶ」を寄稿し、「帝国政府は速やかに日本の欲望の限度を示し満洲国の存在はもはや論議の余地はないが、北支那に対しては必ずしも領土的野心を有するものではなく、たゞ山東省を含む北支一帯の地は満洲国とは重大関係を有する地域である故、軍事的政治的にも特殊の取極めを必要とし、更に経済的に一層緊密なる関係を要望する。中部南部の支那に対しては排日だのボイコツトだのと言ふことなく、通商貿易のよい相手方であつて貰へばよいのだと言ふやうな意思表示をしてはどうか」、と述べた。中国社会で活動する日本人たちの最大公約数的な要望を代弁しようとしていた、ということであろう。[45]

小谷は一九四二年の翼賛選挙でも「翼賛推薦候補」として当選したが、[46] 一九四六年に公職追放となった後は、その選挙区を妹の近藤鶴代が「身代わり」として引き継いだ(本書の第八章、第九章を参照)。

③神尾茂（第六期生、一八八三～一九四六年）

神尾は福島の出身で、東亜同文書院卒業後は『大阪朝日新聞』の初代南京通信員になった。辛亥革命の報道で注目され、一九一三年に正社員になっている。[★47]以後、上海・北京特派員を経て、支那部長、東亜部長、編集局顧問、論説委員を歴任した。一九一八年の白虹事件以後、中国情勢に関する『大阪朝日新聞』の論説は一定のリベラルさを回復させ、満洲事変の勃発まではそれを維持しえたが、主筆である高橋操のもとでそうした論説の大半を執筆していたのは、実は神尾だった。[★48]

しかし、とりわけ満洲事変以後、朝日新聞社での神尾のキャリアにおいて重要になっていったのは、緒方竹虎（179）との関係だった。緒方は日中関係に関心が深く、一九三四年には朝日新聞社内部に東亜問題調査会を設置した。その常任幹事は東京本社論説委員の大西斎、幹事は大阪本社東亜部長の神尾であり、ともに東亜同文書院の出身だった。同会を設けた緒方の意図には、陸軍省軍務課長影佐禎昭大佐など、外務省、陸軍、海軍の若いリーダーたちと、『朝日』の記者を交流させることも含まれていた。[★49]

「支那事変」が中国側からの「意外な抵抗」で長期化するなか、朝日新聞社からの定年退職が近づいた神尾は、緒方からの依頼を受けて香港へ渡り、中国での記者活動を通じて得た人脈を利用して蔣介石政権との交渉ルートを開くべく、活動を始めた。ただし、民間での和平を目指す動きは、神尾の周辺でだけ生じていたのではなかった。たとえば、元衆議院議員の小川平吉は、国民政府の要人のなかに友人の多い萱野長知を通じて和平工作を進め、それを政府の正式な政策として具体化するよう、近衛首相に働きかけていた。[★50]神尾自身も、萱野とは取材などを通じて辛亥革命時代から面識があった。[★51]

香港に到着した神尾は、漢口『大公報』の張季鸞社長を通じて蔣介石周辺にアプローチしようとした。まず、大公報社の専務で香港駐在の胡霖と一九三八年七月二〇日に面談し、「我々新聞人として自由に討論し両国々交改善のために両国当局を鞭撻時局縦断の計を樹てるも可ならずや」と述べたが、日本社会のメディア人と中国社会のメディア人が直接コミュニケーションを行うことで、両国の政治的、軍事的関係を動かそうとする意図の表明だった。[★52]これに対して胡霖も七月二八日の神尾との面談で、日中間の「紛争の解決は、戦争以外の方法によらなければならぬ。我々新聞人が案を練るといふ考は確かに一つの方法だ」と応えた[53]。神尾は八月九日、一〇日には張季鸞と面談し、『大公報』は抗日を鼓吹していても、東亜の大局のためには協力する可能性もありうる、との発言を引き出した[54]。さらに八月二一日の面談では、「朝日新聞と大公報との私交から、国交回復の端緒が得られるなら、これは大功名だ」と張は述べた[55]。

しかし、神尾のこうした努力が現実の成果に結びつくことはなかった。神尾からの働きかけへの日本政府の消極的反応は、汪兆銘工作が本格化し始めていたことから影響を受けていた[56]。その中心人物は軍務課長影佐大佐であり、中国側でこれに呼応したのが国民政府の外交部司長、高宗武だった[57]。この工作には、共同通信社上海支局長の松本重治も協力しており、九月五日に松本自身からこうした経緯についての説明を受けた神尾は、日本政府が高たちの動きに望みを託している以上、それが「メイン・コース」になるはずだ、と判断した[58]。香港滞在中に神尾は定年を迎え、朝日新聞社の客員になっていた[59]。

しかし神尾は、翌一九三九年一一月には今度は上海に赴いた。陸軍の影佐機関（梅華堂）に所属し、また大使館嘱託も兼ねて、汪兆銘政権樹立活動に加わるためだった。山本武利によれば、影佐が梅機関の幹部として神尾を誘ったのは、中国社会についての神尾の見識、そこでの人脈、情報収集・分析力、語学力を評価したからだった[60]。

一九四〇年四月二六日、南京で汪政権の「還都祝典」が開かれ、神尾は来賓として招待された。日記では次のように記している。「三十三年を思い、一生の奮闘、この一日のために準備せるか、誠に意義ある三十年であつた」[61]。この後も神尾は、日華事変終結の方途を提案する論説を発表し続けた[62]。しかし太平洋戦争が始まると明らかに論調を変化させ、「米英勢力が徹底的に叩き潰されて米英が全く闘志を失つた時に初めて、世界は平和の曙光を見るのであつて、支那事変は世界戦争の一環として、その時に至つて初めて解決されるであらう」と述べるに至った[63]。他方、太平洋戦争開始後も神尾と朝日新聞社の関係は途切れておらず、『朝日』系の『大陸新報』の「本社顧問」に名を連ねている[64]。さらに神尾は、大政翼賛会中央協力会議員となり、一九四二年の翼賛選挙に際して福島県第二区で「翼賛推薦候補」として当選した。

神尾も、一宮などと同様に、「政治のメディア化」の第Ⅱ期を体現する、日中問題を専門とするプロフェッショナルなジャーナリストであり、本人としてはそうしたアイデンティティを保持し続けていると自負していたのであろうが、本人も明確にはそれと認識しないうちに、そのプロフェッショナリズムを周囲（コマーシャリズムへの傾斜を強めた、マスメディアとしての『朝日新聞』を含む）によって利用され、ついには「翼賛（メディア）議員」となるに至った、と考えられる。

④松本忠雄（第六期生、一八八七〜一九四七年）

松本は長野の出身であり、東亜同文書院卒業後、『やまと新聞』の記者になった。記者として活動するうち、憲政会総裁だった加藤高明から評価され、総裁秘書役になった。[★65] 一九二四年の第一五回総選挙に際して長野県第一区で当選し、以後連続して七回当選している。憲政会→立憲民政党→無所属倶楽部に属した。加藤高明内閣では総理大臣秘書官、第一次若槻内閣では東京市助役、斎藤内閣・岡田内閣では外務参与官、第一次近衛内閣では外務政務次官になった。

第一次近衛内閣の発足直後に起こった盧溝橋事件に際して、松本は、『文藝春秋』臨時増刊号（「日支の全面激突」）に「対日外交の誤謬」を寄せた。「支那は何故に日本の領土的野心を疑ふか、過去の歴史は、日本が支那に対し、何等領土的野心を有せざることを、最も明確に示して居るではないか」と述べ、論の末尾では「日支間の経済関係が極めて密接となれば、最早日支は対立抗争を繰返すことの出来ない関係となるべく、茲に日支親善の永久の基礎が置かるゝことになつて居る」と唱えた。[★66] こうした松本の発言は、日中関係史に関する一定の見識にもとづいて、両国の関係を左右する窮極の要因が経済的なものだと理解し、外務政務次官としての立場から、両国の経済関係の正常化を訴えることにより、事態の更なる悪化を防ごうとするものだった、ということなのであろう。盧溝橋事件を挟む一九三六年から一九三八年にかけて、松本の著述活動は際立って活発になっている。[★67]

一九四〇年九月二八日、松本は門司港で日蘭丸に乗船し、オランダ領東インドのジャワに向かった。小林一三商工大臣一行が同月一三日からバタビアで第二次日蘭会商を行っており、これに合流するためだった。また、松本が日本を離れる前日の九月二七日に三国同盟が締結されたため、状況の変化を小林に直接説明することを近衛首相から依頼されていたのかもしれない。オランダ領東インドでの見聞にもとづいて同年一二月に『蘭印と日本』を刊行した。[68] 松本の脳裏では、東亜同文書院在学時に行った「大旅行」との反復感が生じていただろう。

「最も重要な石油問題」と題した章では、以下のように述べている。

> 日本が従来久しきに亘つて、多量の石油を買い付けてやつて居つた、アメリカ合衆国は、動(やや)もすれば日本に石油を売る事を禁止するが如き言動を敢てするのみならず、着々其方向に向つて進んで来て居る。一方蘭領東印度としては欧州大戦の影響として、其産油の従来の得意先を失はざるを得ない事となつて来た。之れは正に神が天意に背ける者に与へた、反省の機会である。此の神の与へたる機会に日本も蘭印も共に反省して、正しき道に帰らなければならぬ。即ち日本は断然石油の供給を蘭印に仰ぐ事とし、蘭印は其石油を先づ日本に売るべきである。

章末の一文は、威嚇的である。「彼等〔オランダ領東インド当局〕が万一重ねて天意に背くやうな態度に出るに於ては、夫れこそ天罰は直ちに、此の天意を蹂躙するもの丶上に下らざるを得ないであらう」。松本は、政権に近い衆議院議員である自らのこうした発言に、オランダ領東インド当局が注目することを想定していたはずである。[69]

一九四二年の翼賛選挙に際して提出した選挙公報では、自らが東アジアに関する専門家であり、そのことが「翼賛推薦候補」として衆議院議員になる資格を自分に与える、と述べていた。[70] 一九四四年以降、一九四六年一月に「翼賛推薦議員」として追放されるまで、松本は外務省管轄の *Nippon Times* の会長だった。[71]

一宮や神尾と同様に松本も、その国際政治観は近衛に近いものだった。また松本は、やはり一宮や神尾と同様に、「政治のメディア化」の第Ⅱ期を体現するジャーナリストであり、メディア議員となったが、一宮がパフォーマンス型メディア政治家である近衛に、その支持グループの一端を固めることにより、いわば舞台のそでから貢献しようとしたのに対して、松本は、近衛のパフォーマンスを、舞台上の助演者の一人として支えようとしていたのかもしれない。

⑤齋藤正身（第二〇期生、一八九七〜一九七二年）

齋藤は宮崎の出身であり、東亜同文書院卒業後、天津の隆和公司に入社して三年間勤務した。同公司を辞したのち、天津で正栄洋行を設立して運送業を営んだが、「満洲国」の建国に関わり、同国の初代国務総理、鄭孝胥の秘書になった。天津でビジネスを営んでいた間に、鄭ないしは溥儀と接触を持つようになった、と考えられる。以後、齋藤は、「満洲国」や北支を舞台として、フィクサー的な活動を行った。この間、満洲日日新聞社の顧問、大連日日新聞社の顧問になっており、これが彼のメディア活動のすべてである。

一九四二年の翼賛選挙に際して突如、宮崎県選挙区で「翼賛推薦候補」になった。選挙公報では「私は久しく郷土を離れ各位の温容に接するの機会を失却して居ました」と述べ、自身の出馬の唐突さを認めている。[★72]齋藤の本来のアイデンティティは、帝国を舞台とする「政商」であり、名誉職的にメディア活動を行う「翼賛（メディア）議員」だった、と見なすべきだろう。ただし、『決戦議会報告』の末尾で、齋藤は以下のように述べていた。すなわち、「私は大陸及び南方各地にあつて第一線に活躍し、今次決戦の血沫を浴びつゝある同胞、とくにその青年層をして直接国内政治に参与せしめる機会を与へるべきであると信ずる」、と。[★73]齋藤自身が、自分は「帝国」の代表者なのだと認識しながら翼賛議会に加わっていた証左と考えてよいだろう。

4「帝国」を代表する衆議院議員の可能性

以下、東亜同文書院出身のメディア議員たちの、留学、メディア活動について、その特徴を整理し、そうした経験が、彼らが衆議院議員となった経緯、衆議院議員として行った活動に及ぼした影響についてまとめたい。

留学に関しては、のちにメディア議員となる者たちの留学先の大半が米欧だったのに対して、彼らがあえて中国を選んだという事実に注目するべきであろう。ただし、東亜同文書院の所在地が欧米諸国の租界を含む上海だった、という事情も考慮する必要がある。東亜同文書院に入学した者たちが共有していた、そのコンパクトな社会的背景の明瞭さも印象的である。彼らは、中等教育の費用を賄うことはできる家庭の子弟だったが、無償で高等教育を受けることができ、しかも留学すらしうる教育システムを高く評価する社会層の出身だった。

東亜同文書院で学ぶという経験は、同時代の日本社会のエリート青年たちの修学経験と比べると、かなり特異なものだった。その基本となる教育目的、手法に関しては、同時代の日本社会のほかの高等教育機関と大きくは変わらなかったが、その置かれていた環境と、卒業後に開かれるはずの展望の点で、ユニークなものとなった。また、すでに触れたように、創立当初から純粋にビジネス・スクール的な機関だったわけではなく、経済スペシャリスト的な植民地官僚を養成する機関としての性格も与えられており、時間の経過に伴う日中関係の変化を受けて、東亜同文書院の性格は、前者であるよりは後者へと傾いていった。いずれにしても東亜同文書院は、異文化理解、異文化間交流のためのエキスパートを養成しようとする野心的な企てであり、とりわけ最終学年で実施された「大旅行」は、そこで学んだ者たちの卒業後のキャリアに大きな影響を与えた。

東亜同文書院出身でキャリアとしてメディアを選んだ者たちの数は、際立って多かったわけではない。しかし、出身者の進路を『大学史』がまとめた際、その比率がさほど高くなかったのにもかかわらず、メディアへ進んだ者たちに多くの紙数が割かれたことは、東亜同文書院における教育の目的の本質が、日中両社会の間で「メディア」となる人々を産み出そうとするものだったことを端的に表していた。のちに東亜同文書院の初代・第三代院長となる根津一は日清戦争後に「日清親善策」を著わし、日中親善のために第一に手をつけるべきものとして新聞をあげていた。★74 東亜同文書院における根津のカリスマ性は絶大だったから、★75 そうした考えは東亜同文書院出身者たちに引き継がれたはずである。しかし、キャリアとしてメディアを選んだのは、東亜同文書院が存在した時期の前半に卒業した者たちに集中しており、後半では激減した。日中両社会の間での、言論を通じてのコミュニケーションが困難なものとなっていったことが影響したのであろう。

いずれにしても、東亜同文書院出身者のなかでは、とりわけ当初は、東アジアの現地メディアで活動する者が多くいた。ただし、ここで注目すべきなのは、彼らが関わった現地メディアの多く（とりわけ現地語新聞の場合は、その大半）が、日本政府（外務省、植民地統治機関、軍）から財政援助を受けるプロパガンダ機関でもあった、という事実である。他方、日本社会では、とりわけ日清戦争、日露戦争を契機としてマスメディアが育っていった。そうしたメディアは、海外事情の報道に関して従来のように外国の通信社に頼るのではなく、独自に特派員を派遣し、記事を送らせるようになった。このような変化を前提にして、「政治のメディア化」の第Ⅱ局面の論理、すなわちプロフェッショナリズムにおいては、東亜同文書院の出身者たちは、中国社会に関するエキスパートとして評価され、マスメディアによって雇用されるようになった。

しかし、中国社会に関するエキスパートとなるべく東亜同文書院で教育を受け、日本国家の命運との強い一体感を育みながら同校を卒業し、東アジアでメディア活動を行うようになった人物たちが、やがて衆議院議員になった、という成り行きは、ごく自然なものだった、と捉えることができるのだろうか。別の言い方をすれば、上海へ渡って以降、日本社会の一定の地方（出身地）とは必ずしも直接的なつながりを持たず、中国社会に関するエキスパートとしてメディアで活動してきたのに「過ぎない」人物が、地方の利害を国政に反映させることを主要な使命とするはずの日本社会の政治エリート層へリクルートされたことを、どのように理解するべきなのか。

以下のような事情が、東亜同文書院出身のメディア関係者たちが国政へと転進することを可能にした、あるいは促した、と考えられる。両大戦間期、列強国に共通する傾向として、国政の指導者としては、民主主義的な手続きで選ばれた「代議士」ではなく、専門家的能力のゆえに独裁的な権力によって評価され、選抜される「エキスパート」への期待が高まっていった。多くの社会で、代議制民主主義の機動力の低さへの失望と、全体主義体制のスピード感への期待が広がっていたことが根底にあった。[★76]そして両大戦間期の日本社会では、従来にも増して、中国社会との関係が重要だ（「生命線」）、と意識されるようになっていた。中国社会に関するエキスパートとなるべく高等教育を受け、メディアにおいて中国社会と直接関わってきた東亜同文書院出身者たちが、日本社会が今後の意思決定を行うにあたって不可欠のリソースを備えている、と見なされるようになったのであろう。

前節で取り上げた、東亜同文書院出身のメディア議員たち五人のなかでは、神尾と齋藤が、太平洋戦争中の翼賛選挙で突然衆議院議員になり、一期のみ務めることになった。これは、東亜同文書院出身のメディア議員たちのありようを端的に示すエピソードだったのかもしれない。翼賛政治体制協議会で活動した大室政右は、翼賛選挙がどのように進められたのかを「体制」の内側から目撃し、その経験を記録していた。[★77]候補の選定に関して、大室は以下のように述べている。「内外情勢の緊迫したなかで、戦時下にふさわしい人物を選ぶことが第一の目標だった。既成政党に対する反発もあり、その反面、新人待望の声は極めて高かった」。結局、「現実には、現議員の候補が数では新人を上まわった」が、「推薦が決定された新人候補者の中には、満州国参議小平権一氏等満洲や中支で活躍していた大陸関係の人々や、〔中略〕時局色濃い多彩な新人候補者の出馬も含まれていた」。神尾、齋藤が、「満洲や中支で活躍していた大陸関係の人々」の中に含まれていたのは、言うまでもないであろう。

それでは逆に、当人たちは、自らが翼賛選挙を通じて衆議院議員となったことについて、どのように認識していたのか。「大東亜戦争」終了後は、日本社会にとって、中国社会との関係がより大きな「国家的課題」となることを予想（期待）し、自分たちはそれを処理する役割を担う、と考えていたであろう。また、日本社会における自分たちの「権力」の基盤が民主主義的な選挙であり続けるとは必ずしも考えておらず、テクノクラティックな、エキスパートによる「帝国」の支配の傾向が強まる、とすら想定していたかもしれない。[★78]

しかし、一九四五年をもって帝国としての日本は雲散霧消し、本章で取り上げた東亜同文書院出身のメディア議員たちは、政治の舞台から放逐された。ただし、彼ら以外で国会議員となった東亜同文書院出身者がいなかったわけではなく、最後に、それらの人々の、主として太平洋戦争後の軌跡を確認しておきたい。

東亜同文書院の出身だが、メディア活動を経ずに国会議員となった人物は、①太平洋戦争前は衆議院議員が一名（春日俊文）、②太平洋戦争後は衆議院議員が二名（北山愛郎、武藤嘉文）、③参議院議員が五名（中西功、福岡日出麿、田代由紀男、大森創造、神谷信之助）だった。つまり、太平洋戦争以前の東亜同文書院出身の衆議院議員は一人だけを例外としてすべてメディア議員だったのに対して、太平洋戦争後に東亜同文書院出身で国会議員となった者たちのなかでは、メディア議員と呼べる者は一人もいなかった。後者のキャリアを眺めてみると、太平洋戦争以前、東亜同文書院関係者の「左派」と目されていた人々のなかから、太平洋戦争後に日本共産党所属の参議院議員となった者が一名出ている（中西功）こと[79]、また、「地方政界からたたき上げた」のちに国会議員となった者が多いことが目を引く。

本書の第五章によれば、メディアの論理がプロフェッショナリズムからコマーシャリズムに移動していく政治のメディア化の第Ⅲ局面の本質は、具体的には「特ダネ主義」という行動形態としてあらわれた。こうした「特ダネ主義」は、高度経済成長期の日本社会においてマスメディアが、中央の諸官庁を典型とするパワーエリート集団の間での利害調整あるいは抗争に、特ダネ、すなわちパワーエリートがリークした情報によって世論の関心を喚起することで介入し、影響力を行使するのと同時に、その結果として販売部数あるいは視聴率を上昇させることによって、さらにその影響力を強める（メディア人自身も、パワーエリート化する）、というメカニズムだったのではないか、と思われる。その際、メディア議員たちは、パワーエリート集団と現役の記者たちの間で、絶妙な立ち位置にある（国会議員として官僚たちの「上司」でありながら、記者からの「成り上がり」でもある）仲介役として機能したのであろう。時間を遡って考えると、政治のメディア化の第Ⅲ期が始まった太平洋戦争中の日本社会では、最強のパワーエリート集団は軍部だった。そして東亜同文書院出身者（メディア議員を含む）たちは、帝国と、その最前線を舞台として、あまりにも軍部に接近し、あるいはそれと一体化すらしてしまっていた。戦後、軍部というパワーエリート集団が日本社会から消滅し[★80]、日本社会の世論が帝国への関心を喪失したとき、東亜同文書院出身のメディア議員たちには、もはや仲介者としての役割を見いだす術がなかった、ということなのかもしれない。

■註

1　岡部牧夫『海を渡った日本人』山川出版社、二〇〇二年、二～三頁。中下正治『新聞にみる日中関係史――中国の日本人経営紙』研文出版、一九九六年、一五五頁。

2　ブラジルも、一九三四年の憲法改正以後は日本人移民の受け入れを大幅に制限した。塩出浩之『越境者の政治史』名古屋大学出版会、二〇一五年、一四～一五頁。アメリカの排日移民法は「ゆっくり進行する癌」のように日米関係を蝕み、その結果、一九二〇年代後半から日本は対米協調路線からの離脱を始めた。蓑原俊洋『アメリカの排日運動と日米関係――「排日移民法」はなぜ成立したか』朝日新聞社、二〇一六年、二六三頁。

3　古川隆久『戦時議会』吉川弘文館、二〇〇一年、七頁。

4　『衆議院議員名鑑』では、平井光三郎（758）は東亜同文書院の出身であるとされ、本書巻末資料でもそのように表記されているが、『名鑑』の記載は誤りだったと考えられる。平井の経営する経済之日本社編集部は一九二四年九月に『奮闘努力近代立志伝』を刊行し、そのなかに平井の略歴が記されているが、東亜同文書院は言及されていない。やはり平井の略歴を記した『闘士として第一線に立てる』熱血代議士平井光三郎君」『実業之世界』二二巻八号、一九二五年、三〇～三二頁、「琵琶湖畔から立って代議士となった平井光三郎君の奮闘経歴」『事業之日本』五巻五号、一九二六年、一一六～一一八頁も同様である。

5　小谷節夫「在留日本人は斯く叫ぶ」『文藝春秋』（八月臨時増刊号、「日支の全面激突」）一五巻九号、一九三七年八月、一四七頁。

6　田村紀雄『アメリカの日本語新聞』新潮社、一九九一年、一八～一九、五〇、五三～五四頁。

7 前掲書『海を渡った日本人』、二五〜二六頁。
8 前掲書『アメリカの日本語新聞』、二三〜二四頁。
9 神繁治『移民ビブリオグラフィー——書誌でみる北米移民研究』クロスカルチャー出版、二〇一六年、一六八〜一八二頁。
10 星新一『明治・父・アメリカ』筑摩書房、一九七五年。同『人民は弱し　官吏は強し』文藝春秋、一九七八年。同『明治の人物史』新潮社、一九七八年。星一については、翼賛選挙での、その特異な経験に関して、本書の第八章が言及している。
11 鈴木啓『ハワイの日本語新聞雑誌事典1892—2000』静岡新聞社、二〇一七年、一〇四、一二一頁。岡部については、本書の第二章で、長野県の東信地方では地方新聞と政界のつながりが弱かったことを示す例として、論及されている。堤については、その死後、堤の妻のツルヨが選挙区を引き継いで当選を重ねたことが、同じく本書の第九章で紹介されている。
12 霞山会編『東亜同文会史・昭和編』霞山会、二〇〇三年、八四頁。
13 江頭数馬「東亜同文会と東亜同文書院の評価問題」、霞山会編『東亜同文会史論』霞山会、一九九八年、一九八頁。
14 黄美真「東亜同文会、東亜同文書院の歴史資料収集と整理の意義」、前掲書『東亜同文会史論』、一八一頁。
15 村上武「荒尾精の略歴と著作」、荒尾精『日清戦勝賠償異論——失われた興亜の理念』書肆心水、二〇一五年、二三〜二四、三四、四七〜四八頁。
16 大学史編纂委員会『東亜同文書院大学史——創立八十周年記念誌』滬友会、一九八二年、第五編「回想録——われら若き日に」、第一章「各期回想録・銘々伝」。
17 同書、第四編「歴代院長・学長と同窓生各界の活動」、第三章「各界における同窓の活動」、二八八頁。
18 前掲書『新聞にみる日中関係史』、二〜三、二三五頁。
19 前掲書『東亜同文書院大学史』、二八九頁。
20 前掲書『東亜同文会史・昭和編』、「東亜同文書院卒業生職業別分布状態一覧表（大正一五年九月末調査）」、三二三〜三二五頁。
21 前掲書『東亜同文書院大学史』、二九五頁。

22 李相哲『満州における日本人経営新聞の歴史』凱風社、二〇〇〇年、六七頁。
23 同書、一二一～一二二頁。
24 前掲書『東亜同文書院大学史』、二九八～二九九頁。
25 翟新『東亜同文会と中国――近代日本における対外理念とその実践』慶應義塾大学出版会、二〇〇一年、二七〇頁。
26 同書、二四八～二四九、二五三～二五四頁。一宮房治郎「支那門戸開放と我国」『支那』一〇巻五号、一九一九年、一～四頁。
27 前掲書『東亜同文会と中国』、二五五～二五六頁。一宮房治郎「日支関係の危機」『支那』一〇巻九号、一九一九年、一～四頁。
28 前掲書『東亜同文会と中国』、二六四頁。一宮房治郎「巴里会議と支那」『支那』一〇巻一〇号、一九一九年、一～四頁。
29 一宮房治郎「排日運動と排外熱」『支那』一〇巻二〇号、一九一九年、一～四頁。
30 一宮房治郎『赤露より帰りて』大分日日新聞社、一九二五年。
31 一宮房治郎「世界の不安――米国の軍国化と露国共産主義の破滅」『外交時報』四九五号、一九二五年、四八～六三頁。
32 前掲書『東亜同文書院大学史』、四〇一頁。
33 これ以後、一宮は「山本と一緒に〔政界を〕歩」むことになる。馬場恒吾『政界人物風景』中央公論社、一九三一年、八八頁。
34 一宮房治郎「田中外交の総決算」『外交時報』五七四号、一九二八年、四八～六三頁。
35 鶴見祐輔『成城だより第３（夢を抱いて）』太平洋出版社、一九四九年、一四〇頁。
36 警視庁情報課が一九四二年二月の時点で作成したと推定される「衆議院議員調査表」では、一宮は「乙」の評価（「積極的活動なきも時局に順応、国策を支持し反政府的言動なき人物と認めらるる者」）であり、立候補すれば当選するだろうと見なされていた。吉見義明／横関至編『資料日本現代史４』大月書店、一九八一年、一三八頁。
37 前掲書『東亜同文会と中国』、四頁。
38 前掲書『東亜同文書院大学史』、四〇一頁。

39 小谷節夫『原さん（白頭公側面観）』上田屋書店、一九二二年。
40 同書、九〜一一頁。
41 同書、四八〜四九頁。
42 小谷節夫『何人も知らねばならぬ支那の智識』隆文館、一九二二年。
43 小谷節夫『中華民国と帝国日本（受難の日本＝法滅の支那）』山東経済時報社、一九二三年。
44 前掲論文「在留日本人は斯く叫ぶ」、一四三頁。
45 同論文、一四五頁。
46 「衆議院議員調査表」では、小谷は、一宮と同様に「乙」の評価だが、立候補した場合の当選の可能性は「不明」と見なされていた。前掲書『資料日本現代史4』、一三六頁。
47 神尾茂「南京三十年」『大陸』（6月号）、改造社、一九四〇年六月、三六〜四八頁。
48 後藤孝夫『辛亥革命から満州事変へ——大阪朝日新聞と近代中国』みすず書房、一九八七年、四一六〜四二一頁。この間、神尾は、複数の論壇誌において自らの名で論文を発表していた。神尾茂「「幣原外交」の試練の時」『中央公論』四七〇号、一九二七年三月、一一一〜一一八頁。同「穏和化した国民党外交方針」『外交時報』五六〇号、一九二八年四月、一三四〜一四二頁。
49 山本武利『朝日新聞の中国侵略』文藝春秋、二〇一一年、一四一頁。満洲事変後、日華事変が始まるまでの時期に神尾が自らの名で発表した論考には、以下のようなものがある。神尾茂「熱河討伐とその真相」、加藤越山編『熱河討伐とその真相』大阪図書販売、一九三三年、一〜二九頁。同「北支管見」『講演』六一号、一九三四年一月、四八〜五二頁。同「日支関係の将来」『ダイヤモンド』二三巻五号、一九三五年一月、四二〜四三頁。
50 書肆心水「行動的アジア主義者の群像」、宮崎滔天／萱野長知／北一輝『入門セレクション　アジア主義者たちの声 中』書肆心水、二〇〇八年、三二一〜三二二頁。
51 﨑村義郎（久保田文次編）『萱野長知研究』高知市民図書館、一九九六年、二四六、二五〇頁。
52 神尾茂『香港日記』私家版、一九五七年、一六〜一七頁。
53 同書、二六頁。
54 同書、四八〜四九頁。

55 同書、六〇頁。
56 伊藤隆『大政翼賛会への道――近衛新体制』講談社学術文庫、二〇一五年、五六頁。前掲書『朝日新聞の中国侵略』、四九頁。
57 松本重治『聞書・わが心の自叙伝』講談社、一九九二年、一三〇～一三三頁。
58 前掲書『香港日記』、八〇、八三頁。
59 前掲書『朝日新聞の中国侵略』、一四七頁。
60 同書、一四六～一四七頁。
61 前掲書『香港日記』、一九五頁。
62 神尾茂「近衛声明の再確認」『外交時報』八六〇号、一九四〇年一〇月、四五～五八頁。同「日支条約を貫く精神」『改造』二三巻一号、一九四一年一月、一〇三～一〇四頁。同「日支関係の消長に就いて」『中日文化』一巻一号、一九四一年三月、八九～九五頁。同「事変四周年に際して」『外交時報』八七八号、一九四一年七月、六五～七〇頁。同「事変処理体制整備論」『大陸』(7月号)、改造社、一九四一年七月、四七～五九頁。
63 神尾茂「大東亜戦争と全面和解」『興亜』三巻一〇号、一九四二年一〇月、四四～五一頁。
64 前掲書『朝日新聞の中国侵略』、一二〇～一二一頁。
65 加藤が中国視察を行った際、松本が「案内役」として随行したのがきっかけだった。山浦貫一『政局を繞る人々』四海書房、一九二六年、一九九頁。松本は、一九一五年九月に刊行された自著『日支新交渉に依る帝国の利権』清水書店のために、当時、第二次大隈内閣の外務大臣だった加藤から「序」を得ている。また、『対支国論の回顧――大正四年の日支交渉前より講和外交迄』私家版、一九二〇年、『内田伯ノ外交［1］――各事件ニ対スル譲歩ノ経過』私家版、一九二三年、『内田伯の外交（第二）――虚偽と欺瞞・矛盾と撞着の事実』私家版、一九二三年を執筆し、外務大臣時代の加藤の事績を擁護しようとした。
66 松本忠雄「対日外交の誤謬」『文藝春秋』(八月臨時増刊号、「日支の全面激突」) 一五巻九号、一九三七年八月、二〇～二五頁。
67 松本忠雄『講演と文章――内政問題』斯文書院、一九三六年。同『講演と文章――外交問題』斯文書院、一九三六年。同『講演と文章――支那問題』斯文書院、一九三六年。同『講演と文章――満洲問題』斯文書院、一九三六年。同

『宿命に立つ日支関係』第百書房、一九三六年。同『日本と蔣介石政権――行悩みの南京交渉』今日の問題社、一九三六年。同『共産党にリードされる支那の抗日人民戦線』第百書房、一九三六年。同『中国共産党の活躍――支那赤化の実勢力』第百書房、一九三六年。同『支那事変と国民の覚悟』塩田熊男刊行、一九三六年（一九三七年？）。同『事変で変化せる支那の内情』教材社、一九三七年。同『次に支那を支配する者』高山書院、一九三七年。同『支那事変と国際関係に就きて』在郷軍人会本部、一九三八年。同『支那事変と国際情勢』中野館書房、一九三八年。

68　松本忠雄『蘭印と日本』ダイヤモンド社、一九四〇年。

69　同書、一五一〜一五九頁。

70　横山昇一編『大東亜建設代議士政見大観』都市情報社、一九四三年、六四二頁。「衆議院議員調査表」では、松本は、一宮や小谷と同様に「乙」の評価であり、立候補すれば当選するだろうと見なされていた。前掲書『資料日本現代史4』、一三四頁。

71　松永智子「占領下の英語経験と *Nippon Times*」『京都大学大学院教育学研究科紀要』五九号、二〇一三年、二三八頁。現在、*Nippon Times* に関する著述を準備中の松永氏によれば、松本の同社社長への就任は、戦時中の同紙とその背後にあった外務省が、中国問題を重視したことの反映だった。

72　前掲書『大東亜建設代議士政見大観』、一三三七頁。

73　齋藤正身『決戦議会報告――第八十一議会の回顧と展望』石神圭吾刊行、一九四三年、四一頁。奇妙なことに、本書の内容は、福家俊一（773）『決戦議会報告――第八十三議会の回顧と展望』大東亜同志会、一九四三年のそれとほぼ同じである。福家は齋藤と同様に翼賛選挙で初当選したメディア議員であり（本書の第八章を参照）、不可解としか言いようがないが、両書の扱っているのが第八一議会であって第八三議会ではないことから、引用した箇所は齋藤が書いたものと見なしてよいと考えられる。

74　前掲書『新聞にみる日中関係史』、一三四頁。

75　宗像金吾編『山洲根津先生並夫人――東亜の先覚者』宗像金吾刊行、一九四三年。

76　一九三八年一一月に開かれた議会制度審議会の第一回総会で、近衛首相は、日本社会が内外共に難局に直面している現状に鑑みて、政治・行政の機構を刷新して「国民の能力・経験をさらに効率的に汲み上げるべく」、議会制度そのものに改善を加えるべきだ、と述べていた。村瀬信一『帝国議会――〈戦前民主主義〉の五七年』講談社、二〇一五年、二二七頁。

77 大室政右『翼賛選挙――翼賛政治体制協議会裏方の記録』緑蔭書房、二〇〇四年、六四～六八頁。

78 ゾルゲ事件で逮捕された尾崎秀実は、特高第一課第二係長、宮下弘の取り調べに対して「スパイ、スパイと呼ばないでいただきたい。私は政治家です」と言った。太田直樹は、尾崎の自己イメージが、新聞時代は新進気鋭のジャーナリスト、近衛文麿のブレーン時代の「表の顔は対中国問題専門の「政治家」」だった、と指摘する。また、伊藤律の証言によれば、「尾崎はエリート官僚を握れば、上からの日本の民主化ができると考え、近衛文麿の新体制を支持した」。太田直樹『尾崎秀実とゾルゲ事件――近衛文麿の影で暗躍した男』吉川弘文館、二〇一六年、二一、一九〇頁。

79 広中一成「上海に生きた東亜同文書院生――戦前上海日本人社会の一側面」、堀井弘一郎／木田隆文編『戦時上海グレーゾーン――溶融する「抵抗」と「協力」』勉誠出版、二〇一七年、一一二～一一三頁。

80 他方で、「占領政策の遂行上、官界を温存する必要から、高級官僚群はごく上層部だけしか追放されなかった」。石川真澄『戦後政治構造史』日本評論社、一九六八年、二頁。

第八章

メディア議員の翼賛・迎合・抵抗
――翼賛選挙と公職追放

赤上裕幸

1　翼賛選挙における「同期の桜」

「輿論の釜」は煮えているか？

戦時下に総選挙とは狂気の沙汰と思われるかもしれないが、開戦後の一九四二年四月三〇日に第二一回衆議院議員総選挙（＝翼賛選挙）が実施された。三七年四月以来、総選挙は行われておらず、国会議員の任期は一年延長になっていた。戦争完遂に向けた国内体制の整備、さらには国民の戦意高揚を目的とした翼賛選挙には一〇七九人が立候補した。ただし、この選挙は通常の総選挙と異なり、四二年二月に設立された翼賛政治体制協議会（以下、翼協と略記）が候補者を推薦する制度が採用された。四六六人が推薦候補に選出され、このうちの三八一名が当選を果たした。投票率は全国平均八三・一％。一九三〇年の第一七回総選挙に次ぐ高い数字を記録した。[★1]

総動員体制下の翼賛選挙では、推薦を得られなかった「非推薦」候補者に対してさまざまな妨害行為が行わ

図表1　メディア議員（新人）の推移

上段：実数　下段：%

選挙回	1	2	3	4	5	6	7	8	9	10	11	12	13	14	15	16	17	18	19
新人議員	66	21	13	8	19	15	48	18	16	44	50	21	37	49	66	40	34	38	32
	22.0	7.0	4.3	2.7	6.3	5.0	12.8	4.8	4.2	11.6	13.1	5.5	9.7	10.6	14.2	8.6	7.3	8.2	6.9
定数	300	300	300	300	300	300	376	376	379	379	381	381	381	464	464	466	466	466	466

選挙回	20	21	22	23	24	25	26	27	28	29	30	31	32	33	34	35	36	37	38	39
新人議員	20	37	75	46	32	18	10	7	7	5	11	12	18	6	12	6	3	12	1	11
	4.3	7.9	16.1	9.9	6.9	3.9	2.1	1.5	1.5	1.1	2.4	2.5	3.7	1.2	2.3	1.2	0.6	2.3	0.2	2.1
定数	466	466	466	466	466	466	466	467	467	467	467	486	486	491	511	511	511	511	512	512

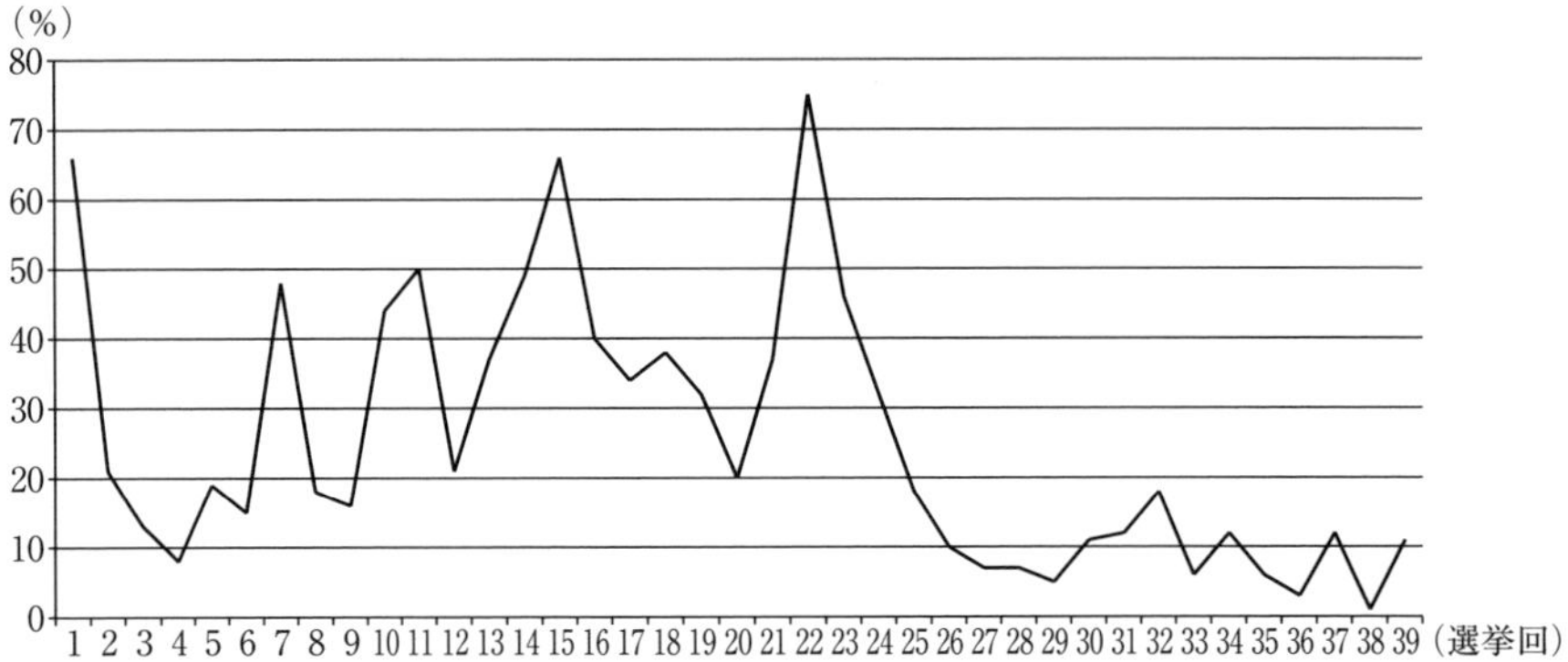

れた。たとえば、のちに第六六代総理大臣となる三木武夫（※）や、戦後に自民党副総裁を務める二階堂進は、アメリカへの留学経験があったため、「親米論者」というレッテルを貼られ、選挙で苦戦を強いられた。[★2] 落選の憂き目にあった二階堂は、翼賛選挙の様子をこう回想している。

　演説会場の最前列には警察官が陣取り、特高の姿もあった。「アメリカは大きな国で…」。そう言いかけると「弁士注意！」と叱責する。「彼我の国力の差を考え、増産に励まなければ勝つことは難しい…」とやると「弁士中止！」と演説の中断を命じるのである。それでも、やっとの思いで演説を終えると、今度は翼賛青年団の若者たちが壇上に駆け上がって攻撃するのだった。「いましゃべった二階堂はアメリカ帰りのスパイ。アカだ[★3]」

翼賛選挙に当選したメディア議員は一二

五名存在した。この数字は、一五〇名を超えるメディア議員を輩出してきた第一五回から第二〇回までの総選挙と比較すると確かに少ない（本書第一章の図表2）。

ただし、初当選したメディア議員の変遷に注目すると、見方が少し変わってくる。翼賛選挙で初当選したメディア議員は三七名であった。これは、第一回および第一五回総選挙の六六名や第二三回総選挙（戦後初の選挙）の七五名には及ばないが、全体で見れば低い数字ではない（図表1）。既存の政党を解体した後に行われた翼賛選挙では、「清新有為の人材」が求められ、当選した議員四六六名のうち一九九名が新人議員であった。九三名は、職業政治家としての経歴を持たない、あるいは旧政党と無関係の「純新人」であった。★4

東京五区で全国最高点を獲得した新人議員の四王天延孝（431）は、予備役の陸軍中将だが、雑誌『正剣』や『猶太研究』を発行したメディア関連議員の一人だ。四王天の意気込みを伝える『朝日新聞』の記事には、「煮直せ〝輿論の釜〟英霊の血で大議会へ」という見出しがつけられている。四王天は以下のように語っている。

> 私は政治の素人で議事のやり方は何も判らんが、戦時議会の議場で意見対立といふのは面白くない、しかし衆議は大いに尽さねばなりません、そこで、議員たるものは会期中だけでなく始終議会や政府と離れずにやつてゆかねばなりません、常時、議会人は政府と協力し、いかんところはどし〱文句をいひ、また衆智を提供する、他方国民と不断の連繫を保つて、国民を国策へと順応するやう指導し、下情を政府へ遺憾なく上通させる、かうして国民と政府との強固な結び目になるといふことでなければならぬと考へます。★5

「輿論の釜」という記事の見出しは、「大きな釜に入れてグツグツ煮なければだめ」という四王天の言葉をもとに記者がつけたのだろう。条件つきであったにせよ、冷静な議論を意味する「衆議＝輿論」に期待をかけていた事実は重要だ。四王天は、「何で煮るかといふと、護国の英霊、将兵の血——それで煮るんです」と述べているが、戦時下の熱い「世論」を背景としながら、「輿論」を煮詰めることは可能だったのか。本章では、て、メディア議員が果たした役割に注目したい。

「政治のメディア化」の四局面モデル（本書序章）の第Ⅱ局面（輿論）から第Ⅲ局面（世論）への転換点において、メディア議員が果たした役割に注目したい。

我、何故に翼賛議員になりしか

本章は、一九四二年を軸とした「定点調査」となるため、翼賛選挙の時点でメディア経験のない政治家は分析の対象外とする。工藤三郎編『翼賛議員銘鑑』（議会新聞社、一九四三年）などを用いて調べたところ、翼賛選挙で当選したメディア議員一二五名のうち約九割に相当する一一〇名が、「メディア↓政治家」の経歴を持つメディア出身議員だと確認できた（新人議員は二六名、古参議員は八四名、表3）。[★6]

新人議員が立候補に至る経歴には、四つのパターンが存在した。一つ目は、メディア業界人が他業種に転職した後で立候補に至るパターンだ。たとえば、岸井寿郎（307）は、東京日日新聞社の政治部長や営業局次長を務めていたが、一九三七年に病気のため退社し、南羽鉱業株式会社の取締役社長となる。[★7]岸井は、翼賛選挙の頃には体調が回復し、「郷土諸賢の熱心なる立候補の勧説を受け翼賛政治体制協議会より推薦を受けましたので将来を国の政治に捧げんと決意した」という。有権者に対しては新聞記者としての経験を訴えた。

御承知の如く新聞人の活動は多くの場合、表面には出ませんが、それが一国の政治、外交、経済及び文化に影響する所は極めて甚大であります。昭和六年九月一八日満洲事変勃発当時、私は丁度東京日日新聞社政治部長でありました。当時既に健康を害して居た私は杖に縋(すが)つて療養から帰郷、満洲問題の解決は此の機を描(ママ)いて又となしと断じ、国論混沌として定まらざるの時、卒先して関東軍の措置を支援し、満洲建国に迄押し進めて行つたのであります。[★8]

岸井は、政治部長時代には国際連盟脱退論のキャンペーンを張るなど強硬論を展開していた。反権力を掲げたジャーナリスト岸井成格（元・毎日新聞社主筆）の父・寿郎の主張に驚かれる方もいるかもしれないが、当時はそれを国益と認めて是とする世論が圧倒的であった。

他には、阿子島俊治（8）、大島高精（193）、角猪之助（490）が、新聞記者から他業種に転職した後で立候補に至っている。

二つ目は、メディア業界人が県議会議員や秘書官など広義の政治職に就いてから、立候補に至るパターンだ。阪本勝（415）は一九二四年に大阪毎日新聞社に入社し、学芸部に勤務していた。のちに戯曲家として活躍する阪本にサラリーマン生活は馴染まなかったようで、「新聞記者のほとんどは伝導管であり、職人であり、主観の発揚を封ぜられた草食動物にすぎなかった」と回想録で批判している。阪本は、在職中に大原社会問題研究所で講演を行ったことが問題視され、二六年に退社している。二七年には、河上丈太郎の勧めで日本労働党から兵庫県議会議員に立候補し、当選をはたす。四〇年には、大日本産業報国会の文化部長に就任し、推薦議員として翼賛選挙を戦った。[★9]

他には、新聞記者を務めた後、小林一三商相の秘書官を務めた有馬英治（51）、県議会議員を務めた竹内俊吉（562）、京都市会議員などを務めた田中和一郎（523）、厚生大臣秘書官を務めた浜田尚友（724）がこのパターンである。

三つ目は、メディア業界人が、他の職業を経ずに立候補するパターンである。安藤覚（5）は、実家が曹洞宗の寺院のため、元僧侶という異色の経歴を持つ新聞記者であった。『読売新聞』の政治部記者として活躍してきた安藤に、地元（神奈川三区）で四期にわたり地盤を守ってきた胎中楠右衛門の後継者として白羽の矢が立ったようだ。[★10]

安藤は、『政界往来』が企画した「新代議士座談会」のなかで、「一番最初に僕は何故新聞社を罷めて迄飛出したか」から演説を始めると明らかにしている。

政治力を再編成、結集して、新なる理念の下に於ける翼賛議会を建設しない限り、大東亜戦争を戦ひ抜くべき国民の自発的に燃え上る情熱をかき立てることが出来ない。唯法令だけではこの大東亜戦争は戦ひ抜いてゆけないといふ建前で以て説き、さうしてその為には自分のやうな未経験者が、新しい感覚と情熱とを以て突き進んで行くことが必要だといふことを説いて行つた訳です。[★11]

安藤は、友人に「僕は読売を罷めて、歳費だけで生きて行くとなると非常な収入減になってしまふ。食ふに困るんだよ」と相談していたという。当時の代議士の歳費は三千円（月額二五〇円）であった。読売新聞社政治部長、編集局次長を歴任した安藤は、メディア企業の高月給を犠牲にして立候補の道を選んだ。[★12]

同じ座談会には、頼母木眞六（584）も出席している。頼母木は一九三一年に日本放送協会に入り、国際部長を務めた。四〇年に養父の頼母木桂吉（583）が死去したことで、東京三区の地盤を引き継ぎ、翼賛選挙で初当選した。翼賛政治会では情報宣伝部理事を務め、雑誌『翼賛政治』に「対外宣伝放送序説」（一九四二年一〇月号）を執筆し、座談会「戦争と宣伝を語る」（一九四四年一月号）では、大本営陸軍報道部長・松村秀逸など、宣伝戦の責任者が集結するなかで議論のまとめ役を担っている。

他には、前『東京日日新聞』横浜支局長の今尾登（123）、前『国民新聞』論説委員の薩摩雄次（427）がこのパターンに該当する。薩摩は、中野正剛（646）が率いる右派組織・東方会の出身であり、翼協からの推薦を拒否したために非推薦での出馬となった。[★13]

翼賛選挙へと至るメディア議員の経歴の四つ目は、メディア経営者が立候補するパターンである。メディア経営者の場合は、官吏服務規程等に違反しない限り、兼職も可能であった。元『上越新聞』顧問・石田善佐（99）、元『報知新聞』常務取締役・池田正之輔（85）、『信濃毎日新聞』社長・小坂武雄（350）、前『大陸新報』顧問・神尾茂（263）、『新潟中央新聞』社長・川上法励（273）、『満州日日新聞』顧問・齋藤正身（406）、『島根新聞』社長・田部長右衛門（田部朋之）（524）、元『高田日報』社長・中村又七郎（657）、元『万朝報』専務取締役兼主筆・花村四郎（721）、前『大陸新報』社長・福家俊一（773）、元『新潟毎夕新聞』社長・吉川大介（956）がこのパターンに該当する。[★14]

石田、川上、中村、吉川は、いずれも新潟県の新聞経営に関わった経験があった。戦時期の新聞統合によって、普通日刊紙は、基本的には一県一紙とする体制が確立された。新潟県の新聞統合は全国で二番目に遅く、翼賛選挙の約半年後の一九四二年一一月に完了した。新人議員として、メディア経営の経験者が四名も当選する珍しい状況は、新聞統合の遅れの影響があったのかもしれない。★15

新人議員二六名のうち、戦後も衆議院議員を一回以上務めた議員は九名存在する。翼賛選挙は、戦時中の特殊な選挙というわけではなく、戦後にバトンを渡す重要な役目を果していた。

2　輿論指導の翼賛体制

「甲・乙・丙」の三段階評価

当時、群馬県知事を務めていた村田五郎の回想によると、「現職の衆議院議員の一人一人について、これを議員として好ましきものと、好ましからざるものとの二種類に選別した」リストが回ってきたという。二種類とは推薦議員と非推薦議員を指す。★16 だが、これ以外にも現職の衆議院議員を評価する指標が存在した。一九四二年二月に警視庁情報課が作成したとされる「衆議院議員調査票」である。この調査票では、甲・乙・丙の三段階で、現職国会議員の国策に対する忠誠度が調査された。甲は、「時局に即応し卒先垂範国策遂行の為め他を指導し代議士たるの職務を完遂し得る人物と認めらるゝ者」。乙は、「積極的活動なきも時局に順応、国策を支持し反政府的言動なき人物と認めらるゝ者」。丙は、「時局認識薄く徒らに旧態を墨守し常に反国策的・反政府的言動をなし又は思想的に代議士として不適当なる人物と認めらるゝ者」である。調査対象の議員全体（四三〇名）では、甲は八五名、乙は二〇七名、丙は一三八名となっている。この「調査票」には、当落の見込み（当選、落選、不明）も記載されている。★17

以下では、翼賛選挙の時点でメディア経験のあった古参議員八四名の分析を行う。「衆議院議員調査票」の分類では、甲は二〇名、乙は四四名、丙は一七名となっている。当選は四六名、落選は三名、不明は三二名であった（表3の⑧・⑨を参照）。

まずは、甲に認定され、輿論指導の立場にあると評価されたメディア議員（二〇名）について見ていきたい。翼賛選挙前までの当選回数別に見てみると、当選九回が秋田清（29）、小山松寿（369）。七回が永井柳太郎（663）。六回が加藤鯛一（238）、松岡俊三（823）、松野鶴平（831）。五回が久山知之（319）、津雲国利（591）、西方利馬（677）、三好英之（853）。四回が太田正孝（211）、窪井義道（331）、助川啓四郎（474）、多田満長（531）。三回が肥田琢司（752）。二回が池崎忠孝（80）、中原謹司（651）、西川貞一（678）、吉植庄亮（954）、依光好秋（965）となる。

メディア議員の代表的人物と言えるのが、『中日新聞』の礎を築きあげた小山松寿だ。小山は、一九〇六年に『名古屋新聞』を創設して社長に就任している。一五年の初当選以後は、官吏服務規程に則り、社長と会長を交互に務め、四二年一月には『名古屋新聞』社長に復帰して新聞統合の対策に当たっていた。『名古屋新聞』は、一九四二年九月に『新愛知』と合併して、『中部日本新聞』（『中日新聞』）になる。新聞統合では、小山の思惑通りに事は進まなかったようだが、衆議院議長時代には、「宣伝省設置に関する意見書」（四〇年八月二三日）を総理大臣に提出するなど、メディア議員として重要な位置を占めていた。[★18]

一九一一年から二四年まで『二六新報』社長を務めた秋田清は、メディア経営の第一線からは退いていたが、地元である徳島県の新聞統合（一九四一年一二月統合）が難航した際には、調整役を務めたという。[★19]

甲と認定されたメディア議員で特に重要な役割を果たしたのが、『報知新聞』副社長（一九一九年〜二九年）を務めた太田正孝である。太田は、翼賛選挙の時点で当選四回だったが、翼協の結成に参加し、大麻唯男、永井柳太郎、前田米蔵、山崎達之輔らとともに翼賛推薦者銓衡特別委員会の委員に選出されている。委員の一人であった永井も、『北陸毎日新聞』社長を務めていた（翼賛選挙時は新聞経営には携わらず）。

翼賛選挙後に形成された翼賛政治会で中心的な役割を果たした津雲国利と三好英之もメディア議員であった。三好英之（旧名・栄次郎）は、山陰日日新聞社を創立し、新聞統合における日本海新聞社の創立にも関与した。ちなみに鳥取県は全国で最も早い一九三九年一〇月に新聞統合を実現している。津雲と三好は、軍や東条とも近い関係にあった。[★20]

甲と認定されたメディア議員には、『米国怖るるに足らず』（一九二九年）で一躍有名となった池崎忠孝も含まれている。[★21]ジャーナリズム史の観点からは、中原謹司（『信濃時事新聞』編集部員）の存在も忘れてはならないだろう。中原は信州郷軍同志会の理論的指導者であり、信州郷軍同志会は、「関東防空大演習を嗤う」という一九三三年の『信濃毎日新聞』の社説が反軍的だとして不買運動を行い、主筆の桐生悠々を退社に追い込んだ。[★22]このときの『信濃毎日新聞』社長が小坂武雄であり、小坂も翼賛選挙で初当選を果たしているので、議会で二人が対面することもあったかもしれない。

三木武吉の国家主義ジャーナリズム

ここでは、輿論指導という観点から、翼賛選挙を象徴するメディア議員である三木武吉（848）が果たした役割を確認しておきたい。[★23]戦後、鳩山一郎とタッグを組んで政党政治を推し進めて行く三木は、自由主義的なイメージを喚起させるかもしれないが、戦時中は総動員体制の論理を最も重視したメディア議員であった。三木は、一九二八年の京成電車疑獄事件で失脚し、三四年に実刑が確定したため、三六年の第一九回総選挙は立候補を見送らざるをえなかった。それゆえ現職議員を対象とした「衆議院議員調査票」に三木の名前はない。

「浪人生活」を送っていた一九三九年五月、三木は『報知新聞』社長に就任した。各方面から資金を工面し、社長への就任を説得したのが、司法大臣などを務めた塩野季彦であった。[★24]三木は社長に就任すると、塩野の信頼の厚かった池田正之輔を取締役総務局長として迎えた。自らの側近である原玉重（740）も、常任監査役に任命している。三木が立候補を見送った第一九回総選挙で、自らの「身代り」候補として東京一区から出馬させたのがこの原であった。[★25]

当時、『報知新聞』主筆を務めた武藤貞一は、社長の三木が「常にカーキー色の国民服一着で通し、冬は将校マントをまとっていた」と証言している。[★26]新聞社の社長は紙面作りに関わらない場合も少なくないが、三木は、朝の八時頃から夜の八時頃まで編集の指揮や論説の執筆にあたったという。[★27]

三木は、『報知七十年』（一九四一年）の「巻頭言」で、新聞商品論（＝新聞中立論）から国家新聞論への転換を訴えている。それは、国家主義という輿論を掲げて、「売らぬ」新聞作りを目指すという独自の戦略であった。

報知新聞の主義主張は、昔も今も変ることなく、あくまで「国家本位」であり、あくまで「滅私奉公」であり、読者の「心の糧」である。而してこれが吾等の所謂「新聞報国」の総てゞある。[★28]

三木は、戦時体制下においては、地方新聞の発展強化が重要だと考え、全国紙の地方版を廃止する「新聞地方分散主義」を提案した。全国紙は部数減を防ぐために、「低劣なる売らん哉主義の陋習（ろうしゅう）を脱却」し、「極度の紙面改良、殊に国民文化の向上と指導力の適正強化に全力を傾け」るようになる一石二鳥の政策だと三木は考えていた。[★29]三木は、似たような紙面の全国紙がいくつも存在するのは無駄だと感じていて、一社に統合する案も提案した。[★30]

三木が意識していたのは、拡大路線（＝マスメディア化）を邁進する『東京朝日新聞』と『東京日日新聞』であった。三木は、城戸事件（一九三三年）と言われる内紛で大阪毎日新聞社・東京日日新聞社を追われた城戸元亮を『報知新聞』常任顧問に迎えた。野依秀市（702）が社長を務める『実業之世界』では、この人事の持つ意味を次のように読み解いている。

城戸が陸軍情報部の嘱託であり、軍部の所謂急進派と接近し、大東研究所を提げて革新絶対支持を宰領し、それが三木と結んだのであるから、報知が軍の準機関紙の位置に立つて、今までの政党色一点張から脱却新生の方途を辿ることは寧ろ当然といふべきだ。それと、報知と読売とが組み共同戦線を張つて、東日、東朝打倒に邁進するであらうことも分つてゐることだ。彼と読売の正力社長との従来の親交関係から、そしてまた二人とも素人から入つた似たもの同志でもあり、〔中略〕両者が連繋すれば必然共同戦線に立つことは分つてゐることだ。[★31]

ところが、三木の目指した国家主義ジャーナリズムは、コマーシャリズムを体現する読売新聞社にいとも簡単に吸収されてしまう。一九四一年七月、三木は報知新聞社の株式を読売新聞社の正力松太郎（458）に譲渡する。[32]『報知新聞』社長という肩書は変わらなかった三木だが、翼賛選挙後の一九四二年六月には、『報知新聞』の経営から完全に手を引いている。これによって一九四二年八月五日付朝刊から『読売報知』の新題字が採用された。[33]

主筆を務めた武藤は、翼賛選挙の資金を獲得するために、三木は『報知新聞』を手離したと批判している。

新聞は彼にとって一時の方便であり、付け焼刃に過ぎなかった。だから、引取り手のない報知が、持ち直して、少しでも値が出て来た以上、それをこのまま持続するということは、余人は知らず、三木武吉にとっては宝の持ち腐れと考えられたらしい。だから、彼は得意の舌三寸で大株主を説き廻り、巧みに株をかき集めて、これを一纏めに多年の盟友正力松太郎に売ったのである。そうして得た金は、彼の新らしき政治資金となった。[34]

翼賛選挙は三木にとって三期ぶりの選挙であった。選挙区も東京一区から郷里の香川一区に鞍替えし、反東条の立場を貫いたために非推薦での立候補であったが、見事に復活当選を果たした。報知新聞社取締役総務局長として経費の削減に力を入れた池田も、翼賛選挙で念願の初当選を果たした。三木の「身代わり候補」として、過去二回の総選挙で連続当選を果たしていた原は次点だったが、繰り上げ当選となった。[35]

三木は、一九四三年一〇月九日、野依秀市が社長を務める『帝都日日新聞』の一〇周年祝賀会で、野依の新聞に用紙の配当を十分に与え、「戦争完遂の足並」を「乱さない範囲内に於ては、その個性を極度に発揮すべきだと主張した。あるべき理想を追求する政治家としてのアイデンティティが強かった三木は、読者の数にこだわるような「メディアの論理」に最後まで馴染まなかったと言えようか。野依の喧嘩ジャーナリズムに期待しながらも、大衆迎合を認めない三木の姿勢は一貫していた。三木は、祝賀会の挨拶をこう締めくくった。

この新聞を百万、二百万出すやうになると特異性はなくなるから、精々十万以内の紙を与へて、所謂野依式を極度に発揮すれば宜しいと思ふ。（中略）権力の不法なる蹂躙に負けないやうな立派な新聞を作つて貰ひたい。無論さういふ場合には、或は紙を呉れないこともありませうが、呉れなくとも宜しい。二頁のものでも宜しい。或はチリ紙でも宜しい。一寸四方の紙でも宜しい。新聞は字数が多いから値打があるものではない。その中に書かれて居る一言半句が新聞の生命でございますから、どんな迫害があらうとも、信ずる所は飽までも通して、徹頭徹尾、野依式を発揮せられんことを同君のためにお願ひ申上げて、今日の御挨拶に代へたいと思ひます。[★36]

3 「閉ざされていない」言語空間？

「同交会」のレジスタンス

「衆議院議員調査票」で時局に「抵抗」を示す内に認定されたメディア議員（一七名）は、どんな人物だったのだろうか。ここでも翼賛選挙が始まる前までの当選回数別に列挙してみたい。

当選二〇回が尾崎行雄（178）。九回が川崎克（276）、町田忠治（818）。七回が安藤正純（6）。六回が坂東幸太郎（748）。四回が信太儀右衛門（464）、山口忠五郎（909）。三回が芦田均（38）、小高長三郎（169）、河野一郎（382）、鈴木正吾（479）。二回が川崎巳之太郎（278）、川俣清音（284）、河野密（386）、星一（798）。一回が滝沢七郎（558）、吉田賢一（957）である。

小高、信太、滝沢、町田は丙の評価だったが、選挙では推薦候補となっている。町田は、民政党の主流派として党の解体を最後まで拒んだ行為が「反国策的・反政府的言動」と捉えられ、丙の評価だったようだ。秋田県の候補者で「当選確実」とされたのは閣僚経験者の町田だけであり、最年長の推薦議員として当選を果たしている。『静岡新報』取締役の山口も政友会県支部長であり、町田と同じ理由で丙の評価だったが、非推薦候補として当選を果たしている。[37]

内務省は、「衆議院議員調査票」をもとに適格者リストを作成し、それを判断材料として翼協県支部は候補者の選考を行ったと言われている。[38]甲に認定されたメディア議員の多くは推薦候補となったが、『広島毎夕新聞』社長・肥田琢司のみ非推薦となっている。[39]乙に認定されたメディア議員（四五名）も、ほとんどが推薦候補となったが、北昤吉（308）、川島正次郎（280）、庄司一郎（459）の三名は非推薦となった。[40]

最終的に非推薦とされたメディア議員（古参議員）は、一九名存在する。丙に認定されたメディア議員（一七名）から、小高、信太、滝沢、町田を除いた一三名に、甲と認定されながらも非推薦となった肥田の一名、乙と認定されながらも非推薦となった北、川島、庄司の三名、「衆議院議員調査票」に名前のない中野、三木の二名を加えた計一九名である。

非推薦のメディア議員のなかには、東方会の出身者のように、東条政権と旧政党勢力との癒着を批判する右派の抵抗勢力も存在した。一方では、鳩山一郎を中心として結成された同交会のように、自由主義や議会政治を擁護する議員も存在した。同交会は三七名で構成され、安藤正純、芦田均、尾崎行雄、川崎克、北昤吉、坂東幸太郎の六名はメディア議員であった。[41]

安藤は、「三〇回前後の選挙演説が、概ね中止か解散に遇」ったとして、翼賛選挙で受けた選挙妨害について証言を残している。

私は往年の大怪我で足が悪いので、ステツキを携えて登壇するのだが、演壇から私を拉し去ろうとする警官と、ステツキを振り廻して演じつづけることが度々だつた。[42]

「憲政の神様」と呼ばれた尾崎行雄（三重二区）は、田川大吉郎（東京三区）の応援演説で、翼賛選挙が憲法違反であると批判した。その際に、「売家と唐様で書く三代目」という川柳を引用し、大日本帝国憲法の精神が、明治・大正・昭和の三代を経るにつれ、劣化しつつあるという政府批判を行った。これが今上天皇に対する不敬罪にあたるとして、尾崎は巣鴨拘置所に留置・起訴されてしまう。[43]

同交会メンバーで、翼賛選挙に落選したメディア議員も存在する。元『日米商報』社長・植原悦二郎（144）、元『二六新報』記者・工藤鉄男（322）、元『上州新報』社長・木桧三四郎（372）、元『報知新聞』記者・田川大吉郎（505）、元『長崎日日新聞』社長・牧山耕蔵（815）の五名である。[44]

翼賛選挙の前の段階で、工藤（青森一区）は当選六回、木桧（群馬二区）は当選七回、植原（長野四区）、田川（東京三区）、牧山（長崎二区）は当選八回であった。いずれも地盤は固かったはずだが、さまざまな選挙妨害によって落選となってしまう。植原は、長野四区で次点（六三七一票）であったが、同区の最下位当選者の得票数は一三六九三票であり、ダブルスコアの大差をつけられた。法律で認められた投票立会人や開票立会人の選出を妨害されたとのちに植原は証言している。[45] 群馬県も統制の強かった県の一つであり、県知事の村田五郎が、木桧の選挙参謀を長年務めた人物を寝返らせるなど、徹底的な妨害工作を行った。[46]

全議席を推薦候補が独占したのは、長野、群馬、埼玉、石川、滋賀、鳥取、長崎、大分、熊本、宮崎、鹿児島であった。ここには、植原、木桧、牧山の選挙区も含まれていた。このなかで新聞統合が遅れたのは、長崎（一九四二年四月）、大分（四月）、長野（五月）、石川（五月）、滋賀（八月）であった。特に長崎県では、新聞統合の遅れが統制の厳しさを招いたようだ。

長崎県では、ライバル関係にあった『長崎日日新聞』（民政党系）と『長崎民友新聞』（政友会系）が新聞統合反対の共同戦線を張っていた。一九四一年一月、『長崎日日新聞』社長の牧山耕蔵は、副社長の則元卯太郎（704）との社内対立に嫌気が差し、長崎日日新聞社を読売新聞社に売却してしまう。しかし、『長崎民友新聞』社長・西岡竹次郎（676）が強く反対したため、統合が実現したのは一九四二年四月一日のことであった。西岡は、非推薦議員として興亜議員同盟をバックに立候補を画策していたが、新聞統合から一週間後の四月八日に検事局に連行されてしまう。西岡は浦上刑務所に収監され、一八日に釈放されたが、選挙公報を刑務所から提出せざるをえなかった。選挙事務長を任せようとした人物も逮捕され、植原と同様に、自陣の投票立会人の選出がかなわなかった。第一五回選挙から六回連続で当選していた西岡はとうとう選挙で敗れることになる。[47]

グレーゾーンの選挙戦

翼賛選挙では、選挙への干渉が厳しさを増したとよく言われる。たとえば、棄権を減らすために、隣組での報告を義務づけたり、投票済みの証紙を家の門戸に貼らせたりもしたという。[★48] 秋田県では、選挙干渉がほとんど存在しないという当時の論評も存在したようだが、それは警察による事前指導が徹底していたからだ。[★49]

本章冒頭でも紹介したとおり、アメリカ帰りの経歴は、批判を受けることが多かった。アメリカで日本の情勢をPRする英文雑誌などを発行していた星製薬社長・星一は、福島三区から非推薦で立候補した。息子の星新一によると、陸軍中将・荻州立兵が福島県出身の部下を引き連れて星の応援を行い、「弁士中止」と叫ぶ警官と怒鳴り合いの喧嘩になったこともあったという。

星新一は、全国でさまざまな選挙干渉があった事実を理解しつつも、どの時代の選挙も対立候補に対する妨害行為は存在したとして、次のように述べる。

戦前の日本の内閣は、重臣、枢密院、軍部などの力のバランスの上に成立していた。しかも、翼賛選挙は戦時下。会期は短かったし、発言の制止、報道の規制もできたはずである。それなのに大干渉のなかで衆院選をあえてやったのは、それが唯一の民意の反映という重みを持っていたからだろう。軽視できない行事なのだ。[★50]

第二次世界大戦の主要参戦国で総選挙を行ったのは、アメリカと日本だけであった。アメリカでは、現職のフランクリン・ローズヴェルトが慣例を打ち破り、三期目（一九四〇年）、四期目（四四年）に出馬するという非常事態が起こっており、「まともに総選挙が行われたのは日本のみ」という指摘もある。[★51]

大政翼賛会の事務局長を務めていた小楠正雄の証言は、一筋縄ではいかない選挙戦の様相を浮び上がらせてくれる。翼協の推薦を受けた候補者は、選挙費用として、一人あたり五千円を臨時軍事費から支給された。[★52] 小楠は、大政翼賛会事務総長・横山助成から、翼協の幹部室で重たい風呂敷包みを渡され、三輪寿壮の事務所へ持って行ったことがあるという。三輪は、社会大衆党出身で大日本産業報国会厚生部長を務めた人物である。小楠はこう証言している。

> 幾ら入ってたか分かりませんよ。分かりませんが、社会大衆党系の四十何人かの立候補者に、おそらく三輪寿壮が自分でかき集めたカネとして渡ったにちがいないと想像されます。★53

大政翼賛会の考え方として、反戦や反政府を強く訴える主張は認めないが、批判勢力の存在は容認するという立場があったと推測しうる。すでに紹介したとおり、新人の阪本勝は推薦候補として当選し、元社会大衆党幹部の河野密も、非推薦にもかかわらず、圧倒的な支持を背景に当選を果たしている。★54

「翼賛」と「抵抗」の間の「グレーゾーン」を象徴するのが、「衆議院議員調査票」で乙に認定された議員の存在である。乙のメディア議員のほとんどが推薦議員となったため、推薦／非推薦の区分では、これらの議員の特徴を捉えそこなってしまう。甲と丙の議員は、思想信条は真逆であるが、自分たちが正しいと思う立場を広く普及させようという輿論指導の立場では共通していた。一方、当時の政治体制に対して積極的な意見を持たないものの、多数派（＝世論）が支持する国策を是としたのが乙の議員だ。

乙に認定された議員（四四名）を翼賛選挙前までの当選回数別に列挙すると、以下のとおりとなる。

当選一一回が小泉又次郎（346）。九回が紫安新九郎（877）。八回が河上哲太（288）。七回が桜内幸雄（423）、増田義一（817）、山本厚三（935）。六回が青木精一（20）、一宮房治郎（112）、今井健彦（121）、清水留三郎（454）、田中武雄（515）、高橋熊次郎（548）、寺田市正（604）、福井甚三（772）、松本忠雄（839）。五回が伊礼肇（74）、猪野毛利栄（75）、川島正次郎、高橋守平（554）、原惣兵衛（738）、松村謙三（834）、宮沢裕（865）、森肇（888）。四回が小谷節夫（354）、沢田利吉（429）、武知勇記（575）、箸本太吉（712）、最上政三（878）。三回が伊豆富人（65）、池田秀雄（84）、岩瀬亮（130）、清寛（313）、小林絹治（358）、東條貞（616）、中井川浩（629）、藤生安太郎（783）、渡辺泰邦（983）。二回が木原七郎（295）、北昤吉、高岡大輔（532）、原玉重。一回が庄司一郎、則元卯太郎、羽田武嗣郎

(707)である。

このなかには、武知のように甲の立場に近い人物もいたが、最終的に非推薦となった北、川島、庄司の三名も含まれていた。[★55]

右の当選回数が示すとおり、これらの議員が翼賛選挙で急に増加したわけではない。しかし、乙のメディア議員が最大多数派を形成していたのは、価値や理念よりも有権者や読者の意向を重視する「メディアの論理」が優勢になっていた一つの証拠である。議員ごとにメディアとの関わり方も異なるが、右に列挙した乙のメディア議員の選挙区が北海道と沖縄を含む三〇の都道府県で構成されている点も、地域(メディア)の利益誘導という観点から注目すべきであろう(多いのは、北海道四名、新潟三名、兵庫三名、群馬三名である)。

戦時下の新聞統合では、各地域のメディアの利権を守る「メディアの論理」によって一県一紙体制が完成されていった。[★56]そのなかで、メディア議員も大きな影響力を持っていた。乙に認定されたメディア議員の代表的人物は伊豆富人だ。伊豆が社長を務めていた九州日日新聞社(熊本県)は、一九四二年三月の新聞統合によって新設された熊本日日新聞社に吸収された。伊豆はその代表取締役社長に就任し、推薦候補として選挙に臨んだ。伊豆は、戦後のインタビューで「陸軍は武藤軍務局長、松村報道局長とも、私は兄弟のような間柄であった」と語っている。武藤章と松村秀逸はともに熊本県出身であり、武藤は陸軍の中心人物として、松村は陸軍の報道部長として大きな力を持っていた。『伊豆富人伝』(一九八九年)においても、「二人と伊豆との人間関係は、言論報道機関としての『九日』『熊日』の主体性を守る上に、時代という限界はあるが、いくばくかのプラスになった、といってよいだろう」と述べられている。[★57]

『長崎日日新聞』副社長を務めていた則元卯太郎は、自らの名前で登記されていた長崎日日新聞社の権利を新聞統合のために手離すことで、推薦議員の権利を手に入れたと言われている。これはライバル社である『長崎民友新聞』社長・西岡竹次郎の証言なので慎重に扱う必要があるが、長崎県は、前述のとおり新聞統合が難航した県の一つである。事前調査で則元は「落」(=落選)の予想がなされており、統合をスムーズに進めたい県側と、落選を防ぎたい則元の利害が一致して、取引が行われた可能性は否定できない。[★58]

このように「何をすべきか」という「政治の論理」から、自分（たち）にとって何が有利かという「メディアの論理」が強くなっていくのが、「政治のメディア化」の転換点にあたる翼賛選挙の大きな特徴であった。

4　公職追放されたメディア議員

戦後初の総選挙

一九四五年一二月二日の夕方、一人の男が京都から自宅のある大磯駅へと戻ってきた。自宅への道すがら、漏れ聞こえるラジオの声は「戦争犯罪容疑者」の名前を読み上げていた。家に着くと、妻と娘がいつもと違う様子で出迎える。

私は、靴をぬぎつゝ、松原でラジオを聞いたことを話してから、「わしの名が出たかい？」…と聞く。妻は、「エ、」…と、力なく答える。その夜のことは、忘れない。[59]

一九四五年一二月二日、連合国軍最高司令官総司令部（ＧＨＱ）は、六名の現職代議士を含む五九名の戦犯の逮捕を発表し、一二日までに巣鴨に収監した。現職代議士には、メディア議員の太田正孝、池崎忠孝、四王天延孝が含まれていた。[60] 右の言葉は、太田正孝『すがも』（時代社、一九四九年）からの引用である。太田は、一九四五年一〇月に公職追放となり、一二月一二日に戦犯容疑で巣鴨刑務所に収監された。[61]

一九四六年一月四日、ＧＨＱは日本政府に対し、公職追放令を指令した。公職追放令のＧ項（「其の他の軍国主義者及び極端なる国家主義者」）には、翼賛選挙の推薦議員も含まれ、推薦議員は戦後初の総選挙への出馬の道が閉ざされてしまう。[62]

一方で、非推薦議員のほとんどは、一九四六年四月に実施された第二二回総選挙に出馬が可能であった。[63] 翼賛選挙と戦後初の総選挙に連続当選した議員は三八名存在した。メディア議員は、薩摩雄次（進歩党）、花村四郎（自由党）、保利茂（794、進歩党）、芦田均（自由党）、尾崎行雄（無所属）、北昤吉（自由党）、河野一郎（自由党）、河野密（社会党）、庄司一郎（自由党）、坂東幸太郎（自由党）、星一（進歩党）、三木武吉（自由党）の一二名が含まれていた[★64]（表2）。

『報知新聞』や『東京日日新聞』などで記者を務めた保利茂は、翼賛選挙には出馬せず、四四年一二月二二日の衆議院補欠選挙（佐賀県第二区）で当選している（無競争で当選）。にもかかわらず保利は、四六年の時点で公職追放されず、第二二回総選挙に当選している。ただし、第二三回総選挙中の四七年四月一〇日に公職追放されている[★65]。

第二二回総選挙では、全国の候補者二七七〇名のうち、二六二四名（九五％）が新人であった。四六六名の総定数のうち当選した新人は三七九名（八一・三％）であった[★66]。図表1で示したとおり、新人のメディア議員は全体で最も多い七五名を記録している。国会議員の「戦中と戦後の連続と不連続」に着目した石川真澄は、次のように述べる。

> 新人が八割を占めたという数字の大きさ自体は、追放があった以上、驚くべきことではない。むしろ驚かねばならないのは、これほど厳しい追放令が旧勢力に浴びせられたのにもかかわらず、旧政友、民政など戦前の支配政党の系譜にある人々が多数当選したことのほうであった[★67]。

第二二回総選挙では、追放該当者が占めた公職に「三親等内の親族及び配偶者」を配置することを禁じた規定が存在しなかった。そのため、追放された議員は、自分の親族や関係のある人物を「身代わり」に立てて当選させた[★68]。メディア議員の親族による「身代わり候補」は、最上政三（群馬第二区）の妻・最上英子、川崎克（三重一区）の子・川崎秀二（277）、小谷節夫（岡山二区）の妹・近藤鶴代、秋田清（徳島二区）の子・秋田大助（清が一九四四年に死去）、小坂武雄（長野一区）の甥・小坂善太郎、戸叶武（栃木一区落選）の妻・戸叶里子

表2　メディア議員の戦前戦後の連続

	総選挙（回数）	18	19	20	21	22	23	24	25	26	27	28
翼賛選挙と戦後初選挙に連続当選した議員	薩摩雄次				●	●					●	
	花村四郎				●	●	●	●	●	●	●	
	保利茂				●	●		●	●	●	●	●
	芦田均	●	●	●	●	●	●	●	●	●	●	●
	尾崎行雄	●	●	●	●	●	●	●	●			
	北昤吉		●	●	●	●	●		●	●	●	
	河野一郎	●	●	●	●	●			●	●	●	●
	河野密		●	●	●	●			●	●	●	●
	庄司一郎			●	●	●	●	●		●		
	坂東幸太郎	●	●	●	●	●	●					
	星一			●	●	●						
	三木武吉	●			●	●			●	●	●	
翼賛選挙で初当選し、戦後も衆議院議員に当選した議員	安藤覚				●					●	●	
	有馬英治				●						●	
	池田正之輔				●			●	●	●	●	●
	竹内俊吉				●						●	●
	福家俊一				●							●
	吉川大介				●				●			
翼賛選挙に当選し、戦後も衆議院議員に当選した議員	安藤正純	●	●	●	●				●	●	●	
	太田正孝	●	●	●	●				●		●	
	川島正次郎	●	●	●	●				●	●	●	●
	川俣清音		●	●	●				●	●	●	
	小林絹治	●	●	●	●				●	●		●
	鈴木正吾	●	●	●	●				●			●
	高岡大輔		●	●	●				●		●	
	武知勇記	●	●	●	●				●	●		●
	津雲国利	●	●	●	●					●		
	西川貞一		●	●	●				●			
	野田武夫		●		●						●	●
	羽田武嗣郎			●	●				●	●		●
	松岡俊三	●	●	●	●				●	●		
	松村謙三	●	●	●	●				●	●	●	●
	吉田賢一			●	●				●	●	●	

(606)などである。以上は、追放者がメディア議員であるケースで、川崎秀二、戸叶里子は「身代わり候補」自身もメディア関連議員である。[★69] 先妻や実子を亡くしていた川島正次郎は、「身代わり候補」として、『報知新聞』記者の寺島隆太郎(603)らを擁立した。[★70]

翼賛選挙と戦後初の選挙を軸とした「戦中と戦後の連続と不連続」については評価が難しい。年齢などさまざまな問題があり、公職追放が解除されたときに翼賛選挙の推薦候補がすんなりと復帰できたわけではない。たとえば最上政三・英子夫妻、小谷節夫・近藤鶴代兄妹は、「身代わり候補」である英子・鶴代が議員として活躍し、政三・節夫は戦後国会議員にはなっていない。こうした点に注目すれば、戦前と戦後の間に楔を打ち込もうとした公職追放令の一定の効果も認めることができるだろう。[★71]

メディア議員の戦争責任

第二二回総選挙に当選した議員に対しても資格審査が行われた。これ以降は、翼賛選挙の非推薦議員も公職追放の対象になっていく。一九四六年五月に鳩山一郎が追放となったのは、世間に衝撃をもって受けとめられた。第二二回総選挙以後に行われた公職追放は、政治的な意味合いが強いと言われている。[★72]

メディア議員の動向を見ていくと、一九四六年六月二〇日に三木武吉と河野一郎が公職追放となる。七月までに薩摩雄次と河野密も公職追放となる。[★73] 三木、河野一郎、薩摩、河野密は、いずれも翼賛選挙に非推薦で当選したメディア議員であったため、「公職追放令」のG項を拡大解釈して適用する必要があった。河野一郎は、自分が国会での演説、三木が『報知新聞』への関与を追放理由とされたことに対して、「でたらめとも不合理ともいいようがない」と厳しく批判している。河野は次のように続ける。

> 三木さんが追放になること自体、不思議なことではないが、その時点において追放ということになれば、適当ではない。報知新聞社長としての言動をとらえて追放にするなら、翌年の一月以降でなければならなかったのである。[★74]

河野が指摘するように、メディア関係者の責任問題が浮上してくるのは、一九四七年一月のことである。厳密には、一九四六年一一月二一日の内閣発表によって、新聞社、雑誌社、出版社、放送機関、映画製作社、演劇興行会社などが公職の範囲に加えられることが決定した[★75]。一九三七年七月七日から四一年一二月七日までの期間において、侵略主義あるいは好戦的国家主義、独裁主義、ナチ的あるいはファシスト的全体主義、多民族に対する日本の優越性の鼓吹、自由主義の迫害などを示したメディア企業は、「G項該当言論報道団体」に指定され、主要役職員は公職追放の対象となった[★76]。一九四七年一月に制定された「公職に関する就職禁止、退職等に関する勅令」第三条では、「覚書に掲げる條項に該当する者が現に公職に在るときは、主要公職に在る者は、これを退職させるものとし、又、普通公職に在る者はこれを退職させることがあるものとする」とされた[★77]。ここで言う「主要公職」とは、新聞社では、「通常の役員の他に編集局長、主筆、ニュース編集主幹が含まれ、在外通信員や記者その他は単に普通の公職として片づけられた」という[★78]。

H・ベアワルド『指導者追放』（一九七〇年）によると、公職追放となったメディア関係者は一〇六六名であり、民間のメディア企業五九六社から七〇一名の役員が追放された。ただし、新たに追放を受けたのは一〇六六名中二〇九名のみで、ほとんどが審査を受ける前に職を辞していた。七〇一名という数字も、「平均すると各社がそれぞれ一人少々の損害をこうむった」程度であったという[★79]。

ここで、総理庁官房監査課編『公職追放に関する覚書該当者名簿』（一九四九年）の「追放理由」を確認してみたい（表3の⑪を参照）。一九四六年六月と七月に追放された四名のメディア議員の「追放理由」は、薩摩雄次が「東方会員同会情報部次長青年部次長著書」、河野一郎が「G項」、河野密が「G項」、三木武吉が「報知新聞社長として戦争への機運を醸成した」であった。戦争責任がこれほどはっきりと明記されているのは三木のみである[★80]。

ほとんどの議員は「推薦議員」が追放理由となったが、メディアへの関与が追放理由となった議員も存在する。小坂武雄は「信濃毎日新聞社常務」、福家俊一は「大陸新報社社長推薦議員」、伊豆富人は「九州日日新聞

社社長」、清寛は「岐阜新聞社長」、小山松寿は「推薦議員名古屋新聞社重役会長」、高橋守平は「平凡社取締役副社長」、田部長右衛門（田部朋之）は「推薦議員松陽新聞社々長翼賛組織部長同協同吉田村」、西川貞一は「関門日日新聞社編集局長」、増田義一は「実業之日本社代表取締役社長」である。[★81]

一九四二年一月に『信濃毎日新聞』社長に就任した小坂は、戦後、組合側の了承を得たうえで再び社長に就任した。しかし、公職追放を受けて、四七年一月一日に辞表を提出した（五一年に取締会長に就任[★82]）。『熊本日日新聞』社長の伊豆富人も、『九州日日新聞』を創設した佐々友房の子息の佐々弘雄にバトンタッチして、一九四七年六月には退社している（ただし、佐々が急逝したため、四八年一一月に伊豆の友人である野村秀雄が社長に就任。伊豆は、五一年九月に社長に復職している）。

占領下の第二三回総選挙（一九四七年）では、花村四郎、芦田均、尾崎行雄、北昤吉、庄司一郎、坂東幸太郎が当選している（表2）。ただし、選挙後も公職追放は続き、一九四七年六月二六日に北昤吉が「祖国編集人」を理由として追放されている。

一方で、芦田均のように、公職追放を免れたメディア議員も存在する。芦田は、戦時中、『ジャパンタイムス』社長を務め、外務省御用機関紙として大きな影響力を持つ『ジャパン・タイムズ・アンド・メイル』の発行に関与していた。しかし、メディア関係者の公職追放を審議する言論報道関係小委員会は、「英語で発行されたので発行部数は日本語で出されている新聞に比べて小さい」という奇妙な理由をつけて、芦田を追放しなかった[★83]。

一九四七年三月になると、公職資格訴願委員会によって、公職追放の解除の手続きが進み始める。前述の保利茂は、一九四八年五月一〇日に公職追放が解除され、第二四回総選挙（一九四九年）には出馬し、当選している。

翼賛選挙に当選したメディア議員のうち、第二四回総選挙の当選者は、池田正之輔、花村四郎、保利茂、芦田均、尾崎行雄、庄司一郎の六名であった。池田は、翼賛選挙に非推薦で当選したが、友人であった中央公職適否審査委員会の岩渕達雄から、追放指定の可能性を指摘されていた。問題となった池田の経歴は、一九四〇年一〇月に言論界代表として任命された大政翼賛会の中央協力会議議員、報知新聞社常務取締役の二点であったという。このため池田は、第二二回および第二三回総選挙への立候補を断念していた。池田の伝記『池田正之輔――反骨の政治家』（一九九五年）では、第二四回総選挙に池田が出馬を決めたのは、岩渕から何らかのメッセージがあったのではないかと推測している。[★84]

多くのメディア議員が復活当選を果たしたのは、占領体制終了後に実施された第二五回総選挙（一九五二年一〇月）であった。三木も一九五一年六月二〇日に追放解除となり、この選挙に臨んでいる。このときの三木の演説は語り草になっている。まずは、同じ選挙区のライバル候補である福家俊一を「郷里の誇り」、「日本を背負って立つ大人物になることは、不肖、この三木が保証いたしましょう」と持ちあげたうえで、演説はこう続いたという。

> しかし、それはあくまでも将来の話でありまして、いまはまだその器ではありません。まだ、吹けば飛ぶような男であります。「フケトシイチ」ではなく「吹けば飛ぶいち」だ。〔中略〕そういうわけですから、今回の選挙で福家クンに一票を投じようとお考えの人も、その票をぜひとも私のほうに向けていただきたい。前途有望な福家クンに比べ、私はこのように老い先の短い身。残り少ない政治生命の中で、何とか保守合同の悲願を達成すべく粉骨砕身している次第であります。ただし、私が亡き跡に日本の政治を動かす人物は福家クンをおいてはありません。ぜひそのときは、彼を立派な政治家に育て上げていただきたい[★85]

鳩山一郎を首領として、吉田茂らと激しい権力闘争を繰り広げた三木や河野といったメディア政治家が、日本民主党と自由党の保守合同を成し遂げ、自由民主党を作り上げていく。

戦後日本の礎となる五五年体制において、戦前のメディア経験がどのように生かされ、どのようにメディアの論理が政治の論理にとって代わっていったか、さらに考察を深めていく必要があるだろう。

■註

1　翼賛選挙の先行研究としては、古川隆久『戦時議会』吉川弘文館、二〇〇一年などを参照のこと。翼賛選挙の資料は、吉見義明／横関至編『資料日本現代史4・5　翼賛選挙①、②』大月書店、一九八一年にまとまっている。各議員の詳細な経歴情報については、表3を参照のこと。なお、『議会制度百年史――衆議院議員名鑑』大蔵省印刷局、一九九〇年に記載はないが、埼玉三区の出井兵吉（※）は、埼玉新聞社長を務め、翼賛選挙でも当選を果たした（埼玉新聞五〇年史編さん委員会編『埼玉新聞五〇年史』一九九四年、二〇頁）。

2　三木武夫「「非推薦」翼賛選挙」三国一朗・井田麟太郎編『昭和史探訪④』番町書房、一九七四年。三木は、一九二九年のアメリカ行きの際は、万朝報社海外特派記者という肩書を持ち、三六年のアメリカ留学の際には、現地で「羅府日米社の論説記者」を行っていた。三木は、三九年に成立した映画法の審議にも携わっていた（鈴木秀幸「三木武夫の修学時代」、村松玄太「三木武夫の初期政治活動」小西德應編『三木武夫研究』日本経済評論社、二〇一一年、二四、一一七、一四九～一五二頁）。

3　馬場周一郎『蘭は幽山にあり――元自民党副総裁二階堂進聞書』西日本新聞社、一九九八年、七〇頁。

4　沢田次郎「翼賛選挙と「純新人」の進出――東京第五区の四王天延孝を中心に」『法学政治学論究　法律・政治・社会』第一一号、一九九一年、一二七、一三〇頁。

5　「新しき議会　紙上登壇①　煮直せ〝輿論の釜〟英霊の血で大議会へ　四王天中将」『朝日新聞』一九四二年五月三日。

6　一二五名のうち、翼賛選挙時点でのメディアとの関わりが確認できず、本章の分析から除外したのは、新人議員では、井村荒喜（63）、坂口平兵衞（411）、酒井利雄（416）、高城憲夫（535）、高野孫左衛門（543）、中谷武世（643）、林佳介（733）、星野靖之助（799）、堀内一雄（801）、山中義貞（930）、蠟山政道（966）の一一名。古参議員では、小山倉之助（174）、南条徳男（670）、平野力三（766）、船田中（791）の四名である。

7　観音寺市誌増補改訂版編集委員会編『観音寺市誌　資料編』一九八五年、一四四～一四五頁。岡田益吉「岸井さんは語る」『岸井寿郎』自費出版、一九七〇年、三一頁。

8　横山昇一編『大東亜建設代議士政見大観』都市情報社、一九四三年、一一三〇～一一三一頁。岸井は、著書『連盟

を脱退すべし」浅野書店、一九三二年も出版している。
9　阪本勝『流氷の記――わが生の思索と実践』朝日新聞社、一九六九年、一〇二～一〇三頁。『朝日新聞』一九四二年五月三日には、「元産報文化部長阪本勝」と記されている。大日本産業報国会の会長が元兵庫県知事の湯沢三千男であり、湯沢が翼賛選挙時に内務大臣を務めていたため、阪本は推薦を得ることができたものと推測される。
10　山本熊太郎編『胎中楠右衛門氏の片鱗』安久社出版部、一九四二年、一二〇頁。奥健太郎「翼賛選挙と翼賛政治体制協議会」寺崎修・玉井清編『戦前日本の政治と市民意識』慶應義塾大学出版会、二〇〇五年、二三七頁。安藤覚「おもかげを偲ぶ」有竹修二『前田米蔵伝』前田米蔵伝記刊行会、一九六一年、六〇八頁。
11　安藤覚、頼母木眞六ほか「新代議士座談会」『政界往来』一九四二年六月、四四、六〇頁。
12　一九三四年における新聞記者の給与は、初任給が五〇円（東京朝日新聞社が七〇円）、次長級が一三〇～一五〇円（同、二〇〇～三〇〇円）、部長級が一五〇～二〇〇円（同、二五〇～四〇〇円）で、「読売の社会部長は表記のものよりもずっと多い」とされている（S・V・C「記者生活の危機（新聞）」『文藝春秋』一九三四年三月、九四～一〇一頁）。一九四〇年代の記録は見当たらなかったが、公立小学校教員の初任給は一九三三年が四五～五五円、四一年が五〇～六〇円なので、物価上昇に伴う給与の変動は僅かだったようだ。読売新聞の政治部長から編集局次長を歴任した安藤の月給は、四〇〇円を超えていたと推測できる。なお、一九三三年の東京都知事の年俸は五三五〇円であった（一九四三年も同じ。森永卓郎編『物価の文化史事典』展望社、二〇〇八年、三九六～三九九頁）。
13　前掲書『大東亜建設代議士政見大観』、七五七頁。新人のメディア議員では、中村又七郎も東方会の出身であったため、非推薦での出馬となった。池田正之輔、花村四郎も非推薦であった。
14　福家が社長を務めていた大陸新報社は、上海を中心に日本の文化宣伝を担当し、朝日新聞社が経営に協力していた。星野直樹（一九四一年に内閣書記官長に就任）などから翼賛選挙への出馬を薦められた福家は、作家の吉川英治を選挙応援に担ぎ出し、選挙事務局長に政友会総裁を務めた久原房之助を配置するという磐石の布陣で選挙戦に挑み、三〇歳という若さで激戦の東京一区を制した（小堺昭三『破天荒――ごじゃな奴（下）』角川文庫、一九八一年、三五～三六頁、山本武利『朝日新聞の中国侵略』文藝春秋、二〇一一年、三四頁）。大陸新報社からは、神尾茂（福島二区）が当選を果たしたが、戸叶武（栃木一区）は落選している。
15　落選者の『新潟新聞』監査役・佐藤謙之輔（398）と元『高田日報』社長・武田徳三郎（573）もメディア議員であっ

た。二人とも推薦候補であったが、落選となった。
16 『村田五郎氏談話速記録三（内政史研究資料 第一三六集〜第一三八集）』内政史研究会、一九七七年、一四〇頁。
17 「衆議院議員調査票（一九四二・二）」アメリカ議会図書館作成マイクロフィルム『日本陸海軍その他政府機関の文書抄録』R2-3-T1468所収（吉見義明／横関至編『資料 日本現代史四 翼賛選挙①』大月書店、一九八一年、資料五一（一二八〜一三九頁）、資料解題四九一〜四九二頁）。
18 山田公平「解説」山田公平編『名古屋新聞・小山松寿関係資料集 第一巻』龍渓書舎、一九九一年。小山は「宣伝省設置案理由書」（一九四二年八月三一日）も提出している。小山松寿「名古屋在住四〇周年を顧みて」一九四二年（山田公平編『名古屋新聞・小山松寿関係資料集 第三巻』龍渓書舎、一九九三年、六六三〜六九二頁）を参照のこと。
19 岡村二一「新聞統合の渦中にあって」『別冊新聞研究――聴きとりでつづる新聞史』日本新聞協会、一九八一年五月（一二号）、八三〜八四頁。
20 新人議員の福家俊一は、日中戦争に対する考え方の違いから、一九四三年に津雲に衆議院内で暴行をはたらき、このトラブルが原因で前線に「懲罰召集」されてしまう（中谷武世『戦時議会史』民族と政治社、一九七四年、九九頁。宮田光史「大木操宛福家俊一書簡二通――「応召代議士」の大陸戦線」『日本歴史』二〇一一年二月号、六六頁）。応召代議士については、宮田光史『戦時期日本の翼賛政治』吉川弘文館、二〇一六年が詳しい。
21 澤田次郎「粛正選挙と革新勢力の進出――大阪第三区の池崎忠孝を中心に」平成国際大学法政学会編『平成法政研究』一九九八年一一月号。池崎は第三九回総選挙（一九三六年）でトップ当選を果たした。
22 田上慎一「〈研究ノート〉『右翼政治家』中原謹司試論――愛国勤労党から信州郷軍同志会へ」『法政史学』七八号、二〇一二年、二八頁。小坂武雄「編集に容喙せず」『五十人の新聞人』電通、一九五五年、三一七〜三二〇頁。
23 三木の評伝としては、三木会編『三木武吉』、一九五八年がある。御手洗辰雄『三木武吉伝』、四季社、一九五八年も内容は全く同じである。側近であった原玉重は次のように述べている。「御手洗辰雄さんが書いた三木会発行の『三木武吉伝』は、私が大体話をして、それによって書いて頂き原稿を私が全部見ていますので、絶対信用して下さって結構です」（服部信也・昌子編『原玉重八十八年の歩み』原てる、一九八五年、五二頁）。
24 『塩野季彦回顧録』塩野季彦回顧録刊行会、一九五八年、一二九六頁。
25 池田は、読売新聞社の社会部と政治部で記者の経験があった。報知新聞の記者であった小楠正雄は、この池田が正力と三木の連絡係を担っていたのではないかと推測している（「小楠正雄――昭和期「報知」の民政党記者」『別冊新聞研究――聴きとりでつづる新聞史』一九八九年三月、二五号、八四〜八五頁）。原については前掲書『原玉重八十八年の歩み』を参照のこと。

26 『武藤貞一評論集　戦後篇』動向社、一九六二年、五七五頁。

27 三木武吉「売らぬ新聞を作る」『実業之世界』一九四一年四月号、六一頁。

28 三木武吉「巻頭言」報知新聞社編『報知七十年』報知新聞社、一九四一年。

29 三木武吉編『新体制下の新聞問答』一九四〇年九月、五〜六頁。

30 新聞の新体制に関する会議に出席していた『名古屋新聞』の大宮伍三郎によると、三木の統制案は、「全国紙として東京と大阪から各一紙、七つの都市からブロック紙として七紙、但しこれらには地方版は許さず、各県からは県内の地方紙を統合して一県一紙とする。全国紙、ブロック紙は各二五〇万部、地方紙は合計一五〇万部、総計六五〇万部の紙しかやらない」という内容であったという（大宮伍三郎「新聞社とのわかれ」『五十人の新聞人』電通、一九五五年、三三七頁）。

31 龍野堅吉「〝報知新聞〟社長に乗出した三木武吉君のうらおもて」『実業之世界』一九三九年八月号、七四〜七五頁。

32 一九四一年八月に正力松太郎会長、三木武吉社長、小林光政副社長、務台光雄取締役営業局長という体制になる（報知新聞社社史刊行委員会編『世紀を超えて――報知新聞百二十年史』報知新聞社、一九九三年、二三四頁）。務台光雄「読売興隆の裏面史をきく」『別冊新聞研究――聴きとりでつづる新聞史』一九八一年一〇月（一三号）、六五〜七二頁。

33 三木会編『三木武吉』一九五八年、二二一頁。前掲書『世紀を超えて』、二三九頁。

34 前掲書『武藤貞一評論集 戦後篇』、五七七頁。

35 前掲書『原玉重八十八年の歩み』、三四頁。

36 三木武吉「他の新聞はやめても『帝日』は存在させたい」『帝都日日新聞十年史』帝都日日新聞社、一九四三年、二三二頁。野依については、佐藤卓己『天下無敵のメディア人間――喧嘩ジャーナリスト・野依秀市』新潮選書、二〇一二年を参照のこと。

37 荒川肇「秋田県の翼賛選挙の実態」『秋田近代史研究　三四』一九九三年三月、三〜四頁。町田忠治伝記研究会編

『町田忠治』桜田会、一九九六年、四一一頁。栗田直樹「静岡県における大政翼賛運動――「森口・加藤グループ」の形成と展開」『日本歴史』日本歴史学会、一九八五年二月(第四四一号)、七〇頁。

38　翼協の選考は、内務省の事前選考の結果だけではなく、旧政友会、旧民政党のバランスなども配慮されたという(荒川肇、前掲論文、四、六頁)。

39　肥田の選挙区である呉市で起こった憲兵隊との対立が原因だったようだ(肥田琢司『政党興亡五十年――わが歩みし足跡』国会通信社、一九五五年、四三四頁、肥田琢司『政界追想』肥田琢司遺稿刊行会、一九六四年、五六八頁)。

40　川島は千葉県の推薦者を決める会議で「あまりに政党的である」とされ、結果として非推薦になったという(林政春著、川島正次郎先生伝記刊行会編『川島正次郎』花園通信社、一九七一年、一九二頁)。

41　同交会所属議員は、鳩山一郎・芦田均・片山哲・尾崎行雄・大野伴睦・林譲治・星島二郎・北昤吉ら三七名である。一九四〇年一〇月に発足した大政翼賛会の批判からスタートした。楠精一郎『大政翼賛会に抗した四〇人――自民党源流の代議士たち』朝日選書、二〇〇六年、一六頁。

42　安藤正純『講和を前にして――附 追放の書』経済往来社、一九五一年、一二九頁。

43　加地直紀「翼賛選挙と尾崎行雄――尾崎の政治思想との関連」『平成法政研究』二〇〇五年三月(第九巻第二号・通号第一七号)、一六九～一七〇頁。

44　いずれも古参議員である。同交会メンバーの鈴木文治(482)は不出馬であった。木桧三四郎については、『地方別日本新聞史』(日本新聞協会、一九五六年)に、『上州新報』社長(一九三三年七月～三四年一一月)という記載がある(九三頁)。

45　植原悦二郎『八十路の憶出』植原悦二郎回顧録刊行会、一九六三年、二二〇～二二一頁。田川大吉郎は一八九〇年に東京専門学校を卒業後に、『郵便報知新聞』に入社する。一八九二年九月に『都新聞』に移る。台湾の新聞『台湾新報』にも勤める。

46　「群馬県に於ける翼賛選挙の実情」『村田五郎氏談話速記録三(内政史研究資料 第一三六集～第一三八集)』内政史研究会、一九七七年、一四四～一六五頁。

47　西岡竹次郎伝記編纂会編『伝記西岡竹次郎(上)』一九六八年、三四〇頁。吉見義明／横関至編『資料日本現代史5 翼賛選挙②』大月書店、一九八一年、資料一二八(九九～一〇〇頁)。

48　前掲論文「翼賛選挙と尾崎行雄」、一五八～一六〇頁。
49　前掲論文「秋田県の翼賛選挙の実態」、一〇、一四頁。
50　星新一「父と翼賛選挙（月報）」前掲書『資料日本現代史5　翼賛選挙②』、二頁。アメリカ帰りの経歴や、星製薬の社長として役人と激しく衝突してきた星一の性格が原因だと推測している。
51　前掲論文「秋田県の翼賛選挙の実態」、一九頁の註四。荒川は、一九九一年に雨宮昭一が日本現代史研究会の三月例会で行った報告「翼賛選挙をめぐって」でこの指摘がなされたとしている。翼賛体制の持つ「非翼賛的」な側面については、エドワード・ドレィ「翼賛政治の実相」三輪公忠編『日本の一九三〇年代――国の内と外から』（創流社、一九八〇年）でも言及されている。
52　大谷敬二郎『昭和憲兵史』みすず書房、一九六六年、四五〇～四五一頁。
53　「小楠正雄――昭和期「報知」の民政党記者」前掲書『別冊新聞研究』、九〇頁。
54　「衆議院議員総選挙選挙運動情勢報告」前掲書『資料日本現代史4　翼賛選挙①』、三七六頁。
55　武知勇記については、前掲書『戦時議会史』、九九頁。
56　里見脩『新聞統合――戦時期におけるメディアと国家』勁草書房、二〇一一年。
57　伊豆富人『新聞人生』熊本日日新聞社、一九六六年、四七頁。「伊豆富人伝」刊行会編『伊豆富人伝』一九八九年、一五七頁。松村は戦後、参議院議員にもなっている。
58　西岡竹次郎伝記編纂会編『伝記西岡竹次郎（中）』一九六八年、三三六～三三七頁。これとは別に牧山耕蔵の名前で登記された株式会社長崎日日新聞社が存在したが、こちらの権利は読売新聞社に譲渡された。県の特高課は新聞統合をスムーズに進めるために、則元が持つ長崎日日新聞社の権利を消滅させておきたかった。
59　太田正孝『すがも』時代社、一九四九年、三八頁。
60　福永文夫「指導者の交代――衆議院総選挙の結果を手がかりに」天川晃／増田弘編『地域から見直す占領改革――戦後地方政治の連続と非連続』山川出版社、二〇〇一年、一八三頁。
61　太田正孝『いちじく――三代覚え書』政経社、一九七四年、三〇六頁。結局、不起訴となり、四七年一一月六日に釈放され、五一年八月には公職追放も解除されている。第二五回総選挙（五二年一〇月）で復活当選を果たしている。太田の戦後の活動については、矢野信幸「戦後政界への復帰――翼賛政治家太田正孝の場合」鳥海靖・三谷博・西川誠・矢野信幸編『日本立憲政治の形成と変質』吉川弘文館、二〇〇五年を参照のこと。
62 「軍国主義指導者を官公職より追放」『朝日新聞』一九四六年一月五日。粟屋憲太郎『昭和の歴史⑥　昭和の政党』小学館、一九六六年、三二二頁。翼賛選挙の推薦議員は、たとえ落選していても公職追放の対象となった。たとえば、工藤十三雄（323）、武田徳三郎、坊秀男（796）、高橋円三郎（545）は翼賛選挙に落選しているが、総理庁官房監査課編『公職追放に関する覚書該当者名簿』日比谷政経会、一九四九年に名前が掲載されている。
63 ただし、翼賛選挙の非推薦議員でも、安藤正純と川島正次郎は、それぞれ「翼賛政治会総務」と「大日本政治会情報部長」を理由に、一九四六年の時点で公職追放されている（安藤正純『講和を前にして　附　追放の書』経済往来社、一九五一年、一四五頁）。
64 石川真澄『戦後政治構造史』日本評論社、一九七八年、五頁。
65 「保利茂略年表」保利茂伝刊行委員会編『追想保利茂』保利茂伝刊行委員会、一九八五年、四七七頁。保利茂『戦後政治の覚書』毎日新聞社、一九七五年。一九四八年五月一〇日、公職追放が解除される。
66 石川真澄『データ戦後政治史』岩波新書、一九八四年＝一九九〇年、七頁。
67 同書、七頁。衆議院議員だけではなく、知事や市長の職に就いた議員も少なくなかった。
68 前掲書『戦後政治構造史』、六頁。
69 前掲論文「指導者の交代」、一八四、二〇六～二〇七頁。
70 車田忠継「公職追放期の川島正次郎と選挙――戦後政治史への道」『商学論纂』第五八巻第五・六号（二〇一七年）、一四六頁。
71 前掲書『戦後政治構造史』、七頁。
72 連合国最高司令官総司令部編／天川晃ほか編『ＧＨＱ日本占領史　第一一巻　政党の復活とその変遷』伊藤悟解説・訳、日本図書センター、一九九六年、一〇〇頁。
73 天川晃ほか編『ＧＨＱ日本占領史　第六巻　公職追放』増田弘、山本礼子訳、日本図書センター、一九九六年、二九頁。
74 伝記刊行委員会編『河野一郎自伝』徳間書店、一九六五年、二〇八頁。
75 太田剛「公職追放」『語りつぐ昭和史③』朝日新聞社、二五四頁。

76 「公職追放関係法令集」総理庁官房監査課編『公職追放に関する覚書該当者名簿』日比谷政経会、一九四九年、二一〜二八、三五、三八頁（昭和二二年勅令第一号「公職に関する就職禁止、退職等に関する勅令」別表第一、別表第二の九）。新聞社、出版社、映画会社、演劇興行会社、放送協会などの具体的な会社名が列挙され、新聞社や出版社の場合は、一回の発行部数二万部以上が対象となることも示されている。

77 同書、八頁（「公職に関する就職禁止、退職等に関する勅令」第三条）。H・ベアワルド『指導者追放』袖井林二郎訳、勁草書房、一九七〇年、一一〇頁。

78 前掲書『指導者追放』、一一〇頁。

79 同書、一五一頁。

80 一九四六年五月三一日に、三木は追放理由に反対する声明文を出していたという。『報知新聞』社長に関しては、次のような趣旨の弁明を行っていたという。「新聞の編集と販売は、すべて編集部員により行われた。新聞の編集は編集部の自治的なスタッフに委されるのが報知の伝統であり、したがって私は新聞記事ないし編集に関与せず、責任もなかった。さらに正力松太郎読売新聞社長が四一年七月に報知の株の大部分を購入し、同社の権力を掌握すると同時に、読売の小林局長を報知新聞社の副社長に就任させ、経営すべてが彼の手に委ねられた。こうして私の社長としての立場は、単なる名目にすぎなくなった」（増田弘「河野一郎と三木武吉の公職追放」東洋英和女学院大学編『人文・社会科学論集』通号一六、一九九九年、一六頁）。

81 小山松寿のもとには、公職追放の仮指定書が二枚送られてきていて、一枚目（一九四七年一〇月二〇日付）では「名古屋新聞社重役会長」、二枚目（一九四七年一一月四日付）では「昭和一七年の衆議院議員総選挙において所謂推薦を受けた」が理由となっている（山田公平編『名古屋新聞・小山松寿関係資料集　第七巻』龍渓書舎、二〇一五年、三九〇〜三九二頁）。この名簿に掲載されたメディア関係者に関しては、トム・リバーフィールド「『公職追放に関する覚書該当者名簿』のメディア関係者・文化人五十音順索引」金腐川宴游会『三級河川』一七号、二〇一七年、六二〜八七頁を参照のこと。

82 信濃毎日新聞『百年の歩み』編集委員会編『百年のあゆみ――信濃毎日新聞』信濃毎日新聞、一九七三年、三九七頁。

83 前掲書『指導者追放』、六四、一五二〜一五三頁。ベアワルドは、進歩党における改革派という芦田の政治的立ち位置が評価されてのことだと分析している。

84 「池田正之輔」刊行委員会編『池田正之輔――反骨の政治家』一九九五年、八六頁。

85 福家俊一『ニューリーダーがアレだから自民党が面白い』ロングセラーズ、一九八七年、二一～二二頁。

表3　翼賛選挙に当選したメディア議員（新人議員および古参議員）

①『議会制度百年史――衆議院議員名鑑』をもとにした ID
②氏名、③生年 - 没年、④選挙区
⑤『議会制度百年史――衆議院議員名鑑』（大蔵省印刷局、1990年）に記載されたメディアとの関わり
⑥詳細な経歴（メディアとの関わり）。記号D、N、T、Yは、それぞれ以下の文献を意味している。
D＝横山昇一編『大東亜建設代議士政見大観』都市情報社、1943年。N＝『日本新聞社史集成　上巻（東京・関東・奥羽編）』1938年。T＝『地方別日本新聞史』日本新聞協会、1956年。Y＝工藤三郎編『翼賛議員銘鑑』議会新聞社、1943年
⑦推薦／非推薦の区別（推＝推薦、非＝非推薦）
⑧甲乙丙（「衆議院議員調査票（1942・2）」吉見義明、横関至編『資料　日本現代史4　翼賛選挙①』大月書店、1981年、資料51）
⑨当落予想（（「衆議院議員調査票（1942・2）」同上）
⑩戦後、衆議院議員に当選しているかどうか（○＝当選あり、×＝当選なし）
⑪追放理由（総理庁官房監査課編『公職追放に関する覚書該当者名簿』日比谷政経会、1949年）

①	②	③	④	⑤	⑥	⑦	⑧	⑨	⑩	⑪
〔新人議員〕										
5	安藤覚	1899-1967	神奈川	万朝報、読売新聞各記者、読売新聞社政治部長、同編集局次長、同社友（省略）神奈川民声新聞社々長	1925年4月、万朝報社入社。27年6月、読売新聞社政治記者に。33年5月、同社政治部副部長、37年4月同社政治部長、41年11月、同社編集局次長に（Y、3頁）	推	—	—	○	記載なし
8	阿子島俊治	1902-1954	宮城	国民新聞社政治部記者、同政治部次長兼論説委員	1927年早稲田大学卒業後、国民新聞社に入社、政治部記者に。34年、同社政治部次長兼論説委員となる。36年の衆議院議員選挙に落選。37年以降は日本タイプライター株式会社の南方室事務長を務める（D、453頁）	推	—	—	×	推薦議員（13頁）
51	有馬英治	1908-1976	福岡	時事新報社経済部記者、読売新聞社政治部記者	1933年慶大を卒業後、すぐに時事新報社に入り、経済部記者として商工省の釆女会を担当。小林一三が近衛内閣の商相に就任すると、所望されて秘書官となる（有馬英治「人間岸信介を語る」『経済知識』1957年4月）	推	—	—	○	推薦議員（26頁）
85	池田正之輔	1898-1986	山形	日本大学出版部長、読売新聞社記者、報知新聞社論説委員、同取締役兼総務局長、同盟通信社理事（略）（社）内外事情研究所理事長	1927年に満州日日新聞社に入社。28年4月には、山形の酒田で『大衆日日新聞』を創刊する（2年足らずで廃刊）。上京し、恩人である塩野季彦から正力松太郎を紹介され、31年、読売新聞社入社。社会部に配属（その後、政治部へ）。37年、衆議院議員総選挙に落選。読売新聞社退社。39年、報知新聞社に入社（『池田正之輔―反骨の政治家』、1995年）。評伝では、41年7月退社となっているが、『大東亜建設代議士政見大観』には「報知新聞社常務取締役」とある（D、415頁）。『翼賛議員銘鑑』の肩書は、「著述業」（Y、34頁）	非	—	—	○	記載なし
99	石田善佐	1893-1947	新潟	高田日報主筆、高田時事新聞社、高田毎日新聞社各社長、上越新聞社顧問	1919年高田日報社入社、30年に『高田時事新聞』を創刊、33年『越後新聞』を買収して『高田毎日新聞』と改題、引き続き社長となり、40年『上越新聞』創刊の際に退いて顧問となる（『新潟日報二十五年史』新潟日報社、1967年、58頁）	推	—	—	×	県東亜連盟協会理事県支部高田分会長（168頁）
123	今尾登	1899-1970	京都	大阪毎日、東京日日新聞社へ入社、同社よりゼネバ及び米国へ特派さる	「前東日横浜支局長」（D、845頁）。大阪毎日新聞社に入社し米国に留学す、帰朝後、大毎本社京城、大連、京都各支局を経て東京日日新聞政治部副部長、事業課長、講演課長、横浜支局長となり現に編集局参事（Y、48頁）	推	—	—	×	推薦議員（155頁）

①	②	③	④	⑤	⑥	⑦	⑧	⑨	⑩	⑪
193	大島高精	1885-1964	大分	万朝報社主筆となる	「元万朝報記者、元満洲国大同大学院教授」（D、1321頁）。略歴に、桑港「日米」社説記者、万朝報論説記者、同主筆（Y、85頁）。大島高精『独逸統一史論』（旺文社 1944年）の「著者略歴」には、「万朝報主筆、満洲大同学院教授、陸海軍講師を経て現在陸軍に任を有し、衆議院議員、愛国同志会理事長たり」とある	推	—	—	×	推薦議員（496頁）
263	神尾茂	1883-1946	福島	大阪朝日新聞社南京通信員、同上海、北京特派員となる、同社よりワシントン軍縮会議に特派さる、また従軍記者として上海（梅）機関に配属さる（省略）大陸新報社顧問	「明治42年、朝日新聞社南京通信員、東亜部長、論説委員、顧問を経て現在客員たり」（D、487頁）。1909年に朝日新聞社南京通信員となる。13年、朝日新聞社の正社員となって上海へ。17年北京特派員に（～14年）。23年に支那部長、36年に編集局顧問、39年に停年客員（『香港日記』1957年、291頁）	推	—	—	×	推薦議員（208頁）
273	川上法励	1881-1944	新潟	北越新報記者、同主筆、新潟中央新聞社長となる	新聞社長（D、702頁）、略歴に「北越新報主筆」とあり、肩書は「新聞社主筆」（Y、119頁）。『北越新報』は、1940年12月1日に『越佐新報』と合併して、『新潟中央新聞』となり、川上が社長を務めた（『新潟日報二十五年史』新潟日報社、1967年、66頁）。42年11月に統合された『新潟日報』でも取締役主筆を務めた（同、69、77頁）	推	—	—	×	1944年に死去
307	岸井寿郎	1891-1971	香川	東京日々新聞社印刷部長、政治部長、営業局次長	1919年に大阪毎日新聞社に入社し、東京日日新聞社に勤務する。24年、東京日日新聞社印刷部長、30年に同社政治部長兼印刷局次長、33年に同社営業局次長。37年、東京日日新聞社退社（観音寺市誌増補改訂版編集委員会編『観音寺市誌　資料編』1985年）	推	—	—	×	推薦議員（254頁）
350	小坂武雄	1895-1971	長野	信濃毎日新聞取締役、同社長	1924年、兄・小坂順造の経営する信濃毎日新聞社に常務取締役として入社。30年に順造に代わって責任者となる（N、397～8頁）。42年1月、信濃毎日新聞社社長に（『百年のあゆみ――信濃毎日新聞』1973年、357頁）	推	—	—	×	信濃毎日新聞社常務（280頁）
406	齊藤正身	1897-1972	宮崎	満州日日新聞社、大連日日新聞社各顧問	「満日顧問」（D、1336頁）	推	—	—	×	推薦議員（515頁）
415	阪本勝	1899-1975	兵庫	大阪毎日新聞社学芸部勤務	1924年に、大阪毎日新聞社入社。学芸部に勤務。26年に退社（阪本勝『流氷の記』朝日新聞社、1969年）	推	—	—	×	著書（524頁）
427	薩摩雄次	1897-1966	福井	国民新聞編集局長、主筆	「国民新聞社に入り、経済部長、編集局長、主筆を経て、現在論説委員たり」（D、759頁）	非	—	—	○	東方会員同会情報部次長青年部次長著書(548頁)

①	②	③	④	⑤	⑥	⑦	⑧	⑨	⑩	⑪
431	四王天延孝	1879-1962	東京	雑誌「正剣」「猶太研究」を発行す	「正剣」は1930年代に、「猶太研究」は1941年6月から発行されていた(国会図書館データベースより)	推	—	—	×	記載なし。1945年12月にA級戦犯容疑で逮捕されるが、1947年に釈放。
490	角猪之助	1895-1955	和歌山	中央新聞及び都新聞政治部記者となる	肩書は「著述業」(Y)	推	—	—	×	推薦議員(595頁)
523	田中和一郎	1888-1950	京都	大阪朝日新聞社に入社、(省略)内外出版印刷(株)監査役	肩書は「会社重役」。略歴に「東京朝日新聞社論説委員」という記述あり(Y、852頁)	推	—	—	×	推薦議員(654頁)
524	田部長右衛門(田部朋之)	1906-1979	島根	松陽新報社、島根新聞社各社長となる	1940年11月、松陽新報社の社長に。42年1月、松陽新報社と山陰新聞社が合併、株式会社島根新聞社となり、取締役社長を務める(T、360頁、『田部長右衛門(朋之)先生追悼録』山陰中央新報社、1981年、220頁)	推	—	—	×	推薦議員松陽新聞社々長翼賛組織部長同協同吉田村(625頁)
562	竹内俊吉	1900-1986	青森	東奥日報社社会部長、整理部長、論説委員、取締役編集総務(省略)(株)青森放送会長	1925年に東奥日報社に入社し、『サンデー東奥』編集責任者、社会部長、整理部長、取締役を歴任。35年には、在職のまま、県議会議員に立候補するが落選。40年に買収事件で失格者が出たため、繰り上げ当選、東奥日報社を退社(『つゆくさ抄――素顔の竹内俊吉』竹内俊吉秘書の会、1988年)	推	—	—	○	推薦議員(640頁)
584	頼母木真六	1899-1968	東京	カリフォルニア州日米新聞記者、大阪朝日新聞サンフランシスコ特置員、東京朝日新聞記者、日本放送協会国際課長、国際部長	1919年渡米、朝日新聞社桑港特置員などを経て、24年帰朝。帝国通信外報部員。東京朝日新聞社記者。31年、日本放送協会に入り、対外宣伝機関たる海外放送を創設、国際課長、国際部長を命ぜられ今日に至る(D、35頁)	推	—	—	×	推薦議員(660頁)
657	中村又七郎	1884-1963	新潟	中央新聞社、自由通信社各記者、高田日報主筆、同社長となる	中央新聞社、自由通信社各記者から1914年に高田日報社主筆となる。31年副社長、34年社長となる。40年12月1日に高田日報社は上越新聞社となるが、その役員に中村の名前はない(『新潟日報二十五年史』新潟日報社、1967年、58、67頁)。肩書は「漁業兼農業」(D、714頁)	非	—	—	×	翼賛加久藤村東方会新潟支部長兼村上町糸魚川町支部長東方同志会(412頁)
721	花村四郎	1891-1963	東京	万朝報専務取締役兼主筆	「1927年、万朝報専務取締役兼主筆」。(花村四郎『最近の欧米を巡りて』(信陽書院、1939年)の略歴)	非	—	—	○	記載なし
724	浜田尚友	1909-1988	鹿児島	東京日日新聞社社会部、政治部記者となり、満州、北支那方面に特派さる	1932年、東京日日新聞社入社。40年退社、厚生大臣秘書官を務める(D、1367頁)	推	—	—	×	推薦議員(84頁)
773	福家俊一	1912-1987	東京	大陸新報社長、新申報社長、斯民社長	「前大陸新報社長」(D、7頁)。社長の就任は1939年10月1日。41年10月29日退任	推	—	—	○	大陸新報社社長推薦議員(64頁)

①	②	③	④	⑤	⑥	⑦	⑧	⑨	⑩	⑪
794	保利茂	1901-1979	佐賀	毎日新聞政治部記者を経て	1924年に報知新聞社政治部記者となる。27年、東京日日新聞社に移り、政治部に勤務。33年5月、大阪毎日新聞社に転勤し、10月に退社。34年7月、山崎達之輔農相の秘書官となる。36年3月に辞職するが、37年2月、43年4月にも秘書官を務めている。翼賛選挙には出馬せず、44年12月の衆議院補欠選挙（佐賀県第二区）で当選（『追想保利茂』1985年、477頁）	推	―	―	○	記載なし（1947年4月10日に公職追放）
956	吉川大介	1892-1954	新潟	新潟日曜新聞、新潟毎夕新聞各社長	略歴に「新潟毎夕新聞社長」とあり、肩書は「新聞社長」（Y、454頁）。印刷業（D、684頁）。1936年6月時点では、新潟毎夕新聞社長（N、426頁）	推	―	―	○	新潟東亜連盟協会理事推薦議員（771頁）

〔古参議員〕

6	安藤正純	1876-1955	東京	日本新聞、大阪朝日新聞各記者を経て東京朝日新聞社編集局長、同社取締役	1901年に日本新聞社に入社し、06年には大阪朝日新聞社に転職。1917年より24年まで編集局長兼取締役。25年退社（「安藤正純関係文書」国立国会図書館リサーチナビ）。第14回総選挙（1920年）に初当選すると、現役の記者として活躍しながら政治家を兼務（～25年）。	非	丙	当	○	翼賛政治会総務（16頁）
20	青木精一	1883-1945	群馬	日本電報電信社記者、大阪新報社東京支局長、中央新聞社政治部長、ウラジオ派遣軍司令部附日本電報通信社従軍記者となる	詳細不明。1945年死去	推	乙	当	×	翼賛菖蒲町（19頁）
29	秋田清	1881-1944	徳島	二六新報社々長となる	1903年、22歳で政治家を目指して二六新報社に入社し、11年に社長に就任している。12年に初当選すると、政治活動に力を注ぎ、24年には二六新報社を退社（『秋田清』秋田清伝記刊行会、1969年、109頁）	推	甲	当	×	1944年、死去
38	芦田均	1887-1959	京都	ジャパンタイムス社長	1933～40年、ジャパンタイムス社社長。41年からは取締役に（進藤栄一「解題」『芦田均日記第1巻』岩波書店、1986年、34頁）。肩書に「元ジャパンタイムス社長」とあり（D、876頁）	非	丙	当	○	記載なし
65	伊豆富人	1888-1978	熊本	九州日日新聞記者、東京朝日新聞記者、同盟通信社理事、熊本日日新聞社長、日本新聞連盟評議員となる（省略）熊本放送代表取締役会長（省略）新聞協会より文化賞を受く	1915年、九州日日新聞社に入社。17年、退社、東京朝日新聞社に入社。19年、退社、大正日日新聞社創立。20年、解散。22年、東京朝日新聞社に再入社。25年、退社（逓信大臣秘書官就任のため）。32年、九州日日新聞社副社長に。39年、退社（文部参与官に就任のため）。40年、九州日日新聞社長に。42年3月退社。新聞統合によって、『九州日日新聞』は廃刊。熊本日日新聞社が創立され、代表取締役社長に就任（『新聞人生』1966年、著者略歴）	推	乙	当	×	九州日日新聞社社長（196頁）
74	伊礼肇	1893-1976	沖縄	沖縄毎日新聞社理事	『沖縄毎日新聞』は1908年～1914年（国会図書館データベース）	推	乙	不明	×	記載なし

①	②	③	④	⑤	⑥	⑦	⑧	⑨	⑩	⑪
75	猪野毛利栄	1886-1952	福井	二六新聞記者となる、日本浪人社を創立、雑誌「日本浪人」を、経国社を創立し「政治及経済界」を主宰す	詳細不明	推	乙	不明	×	推薦議員（159頁）
80	池崎忠孝	1891-1949	大阪	万朝報社員、大阪時事新報社顧問	1917年、万朝報社に論説記者として入社。34年、大阪時事新報社に顧問として入社（実際は主筆のような立場。翌年辞職）。36年、雑誌『少数意見』の発行（六号で廃刊）。（永井保編『池崎忠孝』池崎忠孝追悼録刊行会）	推	甲	当	×	推薦議員（151頁）
84	池田秀雄	1880-1954	佐賀	東京朝日新聞記者（省略）京城日報社長	1909年、『東京朝日新聞』記者、1931年、『京城日報』社長（D、1276頁）	推	乙	不明	×	推薦議員（147頁）
112	一宮房治郎	1884-1948	大分	北京順天時報記者、大阪朝日新聞北京通信員となる、奉天に盛京時報社を創立し、主幹兼主筆、同社長となる、のち大阪朝日新聞記者	略歴に、「順天時報主筆、盛京時報主筆社長、〔中略〕大阪朝日新聞論説部委員」とある（D、1324頁）	推	乙	当	×	推薦議員（139頁）
121	今井健彦	1883-1966	千葉	中央新聞、中外商業新報社に入社のち福井日報社長	『福井日報』社長は政界進出の前まで（T、208頁）	推	乙	当	×	推薦議員（154頁）
130	岩瀬亮	1898-1944	千葉	大日本映画協会各理事となる	岩瀬は1933年に「映画国策建議案」を衆議院に提出（ＮＨＫ取材班編『日本の選択4　プロパガンダ映画のたどった道』（角川文庫、1995年）、133頁）。これが大日本映画協会（1935年設立）の理事就任につながる	推	乙	当	×	1944年、死去
169	小高長三郎	1890-1958	千葉	自由通信社に入り外交部長、支配人を経て同社社長となる	「通信社長」（D、191頁）。「本名は自由通信社の社長であり従来の基盤より立候補するなす模様」（警視庁特高第二課「総選挙に対する革新陣営の動向」『資料日本現代史4』202頁）	推	丙	不明	×	推薦議員（286頁）
178	尾崎行雄	1858-1954	三重	新潟新聞主筆、報知新聞、朝野新聞の記者	1877年に『民間雑誌』を復刊、79年に『新潟新聞』主筆（～81年）、82年に報知新聞社に入社、85年に朝野新聞社に転職（沢田謙『尾崎行雄伝（下）』（尾崎行雄記念財団、1961年）の「年譜」）	非	丙	当	○	記載なし
211	太田正孝	1886-1982	静岡	報知新聞副社長	『報知新聞』副社長（1919年～29年）（太田正孝『いちじく　三代覚え書』政経社、1974年）	推	甲	当	○	推薦議員（499頁）
238	加藤鯛一	1888-1943	愛知	雑誌「実業帝国」を創刊し、その社長兼主筆となり、東京政治通信社々長となる	「無職」（D、565頁）	推	甲	当	×	1943年、死去

①	②	③	④	⑤	⑥	⑦	⑧	⑨	⑩	⑪
276	川崎克	1880-1949	三重	日本新聞記者、（省略）元山時事新報主幹兼主筆	江戸川乱歩編『川崎克伝』川崎克伝刊行会、1956年に『日本新聞』記者時代のこと、1914年頃に『自治新聞』（旬刊）を発行していたことへの言及あり（21、51頁）	非	丙	当	×	陸軍省参与官（239頁）
278	川崎巳之太郎	1873-1951	茨城	日刊新聞「世界之日本」編集長、月刊新聞「天地人」を発刊、またサンフランシスコにおいて邦字新聞「日米」を創刊す、（省略）大阪毎日時事新報、報知新聞社各北米特派員	1899年、「米国桑港に日米新聞創刊経営」（D、214頁）	非	丙	不明	×	記載なし
280	川島正次郎	1890-1970	千葉	東京日日新聞社記者	1919年1月に東京日日新聞社記者（林政春『川島正次郎』花園通信社、1971年、68頁）	非	乙	当	○	大日本政治会情報部長（240頁）
284	川俣清音	1899-1972	秋田	雑誌「建設者」、新聞「農民運動」を発行す	首藤知之『先生と俺——川俣清音先生を偲ぶ』（1978年）の年表には、メディア関連の記述なし	非	丙	不明	○	記載なし
288	河上哲太	1881-1952	愛媛	国民新聞社経済部長となる	1907年、国民新聞社入社。13年、経済部長に就任。15年、退社（河上哲太翁伝刊行会編『河上哲太翁伝——ある清潔なる政治家の生涯』新紀元社、1964年）	推	乙	落	×	推薦議員（235頁）
295	木原七郎	1884-1951	広島	芸備日日新聞取締役社長	『芸備日日新聞』社長に就任すると、大蔵参与官を務めていた三木武吉を顧問に迎え入れた。しかし、1931年に営業権を合資会社早速社に譲渡（T、381頁）	推	乙	不明	×	推薦議員（244頁）
308	北昤吉	1885-1961	新潟	日本新聞編集監督兼論説記者、（省略）雑誌「祖国」を創刊主宰す	雑誌『祖国』1928年10月～48年3月、雑誌『猶興』1952年1月～56年10月まで（『追想記』北昤吉三周忌法要会、1963年、90頁）	非	乙	当	○	祖国編集人（255頁）
313	清寛	1887-1966	岐阜	紙業新聞社（省略）取締役社長または重役となり、岐阜新聞社（省略）社長となる	肩書は「元新聞社長」（D、615頁）。1925年、岐阜新聞社の社長に（N、383頁）	推	乙	不明	×	岐阜新聞社長（260頁）
319	久山知之	1889-1968	岡山	中国民報社員	略歴に、「中国民報社長」（Y、151頁）。『中国民報』（岡山県）は、1941年11月に『合同新聞』に統合されている	推	甲	不明	×	推薦議員（307頁）
331	窪井義道	1892-1949	山口	不二映画各（株）取締役社長となる	「不二映画各株式会社を設立し其の取締役社長」たり（衆議院事務局『衆議院要覧 昭和17年11月　乙』内閣印刷局、1942年、79頁）	推	甲	不明	×	推薦議員武徳会本部理事（291頁）

①	②	③	④	⑤	⑥	⑦	⑧	⑨	⑩	⑪
346	小泉又次郎	1865-1951	神奈川	新聞記者となる	1889年、『東京横浜毎日新聞』記者となる。98年に『公正新聞』を創刊し社長兼主筆となったことを示す記録もある（加藤勇『小泉又次郎伝』1972年、16、19頁）	推	乙	当	×	翼賛総務内閣参議(272頁)
354	小谷節夫	1885-1959	岡山	青島新報社長（略）漢字新聞「大青島報」を発刊す	肩書は「青島新報社長」。略歴として、1925年に「青島新報社長」となる（Y、1011頁）	推	乙	不明	×	推薦議員(287頁)
358	小林絹治	1888-1973	兵庫	中央新聞社主筆、同編集局長	略歴に「中央新聞主筆、編集局長」（D、962頁）	推	乙	不明	○	推薦議員(263頁)
369	小山松寿	1876-1959	愛知	大阪朝日新聞記者となり、のち名古屋新聞を創刊しその社長となる	1902年、大阪朝日新聞社大阪本社に入社。名古屋支局長も務める。06年、『中京新報』を譲り受け、『名古屋新聞』と改題。社長となる。15年に初当選。25年に農林政務次官に就任すると、『名古屋新聞』会長となる（29年に社長復帰、30年に再び会長）。小山は民政党の幹事長、衆議院議長などの要職を経て、42年1月に『名古屋新聞』社長に復帰（「小山松寿略年譜」小山千鶴子編『小山松寿伝』1986年）	推	甲	当	×	推薦議員名古屋新聞社重役会長(288頁)
382	河野一郎	1898-1965	神奈川	東京朝日新聞記者	1923年から31年まで『東京朝日新聞』記者（河野一郎『日本の将来』恒文社、1965年、略歴）	非	丙	当	○	G項（282頁）
386	河野密	1897-1981	東京	東京、大阪各朝日新聞記者	1922年、朝日新聞社記者（『革新の黎明――河野密論文集』毎日新聞社、1979年、略歴）	非	丙	当	○	G項（283頁）
423	桜内幸雄	1880-1947	島根	朝鮮新聞社等の各（株）社長、取締役、監査役となる	1896年、東京毎日新聞社及び万朝報社に入社（職工及び校正係）。97年、岐阜市中央印刷株式会社の職工となり、『濃飛日報』に関係する。98年、『知多新聞』（愛知）に入社し、職工兼記者に。1902年、東京の日本電報通信社に入社し、経済記者となる（『櫻内幸雄自伝　蒼天一夕談』蒼天会、1952年）	推	乙	当	×	翼賛政治会顧問　大日本政治会顧問　枢密顧問官（529頁）
429	沢田利吉	1879-1944	北海道	北海道日日新聞社（略）（株）社長となる	1929年に『北海道日日新聞』を刊行（茶碗谷徳次『人物覚書帳』事業と人社、1936年、561頁）	推	乙	不明	×	1944年、死去
454	清水留三郎	1883-1963	群馬	関東産業新聞社長、上野新聞社専務取締役	繭糸業者の機関新聞『関東産業新聞』（前橋）の社長を務める。『上野新聞』と合併して高崎に本社を移動。1917年頃、会社を売却（清水留三郎『選挙秘話』1952年、298～302頁）	推	乙	当	×	推薦議員(569頁)
459	庄司一郎	1892-1964	宮城	仙台日日新聞、東北新聞各記者、仙南新聞主幹、仙南日日新聞社長、月刊雑誌「新興東北」社長、東北自由新聞社長	「仙台日々新聞東北新聞記者、仙南新聞主幹たりしことあり、後仙南日々新聞社の創立、月刊雑誌新東北を創刊各社長となる」『宮城県名士宝鑑』宮城県名士寶鑑発刊事務所 1940年、298～9頁（句読点を追加）	非	乙	不明	○	記載なし
464	信太儀右衛門	1882-1970	秋田	秋田魁新聞社監査役	詳細不明	推	丙	不明	×	翼賛村支部長、推薦議員（575頁）

①	②	③	④	⑤	⑥	⑦	⑧	⑨	⑩	⑪
474	助川啓四郎	1887-1943	福島	月刊雑誌「農村之青年」を刊行す	1906年に竹久夢二らと月刊雑誌『日本の少女』を発刊、28年に月刊雑誌『農村之青年』を発行、32年に『福島新聞』社長就任（～36年）（柳沼角栄『敬慕助川啓四郎先生の心』1988年）	推	甲	不明	×	1943年、死去
479	鈴木正吾	1890-1977	愛知	読売新聞記者、「第三帝国」編集長、「大観」編集長	詳細不明	非	丙	不明	○	東方同志会参与（604頁）
515	田中武雄	1888-1970	兵庫	東京政情通信社長	衆議院事務局『衆議院要覧 昭和17年11月　乙』（内閣印刷局、1942年）には、「東京政情通信社長」の記載あり	推	乙	当	×	翼賛支部長（653頁）
531	多田満長	1886-1951	千葉	大日本通信社を創設し、その社長となる	詳細不明	推	甲	当	×	推薦議員（609頁）
532	高岡大輔	1901-1992	新潟	新潟新聞（省略）社員	『粛正選挙代議士名鑑』（1936年）では、「新潟新聞記者」という記載あり（93頁）	推	乙	当	○	推薦議員（629頁）
548	高橋熊次郎	1880-1957	山形	山形自由新聞社各取締役	後藤嘉一『高橋熊次郎先生』（高橋熊次郎翁寿像保存会、1957年）でも、山形自由新聞社への言及なし	推	乙	当	×	推薦議員（620頁）
554	高橋守平	1894-1960	埼玉	平凡社（省略）各（株）社長、新民印書館（株）副社長	「平凡社の専務取締役」（角屋謹一『非常時政界人物風景―昭和政治家評論』文王社、1934年、34頁）	推	乙	当	×	平凡社取締役副社長（620頁）
558	滝沢七郎	1878-1963	東京	蚕業雑誌を経営、上田新聞社取締役となる	1898年に雑誌『蚕友』創刊、1908年に雑誌『農芸時報』を発行（『追憶（非売品）』滝沢工業株式会社、1964年、略年譜）	推	丙	不明	×	推薦議員（642頁）
575	武知勇記	1894-1963	愛媛	愛媛新聞社々長	「海南新聞取締役、愛媛新聞副社長編集局長」（Y、252頁）。19歳で『愛媛雑誌』を発行。20代で『愛媛新報』の常務に。のちに副社長。1944年6月、『愛媛合同新聞』の社長就任（『愛媛新聞八十年史』1956年、247頁）。「愛媛新聞社々長」は、1944年の『愛媛合同新聞』の社長を指すものと思われる（わずか3ヶ月のみ、T、421頁）	推	乙	当	○	推薦議員（633頁）
591	津雲国利	1893-1972	東京	下野新報社、下野日日新聞社各顧問	「下野日々新聞及下野銀行顧問となる、当時より政友会院外団員となり、昭和3年以来衆議院議員に当選5回、現に翼賛議員同盟連絡部長たり」（「立候補適格者調」『資料日本現代史』4、127頁）	推	甲	当	○	推薦議員（686頁）
604	寺田市正	1876-1958	鹿児島	時事新報記者、自由通信社主幹・同副社長となる	1905年、時事新報社に入社。15年、時事新報社を退社し、自由通信社に入社（『寺田市正翁回顧録』1959年、437頁）	推	乙	当	×	翼賛川内市郷軍県分会長推薦議員（664頁）
616	東條貞	1885-1950	北海道	室蘭タイムス、北海中央新聞、北見実業新聞各記者となり、のち日刊網走新聞を創刊	詳細不明	推	乙	不明	×	推薦議員（ただし表記が「東條貢」となっている。おそらく誤記）（669頁）

①	②	③	④	⑤	⑥	⑦	⑧	⑨	⑩	⑪
629	中井川浩	1900-1949	茨城	報知新聞社に入り、水戸市局長。のち茨城民報社を興すが、のちいばらぎ新聞社と合併し、いばらき新聞社取締役	1921年、大和新聞社に入社。22年、報知新聞社に入社。24年に退社。25年、茨城民報社を創立、取締役社長に。27年、いはらき新聞社と合併し、取締役になる（市村壮雄一『中井川浩の横顔』中井川浩伝記編纂委員会、1951年、122頁）	推	乙	当	×	推薦議員勅任文官陸軍政務官（405頁）
646	中野正剛	1886-1943	福岡	東京朝日新聞記者となる。パリ講和会議に特派員として赴く。のち東方時論社を起し社長兼主筆	1909年に東京日日新聞社入社。同年退社、朝日新聞社入社。16年退社（緒方竹虎『人間中野正剛』ビデオ出版、1967年、年譜）	非	—	—	×	1943年、死去
651	中原謹司	1889-1951	長野	信濃時事新聞編集部員。週刊「信州郷軍新聞」を発刊す	1915年に歩兵少尉に任官。同じ年に、信濃時事新聞社に入社。28年に主筆に（田上慎一「「右翼政治家」中原謹司試論――愛国勤労党から信州郷軍同志会へ」『法政史学』78号、2012年）	推	甲	当	×	海軍政務官推薦議員（403頁）
663	永井柳太郎	1881-1944	石川	雑誌「新日本」の主筆となる（省略）北陸毎日新聞社長	1928年、『北陸毎日新聞』社長就任。29年、外務政務次官に就任したため、社長を辞任。31年、外務次官辞任に伴い、再び社長に就任。32年、拓務大臣就任に伴い、社長辞任。36年の時点では顧問（N、458頁）。40年7月に、『北国新聞』と『北陸毎日新聞』が合併して『北国毎日新聞』となっており、これ以降は、永井はメディア経営には関与していないと思われる。石川県の新聞統合は、42年5月に完了	推	甲	当	×	1944年、死去
677	西方利馬	1883-1973	山形	山形新聞社（株）取締役社長	1925年頃、大株主であった『日刊山形』の社長に就任。38年に『日刊山形』は『山形新聞』に合併される（T、57頁）	推	甲	不明	×	推薦議員（436頁）
678	西川貞一	1902-1991	山口	関門日日新聞記者、同社編集局長、顧問。山口新聞社、宇部時報社各社長。のち宇部時報（株）会長	1921年、関門日日新聞社入社、社会部長、政治部長、編集局長（38年退社）（D、1057頁）。52年、宇部時報社代表取締役社長就任（藤川明宏編『西川貞一先生の言行録』熊野神社、2010年）	推	甲	不明	○	関門日日新聞社編集局長（436頁）
696	野田武夫	1895-1972	熊本※	東京朝日新聞社政治部記者、神奈川新聞社長	年鑑では選挙区が熊本になっているが、翼賛選挙で当選したのは神奈川第2区。略歴に「東京朝日新聞政治部記者」、「横須賀新報神奈川県新聞社長」とある（D、109頁）	推	—	—	○	推薦議員（445頁）
704	則元卯太郎	1891-1944	長崎	長崎日日新聞副社長となる	「元長日副社長」（D、1301頁）	推	乙	落	×	1944年、死去
707	羽田武嗣郎	1903-1979	長野	東京朝日新聞社政治部記者となる	1929年に東京朝日新聞社入社、37年に退社。岩波茂雄のすすめで羽田書店を創立。（『羽田武嗣郎伝』1974年）	推	乙	不明	○	推薦議員（87頁）

①	②	③	④	⑤	⑥	⑦	⑧	⑨	⑩	⑪
712	箸本太吉	1892-1961	石川	中外商業新報社政治部記者、同支那、ロンドン各特派員、万朝報社常務取締役兼営業並びに編集局長、専務取締役件主筆となる	詳細不明	推	乙	落	×	推薦議員(95頁)
738	原惣兵衛	1891-1950	兵庫	東京毎日新聞社副社長	詳細不明	推	乙	不明	×	推薦議員翼賛支部長(89頁)
740	原玉重	1896-1983	東京	報知新聞監査役	三木武吉の側近。1939年5月、報知新聞社の常任監査役に(服部信也・昌子編『原玉重八十八年の歩み』1985年)	推	乙	不明	×	推薦議員東亜連盟協会常任委員関東地方事務所長(89頁)
748	坂東幸太郎	1881-1974	北海道	かつて雑誌「旭川評論」を発刊す	1920年に雑誌『旭川評論』を発行(『坂東幸太郎伝――旭川市名誉市民』旭川市 1981年、316頁(個人経歴)	非	丙	当	○	記載なし
752	肥田琢司	1888-1963	広島	広島毎夕新聞社、自由評論社各社長	1913年、弟とともに青年自由党の機関誌『自由評論』を発行。(肥田琢司『政界追想』肥田琢司遺稿刊行会、1964年)。肩書に「広島毎夕新聞社長」、略歴に「自由評論社社長」(D、1038頁)	非	甲	当	×	翼賛合議局審査副部長著書(108頁)
772	福井甚三	1874-1945	奈良	大和日報各(株)社長	1927年の政党分裂によって、『大和日報』は代議士である福井の個人経営に移された。新聞統合のため、40年12月末をもって廃刊(T、329～330頁。「福井甚三郎」となっているが、代議士とあるので福井甚三のことだと思われる)	推	乙	不明	×	1945年、死去
783	藤生安太郎	1895-1971	佐賀	武道公論社長、月刊雑誌「道義」を主宰す	詳細不明	推	乙	不明	×	法制局長官(70頁)
798	星一	1873-1951	福島	ニューヨークにて新聞「日米週報」、英文「ジャパン・アンド・アメリカ」を発刊す	日本語新聞『日米週報』、日本の事情をアメリカ人にPRする英文雑誌『ジャパン・アンド・アメリカ』を発行(大山恵佐『星一評伝』共和書房、1949年(大空社、1997年)、79頁)	非	丙	不明	○	記載なし
817	増田義一	1869-1949	新潟	読売新聞社記者となる、のち実業之日本社を創立し社長となり「実業之日本」ほか数種の雑誌及び図書を出版す	1893年、読売新聞社に入社。97年、『実業之日本』を創刊。1900年、実業之日本社を創立。読売新聞社を退社し、実業之日本社主筆兼社長となる(実業之日本社編『増田義一追懐録』1950年)	推	乙	当	×	実業之日本社代表取締役社長(319頁)

①	②	③	④	⑤	⑥	⑦	⑧	⑨	⑩	⑪
818	町田忠治	1863-1946	秋田	朝野新聞、郵便報知新聞記者となり、外遊、帰朝後、東洋経済新報社を創立し社長となる（省略）報知新聞社長となる	1888年、朝野新聞社に入社（90年退社）。91年、郵便報知新聞社に入社（94年退社）。95年、東洋経済新報社を創立、『東洋経済新報』を発行（96年退社）。1919年、郵便報知新聞社社長（26年まで、『町田忠治――伝記編』桜田会、1996年）	推	丙	当	×	公職追放の後、1946年11月に死去
823	松岡俊三	1880-1955	山形	都新聞記者、同社副社長、監査役となる、のち雪害救済運動を提唱し、雪の日本社を創立、機関誌「雪の日本」を発刊す	肩書は「都新聞顧問」。1926年、雪の日本社を創立（D、408～411頁）	推	甲	当	○	推薦議員（335頁）
831	松野鶴平	1883-1962	熊本	日本電報通信各（株）取締役（省略）となり	『熊本日日新聞』の顧問（T、473頁）	推	甲	当	×	鉄相（333頁）
834	松村謙三	1883-1971	富山	報知新聞記者	1906年、報知新聞社入社。名古屋支局長、大阪支局長などを歴任。1912年退社（木村時夫編『松村謙三　伝記編（下巻）』桜田会、1999年、年譜）	推	乙	当	○	翼賛政務調査会長(331頁)
839	松本忠雄	1887-1947	長野	やまと新聞記者となり	詳細不明	推	乙	当	×	「翼壮町団長」とあるのが本人か？（1947年、死去）（330頁）
848	三木武吉	1884-1956	香川	報知新聞社長	1939年5月に『報知新聞』社長となる。41年6月、『報知新聞』を正力松太郎に譲渡。社長はそのまま務める。42年6月、『報知新聞』の経営から完全に手を引く（三木会編『三木武吉』1958年）	非	―	―	○	報知新聞社長として戦争への機運を醸成した（341頁）
853	三好英之（栄次郎）	1885-1956	鳥取	山陰日日新聞を創立し、社長となり、のち日本海新聞社を創立し、相談役となる	1938年に栄次郎を英之に改名（『戦時下の政局を繞る人々』13頁）。1907年、『米城新報』を創刊、翌年に『山陰日日新聞』に改題。新聞統合における日本海新聞社の創立にも関与した（T、348、350頁）	推	甲	当	×	推薦議員（360頁）
865	宮沢裕	1884-1963	広島	国民新聞各（株）取締役	「現在は、日本新聞顧問たる」とある（原田高一『昭和人物月旦　上巻』大日本国政研究会、1934年、115頁）	推	乙	当	×	推薦議員（360頁）
877	紫安新九郎	1873-1952	大阪	鎮西日報主筆、万朝報記者となる	紫安新九郎『紫安弥寿子と生家真野家』（1941年）に、『鎮西日報』について、さらには『万朝報』への入社の経緯が記されている	推	乙	当	×	記載なし
878	最上政三	1891-1977	群馬	万朝報政治部記者となり（省略）同社政治部長となる	1918年、『万朝報』政治部記者となり、第一次世界大戦に従軍記者としてシベリアに派遣される（『ジャーナリスト人名事典　戦後～現代編』）。肩書は「著述業」（D、238頁）	推	乙	不明	×	推薦議員（365頁）

①	②	③	④	⑤	⑥	⑦	⑧	⑨	⑩	⑪
888	森肇	1873-1959	長崎	長崎新報記者、同編集長を経て、長崎日日新聞主筆兼編集長、長崎新聞主筆、総顧問となる	1902年頃、愛媛の『伊予日日新聞』を発行（T、418頁）、『長崎日日新聞』主筆（同464頁）	推	乙	当	×	推薦議員（367頁）
909	山口忠五郎	1882-1955	静岡	静岡新報各（株）取締役となる	詳細不明	非	丙	不明	×	静岡新報社社長、県軍協議長、翼賛支兼村（731頁）
935	山本厚三	1881-1950	北海道	小樽新聞各（株）取締役	詳細不明	推	乙	当	×	推薦議員（737頁）
954	吉植庄亮	1884-1958	千葉	中央新聞文芸部長となる、（省略）、歌誌「橄欖」を主宰	1921年、中央新聞社に入社。文芸部長を務め、その後政治部へ。24年に退社（川島益太郎『現代作家の人及作風詩歌篇』大同館書店、1933年、254頁）	推	甲	当	×	推薦議員（777頁）
957	吉田賢一	1894-1982	兵庫	ひのもと会等を興し、これを主宰し、雑誌「ひのもと」を発刊す	『道を求めて：吉田賢一伝』（吉田賢一伝刊行世話人会 1983年）には、1938年に「ひのもと会」結成とある。衆議院事務局『衆議院要覧 昭和17年11月　乙』（内閣印刷局、1942年）には、「雑誌月刊「ひのもと」を発刊す」とある	非	丙	不明	○	皇国農民同盟理事長（767頁）
965	依光好秋	1894-1968	高知	東京毎夕新聞、読売新聞各政治部記者を経て（省略）産業組合新報社長（省略）となり	詳細不明	推	甲	不明	×	陸軍政務官推薦議員（766頁）
983	渡辺泰邦	1891-1949	北海道	函館新聞記者	衆議院事務局『衆議院要覧 昭和17年11月　乙』（内閣印刷局、1942年）には、「函館新聞記者となる」とある	推	乙	不明	×	翼壮村支部長（716頁）

第九章

自己メディア化する女性議員
――その誕生と展開

石田あゆう

1　女性議員の誕生とメディア化

本章ではメディア経験のある女性議員を扱う。『衆議院議員名鑑』（以下、『名鑑』）で得られた一九九〇年第三九回衆議院議員選挙（以下、総選挙）までの議員データを使用するが、女性参政権の付与は一九四五年の敗戦後であったため、女性議員データは第二二回衆議院議員総選挙が実施された一九四六年が起点となる。

女性議員はその登場からすでに「メディア化」――理念政策よりも受け手への影響力を優先する傾向――が見られた点をまず指摘しておきたい。女性への参政権付与は一九四五年一二月一七日の衆議院議員選挙法改正によって実現するが、それは連合国軍最高総司令部（ＧＨＱ）による日本占領政策の目玉であった。戦争からの解放、新しい民主的な日本社会の具現化のために、女性代議士の誕生は不可欠であった。

翌一九四六年の第二二回衆議院議員総選挙では女性の立候補者七九名のうち、三九名が当選している。女性史において記念すべき初の総選挙で当選した女性が三九名もいたにもかかわらず、今日、記憶されている名前は少ない。[★1] 当選した女性は誰かということよりも、「三九名もの女性議員の誕生」をもって敗戦後日本の民主化は語られるのであり、振り返ってみれば、彼女らは総体として戦後民主主義を世に効果的に喧伝する役割を果たしたと見なすことができるからである。

この総選挙における女性候補者の当選率は四九・三七％、議席率で八・三七％を占めるに至った（表1）。その後、九〇年代に入るまで、女性議員は各総選挙において一〇名前後を推移するにすぎず、女性の議席率がこの第二二回総選挙の数値を超えるのは、二〇〇五年の第四四回総選挙（女性議席率八・九六％）まで待たねばならない。[★2] 女性議員の輩出はその後あまり伸張しなかったにもかかわらず、女性が選挙に参加した初めての総選挙で「三九名もの女性政治家が登場した」という事実は、その民主化を主導した占領軍総司令官ダグラス・マッカーサーの功績とともに語られることになった。[★3]

その正統的ストーリーに対抗すべく自己メディア化した女性政治家が市川房枝である。[★4] 市川は女性第一号の代議士となってもおかしくなかったジャーナリスト出身女性議員の原型といえる。もし戦時中に婦人参政権があれば、翼賛選挙で当選しても不思議ではない経歴を持っている。婦人参政権運動（通称「婦選」）を一貫して続けてきたものの戦後は公職追放の指定を受け、終戦直後の総選挙に立候補できなかった。そのあたりは男性の翼賛議員らの戦後に類似する（第八章を参照）。

市川房枝は一九二四（大正一三）年の「婦人参政権獲得期成同盟会」（一九二五年に「婦選獲得同盟」と改称）結成以来、女性の政治参加を求めてきた。大正期から続く婦選運動の経験があったからこそ、戦後の女性参政権の誕生は可能だった、と市川らは主張した。[★5] 市川は、戦後すぐに「新日本婦人同盟」（一九五〇年一一月に「日本婦人有権者同盟」へと改称）を結成し、女性候補者たちの選挙支援に乗り出している。

市川自身は追放解除後に参議院議員を五期務めたが、日本における婦選運動のシンボルとなり、その活動はのちに女性政治家を生み出す原動力となった。だが、市川のみならず大正から昭和初期にかけて男女同権の選挙を目指した著名な女性活動家は参議院に多く、衆議院議員を対象とした本書データベースから漏れている。[★6]

女性参政権は戦前から続く婦選運動の「成果」か、敗戦によるマッカーサーの「贈り物」か、そうした歴史

表1　女性候補者数、当選者数、及び初当選した女性メディア経験議員数

施行年	総選挙	女性候補者数（人）	女性当選者数（人）	当選率（%）	議席率（%）	衆議院に初当選した女性メディア経験議員数（人）
1946	第22回	79	39	49.37	8.37	9
1947	第23回	85	15	17.65	3.22	0
1949	第24回	44	12	27.27	2.58	2
1952	第25回	26	9	34.62	1.93	0
1953	第26回	22	9	40.91	1.93	1
1955	第27回	23	8	34.78	1.71	0
1958	第28回	19	11	57.89	2.36	1
1960	第29回	21	7	33.33	1.50	0
1963	第30回	18	7	38.89	1.50	0
1967	第31回	15	7	46.67	1.44	0
1969	第32回	21	8	38.10	1.65	1
1972	第33回	20	7	35.00	1.43	0
1976	第34回	25	6	24.00	1.17	0
1979	第35回	23	11	47.83	2.15	0
1980	第36回	28	9	32.14	1.76	0
1983	第37回	28	8	28.57	1.57	1
1986	第38回	35	7	20.00	1.37	0
1990	第39回	66	12	18.18	2.34	2
1993	第40回	70	14	20.00	2.74	2
1996	第41回	153	23	15.03	4.60	3
2000	第42回	202	35	17.33	7.29	3
2003	第43回	149	34	22.82	7.08	3
2005	第44回	147	43	29.25	8.96	2
2009	第45回	229	54	23.58	11.25	3
2012	第46回	223	38	17.04	7.91	5
2014	第47回	198	45	22.22	9.47	1
2017	第48回	209	47	22.49	10.10	2

表の作成にあたって上條（1990）、朴（2007）を参考にした（註12参照）。網掛け部分は、本書資料の中心である『名鑑』刊行後に行われた選挙データを指す。

⑩杉田馨子	⑪田島ひで	⑫苅田アサノ	⑬本島百合子	⑭渡部通子	⑮大野由利子	⑯竹村泰子	⑰岡崎トミ子
日本自由党	日本共産党	日本共産党	民社党	公明党	公明党・国民会議	日本社会党・護憲共同	日本社会党・護憲共同
明治 41	明治 34	明治 38	明治 40	昭和 7	昭和 17	昭和 8	昭和 19
東京	愛知	岡山	福岡	兵庫	山口	兵庫	福島
茨城	愛知	岡山	東京	東京	東京	北海道	宮城
日本女子大学高等学部英文科卒	日本女子大学校中退	日本女子大学校卒	日本大学高等師範部卒	早稲田大学法学部卒	京都大学薬学部卒	芦屋高等学校卒、聖和大学保育科中退	福島県立福島女子高等学校卒
不明	昭和 51	昭和 48	昭和 47				平成 29
北京中央広播電台放送科に勤務した経歴がある。	婦人労働調査所を設立し、月刊誌『未来』を発行した。	婦人画報社や、東洋経済新報社で勤務した経験がある。	『万朝報』、『婦人毎日新聞』記者	『聖教新聞』記者、『希望の友』編集長、潮出版編集局次長、同社取締役	聖教新聞社、潮出版社での勤務歴がある。	フリーアナウンサーとして東京で働く。伝道放送の制作、アナウンサーを務める。	ラジオ福島、東北放送でのアナウンサーを務める。
1	1	1	4	1	1	1	1

⑮大野、⑰岡崎は、その後、大野が２期、岡崎が１期を務めた。

的論争を内包しつつ、女性代議士は誕生した。こうして始まった女性議員のなかで「メディア関連議員」を抽出したところ、その数はわずか一七人にとどまった。だが一九四六年第二二回から一九九〇年の第三九回総選挙までに当選した女性衆議院議員は計八四名なので、その二〇・二%を占めている。「メディア関連議員」九八四人が全議員五五七九人に占める割合が一七・六%であることを考えると、決して少ない比率ではない。当選した時期を追って、一七名全員のメディア関連議員につき検証を行った（表2）。

さらに、自身にはメディア関連職の経験はないものの、夫をはじめ身内にメディア経験議員を持つ女性議員につい

表2　第22回から39回総選挙で当選した女性メディア経験議員一覧（本章登場順）*

名前	①神近市子	②榊原千代	③今井はつ	④竹内歌子	⑤和崎ハル	⑥新妻イト	⑦山下春江	⑧大石ヨシエ	⑨戸叶里子
政党	日本社会党	日本社会党	日本自由党	民主党	民主党	日本社会党	自由民主党	日本社会党	日本社会党
出生年	明治21	明治31	明治34	大正4	明治18	明治23	明治34	明治30	明治41
出身地**	長崎	静岡	福井	岡山	秋田	神奈川	山口	京都	長野
選挙区	東京	福島	福井	千葉	秋田	北海道	福島	京都	栃木
学歴	津田英学塾卒	フェリス女学院、青山女学院卒	私立水田高等技芸学校、明治大学新聞研究科卒	岡山県私立山陽高等女学校に学ぶ	県立秋田高等女学校卒、のち東京私立音楽学校に学ぶ	横浜英語商業学校、紅蘭女学校卒***	日本女子体育専門学校卒	大阪信愛高等女学校卒	同志社女子大学校卒
没年	昭和56	昭和62	昭和46	不明	昭和27	昭和38	昭和60	昭和46	昭和46
メディア経歴	『東京日日新聞』記者ののち翻訳、評論等の著述に従事。『婦人ジャーナル』社長などを務める。	雑誌『婦人の友』の記者歴がある。	『高知県魁新聞』での記者歴がある。旬刊新聞探偵情報社を設立経営、防犯新聞社社長、総合情報通信社副社長を務める。	『都新聞』記者、国際通信社での勤務歴がある。報知新聞社監査役を務める。	『秋田魁新報』において女性相談欄を担当した。『秋田家庭新聞』の常連執筆者でもある。	『家庭新聞』を発刊した。家の光協会嘱託を務める。	『大阪毎日新聞』での記者歴がある。	『奉天毎日新聞』での婦人部顧問を務める。	上海にて『大陸新報』での記者歴がある。
当選回数(22－39)	5	2	1	1	1	1	6	5	11

* 『衆議院議員名鑑』を元に作成した本書巻末資料のデータに加筆修正した。
** 結婚した女性議員の出身地は夫の本籍地となっていたため、岩尾光代『はじめての女性代議士』（新風舎文庫、2006年）、『新訂政治家人名事典　明治～昭和』（日外アソシエーツ、2003年）、『新訂現代政治家人名事典』（日外アソシエーツ、2005年）、各人の自伝等を参考に、実際の出身地とした。
*** 新妻イトの学歴には、『名鑑』では「明治44年横浜英語商業学校卒」とあるが、岩尾光代によれば「紅蘭女学校卒」である。横浜商業学校（前身は横浜商法学校）は年明治15年、紅蘭女学校は明治33年開校であり、新妻イトが、両校を卒業したのか、それとも両者の混同があるのかは不明である。

て併せて検討した。女性が政治家となる過程において、婚姻や親族関係は無視できない要因だからである。代表的な出馬動機に「身代わり」がある。身代わり候補は戦後直後、翼賛議員の多くが公職追放にあったことから、その代理として妻（女性）が立候補したことに端を発する。夫（や親族）のメディアや政治での経験と国会とをつなぐ「媒介」機能を妻が果たしたと言える。これも女性が「自己メディア化」した事例として考察することは可能であろう。

女性メディア関連議員でも当初はその多くが「婦人記者」の経験者であった。明治末から大正期にかけて新聞社は大衆化路線をとり、女性読者獲得のために家庭欄の充実をはかり、婦人記者を採用し始めた。婦人記者は「メディアの論理」において、新聞社や出版社の商業主義が生んだ、新しい女性の職業であった。そうして社会参加を始めた婦人記者のなかから、婦人参政権を目指す女性活動家が現れるようになる。戦後、女性の政治参加が実現すると、九名もの女性メディア経験議員が誕生した背景である。

ただし参議院のみならず衆議院でも、議員になった女性は絶対数が少ない。女性の衆議院議員が増加するのは、『名鑑』で得られたデータでは最後にあたる、一九九〇年の第三九回総選挙以後のことである（表1参照）。第三九回総選挙では一九八九年の参議院議員選挙に続き、日本社会党（現・社会民主党）が躍進した。同党の女性候補が多く当選したことからこの選挙は「マドンナ旋風」とも、日本初の女性党首である土井たか子にあやかり「おたかさんブーム」とも呼ばれた。こうした呼称から女性議員の「自己メディア化」を読み取るべきか、あるいは女性議員が「メディアの論理」に回収されたと見るべきかは判断が分かれるだろう。

いずれにせよ、この第三九回総選挙以後、一定の議席がメディア経験のある女性議員で占められるようになった。ただし、こうした女性議員の輩出ルートは、一九六〇年代から八〇年代に当選した女性議員が切り開いたものである。本書の議員リストでは二名にすぎないが、キャスターやアナウンサーといった放送業界から輩出される女性議員である。[★7]序章で示された「政治のメディア化」の第Ⅲ局面を中心に、第六節では今日まで射程を広げて概観したい。

2　メディア化する女性議員の理念型

本書リストにおける一七名の女性メディア経験議員のうち最も著名なのは、一九五三年第二六回総選挙で初当選した神近市子（265）であろう。

神近は『東京日日新聞』での「婦人記者」経験を持ち、抜群の知名度を誇った衆議院議員である。その有名性の根底には、メディアを賑わした彼女の不倫スキャンダルがある。しかしそれをただマイナスなもので終わらせず、むしろ利用した点において、女性メディア経験議員の理念型となる。第二二回総選挙の当選者ではないが、まず彼女をとりあげる。

不倫、入獄経験もある婦人記者経験議員——神近市子

神近市子は一八八八（明治二一）年、長崎県佐々村で生まれた。長崎のミッションスクール活水女学校で英語を学び、その後東京に出て津田女子英学塾を卒業した。青森で弘前高等女学校の教師となるものの、津田女子英学塾在学中から青鞜社に参加していたことを知られて解雇された。東京に戻ってからは尾竹紅吉（のちに民芸作家の富本憲吉と結婚した富本一枝）の依頼で女性文芸誌『蕃紅花（さふらん）』の編集に協力し、その縁で東京日日新聞社を紹介され、一九一四（大正三）年に婦人記者となった。

育児、料理、家計など家庭に関する記事を担当するのが慣例であった婦人記者だが、神近はその高い語学力を見込まれ社会部に配属された。神近は当時を次のように回顧している。

今日のように外国語が普及していない時代だから、自由に英、仏、独語などが話せる人は、新聞社ですら一社に四、五人あれば珍しいこととされていた。

それで麴町学院の英語教師から朝日新聞にはいられた竹中繁子女史と、ミセス・ファングルとの同居生活などで完全に英語の日常会話ができる私の二人は、いわば異色の存在であった。

しかも私が子ども時代からの「本読み子」で、読書の虫であり、新聞もよく読んでいたので、政治や経済についてもある程度話がわかると思われたのだろう。編集局の幹部はおもしろがって、私を大臣や次官、局長などの記事取りに走らせた。そこで、それまで婦人記者の仕事とされていた料理や育児の記事は、主として新入りの男性記者の担当になってしまったのである。★8

しかし神近市子の名を高めたのは、当時の婦人記者として活動よりも、アナキスト（無政府主義者）の大杉栄、伊藤野枝との恋愛沙汰である。記者生活を通じて知り合った大杉栄をめぐってその妻の堀保子、青鞜社の伊藤野枝との複雑な男女関係の末に、一九一六（大正五）年一一月九日、神近は大杉の首を短刀で刺した。世に言う「葉山日蔭茶屋事件」であり、神近は二年の実刑を受けている。

すでに妻帯者である大杉との恋愛が明るみになった一月の段階で、神近は東京日日新聞社を退社していた。刃傷事件というスキャンダルで世間を賑わしただけでなく、神近自身は文筆で立つメディア・パフォーマンスの才能を持つ人間であった。大杉は後日、神近との事件を「お化けを見た話」（『改造』一九二二年九月）として手記を発表するが、それを受けて神近は「豚に投げた真珠」（『改造』一九二二年一〇月）で反論を行っている。当事者二人の応酬が、世の関心を高めたことは確かだろう。

出所後の神近は、その語学力を活かして評論や翻訳を手がけ、社会主義者の活動を陰から支えた。『女人芸術』（一九二八年創刊、一九三二年廃刊）や『婦人文芸』[★9]（昭和一〇年創刊、昭和一二年廃刊）に携わり、戦後一九五〇（昭和二五）年からは『婦人タイムス』社長を務めた。翌二月には婦人記者の地位向上と福祉の増進を図るため婦人記者クラブ結成に関わっている。

選挙には婦人タイムス社社長として出馬することになるが、神近に立候補を勧めたのが社会党の岡田宗司[★10]であった。当初は固辞した神近だったが、一九五三（昭和二八）年の第二六回総選挙に出ることを決意した。

婦人議員について知っていることといえば、終戦後はじめて行われた昭和二二年の〔第一回参議院〕総選挙に河崎なつ子女史ら八人（ママ）の婦人が初当選され、日本の婦人全体に新しい社会意識を目ざめさせたということぐらいである。私は婦人議員の初当選を祝って講演したことはあったが、むろんそれは文筆家の立場からの祝辞にすぎなかった。私は自分が代議士になろうなどとは夢にも思ったことはなく、第一、金もなければ自信もなかった。

あとで知ったことだが、私に与えられた東京五区では、毎回社会党の左派が苦杯を喫し、ついに三回連続して選挙に敗北していたので、この際、新人の婦人候補を立てて一挙に党勢を挽回しようという動きが高まり、私に白羽の矢が立ったのだそうである。[★11]

この記述による限り、自身が関わった社会運動の「政治の論理」よりも、自身の知名度の影響力、つまり「メディアの論理」から出馬依頼を受け衆議院議員となったと言える。神近市子を自己メディア化した女性議員の理念型と見なすゆえんである。

議員となった神近にも過去のスキャンダルはついて回った。一九六九年、「葉山日蔭茶屋事件」をモデルに吉田喜重が映画『エロス+虐殺』を製作したことに対して、神近議員はプライバシー侵害と名誉毀損で上映禁止の仮処分を申請した。だが、すでに原告の神近自身が『わが青春の告白』（毎日新聞社、一九五七年）や『私の履歴書』（日本経済新聞社、一九六五年）などで事件を公にしていたため、「公知の事実」を理由に申請を退けられた。五回もの当選を重ね一六年もの代議士生活を送った神近だが、この一九六九年に、政治家を引退し、一九八一年に死去している。「自己メディア化」することは女性にとっては諸刃の剣だが、そのメリットとデメリットを一身に引き受けた女性メディア経験議員と言えるだろう。

3　第二二回総選挙当選者における女性メディア議員

神近の記憶には残らなかった第二二回総選挙の当選者らだが、そのなかの九名のメディア経験職を持つ女性議員について見ていこう。この選挙で女性が高い当選率を示した理由に、この選挙にのみに適用された選挙制度があげられる。大選挙区・連記投票制によって行われた唯一の選挙であった。一九四七年には中選挙区・単記投票制に変更され、八五名の女性が立候補したものの、当選者は一五名へと激減した。そのため第二二回選挙は、女性議員をめぐる先行研究では例外的選挙とされ、分析対象からは除外されることもある。[★12]

とはいえ第二二回総選挙での三九人の当選者のうち、前職にメディア関連職があった女性は九名にもなる。本書巻末資料の女性議員一七名のうち、半数以上がこの選挙での当選者であった。だが第二二回総選挙で当選した女性議員の多くは、その後の選挙では議席を獲得できなかった。メディア関連職を持つ女性議員も同様である。

第二二回総選挙のみ当選した女性メディア関連議員は、今井はつ（122、日本自由党）、新妻イト（673、日本社会党）、杉田馨子（472、日本自由党）、竹内歌子（559、民主党）、和崎ハル（967、民主党）の五名である。これに二回のみ当選した榊原千代（419）を加えることもできるだろう。

働く女性の新職種「婦人記者」――榊原千代・今井はつ・竹内歌子

第二二回総選挙での女性のメディア関連職として目立つのが新聞記者である。その歴史は一八九四（明治二七）年に、当時の代表的政党新聞『郵便報知新聞』が『報知新聞』に名を改め、女性読者を意識した家庭新聞へと編集方針を転換したことに遡る（政治メディアとしての『郵便報知新聞』については、序章参照）。後年、一八九七（明治三〇）年に「校正係」として入社したのが羽仁もと子（旧姓・松岡）であった。彼女の採用を決めたのは、頼母木桂吉（583）や田川大吉郎（505）などのちのメディア政治家たちである。[★13]

他紙でも婦人記者は増え、明治末期から大正期（一九一〇年代）頃になると、家庭欄のみならず他の取材記事も担当するようになった。一九一五（大正四）年には、羽仁もと子らが中心となり、神近市子をはじめ女性記者らが顔を合わせる「婦人記者倶楽部」もできた。高い語学力を活かしたインタビューや、家庭にまつわる情報提供記事までこなす婦人記者は女性の新職業として定着していった。

(1)榊原千代――『婦人之友』記者

「元祖婦人記者」羽仁もと子は政治家にはならなかったが、彼女が経営する『婦人之友』の記者から議員になったのが榊原千代である。千代は一八九八（明治三一）年に静岡県で生まれた。フェリス和英女学校、青山女学院英文専門科を卒業し、『婦人之友』で記者をしたのち、一九二八（昭和三）年に榊原巌と結婚した。夫の留学に帯同して渡欧、ドイツのマールブルク大学及びベルリン大学、イギリスのセリー・オーク大学に聴講した経験を持っている。

帰国後、夫が福島経済専門学校教授に就任したため、自身は福島高等女学校で教鞭を執った。二人はともにクリスチャンで、学生たちのためにキリスト教青年会の寮を建てて生活した。夫は一九四七、四九年の参議院議員選挙に福島選挙区の日本社会党候補として出馬したが落選し、一九四九年からは青山学院大学教授を務めた。

一九四八（昭和二三）年、片山哲内閣で女性初の法務政務次官となる榊原だが、彼女が政治家となるきっかけをつくったのが、堀切善兵衛（806）である。[★14] 政界を引退して福島に戻っていた善兵衛と榊原夫妻には、洋書を介した知的エリート同士のつきあいがあった。[★15] 善兵衛は福島県飯坂の旧家、堀切家の秀才兄弟の兄であり、弟の善次郎は一九四五（昭和二〇）年の憲法改正時の幣原内閣で内務大臣を務め、女性参政権付与の立役者とされている。

(2)今井はつ――「学歴詐称」疑惑

榊原千代の華麗な学歴は目を引くが、その一方で、第二二回総選挙では女性の学歴詐称が話題となっていた。当選はしたものの「学歴詐称」で国会議員を辞任した女性議員の一人が、今井はつである。

今井はつは一九〇一（明治三四）年に福井県で生まれた。『名鑑』によれば、その経歴は「旬刊新聞探偵情報社を設立経営し、防犯新聞社長」とあり、メディア経営者のようだが、『人事興信録』（第二三版）では、小学教員となりその後、『高知県さきがけ（魁）新聞』において記者を務めたとある。[★16] 最初の結婚時に四国にいた今井は、新聞社に五年勤務した後、一九三六年に東京で裁縫塾を開き、この間に離婚している。

戦災にあって故郷の福井に戻り、そこで立候補した。学歴詐称の汚名を払拭すべく、戦後新設された明治大学新聞高等研究科[★17]を卒業している。だが選挙にはその後三回挑戦するも落選している。婦人厚生会や北多摩郡田無地区母の会の会長であり、自由民主党東京都支部連合会婦人部相談役を務めるかたわら、今井美容室も経営しており、「社会事業家」としてのバイタリティがうかがえる。「チャレンジ精神に満ちた[★18]」と評される今井の学歴に疑惑はあるが、新聞記者歴、そして議員歴があることは事実である。

(3)竹内歌子――「男まさり」の経歴

竹内歌子は、メディア経験議員における唯一の大正生まれの女性である。一九一五（大正四）年に岡山で生まれた竹内は、岡山県山陽高等女学校を卒業し、新日本青年党[★19]から立候補し当選した。三二歳の若さであった。彼女の出馬は突然のことであったという。立候補時の様子を『毎日新聞（千葉県版）』は、「代理人が届出を行ったため係の人たちはどんな御婦人かよく知らず、勿論県議にも余り親しみのない人であるが、略歴をみると、元都新聞記者、国際婦人の婦人記者を勤め、その若さで東京第一服装女学院長、王子産業株式会社取締役、房総産業株式会社監査役等という男まさりの肩書[★20]」であり、知名度はゼロに近かった。

記者や学校・企業経営という「男まさり」の職歴と、その若さがメディアに注目されている。第二三回総選挙では選挙区を埼玉県に変えて落選した。その後の彼女を知るものは多くない。若い「職業婦人」が政治家を目指せば、それだけで話題性を持ったことを示している。

女性運動家のメディア職――和崎ハル・新妻イト

(1)和崎ハル――「ハルらんらん♪」

和崎ハルは、秋田で有名な女性政治家である[★21]。ハルは一八八五（明治一八）年、比較的裕福な家庭の栗谷家の三女として秋田県に生まれた。幼少時に英和学校に通い、秋田高等女学校卒業時には洗礼も受けている。東京音楽学校に学ぶも卒業を待たずに結婚している。米国留学も考えていたようで、当時の女性としては珍しい高学歴である。

その彼女が「職業婦人」となり数多くの職に就くことになるのは、結婚した陸軍騎兵将校・和崎豊之が二男三女を残して死去したことによる。ハルは上京し洋髪技術を習得し、のちに秋田に戻り県下初の美容師となった。

一九二二年に「日本基督教婦人嬌風会」に加わり秋田支部を設立、廃娼運動と身売りをした女性たちの支援活動を行った。事業が軌道にのり子どもらも巣立つと、彼女の社会活動は多角化し、執筆や講演依頼も増えた。女性解放運動にも参加、秋田婦人聯盟を設立し理事となった。一九三三年からは『秋田魁新報』において「女性相談」欄を担当、彼女の自宅は同紙の若い記者のたまり場ともなっていた。[★22] 地方新聞にもたびたび投稿し、内田景光らが一九二九年一一月に創刊した女性向け『秋田家庭新聞』(月刊) の常連執筆者でもあった。[★23] 記者職ではないが、投書や寄稿を通じて熱心に婦選広報活動を行った人物である。

和崎ハルは「秋田女性の母」とも呼ばれるほど熱心に婦人解放運動に取り組んだ。日本初の女性代議士たちを調査研究した岩尾光代は、「幼い時は英和学校、美容師、女性解放運動、そしてのちに女性代議士と、和崎の人生には「はじめて」の形容詞がいくつもついてまわり、新しいもの、新しいことへの探究心がハルをつき動かしているようだった」と評している。[★24]

第二三回総選挙に立候補するも病気もあって落選し、その後は女性の政治教育に力をそそいだ。その人生は、女性参政権行使七〇周年を記念し、二〇一六年から一七年にかけて、ミュージカル「ハルらんらん♪――和崎ハルでございます」となって秋田で上演されている。和崎ハルは今なお秋田における女性政治家のシンボル的存在なのである。[★25]

(2)新妻イト――「夫婦記者」

新妻イト(伊都子)は一八九〇(明治二三)年に神奈川県で生まれた。一九一〇(明治四三)年に紅蘭女学校(一九〇〇年創立。現・横浜雙葉学園の前身)を卒業している。実家が横浜の富裕な商家で、店の番頭と結婚するも離婚し、一九一六年に渡米しサンフランシスコでビジネスカレッジのタイプ科、英文速記科を卒業した。現地で『日米新聞』に在籍していた新妻莞と知り合い再婚している。一八九一年に東京で生まれた夫とメディア職の経験を共有するが、夫に選挙経験はない。

一九一九（大正八）年に帰国後、鈴木茂三郎（485）らの政治研究会に夫婦で入り社会運動に加わった。大正一二年には妹の鈴木余志子（のち北林姓）と相互職業婦人会を創設し、タイピスト女塾を経営している。[★26]一九二五年創立の政治研究会婦人部に参加し、婦人同盟準備会に加わった。一九二七年結成の関東婦人同盟の執行委員長となっており、職業婦人問題の研究家として知られた。

一九三五（昭和一〇）年からは自ら『女性と家庭新聞』（翌年『家庭新聞』と改題。一九四三年に新聞統廃合により廃刊）を刊行していた。当時の女性誌（婦人雑誌）への寄稿も多く、女性の職場進出に関わる言論活動を続けた。

戦後、社会党からその知名度を買われ、疎開先の北海道地区から立候補し当選、一期を務めた。一九四七（昭和二二）年の選挙では落選したものの、新設された労働省婦人少年局の初代婦人課長に就任している。[★27]夫の新妻莞は政治家にはならなかったが、ジャーナリストとして活躍した。白虹事件で朝日新聞主筆を退いた鳥居素川の『大正日日新聞』創刊に加わり、夕刊評壇を担当した。同紙廃刊後、大阪毎日新聞社に移り、『サンデー毎日』編集長や整理部長兼学芸部長を歴任している。戦時中にはソウルで京城日報の理事、編集局長を務めた。[★28]

連続当選した女性議員のメディア性――山下春江・大石ヨシエ

女性議員の多くが一回の当選で姿を消してしまうなかで、第二二回総選挙以後も連続当選を果たしたメディア経験議員が、山下春江（918、自民党）、大石ヨシエ（184、社会党）、戸叶里子（606、社会党、後述）の三名である。連続当選の背後には、メディア報道を通じて有名人となったことの影響が少なからず見て取れる。

(1)山下春江――「キス事件」の人

「トラ大臣のキス事件」でメディアに注目され、有名性を得てしまったのが山下春江である。山下春江は一九〇一（明治三四）年に山口県で生まれ、日本女子体育専門学校を卒業し、広島県呉高女の教師となるも不正入試をめぐって校長と対立して退職し、『大阪毎日新聞』の記者となった。[★29]『名鑑』では戦災にあって移住した福島県の出身となっており、病弱な夫（山下悌造）に代わり東京で会社を経営していた。

一九四八年一二月一三日、泉山三六蔵相が予算を上程する衆議院本会議を前に泥酔し、酔った勢いで参議院食堂前の廊下で山下春江に抱きつきキスを迫り、抵抗した彼女の顎にかみついた。泉山は議員を辞職したが、作家の宮本百合子は同年一二月一六日付『アカハタ』で「山下春江代議士の日ごろの態度にも隙があったことはたしかでしょう」などと書いている。そのため、被害者であるはずの山下もメディアで「二次被害」にあったことになる。[★30]そのため、次の選挙で山下は落選した。だがその後返り咲き、衆議院議員を六期、参議院議員を二期務めた。一方、泉山もこの事件で「トラ大臣」として知名度を高め、一九五〇年の参議院選挙では全国区で上位当選している。[★31]

(2)大石ヨシエ――「女弥次将軍」

そんな男性議員たちを一喝することで有名なのが大石ヨシエである。大石ヨシエは、一八九七（明治三〇）年に京都府で生まれ、大阪信愛高等女学校を一九一五（大正四）年に卒業した。舞鶴市など京都府中丹を拠点に、連続五回の当選を果たした。国会議員となってからは「女弥次将軍」[★32]とも呼ばれ、国会の乱闘議場でも存在感を放った。そうした姿が彼女の毒舌とともに新聞で報じられ、有名政治家となっていった。彼女の随筆『あほかいな』では、男社会の論理で運営される国会と、女性議員を面白おかしく取り上げるメディアへの憤りが、「ヨッちゃん節」なる京都弁で綴られている。その行動が「女らしくない」と評されることで、メディアにおいて異彩を放った代議士であった。

市川房枝をはじめ、榊原千代や新妻イトらにも渡航経験があるように、大石も一九三一年から二年間、婦人問題等の視察でアメリカ、カナダ、メキシコを歴訪している。大石ヨシエの養父・熊吉は彼女が小学校を出て間もなく亡くなっている。ちなみに『報知新聞』主幹を務めたメディア政治家である大石熊吉[★33]（180）は同姓同名の別人である。

いわば孤児であったヨシエは、国民同志会の武藤山治（871）に見いだされ、その婦人部常務理事の職を得た[34]（第六章参照）。渡米も武藤の援助によるもので、アメリカに滞在し社会事業や婦人問題を研究した。洋行から戻ると、大本教の出口王仁三郎の知遇を得て、彼のすすめで満洲の奉天に渡り、大本教奉天支部を拠点に、婦人身の上相談所をつくったほか、『奉天毎日新聞』の婦人欄を担当した[35]。

「身代わり候補」──戸叶里子・杉田馨子・紅露みつ

占領下の第二二回総選挙では前職議員の多くが公職追放にあい、数多くの「身代わり候補」を生んだ。新人には大きなチャンスがあり、「身代わり候補」は女性代議士の進出の足がかりとなった。女性候補のおおよそ四人に一人が立候補時経歴に「某氏夫人」の記載があった[36]。こうした女性議員のうちメディア経験を持つのが、その後連続当選一〇期の実績を積むことになる戸叶里子、第二二回総選挙のみ当選した杉田馨子（472、自由党）、紅露みつ（※）である。

(1)戸叶里子──メディア議員一族

戸叶里子は一九〇八（明治四一）年に生まれている。本書巻末資料（『名鑑』）では、夫の出身地の栃木県の生まれとなっているが、実際は長野県松本市出身である。同志社女子専門学校英文科を一九二九年に卒業し、丸の内の国際連盟東京支部に勤務した「モガ」である。その頃、夫となる戸叶武と出会い、一九三〇年に結婚した。夫の実家に住み、津田塾の研究科で週二回の英文学の講義を受けて語学力を磨き、衆議院議員・河上丈太郎[37]の妻・末が営む愛宕英語塾を手伝った。夫の武は一九〇三（明治三六）年に栃木県で生まれ、宇都宮中学校から早稲田大学政治経済学部に進み、東京朝日新聞記者となった。一九四〇年に朝日新聞社を退職し、上海で『大陸新報』政治部長兼論説委員長となった。

戸叶里子が大陸にわたって上海で記者となったきっかけは、他の女性メディア経験議員とは異なる。一九四〇年二月に夫・武宛に、親友で上海朝日新聞支社次長であった橋本登美三郎[38]（714）からの航空郵便がとどいた。橋本の便りには「君か僕か、どちらかが朝日新聞をやめて、日本と中国の和平運動に専念すべし[39]」と書かれていた。これを機に戸叶夫婦は二人の子どもを里子の両親に預け、中国にわたる決断をする。

日米開戦後、武は衆議院選挙への立候補を決意し上海を引き上げた。里子は二年半の記者経験を、「私は神経を太くすることを自然に学んだ」と総括している[40]。

一九四二年の第二一回総選挙で武は当選できなかった。「政治家を志して学び、ひたむきに努力してきた[41]」武だが、戦後は翼賛選挙への参加を理由に公職追放となった。一方で、自ら「政治家になろうという考えなどまったく」なく、最初は「身代わり候補」となることを固辞した里子だが、夫とその支持者に熱心に説得され立候補した。第二二回総選挙では、里子は橋本登美三郎が戦後立ち上げた「日本民党」から出馬した。しかし当選したのは彼女のみであったため、同党は解散となり、里子は無所属となった。その後、橋本は自民党で、里子と武は社会党で国会議員として活動を続けた。

武は追放解除後の一九五二年、第二五回総選挙に社会党から立候補するも落選し、翌年の第三回参議院選挙で初当選した。その後は参議院議員を四期務めた。一九七一年には、栃木県知事選に無所属で出馬したものの現職に敗れ、同年の第九回参議院議員通常選挙で当選した。「おしどり議員」として選挙応援にあたった里子はそれを見届けた後、衆議院議員の任期途中で死去している。

里子が武の「身代わり候補」を引き受けた背景には、栃木県に戸叶家の選挙地盤があったことが大きい。武の父・戸叶薫雄（607）は一八七二（明治五）年生まれで、下野新聞社長であった。東京法学院、日本法律学校を卒業し、田中正造の後継者と見なされたが、一九一七（大正六）年に死去した[42]。戸叶武の姉の幸子も、国会議員の森下国雄[43]と結婚しており、戸叶家はメディア関連議員一族であった。

(2)杉田馨子――女子アナ議員の先駆け

杉田馨子は戸叶里子と同じ一九〇八（明治四一）年生まれで、自身も国会議員となったが、やはり夫のほうが政治に熱心だった。杉田の出身は『名鑑』で茨城県となっているが、それは夫・杉田省吾の地元である。杉田省吾は『常総新聞』や『北京新聞』に所属し、その後『万朝報』の政治記者となった経験を持つ、北一輝や西田税らの国家社会主義運動の同志だった。[★44]二・二六事件では杉田も連座し禁固一年六ヶ月、執行猶予のついた判決を受けている。一九四二年の翼賛選挙に茨城県から立候補するも落選し、また戦後も早くから選挙準備をしていたが資格審査に通らなかった。

鳩山一郎が自由党を準備していた際、茨城には山崎猛(915、のちの衆議院議長)や葉梨新五郎(710)といったメディア出身政治家がいたが、仲の悪い二人の仲を杉田が取り持ち、自由党の結成にこぎつけたという。そうした経緯から、鳩山一郎が馨子に身代わり出馬を勧めたという。[★45]

馨子はドイツ機械輸入商の一人娘で、裕福な家庭に育った。日本女子大学校の学生だった馨子は、『万朝報』主催の雄弁学校に参加し、講師であった省吾と出会っている。彼女の両親は反対したが一九三三年に二人は結婚し五日に渡満している。省吾はこのとき、満洲国通信社の嘱託となり、『万朝報』特派員を兼務した。

馨子の選挙資金は実父がほとんど負担し自動車も提供した。だが彼女の政治理念と資金の支柱であった夫と父は当選後に相次いで病死し、馨子の政治生命は一年で終わった。父や夫に守られた女性のようだが、彼女の経歴には「北京中央広播電台放送科に勤務」(『名鑑』より)とあり、その経緯は不明であるものの、放送業界にいち早く飛び込んだ女性である。[★46]

(3)紅露みつ――初の女性委員長

本書巻末資料に記載はないが、紅露みつも記者歴を持つ「身代わり」国会議員の一人として付け加えておこう。一八九三(明治二六)年に群馬県で生まれ、神田高等女学校を卒業している。法律研究社、東京すがた社の雑誌記者をへて、(明治三四年)兄の友人である弁護士の紅露昭と結婚した。紅露昭は第一七回総選挙で初当選し、当選四回を誇ったが公職追放となった。みつは一九四六年の総選挙に徳島県から出馬(無所属)して当選し、その後は日本民主党、自由民主党所属の参議院議員を四期務めた。紅露に立候補を決意させたのは、一人息子の戦死と反戦への思いだという。[★47] 一九四九年には男性議員から「前例のない婦人を充てるなどとんでもない」との声をのりこえて、衆参両院で初の女性委員長（参議院在外同胞引揚特別委員会）に就任し、第二次鳩山一郎内閣ではやはり女性で初めて厚生政務次官となった。

夫にメディア経験議員を持つ女性議員たち

第二二回総選挙では、自身はメディア経験を持たないものの、兄がメディア出身議員であった近藤鶴代、夫がメディア出身議員である最上英子、加藤シズエが当選した。

近藤鶴代は一九〇一（明治三四）年に岡山県で生まれた。日本女子大学家政科を卒業し、教職につき独身であったが、長兄・小谷節夫（354）の代理で出馬した。小谷は一八八五（明治一六）年生まれで、上海東亜同文書院を卒業後、青島新報社長を務め、一九一四年に漢字新聞『大青島報』を発刊している。日本に戻ると一九二八年に日本進歩党より立候補し当選、以後、五期当選している（第七章参照）。

最上英子は一見すると、夫の代理選挙を戦ったようだが、「身代わり候補」を自ら否定し、積極的に政治に関わり、衆議院議員二期、参議院議員を二期務めた。一九〇二（明治三五）年生まれで『名鑑』上では夫と同じ群馬県が出身地となっているが、実際は長野県生まれである。東京の和洋女子学院を卒業し、一九歳で結婚している。夫・最上政三（878）は一八九一（明治二四）年に群馬県で生まれ、中央大学法学科を卒業後、欧米各国に学び、『万朝報』の政治部記者となり、第一次大戦時には従軍記者としてシベリアに派遣され、その後政治部長となった。一九三〇年の第一七回総選挙で立憲民政党から出馬して当選し四期を務めたが、戦後、公職追放となった。解除後の総選挙でも落選し政界に返り咲くことはなく、高崎市に群馬電通興業を創立し取締役会長に就任した。

「おしどり代議士」も女性がいてこその表象だろう。その先駆的国会議員が、戦前から名の知られた女性活動家であった加藤シズエである。その抜群の知名度によって、第二二回総選挙で夫・加藤勘十（235）とともにシズエは当選した。

加藤シヅエは一八九七（明治三〇）年に東京で生まれ、女子学習院を卒業後、渡米しバラードスクールで秘書学を学んだ。そこで産児調節運動に取り組むマーガレット・サンガーと出会い、華族夫人（最初の夫は石本男爵）として日本に「産児調節」「家族計画」を根づかせる運動を展開して注目を浴びた。

シズエ自身には記者職などのメディア経験はないものの、講演や執筆活動は多い。叔父・鶴見祐輔[★48]の斡旋で、「日本における産児制限」「婦人解放運動」「日本人の美的感覚」の弁士としてシズエは再び渡米し、全米を講演して廻った。一九三五年には英文自叙伝『Facing Two Ways』を出版し、自身を素材として日本女性の実像を海外に紹介している。同書の存在によりアメリカでも有名な日本人女性となった。

二度目の夫となる労働運動家・加藤勘十もメディア経験議員で、一八九二（明治二五）年に愛知県で生まれ、日本大学法科を中退している。労働争議の指導者として知られ、「大雄弁をやる弁士」として名を馳せた[★49]。一九三六年総選挙では反戦・反ファッショを掲げて全国最高点で当選し、一九三七年には日本無産党委員長となるが、人民戦線事件で検挙された。敗戦後、社会党結成に参加し、衆議院当選九回を誇った。、兄の加藤鯛一(238)もメディア経験議員の一人であり、雑誌『実業帝国』の社長兼主筆、東京政治通信社社長を務めた。

加藤勘十とシズエの再婚の儀は、戦時中の一九四四年に京都平安神宮で行われた。勘十が『東京毎日新聞』にコラムを執筆していたことから、その社長である藤田勇が媒酌している。敗戦後、夫の選挙準備中であったシヅエを、ＧＨＱの将軍が訪問し、「どうしてあなたは立候補しないのか」と迫ったという。夫の立候補を理由に断ると、「婦人参政権を与えよと言ったのは、あなたじゃないですか。戦前から運動を続けてきた張本人が、そんなことでいいんですか」と立候補を促した。周囲も、シズエを加藤勘十の応援弁士に使うつもりだったが、やがて彼女に出馬を促すようになった[★50]。シズエ自身はこう回想している。


〔第二二回総選挙は連記制だったので〕有権者は一度に三名の名前が書けるんです。となれば、二名は男の名前を書いて、三枚目の札には、珍しさも手伝って女を書いたんじゃないだろうかって。女の中では誰を書こうということになれば、私は戦前の産児制限運動で顔を憶えられていたし、選挙の少し前には、海外抑留者の帰還促進運動で新聞に大きく出ましたものですから、きっと多くの方が投票して下さったんだろうと思いました。〔中略〕おかげで私は、東京二区で最高点、日本全国の最高得票数で当選させて頂きました。加藤は愛知県で、やはり最高点でしたから、〝最高点同士のおしどり代議士〟なんて、ジャーナリズムも騒いでくれました★51

いかにも「自己メディア化」した女性議員の語り口である。加藤勘十・シズエ夫妻にはテレビ・コメンテータとして活躍する娘の加藤タキ（多喜子）がいる。

4　第二三回総選挙以後の女性メディア経験議員

第二二回以後の総選挙で初当選した女性議員で、その経歴にメディア職を持つ者は八名である。そのうち、第二四回総選挙で当選した苅田アサノ（271、共産党）、田島ひで（509、共産党）、そして第二六回総選挙で初当選した神近市子、第二八回で当選した本島百合子（883、民社党）の四名は、第二二回総選挙の当選議員らと同じ明治生まれの女性たちである。神近市子についてはすでに述べたが、田島、苅田アサノは戦前から共産党での活動経験がある女性議員として注目できる。残る四名の渡部通子（972、公明党）、竹村泰子（569、社会党・護憲）、大野由利子（200、公明党）、岡崎トミ子（216、社会党・護憲）は、いずれも昭和生まれであり、先行世代の女性議員とはそのメディア経験も大きく異なっているため後述する。

女性運動家たちのメディア職——田島ひで・苅田アサノ・本島百合子

(1)田島ひで——『未来』の女闘士

田島ひでは一九〇一（明治三四）年愛知県に生まれ、日本女子大学校国文科に進むが一九二〇年に自ら退学している。市川房枝や平塚らいてうらと知り合い、一九二〇年結成の新婦人協会、一九二四年結成の婦人参政権獲得期成同盟会で書記を務めた。一九二六年には自ら婦人労働調査所を立ち上げ、機関紙『未来』を刊行した。第一次共産党事件で検挙されており、国家弾圧のなか地下潜行を繰り返した「女闘士」として知られる。一九五九年総選挙で愛知一区から共産党候補としてトップ当選を果たしたものの、一九六七年頃から中国の文化大革命をめぐって党と対立し、一九六九年九月に除名されている。[★52]

(2)苅田アサノ――東洋経済新報社の女闘士

田島と同じく共産党の「女闘士」として有名なのが苅田アサノである。一九〇五年に岡山県に生まれ、津山女子高等学校を卒業している。田島と同じく日本女子大学校国文科に入学するも、ロシア文学に熱中し卒業後は本格的にロシア語の勉強を始めた。宮本百合子に出会い、早稲田大学露文科の聴講生となり、共産党への支援活動を始めた。

一九二七年から日本女子大学付属高等女学校の雑誌編集に携わり、一九三一年に共産党に入党している。一九三三年に検挙され、一九三七年に出獄して岡山に帰郷するも、再び上京し、自由主義の雰囲気がまだ残っていた東洋経済新報社に入って、ソ連関係の報告書を作成する仕事に就いた。東洋経済新報社が組織していた「婦人経済懇談会」を担当し、そこで市川房枝、高良とみといった戦後に参議院議員となる女性運動家と知り合っている。しかし、共産主義運動の逮捕歴から東洋経済新報社も辞職せざる得なくなり、岡山の山陽新聞社に就職するため郷里に戻った。だが、特高に目をつけられていたため山陽新聞社への入社は実現せず、兄の経営する西日本製紙に勤務して終戦を迎えた。[★53]衆議院議員を一期務めた後は、共産党中央委員となり、また一九六二年結成の「新日本婦人の会」代表委員などを歴任した。

(3)本島百合子――地方議員出身の女性代議士

本島百合子は一九〇七(明治四〇)年に福岡県に生まれ、日本大学高等師範部地理歴史科を一九二九年に卒業した。市川房枝らの婦人参政同盟の理事を一六年にわたって務めた経験を持ち、『万朝報』、『婦人毎日新聞』の記者のかたわら、婦人解放運動に活躍した。戦後は社会党結成に参加し、一九四七年からは都議会議員を三期務め、地方議員を経験したのち、一九五八年から衆議院議員となり四回の当選を果たした。社会党時代に婦人副部長、中央委員を務め、一九六〇年民主社会党に結成後は麻薬対策委員長、婦人部長などを歴任した。「地方議員から国会議員へ」は男性では一般的な政治家輩出ルートであるが、今日においても地方議員経験を持つ女性国会議員は少ない傾向がある。[★54]記者職から婦人運動家へ、地方議員から国会議員へという経歴を持つ本島は、メディア経験を持つ職業政治家の先駆け的存在と言えるだろう。

夫の急逝、妻の出陣

公職追放該当者以外にも「身代わり」選挙に出馬した女性議員がいる。夫の急逝はその最大の要因である。急な選挙を戦う必要が生じることから、夫の後継者がはっきりするまでの間をつなぐ存在として重要な役割を果たすが、これも女性議員を輩出する一つのルートとなっている。本書巻末資料には含まれないものの、こうした女性議員の持つ媒介機能は、世襲議員とは異なる女性議員の特徴の一つであろう。

メディア経験議員を持ち、夫の身代わり候補となった女性議員には、一九五八年第二八回総選挙で初当選した伊藤よし子がいる。彼女自身にはメディア勤務の経験はない。

伊藤よし子は、一九〇五（明治三八）年に愛知県に生まれ、戦前に農村問題関係の速記者として働き、伊藤好道（69）との結婚後はその秘書を務めた。好道は一九〇一年に愛知県に生まれ、東京帝国大学政治学科に入学し、黒田寿男[★55]とともに新人会に属した。卒業後、中外商業新報社（現・日本経済新聞社）に入社し、『中外財界』編集主任、論説委員、同社経済部次長を務めている。記者となってからも東京帝大経済学部に学士入学し一九二八年に二度目の卒業をしている。中外商業新報社時代に鈴木茂三郎を知り、一九二八年の無産大衆党結党に参加した。『労農』にも執筆したが、黒田寿男や加藤勘十とともに人民戦線事件で検挙されている。保釈後には一九三九年から満鉄調査部嘱託として経済問題の調査研究を行った。終戦後には雑誌『デモクラシー』

の編集長となり、社会党に入党し、一九五九年には中央執行委員に選出された。一九五二年の総選挙で初当選し衆議院議員を三期務めたが、五五歳で死去した。[★56] その議席を引き継いだ伊藤よし子だが、その義兄には、やはり衆議院議員となった本多鋼治[★57]がいる。

同じ日本社会党所属で滋賀県選出の衆議院議員を務めた堤ツルヨの夫は、『布哇毎日新聞』で主筆を務めた堤隆（598）である。ツルヨは一九一三（大正二）年京都府に生まれ、一九三二年に京都府女子師範学校（現・京都教育大学）を卒業した後、太秦の小学校に三ヶ月在職し、のち堤隆と結婚した。隆は一八八九（明治二二）年に滋賀県に生まれ、一九一四（大正三）年に広島高等史師学校、一九一七（大正六）年に京都帝国大学哲学科を卒業している。一九四六年の総選挙で隆は滋賀県から日本社会党公認で立候補して当選したが、翌一九四七年二月に死去した。その直後の「身代わり」選挙でツルヨは落選するものの、一九四九年第二四回総選挙で当選した。ツルヨは無事に夫・隆の地盤を引き継ぎ、四期当選を果たしている。一九五九年に社会党を離党し、一九六〇年に民主社会党に入るが、同年の総選挙で落選し、引退した。

一九五八年第二八回総選挙で当選した河野孝子も夫・河野金昇（383）の急死で衆議院議員を一期務めることになった。金昇は一九一〇（明治四三）年に愛知県で生まれ、早稲田大学政治学科を卒業後、武蔵野書房を経営した。一九四三年に大学の先輩である中野正剛[★58]（646）が東條英機内閣を「戦時宰相論」で批判したことで、中野門下の「東方会」は一斉弾圧を受けた。その際、金昇も特高に逮捕されている。戦後初の総選挙で愛知県から無所属で当選して以後、当選六回を重ねたが、一九五八年に急死した。その地盤を引き継いだ孝子は、一九一三（大正二）年生まれ、一九三一年大阪府立生野高等女学校を卒業後、金昇と結婚している。夫の代役として衆議院議員を一期務めたが、自由民主党内では幹事、婦人局生活部長、全国組織委員会婦人対策部長などを歴任した。その地盤は妻の孝子から、金昇の秘書だった海部俊樹（のちの第七六・七七代内閣総理大臣）へと引き継がれた。

女性エリートとしての政治家の考察

教育社会学者の冠野文は、戦前の日本において、女性の学歴エリートが比較的容易に参入・継続して就くことができる職業領域は三分野あったと指摘している。[★59] 一つが専門職としての教育関連分野である。続いて「女性（いわゆる女流）」であることが高く評価されやすい芸術分野、さらに夫や父が経営してきた社業を、妻や娘が引き継ぐ場合である。これまで取り上げてきた女性メディア関連議員は、この三分野の組み合わせから輩出されている。

高い語学力や教職経験のある女性が、専門職として婦人記者や出版編集者の経験を積み、戦後に衆議院議員となるコースである。さらに、「婦人記者」との呼称が示すように、「女性（いわゆる女流）」の新職種の経験をその後の議員生活につなげるコースである。そして第三の「家」型ビジネスのように、政治家を家業として受け継ぐコースである。代議士である夫や父が急死すれば、その地盤を引き継ぐべく、妻や娘が立候補するわけだが、それはメディア関連議員についてもあてはまるからである。さらに言えば、高い学歴を持つ女性であれば、同じ学歴の男性と結婚する可能性は高く、メディア経験議員には高学歴カップルが見られる。その意味では、女性メディア関連議員の地位は、逆説的だが、なお「家」に入ったことで達成された部分も大きいと言えよう。

5　一九六〇年末から一九八〇年代にかけての変化

女性メディア経験議員リスト（表2）に戻り、残り四名を検討しておこう。一七人中一二人が明治生まれ、一人が大正生まれであったが、ここに初めて昭和生まれが登場してくる。

一九六九年の第三二回総選挙で当選した渡部通子（昭和七年生まれ）がその最初である。土井たか子（昭和三年生まれ）とともに初当選した渡部だが、この二人は昭和生まれである初の女性衆議院議員であった。その後、一九八三年第三七回総選挙において竹村泰子（昭和八年生まれ）、一九九〇年（平成二年）第三九回総選挙において大野由利子（昭和一七年生まれ）、岡崎トミ子（昭和一九年生まれ）らが登場してくる。本書巻末資料では戦後生まれの女性メディア政治家は皆無であった。

昭和生まれの四人の経歴は、それ以前の女性議員とはずいぶん様変わりしている。同時に、今日に至る女性メディア議員らの先駆的存在と見なすことができる。渡部通子と大野由利子の二人はそれぞれ聖教新聞・潮出版での職歴を持つ公明党の国会議員であり、また竹村泰子、岡崎トミ子はそれぞれアナウンサー出身の政治家である。

創価学会系のメディア経験議員――渡部通子、大野由利子

渡部通子は兵庫県生まれで早稲田大学法学部を卒業し、『聖教新聞』記者、『希望の友』編集長、潮出版社編集局次長、同取締役を経て、国会議員となっている（衆議院一期、参議院一期）[★60]。『聖教新聞』は、一九五一年四月二〇日から旬刊で創刊された創価学会の機関紙である。日刊新聞となったのは、池田大作『人間革命』の連載が始まった一九六五年からである。

渡部と同じ第三二回総選挙で当選した多田時子が創価学会婦人部幹部であったため、『月刊ペン』一九七六年三月号が、二人を創価学会の池田大作会長の「愛人」だとし、「女性二名が同会長によって国会に送り込まれている」と報じた。そのため創価学会は『月刊ペン』編集長である隈部大蔵を名誉毀損で訴えた。いわゆる「月刊ペン事件」である。その二人の夫、渡部一郎（971）、多田省吾（※）も公明党所属のメディア経験議員である。

渡部一郎は一九三一（昭和六）年に旧満州（大連）で生まれ兵庫県を地元とする。東京大学工学部応用化学科を卒業している。在学中に東京大学法華経研究会（創価学会における学生組織の先駆）を結成した。一九五六年に聖教新聞社に入社し、以後『第一新聞』取締役編集長や、『公明新聞』編集局長を務めた。一九六七年第三一回総選挙において公明党公認で立候補し当選し、以後一九九三年に引退するまで通算九期を務めた。

多田省吾も参議院議員を四期務めた公明党議員である。一九三一（昭和六）年に山形県で生まれ、一九五三年に東北大学工学部化学工学科を卒業し、『聖教新聞』を経て国会議員となっている。

同じく公明党議員の大野由利子は山口県出身で、京都大学薬学部を経て薬剤師および臨床検査技師の免許を取得、大阪市立小児保健センターに勤めた。その後、潮出版社での勤務を経てフリーライターとなったのち、一九九〇年に衆議院議員に初当選し、議員を三期務めた。公明党議員の場合、聖教新聞社や潮出版社での勤務経験が、昭和生まれの女性代議士輩出ルートとして定着していることがうかがえる。また出身地や夫の地元とも選挙区は異なり、いずれも東京都選出の議員であった。

キャスター・アナウンサー出身女性衆議院議員——竹村泰子、岡崎トミ子

竹村泰子と岡崎トミ子は衆議院議員におけるアナウンサー出身政治家の先駆けである。

竹村泰子は衆議院を一期務めたのち、参議院議員となった。一九三三（昭和八）年神戸市生まれだが、東京でフリーのアナウンサーとなったのち、結婚して一九六七年に札幌に移住した。「反核・平和」の市民運動を展開するクリスチャンであり、釧路ＹＷＣＡ会長、日本ＹＷＣＡ中央委員を務め、伝道放送の制作も手がけている。一九八三年第三七回総選挙では北海道知事に就任して間もない横路孝弘（当選五回、東大法学部卒、弁護士）から地盤を預かり、無所属（日本社会党・新自由クラブ北海道連推薦）で出馬、初当選を果たした。全国的な知名度はないため、「「無名の主婦だった竹村泰子さんが一八万票という驚異的な集票をして初当選」、マスコミはいずれもこう書き立てた」と竹村は初当選時の様子を綴っている。[★61]

二〇一七年に死去した岡崎トミ子は、一九四四（昭和一九）年に福島県に生まれた。ラジオ福島から東北放送のアナウンサーを経て、一九九〇年総選挙で宮城一区から日本社会党公認で当選した。土井たか子の社会党委員長時代に当選した「マドンナ議員」の一人である。アナウンサー時代には八月一五日前後の反戦・平和特別番組を手がけた。衆議院議員当選二回、参議院議員当選三回で、国家公安委員長や旧民主党副代表などを務めた。その岡崎がネット上で有名となったのは、二〇一〇年一〇月二二日の衆議院の法務委員会での、自民党

表3　第40～48回総選挙（1993～2017年）当選の女性メディア議員一覧

	自民党系	公明党系	その他の野党（党名・前職）
第40回（1993年）	小池百合子（現・東京都知事、元・希望の党代表・テレビ東京キャスター） 高市早苗（フジテレビ系キャスター）		
第41回（1996年）	土屋品子（テレビ埼玉で料理番組を持つ）	丸谷佳織（フリー・パーソナリティ）	石毛えい子（民主党・『季刊福祉労働』編集長）
第42回（2000年）	小渕優子（TBS）、松島みどり（朝日新聞社）、山谷えり子(テレビリポーター、『サンケイリビング』編集長。キャスター、テレビコメンテーター等)		
第43回（2003年）		高木美智代（聖教新聞社）、古屋範子（聖教新聞社出版局）	青木愛（自由党・テレビリポーター、シンガーソングライター）
第44回（2005年）	近藤三津枝（キャスター）		郡和子（民進党・東北放送アナウンサー、解説委員、放送制作局部長）
第45回（2009年）			井戸正枝（立憲民主党・東洋経済新報社）、永江孝子（民主党・南海放送アナウンサー）、三宅雪子（自由党・フジテレビ）
第46回（2012年）	大久保三代（NHKキャスター）金子恵美（新潟放送）、高橋比奈子（テレビ東京、テレビ岩手アナウンサー）、牧島かれん（ラジオパーソナリティ、キャスターなど）		鈴木貴子（無所属・NHK長野ディレクター）
第47回（2014年）	尾身朝子（ITコンサルタント、情報通信事業代表取締役）		
第48回（2017年）			石川香織（立憲民主党・BS放送アナンウサー）、早稲田夕季（立憲民主党・タウン誌記者）

の稲田朋美（元防衛大臣）との討論がきっかけである。二〇〇三年に岡崎が韓国におもむき元従軍慰安婦と会った行動の説明を求める稲田と、それに答弁する岡崎の動画は、今も「稲田朋美VS岡崎トミ子」としてYouTubeで閲覧できる。★62 元アナウンサーの岡崎に弁護士出身の稲田が詰寄る映像と音声が印象的であり、「自己メディア化」する現代の女性議員の象徴的な動画となっている。

6　一九九三年第四〇回衆議院議員総選挙以後の状況

第二九回（一九六〇年）から第三六回総選挙（一九八〇年）の二〇年間、メディア出身の女性議員は、渡部通子の他に新たな当選者はいなかった。一九八三年の第三七回総選挙において衆議院初のアナウンサー出身政治家の竹村泰子が登場するものの、一九九〇年の第三九回衆議院議員総選挙までは女性のメディア関連職議員の空白が続いた。

一九九〇年第三九回総選挙以後は、かならずメディア出身の女性議員が新しく当選するようになった。二〇一七年の総選挙までを見ると、各選挙から一名から五名、合計二四名が当選している。表3は『名鑑』を元にした本書巻末資料には含まれない、一九九三年総選挙以後の当選議員で、経歴にメディア職が確認できた女性衆議院議員である。女性の議席率が八％前後を推移するなかで、その一定数がメディア出身の女性政治家で占められるようになったことがわかる。

メディア職のジャンル内でも異動や転職があるため、その合計数が人数よりも多くなるものの、それぞれ「キャスター・アナウンサー・パーソナリティ」経験者が一一名、「上記以外のテレビ関連職」経験者が八名、「新聞社」勤務経験者が二名、「雑誌編集、出版社」勤務経験者が五名、「IT関連職」経験者が一名となっている。

アナウンサーやキャスター、そしてパーソナリティをテレビ・ラジオ関連職と統合すると、全二四名中一七名が放送系議員である。そのシンボル的な存在が小池百合子だろう。一九五二（昭和二七）年兵庫県で生まれた小池は、関西学院大学社会学部を中退してエジプトに留学し、カイロ大学を卒業後はアラビア語通訳となった。一九七九年から八五年まで日本テレビ系『竹村健一の世相講談』でアシスタントを務めたのち、テレビ東京系『ワールドビジネスサテライト』の初代キャスターに抜擢された。その知名度を活かして、一九九二年、細川護煕が結成した日本新党から比例代表で出馬し、参議院議員へと転身した。

『婦人公論』同年一〇月号で小池は、同じ参院選に出て落選した政治評論家・高市早苗、そしてタレント・冨士眞奈美との鼎談を掲載した。出馬した二人は家族も巻き込まれる選挙戦の実態、裏側について語った。

高市も一九六一（昭和三六）年奈良県生まれ、神戸大学卒業の女性メディア経験議員の一人である。一九九三年の総選挙で鞍替え立候補した小池と同じく衆議院議員に初当選する。今や八回もの当選を誇り、二〇一四（平成二六）年には総務大臣を務めることになるが、このときは落選した苦労が前面に出ていた。

高市「今回の選挙戦は政策を喋るチャンスがほとんどなかったですね。残るは政見放送ですけど、これまた視聴率が低いし、面白くないもの。」
冨士「そうねえ。みたくないわねえ。」
高市「一時間の個人演説会でも、演説は十分ぐらいで、あとはひたすら「お願いします。とにかく私を助けてください」って泣く。うちの選対は、とうとう両親や弟を壇上に引っ張り上げて、土下座をさせましたよ。」[★63]

こうした高市に対し、小池は鉢巻きや白手袋などの選挙グッズを全部排除したと述べ、選挙は「とことんスマートにやろうと思った」という。「政治家というと、オジン臭くて、ダサクて、お金に汚いというイメージがあるでしょう。それを、私は少しでもスッキリやっていきたいと思ってるんです」[★64]と語る小池は、「永田町ブロードキャスター」を目指すとメディア出身の議員らしく宣言した。翌一九九三年、小池は参議院議員を任期途中で辞任し、第四〇回総選挙に日本新党公認で出馬した。その立候補地が旧兵庫二区（定数五）と、日本社会党元委員長の土井たか子と同一選挙区だったため「新旧のマドンナの戦い」としてメディアで全国的に注目された。土井が一位、小池は二位で当選し、以後衆議院議員を八期務めたが、二〇一六年、桝添要一辞任にともなう東京都知事選に出馬してブームを巻き起こした。グリーンをシンボルカラーにメディア重視の選挙戦を展開して当選し、自民党を離党した後、地域政党「都民ファーストの会」を立ち上げた。

キャスター出身の小池や高市らの当選が目立つ一九九三年の第四〇回総選挙以後も、活字媒体からも一定数の女性議員が輩出されている。とはいえ、かつての婦選運動、社会改良運動にも携わった「婦人記者」らが運動を通じて獲得した知名度は、今日ではテレビやラジオに出演することで得られるタレント性に変わった。もちろん第四〇回総選挙以後で活字メディア出身の女性議員としては、前節で見たように、聖教新聞社や潮出版社などを経た公明党議員が目立っている。

また、第四八回総選挙で当選した石川香織のように、ＢＳ放送アナウンサーという新しい経歴と「身代わり候補」という古い形式が融合した事例も存在する。石川の場合、選挙への出馬理由は、アナウンサーとしての知名度よりも、「陸山会事件」で公民権停止中であった夫・知裕の「身代わり」が大きい。石川は立候補のために夫の選挙区である北海道に移住している。敗戦後に夫の公職追放で始まった「身代わり候補」としての妻の役割は今なお形を変えて存在している。

今日では、序章でも触れられているように、「ＩＴコンサルタント」など新しい職業からの女性議員も誕生している。それは敢えて「女性（婦人・女流）」を冠する新業種というわけではないが、今後の増加は予想できる。

自己メディア化する女性議員

女性議員がメディアを賑わすスキャンダルに巻き込まれることは今に始まったことではない。そもそも平塚らいてうの青鞜社が誕生した頃から、婦人記者も含め「書く女」そのものに世間はスキャンダラスな視線を向けてきた。冒頭で触れた神近市子の葉山日蔭茶屋事件はその典型である。本章では婦選運動に関わった婦人記者の系譜から、夫がメディア関連職議員の「身代わり候補」まで、第二二回総選挙にはじまる女性メディア議員の人生を彼女たちが育んできた人間関係のネットワークのなかで概観してきた。そして、テレビ時代には、新たな女性の職業にアナウンサー・キャスターが加わり、そこから政治家に転身する女性が出てきた。彼女たちは明治生まれの女性メディア議員とは異なり、とくに自身が政治ネットワークを持たなくても、前職でのメディア露出で得た知名度を武器に選挙を戦うことができた。ただし、立候補する地元（いわゆる「地盤」）が重要である衆議院議員選挙に比べて、放送系議員の有名性はむしろ全国区（比例区）が存在する参議院議員選挙において威力を発揮した。その意味では女性メディア議員の考察に衆議院議員だけという本書の分析には限界があることはまちがいない。

また、そうした放送系の女性メディア議員が目立つのは一九九〇年代以後のことであり、一九九〇年までの議員データを中心に分析した本書の枠組みには収まらない。しかし、その萌芽はすでに一九六〇年代末から一九八〇年代にかけて存在していたことは、本書巻末資料におけるデータからは確認できるわけである。

■註

1　日本で初めて誕生した女性政治家についての代表的研究として、岩尾光代『はじめての女性代議士たち――新しき明日の来るを信ず』新風舎文庫、二〇〇六年（初出は日本放送出版協会、一九九九年）がある。本論文も岩尾の調査に拠るところが大きい。ほかに青木やよひ「焼跡闇市のジャンヌ・ダルクたち」『潮』一九一号、一九七五年五月号、大海篤子「女性は国会をめざした――民主改革の星たち：三九人の第一期婦人代議士」『ジェンダーと政治参加――The Impact of Women in Politics』世織書房、二〇〇五年も参照。

2　二〇〇五年第四四回総選挙では、郵政民営化法案に反対する議員に「刺客」が送り込まれ、小泉純一郎の自民党が圧勝した。この選挙で当選した八三名もの自民党新人議員は「小泉チルドレン」と呼ばれた。一四七名の女性が立候補し四三名が当選、新人女性議員は一七名で、稲田朋美、猪口邦子、片山さつきら（自民党）一六名、郡和子（民主党）一名であった。

3　マッカーサー自身、その回顧録で、「私の提案で」日本は女性参政権を含めた選挙法改正を行ったとし、さらに、占領軍が行った改革で「婦人の地位向上ほど私にとって心あたたまる出来事はなかった」と述べている。ダグラス・マッカーサー（津島一夫訳）『マッカーサー大戦回顧録［下］』中央公論新社、二〇〇三年（初出一九六四年）、二三四、二四五頁。

4　市川房枝は一八九三（明治二六）年愛知県生まれ、愛知県女子師範学校卒業後、小学校教師となる。のち一九一七年（大正六年）に『名古屋新聞』（現在の『中日新聞』）で婦人記者となる。採用したのは同新聞主筆の小林橘川（のちの名古屋市長）であった。所属は社会部で教育・家庭婦人関係担当だった。およそ一年後に新聞社を退職して上京し、在米であった兄の先生である山田嘉吉の英語塾で学ぶ。開明的な山田の影響で、その妻のわかは『青鞜』にも寄稿していた。その縁で市川は青鞜社の平塚らいてうと出会う。山田わかとらいてふの二人は名古屋新聞社と中京婦人会主催の夏期婦人講習会で、市川の案内で講演している。一九一九年（大正八年）に市川・平塚を中心に設立された日本初の婦人団体「新婦人協会」には奥むめおの参加もあり、女性の政談の自由・参政権の獲得が運動として展開されていく。

戦時中の市川は、国策（戦争遂行）への協力姿勢をみせることで、婦人の政治的権利獲得を目指す方針をとる。一九四〇（昭和一五）年に婦選獲得同盟を解消し「婦人時局研究会」となるが、一九四二（昭和一七）年に婦人団体は大日本婦人会へと統合され、大政翼賛会を中心とした翼賛体制に組み込まれた。市川は大日本言論報国会理事に就任した。

戦後八月二五日に市川らは「戦後対策婦人委員会」を結成、婦選を政府に要求する。市川は当時の内相堀切善次郎から「氏が、婦人に参政権を与えることを提案、首相及び文部大臣の前田多聞氏他全員が賛成して決定した」と聞いている。マッカーサーはその報告を聞き、その調子で命令前にやってほしいとほめたのであり、堀切は「婦人参政権は決してマ元帥の贈り物ではない」と力説したという。市川房枝『私の婦人運動』秋元書房、一九七二年、一三五～一三六頁。

追放解除後の一九五三（昭和二八）年に第三回参議院議員選挙に東京地方区で当選した。その後、全国区からの出馬を含め、当選五回。一九八〇年の第一二回参院選挙では八七歳という高齢で当選するも、翌一九八一年に心筋梗塞で死去した。菅野和子『市川房枝と婦人参政権獲得運動――模索と葛藤の政治史』世織書房、二〇〇二年参照。市川房枝の政治活動の志は、女性議員育成のための団体「公益財団法人市川房枝記念会女性と政治センター」（一九六二年財団法人認可、二〇一三年四月一日より公益法人認定）として受け継がれ、政治家を志す女性のための情報発信を行っている。

5　市川房枝の立場から見た参政権については、進藤久美子「占領期民主化政策とジェンダー」『ジェンダーで読む日本政治』有斐閣選書、二〇〇四年参照。

6　婦選運動関連で著名なメディア関連職経験のある参議院議員には、たとえば、戦後の主婦連合会会長として知られる奥むめおがいる。奥むめおは一八九五（明治二八）年福井県生まれ、〝エプロンとおしゃもじ〟に始まる戦後消費者運動の象徴的存在である。一九一六（大正五）年、日本女子大学校卒業後、労働組合期成会の機関紙『労働世界』の記者となる。富士瓦斯紡績に女工となって潜入取材したルポが話題となった。一九二〇（大正九）年に平塚らいてう、市川房枝らが設立した新婦人協会に参加した一人である。一九二一（大正一〇）年から機関誌『女性同盟』の編集を引き継ぎ、自宅で発行した。一九二三（大正一二）年には自らの団体「職業婦人社」を設立し、月刊誌『職業婦人』（のちに『婦人と労働』、そして『婦人運動』へと改題）を創刊した。一九四七年の第一回参議院議員選挙に出馬し当選、三期一八年を務めた。

7　一九九〇年代の女性議員輩出ルートして、参議院の女性議員では「芸能人・スポーツ関係者」、「報道関係者」、「テレビ・ラジオ」、「テレビ・ラジオキャスター」、といったマス・メディア職出身者が多いことが指摘されている。衆議院では「大学教員」「医療関係者」が目立つが、やはり参議院と同じく、上記のメディア関連職議員が存在する。国広陽子「国会議員への道」三浦まり編『日本の女性議員――どうすれば増えるのか』朝日新聞出版、一七一～一七六頁参照。朴仁京「研究ノート女性衆議院議員の政治補充――その類型化に向けて」『国立女性教育会館研究ジャーナル』vol.十一、二〇〇七年夏号も参照。

8　神近市子『神近市子自伝』日本図書センター、一九九七年、一三三頁。竹中繁子は『東京朝日新聞』における初の女性記者であった。三鬼浩子「大正期女性記者――奥むめおと先達大澤豊子・竹中繁子・小橋三四子」土屋礼子・井川充雄編『近代日本メディア人物誌――ジャーナリスト編』ミネルヴァ書房、二〇一八年参照。

9　『婦人文芸』は一九五六（昭和三一）年に、神近市子発行の『婦人文芸』の名を引き継ぎ刊行され、今日まで続いている。〈婦人文芸ＨＰ〉http://home.d04.itscom.net/fujinbun/index.html（二〇一八年七月三〇日閲覧）

10　岡田宗司は一九〇二（明治三五）年東京生まれ、旧制松本高校、東京帝国大学経済学部を卒業した「東大新人会」

の主要メンバー。一九二八（昭和三）年の無産大衆党の結党、農民組合運動に参加。人民戦線事件で検挙されるが、釈放後は南洋経済研究所嘱託となる。戦後、日本社会党結成に参加、一九四七年の第一回参院選に全国区から出馬し初当選した。以後当選六回。

11　前掲書『神近市子自伝』、二四六〜二四七頁。ここで述べられている一九四七（昭和二二）年の第一回参議院議員選挙では、河崎ナツ（参一期）のほかに、赤松常子（参三期）、井上なつゑ（参一期）、奥むめお（参三期）、木内キヤウ（参一期）、高良とみ（参二期）、小杉イ子（参一期）、平野成子（参一期）、深川タマエ（参二期）、宮城タマヨ（参二期）の一〇名が当選した。

12　中久雄編『国会議員の構成と変化』政治広報センター、一九八〇年では「婦人議員」は「タレント議員」とともに考察されているが、選挙方法の違いから第二二回総選挙は除外されている。ほかにも上條末夫「衆議院議員総選挙における女性候補者」『駒沢大学法学部研究紀要』四八、一九九〇年三月でも、第二二回総選挙への言及はあるが、特殊選挙と見なしている。河野銀子「エリート女性の輩出ルートに関する考察——衆議院議員を事例として」『教育社会学研究』第五六集、一九九五年も同じ理由で第二三回から第四〇回総選挙で国政に送り込まれた女性衆議院議員延べ一六七名のみを分析対象としている。河野は教職と並び、文化的な職業が女性議員輩出職業軍として存在しており、すでに「一九三〇年代以前に出生した女性については、新聞・雑誌社の記者および発行人や著作家、それ以降に出生した女性の場合には、アナウンサー、劇団員、評論家」（一一七頁）との結果を得ている。

13　春原昭彦「新聞と女性——新聞史に見る女性記者、女性読者」春原照彦／米田佐代子／岩崎千恵子／池田恵美子／平野恭子編著『女性記者——新聞に生きた女たち』世界思想社、一九九四年、一二〜一四頁。

14　堀切善兵衛は一八八二（明治一五）年福島県生まれ、慶應義塾大学を卒業後、ハーバード大学、ケンブリッジ大学、ベルリン大学で学び、四年後の一九〇九年に帰国し母校で教鞭をとりつつ、時事新報記者を兼務した。一九一二年五月に立憲政友会より衆議院議員選挙に立候補し、最年少三〇歳での当選を果たす。以後連続一〇期を務めた。昭和四年には衆院議長となり、昭和一五年、松岡洋右外相により駐イタリア大使に起用された。一九四六（昭和二一）年に死去した。弟の堀切善次郎は一八八四（明治一七）年生まれ、東京帝国大学法学部を卒業後内務省に入った、官僚出身政治家。神奈川県知事、東京市長なども務め、戦後は公職追放により弁護士となった。

二人の父、堀切良平は福島の町会議員、郡会議員、県会議員となり、自由民権運動に加わる。河野広中（※）ら自由

民権運動家と福島自由新聞社を設立。河野は明治二三年第一回衆議院議員選挙に出馬、当選一四回。その間衆院議長、農商務相などを務めた。慶應義塾編『慶應義塾百年史（別巻）大学編』慶應義塾編、一九六二年、八〇（三八〇）頁、〈観光文化交流施設旧堀切邸HP〉http://www.fckk.co.jp/kyu-horikiritei/（二〇一八年七月三〇日閲覧）参照。

15　前掲書『はじめての女性代議士たち』、二〇五～二〇六頁参照。

16　『人事興信録（上）第二二版』人事興信所、一九六四年、「い」二三二頁。

17　占領期、GHQの意向で日本の民主化政策の一環として、アメリカ合衆国の School of Journalism に範をとった「新聞学科」が大学に設置された。一九四六年に設けられた明治大学新聞高等研究科もその一つである。

18　前掲書『はじめての女性代議士たち』、二七五頁

19　新日本青年党は民主主義の確立と共産主義への対抗を目的とした少数政党。党首の著述家・田中正義が落選したため、竹内は当選後、進歩党に入った。前掲書『はじめての女性代議士たち』、二三五～二三九頁参照。

20　同書、二三六頁。

21　和崎ハルについては、グレゴリー・M・フルーグフェルダー『政治と台所――秋田県女子参政権運動史』ドメス出版、一九八六年が詳しい。

22　千葉三郎「柿沼不泣」『あきた』第一二巻第一〇号、一九七二年一〇月号参照（前掲書『政治と台所』、三〇頁）。

23　同書、三〇頁。

24　前掲書『はじめての女性代議士たち』、一九二頁。

25　「ハルらんらん♪――和崎ハルでございます」（作・作詞：飯島早苗、演出：栗城宏）二〇一六年四月一六日から二〇一七年一月三日まで秋田芸術村わらび劇場にて上演された。一九五一年一一月には、ハルの生地近くの金照寺山に記念碑が建てられており、市川房枝の揮毫で「秋田女性の母　和崎ハルさん」と刻まれている。その除幕式には市川をはじめとする婦人参政権運動の同志が数多く参加したという。（前掲書『政治と台所』、四六頁）。

26　江刺昭子「「革命の娘」から「母・マリア」へ　北林余志子」江刺明子＋史の会編著『時代を拓いた女たち――かながわの一三一人』神奈川新聞社、二〇〇五年、二〇～二一頁参照。

27　一九四七年九月に発足した労働省に、婦人労働問題、年少労働問題、そして一般の婦人問題に関する総合的な施策を実施するために設けられた。初代婦人少年局長には評論家の山川菊栄が就任している。

28 新妻莞『新聞人・鳥居素川――ペン・剣に勝つ』朝日新聞社、一九六九年における著者紹介参照。
29 上田正二郎『続あの頃その頃』東京書店、一九五二年参照。
30 「泉山三六　おれは大前が好きなんだ、給与法なんかどうなってもいい。」今村守之『問題発言』新潮選書、二〇一一年、二二～二四頁。
31 泉山三六は前年に初当選した新人議員だったが、『トラ大臣になるまで――余が半生の想ひ出』新紀元社、一九五三年を刊行し、その著書は改訂版を含め一九五八年には一五版を重ねた。
32 大石ヨシエ『随筆　あほかいな』鱒書房、一九五六年、一九六頁
33 大石熊吉は一八六四（元治元）年生まれ東京出身、米国ラトガース大学、ニューヨーク大学に留学経験があり、ドクトル・フィロソフィーの学位を持つ。元『報知新聞』主幹のメディア経験議員である。一九四五年死去。
34 「他人の見たヨッちゃんの生い立ち」前掲書『随筆　あほかいな』一九九～二〇〇頁（『政界ジープ』一九四七年一〇月号初出）。
35 前掲書『随筆　あほかいな』九二、二〇二頁。
36 前掲書『はじめての女性代議士たち』、一〇六～一〇九頁参照。
37 河上丈太郎は、第一回普通選挙で当選した政治家。東京帝国大学法学部政治科／法律学科卒、戦前の関西学院大、立教大に勤め、無産政党の創立に尽力する。翼賛選挙時代の政治家であり、一九四五年の日本社会党創立の中心的存在だが公職追放を受けた。一九六一年以降は五期連続で当選し、社会党委員長も務めたが、熱心なクリスチャンで「十字架委員長」とも呼ばれた。
38 橋本登美三郎は茨城県出身。早稲田大学政経学部政治科を卒業後、『朝日新聞』記者となり、敗戦の年に退社、政治家となる。第二四回総選挙後、連続一二期衆議院議員を務める。自民党幹事長、建設、運輸大臣を歴任。昭和五一年のロッキード事件に連座し、受託収賄容疑で逮捕され、起訴されて離党した。
39 戸叶武「刊行のことばに代えて」〈『戸叶里子』刊行会〉編『戸叶里子』一九七二年、一八頁。
40 戸叶里子「道なきところに道をひらく」前掲書『戸叶里子』、五二頁。
41 同書、五三頁。
42 戸叶武『政治は足跡をもって描く芸術である』戸叶武遺稿集刊行会、一九八八年参照。

43　森下国雄は一八九六（明治二九）年生まれ、栃木県出身、早稲田大学政治経済学部を一九一七（大正六）年に卒業した。一九三六年の総選挙で立憲民政党から初当選し、一〇回の当選。戦後公職追放されるが、解除後の一九五二年に政界復帰した。当選一〇期。

44　堀真清「「北・西田派」の民間人グループ――福井幸・加藤春海・杉田省吾らについて」西南学院大学法学論集一六巻一号、一九八三年八月、一二～一九頁参照。

45　前掲書『はじめての女性代議士たち』、一三三～一三四頁。

46　猪瀬直樹のインタビュー集において、杉田馨子は「占い師」（杉田いわく、「ライフアドバイザー」）として登場する。「占い師＊婦人国会議員第一号杉田馨子女史の戦後民主主義の方角」『日本凡人伝　二度目の仕事（「あさってのジョー」改題）』新潮文庫、一九八八年。

47　前掲書『はじめての女性代議士たち』、八一～九六頁。「紅露みつのインタビュー原稿発見　徳島選出の日本初女性国会議員」『徳島新聞』二〇一六年四月一一日も参照。

48　鶴見祐輔は一八八五（明治一八）年岡山県生まれ群馬県出身、東京帝国大学卒の評論家、小説家で衆議院議員。一九二八（昭和三）年から四期を務めた。戦後は参議院議員で厚相となる。その子どもに社会学者の鶴見和子、評論家の鶴見俊輔がいる。

49　加藤シズエの自伝によれば、「加藤（勘十）の演説は、今の感覚から言えば絶叫型。マイクが普及した今日には全然通用しない型ですけれど、演説では当時、第一人者と言われておりました」とあり、大衆労働運動出の雄弁型メディア政治家の一人であった。加藤シズエ『ある女性政治家の半生』日本図書センター、一九九七年、二二八～二二九頁。

50　前掲書『ある女性政治家の半生』、一三七～一三八頁。戦後、加藤家には日系二世でGHQ民間情報教育局の塚本太郎が訪ね、加藤勘十には労働問題、シズエには婦人問題への非公式ではあるが、占領軍相談役への打診があり、二人は引き受けていた。一二七～一二九頁。

51　前掲書『ある女性政治家の半生』、一四二頁。

52　田島ひで自伝『ひとすじの道――婦人解放のたたかい五十年』青木書店、一九六八年参照。

53　広井暢子「苅田アサノ（一九〇五～一九七三）――地主の家に育って、共産党国会議員に」『女性革命家たちの生涯』新日本出版社、一九八九年、一四八～一七八頁。苅田アサノは一九五三年に元日ソ協会副会長の堀江邑一と結婚した。その堀江が発行人となった、苅田アサノ人と思い出刊行委員会『苅田アサノ人と思い出』一九七六年がある。

54　地方議会には女性ゼロ議会もいまだに見られる。男性では地方議員や首長といった地方政治経験者が国会議員に多い。前掲論文、『日本の女性議員』所収、一七五〜一七八頁参照。

55　黒田寿男は一八九九（明治三二）年岡山県生まれ。東京帝国大学法学部を一九二三（大正一二）年に卒業した弁護士。一九二九（昭和四）年東京無産政党を結成して書記長を務めた。一九三六年に行われた第一九回総選挙に岡山県選挙区から全国農民組合の支援を受けて出馬し当選。翌三七年に人民戦線事件で加藤勘十とともに検挙され、政界から追放された。戦後日本社会党結成に参加した。当選一二回。

56　一九五六（昭和三一）年一二月一二日（水曜日）第二五回国会本会議にて、小林錡（かなえ）が急逝した伊藤好道への弔詞を読み、経済ジャーナリスト出の国会議員を悼んだ。
「いわゆるジャーナリスト的ではなく、学究的にその知識と研さんとを積み重ね、着々功績をあげられたのでございます。同社において『中外財界』編集主任、論説委員、さらに経済部次長等に累進せられ、中堅幹部として重きをなしておられたのでありますが、この間における深い研究と豊かな経験とが後年衆議院議員としての君のはなばなしい御活躍の基盤を作ったものであることは申すまでもございません」。

「故議員伊藤好道君に対する小林君の弔詞贈呈の動議及び追悼の辞」衆議院会議録『官報（号外）』第一七号、一〜二（二四九〜二五〇）頁。

57　本多鋼治は一八九三（明治二六）年愛知県生まれ。当選四回。弟に文芸評論家の本多秋五、陶芸研究家の本多静雄がいる。

58　中野正剛は一八八六（明治一九）年福岡県生まれ。早稲田大学政治経済科を卒業後、『東京朝日新聞』で政治評論を執筆。一九一六（大正五）年からは東方時論社で主筆兼社長を務めた。日本外交を批判した一九二〇（大正九）年に衆議院議員となり八回当選した。革新倶楽部、憲政会を経て立憲民政党に移り遊説部長となるなど、この間要職を歴任している。一九三一（昭和六）年には脱党し翌年国民同盟を結成。一九三六（昭和一一）年から東方会総裁となった。一九四〇（昭和一五）年に大政翼賛会総務となるが、その権力強化に反発して一九四二年に脱退し、憲兵の取り調べを受け割腹自殺した。

59　冠野文「女性エリート輩出にみる戦後改革のインパクト——外面経歴および価値意識の検討を中心に」『教育社会

学研究』五八号、一九九六年、一〇三～一二三頁参照。
60 渡部通子編『女・21世紀をえがく』ミネルヴァ書房、一九八六年によれば、渡部の経歴は働きながら大学を卒業し、「新聞・雑誌記者を一四年、衆議院・参議院議員各一期を経て、現在ジャーナリスト」となっている。
61 竹村泰子『女よ弦を鳴らせ――竹村泰子の国会奮闘記』東陽書房、一九八五年、三頁。
62 動画「稲田朋美VS岡崎トミ子1～3」https://www.youtube.com/watch?v=4TS5chMPG_Y は、二〇一八年七月末時点でver.2の再生回数が二三万回を超えている。稲田をはじめ、今日の自己メディア化する女性議員については、古谷経衡『女政治家の通信簿』小学館新書、二〇一八年を参照。
63 小池ユリ子・高市早苗、冨士眞真奈実司会「〈婦人公論井戸端会議'92〉選挙は女の意地の見せ所」『婦人公論』一九九二年一〇月号、一六四～一七一頁。
64 同書、一七一頁。

付記：人物データについては、適宜、日外アソシエーツ編『新訂政治家人名事典　明治～昭和』日外アソシエーツ、二〇〇三年、同『新訂現代政治家人名事典――中央・地方の政治家四〇〇〇人』二〇〇五年、山田健太編『ジャーナリスト人名事典　明治～戦前編』日外アソシエーツ、二〇一四年、近現代日本女性人名事典編集委員会編『近現代日本女性人名事典』ドメス出版、二〇〇一年などを参考にした。

あとがき

メディアと政治の研究と言えば、真っ先に思い浮かぶのがメディア効果論である。メディアで特定の争点に接すると、それを思い出しやすくなり、そのことがほかの政治的判断に影響を及ぼすというプライミング効果や、メディアが取り上げた争点を重要なものとして知覚する議題設定機能、どのような枠組みで争点を報道するのかによって、政治に対する認識や態度が変化するフレーミング効果など、メディアが政治に与える影響について数多くの研究が蓄積されてきた。

序章では「政治のメディア化」を「メディアの論理がメディアの枠を超えて、政治の制度、組織、活動にまで影響力を強めていくプロセス」と定義する。それはとりもなおさず、これらメディア効果論が研究してきたプロセスでもある。確かに焦点は人々の認知や態度、行動にあるのかもしれないが、研究史として見れば「政治のメディア化」の程度とメカニズムを探求してきたとも言えるだろう。ただし、そこにはメディアと政治は相互に排他的である、メディアと政治の領域は異なっているという前提がある。双方が一体化している場所では効果など測れないからである。

日本においてメディアと政治はいつ頃、どの程度、自立的となったのか。新聞社が企業化を進め、マスメディアが成立した二〇世紀前半から「メディアの論理」は働くようになったが、その力を遺憾なく発揮するのは、第八章で詳述した時代である第二次世界大戦を挟んで以降、旧来のメディア関連議員が国政から放逐されてからなのかもしれない。

一方、メディア史においても、メディアと政治の線引きが強調されるテーマがある。政府による新聞雑誌の取締りや記者、編集者への弾圧の歴史である。そこで彼らが「無冠の帝王」「反骨のジャーナリスト」「抵抗の新聞人」を主張するには、政府と自分たちは違う、メディアは政治から一定の距離を置いていることを仮定しなければならない。

だからこそ、メディアの自立性は絶えず疑問にも付されてきた。「独立不羈」「不偏不党」「公正中立」といった標語は、メディアは独自の領域を持たねばならないことを改めて宣言しているのであり、逆に言えば、そう宣言せざるをえないほど、メディアは政治から自立していないのではないかと疑いを抱かれているのである。現代でも記者クラブなど、権力との癒着、迎合などが問題視されることがある。もちろん、戦前であれば、佐々木隆『メディアと権力』において

「新聞は政府・権力と隠微な関係を持ち、危うい間合いを取るものがあったのだが、それは新聞界ではありふれた日常の一こまであり、決して例外的な現象ではなかった」と記される。[★1] つまり、メディアと政治は相互に排他的なのではなく、裏で手を結んでいると言うのである。

ただし、本書はメディアと政治の関係を隠微なものとして扱わない。メディアと政治の明白な関係を扱う点に特色がある。つまり、メディア関係者が正々堂々と国政に乗り込んでいくという研究テーマなのである。メディア関係者自らが政治家になるのであるから、当然、メディアと政治は異なるという想定もなければ、公正中立でなければならないという理想もない。

憲法も議会もない明治初期の日本において、記者は政論を書く人であり、新聞は政治をなす舞台に等しかった。一八九〇年に第一回総選挙が行われたとき、メディアに関与した人々はこぞって国政へと乗り込んでいった。二〇世紀初頭に新聞が規模を拡大し、報道の時代が来ると、新聞記者は政治家に近づき縁故を得て政界への足がかりとした。本書はこのようなメディアで働いたことがある議員、メディアを経営した議員、その役員として連なる議員を対象に、議会開設から一〇〇年におよぶ傾向を探索的に解明しようとした研究である。とりわけ、第一章で詳述した『衆議院議員名鑑』における「メディア関連議員」を中心とし、それ以外の「メディア議員」や、公職にない活動家を含めた「メディア政治家」まで広く言及する。

そこで各章の見取り図を示せば以下のようになる。

序章ではこの共同研究の理論的な枠組み「政治のメディア化」mediatization of politics が検討され、この共同研究の意義を最大限の射程、すなわち今日の政治状況まで視野に入れて提示しようと試みられている。「政治のメディア化」とは、わかりやすく言えば、政策の議論よりも共感を集めるパーフォーマンスが重視される「政治の劇場化」である。その歴史的展開を四局面に整理したうえで、新聞の変質を価値や理念の実現（政治の論理）のために動く「輿(よ)論 public opinion 指導」装置から、影響力の最大化（メディアの論理）に応じて動く「世(せ)論 popular sentiments 反映」装置への変化として位置づける。具体的分析対象としては、戦前に「閣僚製造新聞」と呼ばれた『（郵便）報知新聞』を取り上げている。さらに、戦後から今日に至る「メディア政治家」の変化を概観するために、「国会議員新書」（議員自身が執筆した新書本）を分析し、「市民運動型」「組織政党型」「自己メディア化型」の三類型で論じている。最後に二〇一八年現在の衆議院議員における「メディア関連議員」の分析を行い、今日ではたとえ「メディア経験」がない政治家であっても「自己メディア化型」政治家たらざるをえない現状が確認された。

第一章は、第一回総選挙から第三九回まで一〇〇年間で当選したメディア関連議員の全体像を、数量的に把握することを目指した。本書で扱われる「メディア関連議員」の範囲は新聞社、通信社、放送局、映画会社に関与したと『名鑑』に記された者で、総数九八四人、全体の一七・六％を占めることがわかった。その議席の推移は、一九一〇年代までの上昇と第二次世界大戦を挟んだ下落という大きな流れに特徴づけられる。メディア別の集計では新聞に携わった者が最も多く、戦後も含め、放送、映画業界に関与した者は少なかった。また、朝日新聞社のほうが延べ議席数において毎日新聞社より多いことや、『報知新聞』をはじめ『東京毎日新聞』『大阪新報』『新潟新聞』など改進党系の新聞社が優勢であることを明らかにした。一方、早稲田大学（東京専門学校）出身者は一八五人で最も多く、彼らは一貫して改進党、同志会、憲政会、民政党に偏りを持ち、教育・メディア・政治の結びつきが存在することを実証した。

第二章では、「新聞県」として名高い長野県に焦点を絞り分析を行った。長野県選出議員に占めるメディア関連議員の割合は全国でも突出して高い。一九一〇年代から二〇年代の黄金期では選出議員の半数以上を占め、『名鑑』から漏れた分を補完すると五三人にのぼる。メディア経験が政治的な力に変換されるパターンを抽出、整理することで、メディア政治家の類型とその歴史的展開、変容の分析を試みた。一八八〇年代の国会開設前史から戦時中の翼賛選挙までを扱い、序章で示された「政治のメディア化」四局面モデルを地域研究に適用するための方法的な工夫として世代集団に着目した。戦前のメディア政治家の王道は、地方新聞に役員または主筆として関与することであるが、関与の仕方はそのメディアの自立性の程度に左右される。それに対して、地方新聞に関与していない事例も期間を通じて二割から三割強へと増加傾向にあり、地元密着型の候補者に対して当初は苦戦したが、選挙制度の改定と増税で有権者が拡大するたびに中央とのパイプと知名度を持つ新しい世代が登場してきて、「政治の論理」に「メディアの論理」が取って代わっていく様子が見てとれる。

第三章では、西南戦争という最大の士族反乱が起きた九州地方で新聞が立ち上げられた経緯、そこからどのように新聞人が政界へ進出していったのかを追う。福岡、熊本、鹿児島は、九州新聞史を考えるうえで、極めて重要な地域である。鹿児島は言うまでもなく、西南戦争の起点となった地であり、その従軍経験者らによって立ち上げられた鹿児島新聞社は、宮崎にも勢力を伸ばした。熊本は、著名な新聞人を輩出した新聞県と知られ、一時は宮崎、鹿児島、大分、長崎にも勢力を伸ばして九州の主要紙となった『九州日日新聞』が出されていた。福岡はのちに三大ブロック紙の一つである『西日本新聞』の源流となる『福岡日日新聞』が刊行されている。加えて、これらの県は西南戦争との関わりが深く、その後も、政争の過熱が際立っていた。そこで明らかになったのは、「政治のメディア化」をめぐる全国紙との相違である。新聞社が政治結社からの自立傾向を見せ始めるのは、せいぜい大正後期からであり、それが確立するのは「一県一紙」体制の成立まで待たなければならなかった。全国紙に比べれば、政治と新聞の分離は大きく遅れていた。その社会背景の分析を通して、ここでは西南戦争を起点とする九州独自の力学ひいては、全国紙中心史観を超えた「もう一つのジャーナリズム史」を浮き彫りにしている。

第四章では、出版関連議員を扱うなかで特に雑誌に注目している。雑誌というメディアは、新聞との共通点を多く持っている一方で、政治との距離という点では新聞ほど自明な関係性があるわけではない。従来の雑誌研究では、政論雑誌と経済や農業、法律、医学などの専門雑誌は区別されていた。ここでは、専門雑誌がメディア関連議員を輩出するという点で政治との結びつきを持っていることに着目し、雑誌のジャンルごとに議員の関わりや媒体の展開を概観したうえで、ジャンル横断的に検討を加えている。その結果、雑誌における「政治のメディア化」の第Ⅰ局面として、法律や医学など独自の立場から政治を論じる専門雑誌が多彩に存在したことを明らかにしている。これらはやがて、専門性を高めて政治から離脱し、純粋な専門雑誌となり、あるいは読者の求めに応じて影響力拡大の自己目的化を経験し（第Ⅱ局面）、商業主義出版としての雑誌に到達する（第Ⅲ局面）。つまり、活字媒体の専門化と商業化が進むことで、雑誌は政治との分離が決定的に加速化し、政治との関係が前提にあった新聞とメディア分化していったことを示している。

第五章では、大阪系全国紙すなわち『朝日新聞』『毎日新聞』両紙出身代議士数の経年変化に注目する。大正期から昭和戦前期にかけてと、戦後まもなくの時期と、二つのピークが観察できる。第一のピークはメディア関連議員全体の推移とほぼ重なるが、第二のピークは『朝毎』出身代議士に特徴的に出現する現象である。この二つ目のピークは、主に政治部出身者で構成されている。明治末期に始まる新聞の企業化、ニュースの専門化に伴う新聞記者および取材体制の専門化、高度化は、戦時下の言論統制や新聞統合を経て、戦後の全国紙政治部に特徴的に現れたのである。永田町、霞ヶ関という狭い地域に凝集した権力を効率的に取材するために編み出された「夜討ち朝駆け」という取材手法は、その結果としての「特ダネ」に至上の価値を置く「特ダネ主義」とあいまって、その後の日本のジャーナリズムのあり方を規定する行動様式となっていった。それは同時に、権力との密着を生み出し、政治部記者から政治家の秘書官などへの転身を経て代議士へと駆け上がる「政治部ルート」を生み出した。ただし、権力との密着から派生する負の側面は、いまも無視できない問題であり続けている。

第六章では、普通選挙制度の確立期におけるメディア議員を扱っている。この時期は、政治権力が構造的な転換を迎えるだけでなく、メディアの大衆化も進み、メディアと政治との関係が転換しつつあった。また、メディア議員を最も多く輩出していた時期であった。普通選挙の導入により期待されていた「言論と文書戦」は機能せず、有名性が選挙における重要な要素となると、議員は新聞を意識した行動を取るようになり、「政治のメディア化」が進んだ。また、有権者の拡大により投票買収は不可能になると期待されたが、むしろ資金力のある二大政党に有利な環境が形成された。巨額の資金を必要とする二大政党は財界との関係を深めており、数々の疑獄事件が暴露されると、メディアはそれを積極的に報道し、政党政治の権威を下落させた。特に武藤山治は議会で実業同志会を率い、『時事新報』を経営したメディア政治家だが、「『番町会』を暴く」キャンペーンにより斎藤実内閣を総辞職に追い込む「帝人事件」の契機を作った。この「空中楼閣」的事件は政敵を「悪と正義」の二項対立図式にはめ込んで攻撃し、世論に訴える当時の象徴的な政治キャンペーンであった。

第七章は、留学、海外のメディアでの活動、特派員、従軍記者などの形で、海外経験を持つ議員にスポットを当てている。こうした海外メディア経験議員は一五四人いるが、彼らがそうした海外経験を資産とする形でメディア議員となった経緯、そして当選後は海外経験を背景としながらどのような政治活動を行ったのかについて考察している。まず、彼らの海外経験の実態について概観を行い、顕著な特徴と時代的な変化を明らかにした。また、彼らの海外経験はアメリカを舞台とすることが多かったため、特にアメリカでメディア活動を行い、衆議院議員となることを目指した人々に注目して検証している。さらに東アジアに目を転じ、東亜同文書院を卒業したのちにメディア業界へ進んだ人々を取り巻いていた条件、環境を明らかにした後、東亜同文書院卒のメディア議員たちを個別に分析し、彼らが「帝国」を代表する衆議院議員となる可能性を秘めていたのかどうかについて検討している。

第八章では、開戦後の一九四二年四月三〇日に実施された第二一回衆議院議員総選挙（翼賛選挙）においてメディア議員が果たした役割について明らかにした。まずは、どのような新人議員が当選したのか、四つのパターンに分けて経歴ごとの分析を行った。次に、翼賛選挙以前に当選したことのある古参議員に焦点を当てた。古参議員に関しては、国策に対する順応度を「甲・乙・丙」の三段階で評価したデータが存在するので、これらを利用して、当時の政治体制に「翼賛」を示した議員（＝甲）と「抵抗」を示した議員（＝丙）の特色を明らかにした。前者に関しては、国家主義的なジャーナリズムを提唱した報知新聞社長・三木武吉の手法を分析し、後者に関しては、自由主義や議会政治を擁護した同交会に所属する議員の動向などを紹介した。注目すべきは、「翼賛＝甲」や「抵抗＝丙」のほかに、積極的な主張や意見は持たないものの、「時局に順応、国策を支持」と評価された「乙」のメディア議員が最大多数派を形成していた点である。これこそが、「政治のメディア化」における四局面モデルの第Ⅱ局面（輿論指導）から第Ⅲ局面（世論反映）への転換点にあたる翼賛選挙の特徴を示すものであった。戦後、翼賛選挙で選出されたメディア議員がどのような戦争責任を追及され、公職追放を経て、戦後の政治空間に復活を遂げたかについても言及した。

第九章では戦後に登場する女性メディア経験議員についての考察を行っている。女性議員はその登場からすでに「政治のメディア化」を体現する存在だった。一九四六年の第二二回総選挙では女性の立候補者七九人のうち三九人が当選し、そこに女性メディア経験議員九人が含まれていた。同選挙では当選した女性はだれかという「質」よりも、三九人もの女性議員という「量」をもって戦後日本の民主化は語られており、彼女らは戦後民主主義を世に効果的に喧伝する「メディア」の役割を果たしたとも言える。一方で、個人として有名性を獲得する女性議員がいる。婦人参政権運動のシンボルであった市川房枝や、スキャンダルによって有名となった神近市子のように、「女性」活動家としての話題性にメディアが注目するからである。このように総体として「政治のメディア化」を体現することもあれば、個別にその影響力を発揮する場合もあるのが女性議員である。戦後占領期の「おしどり代議士」や「身代わり候補」でも、女性メディア経験議員は存在感を示している。女性メディア経験議員の輩出ルートは、当初は婦人記者がその多数を占めたが、次第にアナウンサー、キャスターに移行していくことも確認した。

最後にこの共同研究の限界と今後の課題について述べておきたい。

二〇一四年一〇月八日、科研共同研究の申請テーマについて代表者の佐藤卓己先生からご相談を受けたとき、私にはそれなりの驚きと戸惑いがあった。メディア業界出身の政治家について、若い頃に研究しようとして挫折し、そのまま放置していたからである。そのような怠惰をどういうわけか先生に見透かされ、投げ出さずにやり遂げよと促されたような気がしたのである。厳密に言えば、私が知りたかったのは、早稲田出身のメディア関係者がどれほど政界へ進出できたのかという一点に限る。それを検証するためだけに、膨大な国会議員の経歴を整理しまとめるだけの気力が、若かりし頃なのになかったのである。

だから、四十路に入ったこの機会にそれを実証できるのであれば喜ばしいことであり、とはいえ、たいへんな作業が待ち構えていることも経験済みであった。さしあたり、これまで何をやりかけていたかをご説明したところ、先生は意外にあっさりと名簿の分析を許され、共同研究者のマンパワーを遺憾なく発揮して、晴れて本書の成果を世に問うことができた。もちろん、メディア関連議員のなかで早稲田出身者が最も多かったということがわかって私はいたく満足しているのであるが、ほかの共同研究者にとっては先行きの見通せない気の重い作業だったのではないかと恐れてもいる。

そして、いくつかの難問があった。一つは、『名鑑』にすべての経歴が記載されていないことである。他資料を調べると新聞に関与していることがわかるのだが、『名鑑』の経歴にはそのことが記されていないというケースがある。研究会では『ジャーナリスト人名事典』などを用いて、『名鑑』に漏れたメディア関連議員を補足してはどうかとの意見があった。実際、中間報告はそのようなデータを追加して分析を行っている。[★2] しかし、特定のデータを恣意的に加算すると、全体の比率はゆがんだものになる。

仮に、『名鑑』の経歴でA社とB社が五〇人と五人だったとしよう。比率は10：1である。A社は大手のメディアだから関心があって調べたところ、『名鑑』の経歴ではわからなかった関連する議員を一〇人発見できた。彼らを追加してA社は六〇人となった。だからといって、比率は12：1にはならないのである。B社を調べていないからである。もしかするとB社も一人発見できて六人なのかもしれない。しかし、小規模な新聞社のため、記録は残っていない可能性が高い。結局、数量的な分析では『名鑑』に記載の経歴のみを扱うことになった。恣意的にデータを足していくより、あくまで『名鑑』の範囲内における結果を示したほうが、他者への検証に開かれており適切だと判断したからである。

また、メディア関係者だけの特徴と言えないのではないかという意見も、研究会を通してしばしば議論の俎上に上った。確かに、まったく同じような作業を官僚や弁護士、ほかの業界に施して比較してみなければ、それは不明である。

今回の調査では物理的な作業の限界から、ほかの職業にまで手を伸ばすことはできなかった。さしあたり、メディア関係者ではこのような結果が出たと言うほかない。

こうした限界をふまえ、残された課題として最も大きいのは、メディアを通した有名性の問題である。これについては、二〇一六年一一月六日、京都大学の吉田泉殿で有山輝雄先生から重要なご指摘をいただいた。[★3]議員がメディアに露出して、善かれ悪しかれ大衆の注目を集め、その有名性を政治力の源泉とする「メディア・パフォーマンス型」議員の存在である。本書においても第六章で普通選挙以後にこうした議員が活躍した様子が描かれている。また、女性議員を対象とした第九章でも世間で注目を集める婦人記者やアナウンサー出身の議員が取り上げられている。しかし、いわゆる「タレント議員」にまで射程を広げてこの問題を扱うことはできなかった。

政治家がメディアに関与する理由は、古く遡って政論新聞の時代であれば、政策を発表したいからである。何も名を売って有名人になりたいからではない。自らの政策を世に知ってもらいたい。この種の議員については第二章で長野、第三章で九州を中心に、また第四章で雑誌を舞台に詳述されたとおりである。やがてジャーナリストは報道によって民衆を動員し、選挙に影響を及ぼし、取材を通して政治家に接近するようになる。第五章は「特ダネ主義」に注目し、ニュースの速報が政界への踏み台になるという「メディアの論理」を取り上げた。

しかし、有名であるから選ばれるという場合、紙面に表れるのは政策やニュースではなく、政治家その人である。雑誌『実業之世界』、新聞『帝都日日新聞』を経営したメディア関連議員の野依秀市について、佐藤卓己は「発言内容の真偽よりも、発言する媒体（著者）の知名度が重要だという発想」と記している。[★4]

第七章で扱われたような海外経験の有無といった専門性を問われるのでもなく、ただメディアに登場することだけが問題とされるのであれば、テレビで討論番組に出る必要はなく、報道として取り上げられる必要もない。それが「お笑い」であっても、料理番組であっても、メディアに露出しさえすればよいのである。本書では対象外とした芸能人や小説家、スポーツ選手を取り上げるということ、つまり、メディアを通した知名度と政界への進出というテーマは残された課題である。

末筆ながら、出版に際してご尽力いただいた創元社の山口泰生さん、小野紗也香さんに御礼を申し上げたい。

二〇一八年七月

河崎吉紀

■註

1　佐々木隆『メディアと権力』中央公論新社、一九九九年、九頁。

2　河崎吉紀「メディア業界出身の政治家――『衆議院議員名鑑』の分析を通して」『京都メディア史研究年報』三号、二〇一七年。

3　有山輝雄「メディア政治家メディア政治の諸類型――メディア・パフォーマンス、メディア支配、反メディア」『京都メディア史研究年報』三号、二〇一七年。

4　佐藤卓己『天下無敵のメディア人間――喧嘩ジャーナリスト・野依秀市』新潮社、二〇一二年、二五頁。

本書は科学研究費助成・基盤研究B「「メディア出身議員」調査による新しいメディア政治史の構想」（二〇一五～一八年・課題番号15H02792）の成果の一部である。なお、第五章については、二〇一六～一七年度サントリー文化財団「人文科学、社会科学に関する学際的グループ研究助成」（代表・松尾理也、『大阪時事新報』から見る「関西ジャーナリズム」史の再考）の成果の一部でもある。

■資料　メディア関連議員一覧

〈凡例〉

このリストは、衆議院・参議院編『衆議院議員名鑑』大蔵省印刷局、1990年のうち、メディアに関連する議員を収録したものである。データの性格やその限界については、第一章を参照されたい。

一、『名鑑』の記述を抜粋し、そのまま用いている。たとえば、石崎千松（95）の「学歴」欄における「米国アラバマ大学文学院」は「大学院」の誤記、岡田春夫（218）の「メディアとの関連」欄の「北海道タイムス」は「北海タイムス」の誤記だと思われるが、敢えて手を入れていない。また「生年」「出身地」についても、他の人名事典と異なるデータが散見される。

一、『名鑑』の掲載順は原則として五十音順だが、同音、同訓の頭字でまとめられている。したがって、たとえば「井上」は「井」の頭字を持つ「井手」や「井村」とまとめられ、「池田」や「石橋」より掲載順が前になっている。

一、IDは『名鑑』の掲載順につけた通し番号である。

一、ページは『名鑑』のページ番号を表す。

ID	ページ	氏名	生年	出身	選挙区	学歴	没年	メディアとの関連	当選回数
1	1	安達謙蔵	元治元年	熊本	熊本		昭和23	朝鮮時報社、漢城新報社を創立す	14
2	1	安倍晋太郎	大正13	山口	山口	東京帝国大学法学部政治科卒		毎日新聞社編集局政治部に入社	11
3	2	安保庸三	慶応元年	三重	三重		昭和17	南勢新聞各(株)社長(省略)三重出版各(株)取締役	1
4	3	安藤巌	大正14	愛知	愛知	京都大学法学部卒		中日新聞記者	4
5	3	安藤覚	明治32	神奈川	神奈川	日本大学専門部文学部宗教科卒	昭和42	万朝報、読売新聞各記者、読売新聞社政治部長、同編集局次長、同社友(省略)神奈川民声新聞社々長	5
6	4	安藤正純	明治9	東京	東京	東洋大学哲学科、早稲田大学政治科卒	昭和30	日本新聞、大阪朝日新聞各記者を経て東京朝日新聞社編集局長、同社取締役	11
7	4	安念次左衛門	安政2	富山	富山	石川県師範学校卒	昭和9	富山日報社を創立し重役となる	2

ID	ページ	氏名	生年	出身	選挙区	学歴	没年	メディアとの関連	当選回数
8	4	阿子島俊治	明治35	宮城	宮城	早稲田大学政治科卒	昭和29	国民新聞社政治部記者、同政治部次長兼論説委員	1
9	4	阿部興人	弘化2	徳島	徳島	和漢学を修む	大正9	新聞社長	5
10	5	阿部喜元	大正12	愛媛	愛媛	早稲田大学政治経済学部政治科卒		愛媛放送(株)取締役	2
11	5	阿部五郎	明治37	徳島	徳島	徳島県立商業学校卒	昭和38	徳島新聞記者	5
12	5	阿部千一	明治26	岩手	岩手	東京帝国大学政治科卒	昭和47	(株)岩手放送取締役	1
13	5	阿部徳三郎	慶応3	岩手	岩手	明治法律学校卒	大正7	新聞事業を経営す	6
14	6	阿部孫左衛門	明治7	山形	山形	二松学舎及び東京数学院に学ぶ	大正3	荘内新報社長、山形自由新聞社取締役	1
15	6	阿由葉勝作	明治10	栃木	栃木	慶應義塾に学ぶ	昭和27	野州新聞社長	3
16	7	阿由葉鎗三郎	慶応元年	栃木	栃木		大正10	下野新聞社(省略)監査役	2
17	7	相沢武彦	昭和8	北海道	北海道	道立留萌高等学校卒		聖教新聞北海道総支局長	1
18	7	相島勘次郎	慶応3	大阪	茨城	米国に留学す	昭和10	大阪毎日新聞記者、東京日日新聞記者(省略)雑誌「青年」の理事となる	2
19	9	青木清左ヱ門	明治32	福井	福井	福井県立福井中学校卒	昭和56	月刊雑誌「福井県青年」「若越春秋」を主宰す	2
20	10	青木精一	明治16	群馬	群馬	正教神学校卒	昭和20	日本電報電信社記者、大阪新報社東京支局長、中央新聞社政治部長、ウラジオ派遣軍司令部附日本電報通信社従軍記者	7
21	10	青木匡	安政3	兵庫	兵庫			長野県に新聞社を創立す(省略)毎日新聞記者	1

ID	ページ	氏名	生年	出身	選挙区	学歴	没年	メディアとの関連	当選回数
22	10	青木正	明治31	埼玉	埼玉	東京農業大学卒	昭和41	中外商業新報社政治部記者、同論説委員、同編集局整理部長（省略）（財）東京農業大学出版会長	7
23	11	青木正久	大正12	埼玉	埼玉	東京帝国大学法学部政治学科卒		東京新聞社政治部長、ロンドン・ニューヨーク各支局長、論説委員、編集局長等	7
24	13	赤坂亀次郎	安政5	福島	福島	慶應義塾卒	昭和17	丸善商社出版部支配人となり、のち外国書籍直輸入及び出版販売業集成社を創立し社長となる、次いで日曜新聞（のち毎朝新聞と改題）を発刊す、また東京書籍出版業組合副頭取（省略）日本図書（株）協議員	1
25	14	赤沢正道	明治40	鳥取	鳥取	東京帝国大学法学部政治科	昭和57	山陰日々新聞取締役	9
26	15	赤松克麿	明治27	山口	北海道	東京帝国大学政治科卒	昭和30	民衆新聞主幹	1
27	15	赤松明勅	明治45	大分	愛媛	日本大学大阪専門学校に学ぶ	昭和40	海南新聞社記者	1
28	16	秋山太郎	慶応元年	東京	東京	明倫学舎及び紫溟学舎に学ぶ	大正11	新聞記者となり	1
29	16	秋田清	明治14	徳島	徳島	日本大学法律科、中央大学法律科卒	昭和19	二六新報社々長	10
30	16	秋田寅之介	明治8	山口	山口		昭和28	馬関毎日新聞（省略）各（株）社長	2
31	16	秋葉忠利	昭和17	広島	広島	東京大学大学院数物系卒、マサチューセッツ工科大学大学院卒		テレビ朝日CNNデイウォッチ・キャスター、広島ホームテレビコメンテイター	1
32	17	秋山定輔	明治元年	岡山	東京	東京帝国大学英法科卒	昭和25	二六新報を発刊し、その社長となる	4

ID	ページ	氏名	生年	出身	選挙区	学歴	没年	メディアとの関連	当選回数
33	18	浅井茂猪	明治22	高知	高知	早稲田大学専門部政治経済科卒	昭和31	土陽新聞記者となり、従軍記者としてシベリアに特派さる	1
34	19	浅田次郎	安政5	長崎	長崎	漢籍を修む	明治32	長崎新報社監査役	1
35	19	浅野勝人	昭和13	愛知	愛知	早稲田大学政経学部卒		日本放送協会入社、NHK政治部記者、外務省、総理官邸各キャップ、解説委員、キャスター等	1
36	19	浅野順平	安政2	石川	石川	和漢学を修む	大正14	北陸新聞社長	9
37	19	浅野陽吉	明治元年	福岡	福岡	東京高等商業学校卒	昭和19	福陵新報主筆（省略）筑後新聞社長、大阪朝日新聞社経済部長	3
38	22	芦田均	明治20	京都	京都	東京帝国大学仏法科卒	昭和34	ジャパンタイムス社長	11
39	22	東舜英	明治29	石川	石川	早稲田大学政治経済学部卒	昭和61	万朝報、読売新聞、国民新聞等の記者	1
40	23	東武	明治2	北海道	北海道	東京法学院卒	昭和14	北海道時事新聞社々長、日刊北海道タイムス社長	10
41	23	天野公義	大正10	東京	東京	東京帝国大学倫理学科、法律科卒	平成2	同盟通信社、共同通信社各社員	11
42	24	天野為之	安政6	長崎	佐賀	東京大学政治科及び理財科卒	昭和13	東洋経済新報主筆	1
43	25	雨森菊太郎	安政5	京都	京都	独逸語学校卒	大正9	日出新聞社長	3
44	25	綾川武治	明治24	埼玉	埼玉	東京帝国大学文科大学哲学科卒、同大学英法科卒	昭和41	日本新聞編集局長、(株)帝国新報社社長	1
45	26	荒木武行	明治29	福島	福島		昭和47	福島民友新聞、東京日日新聞、時事新報各記者、中外商業新報論説委員、日本新聞連盟主事、日刊新聞時代社長となる（省略）雑誌「国会」の代表者となる	1

ID	ページ	氏名	生年	出身	選挙区	学歴	没年	メディアとの関連	当選回数
46	27	荒畑勝三	明治20	東京	東京		昭和56	二六新報及び日本新聞記者となる、雑誌「近代思想」「労農」等を発刊す	2
47	28	新井毫	安政5	群馬	群馬	漢学、英学を修む、慶應義塾、共慣塾に学ぶ	明治42	「東京政談」を発刊す	3
48	28	新井章吾	安政3	栃木	栃木	漢籍、英学を修む	明治39	民権新聞、下野朝報を発行	7
49	28	有田温三	慶応元年	広島	広島	東京専門学校政治経済科卒	昭和2	山陽新報記者、安芸津新報主筆、大阪朝日新聞広島支局長	2
50	29	有田二郎	明治37	大阪	大阪	東京帝国大学倫理学科卒	昭和55	大阪タイムス社各(株)取締役社長	5
51	29	有馬英治	明治41	福岡	福岡	慶應義塾大学経済学部卒	昭和51	時事新報社経済部記者、読売新聞社政治部記者	3
52	30	有森新吉	万延元年	岡山	岡山	専修学校卒、のち東京帝国大学政治経済科選科に学び、独国ストラッスブルク大学政治科卒	昭和8	山陽新報主筆	3
53	34	井手三郎	文久3	熊本	熊本	済々黌卒、のち清国に留学す	昭和6	福州において漢字新聞閩報を発刊す(省略)同文滬報を刊行経営し、次いで上海日報を創刊し、社長となる	2
54	35	井上角五郎	安政6	広島	広島	慶應義塾本科卒	昭和13	時事新報、大同新聞の記者となる	14
55	35	井上要	慶応元年	愛媛	愛媛	法学を修む	昭和18	愛媛新報監査役	3
56	36	井上信貴男	明治41	奈良	奈良	県立郡山中学校卒	昭和46	奈良日日新聞社取締役、同会長	1
57	37	井上赳	明治22	島根	島根	東京帝国大学国文科卒	昭和40	日本書籍(株)顧問	1
58	37	井上知治	明治19	鹿児島	鹿児島	東京帝国大学政治科卒	昭和37	読売新聞社員	7

ID	ページ	氏名	生年	出身	選挙区	学歴	没年	メディアとの関連	当選回数
59	38	井上広居	元治元年	秋田	秋田	東京専門学校政治科卒	昭和31	秋田魁新報社長	2
60	38	井上雅二	明治9	兵庫	兵庫	海軍兵学校に学び、東京専門学校英語政治科卒、のちウィーン及びベルリン大学に修学	昭和22	朝鮮日日新聞社長	1
61	39	井上義久	昭和22	富山	東京	東北大学工学部金属加工学科卒		公明党本部機関紙局(省略)勤務	1
62	39	井之口政雄	明治28	鹿児島	兵庫	慶應義塾大学予科卒、のち同大学理財科に学ぶ	昭和42	日本共産党機関紙「無産者新聞」勤務	1
63	40	井村荒喜	明治22	富山	富山	長崎県行余学舎卒	昭和46	富山テレビ(株)社長	1
64	40	井村徳二	明治32	石川	石川	早稲田大学商科に学ぶ	昭和33	北陸放送、北日本放送各(株)取締役	1
65	41	伊豆富人	明治21	熊本	熊本	早稲田大学専門部政治経済科卒	昭和53	九州日日新聞記者、東京朝日新聞記者、同盟通信社理事、熊本日日新聞社長、日本新聞連盟評議員(省略)熊本放送代表取締役会長	4
66	41	伊東熊夫	嘉永2	京都	京都	漢学を修む	大正2	日本立憲政党新聞を創刊す	1
67	42	伊東四郎	天保12	奈良	奈良		大正7	立憲政党新聞を発刊す	1
68	42	伊東知也	明治6	山形	山形	東京専門学校卒	大正10	雑誌「日本及日本人」の記者となる	3
69	44	伊藤好道	明治34	愛知	愛知	東京帝国大学政治科、同経済科卒	昭和31	中外商業新報社「中外財界」編集主任、論説委員、同社経済部次長、雑誌「デモクラシー」編集長	3
70	45	伊藤宗一郎	大正13	宮城	宮城	東北大学政治科卒		読売新聞政治部記者	10

ID	ページ	氏名	生年	出身	選挙区	学歴	没年	メディアとの関連	当選回数
71	46	伊藤大八	安政5	長野	長野	仏学塾に政治経済学を学ぶ	昭和2	「政理叢談」を発刊す	5
72	46	伊藤直純	万延元年	秋田	秋田	明治法律学校に学ぶ	昭和8	秋田新報社取締役	1
73	48	伊原五郎兵衛	明治13	長野	長野	東京帝国大学法科大学卒	昭和27	南信新聞(株)社長	1
74	48	伊礼肇	明治26	沖縄	沖縄	京都帝国大学独法科卒	昭和51	沖縄毎日新聞社理事	6
75	48	猪野毛利栄	明治19	福井	福井	日本体育会体操学校、善鄰書院、日本大学法律科卒	昭和27	二六新聞記者となる、日本浪人社を創立、雑誌「日本浪人」を、経国社を創立し「政治及経済界」を主宰す	6
76	49	猪股謙二郎	明治22	秋田	秋田	明治大学予科に学ぶ	昭和50	鳥海新報社(省略)(株)社長	2
77	51	飯村泉	明治41	茨城	茨城	県立水戸中学校卒		日刊油業報知新聞社員	1
78	51	飯村丈三郎	嘉永6	茨城	茨城	漢学を修む	昭和2	いばらぎ新聞社長	2
79	52	池内広正	明治10	秋田	秋田	積善学舎に漢学を修む	昭和4	新秋田新聞社専務取締役、同社長	1
80	52	池崎忠孝	明治24	滋賀	大阪	東京帝国大学独法科卒	昭和24	万朝報社員、大阪時事新報社顧問	3
81	52	池田克也	昭和12	東京	東京	早稲田大学第二政経学部卒		(株)潮出版社員、総合雑誌「潮」編集長、編集局長、専務取締役	4
82	53	池田禎治	明治43	福岡	福岡	東京府立第五中学に学ぶ	昭和52	都新聞、読売新聞各政治部記者、時事新報社政治部長	7
83	54	池田寅治郎	元治元年	岡山	岡山	京都同志社英学校に学び、慶應義塾卒	大正14	東京自由新聞社記者	1
84	54	池田秀雄	明治13	佐賀	佐賀	東京帝国大学英法科卒	昭和29	東京朝日新聞記者(省略)京城日報社長	4

ID	ページ	氏名	生年	出身	選挙区	学歴	没年	メディアとの関連	当選回数
85	54	池田正之輔	明治31	山形	山形	日本大学政治科卒	昭和61	日本大学出版部長、読売新聞社記者、報知新聞社論説委員、同取締役兼総務局長、同盟通信社理事（省略）（社）内外事情研究所理事長	10
86	54	池田元久	昭和15	神奈川	神奈川	早稲田大学第一政治経済学部卒		日本放送協会に放送記者として採用され、金沢放送局放送部記者、札幌放送局報道課記者、報道局政治部記者（省略）報道局特別プロジェクト記者、報道局特報部を歴任（省略）政治ジャーナリスト	1
87	55	池田泰親	明治6	熊本	熊本	東京帝国大学政治科卒	昭和18	九州新聞社（省略）取締役	2
88	58	石井光次郎	明治22	東京	福岡	東京高等商業学校専攻科卒	昭和56	朝日新聞社に入社、経理部長、営業局長、専務取締役となる（省略）朝日映画製作（株）社長（省略）朝日放送（株）社長	10
89	58	石射文五郎	文久2	福島	福島	漢、数、英学を修む	昭和15	福島民報主筆	2
90	58	石川清	嘉永5	宮崎	宮崎	漢学を修む	昭和3	宮崎新報社取締役	2
91	59	石川定辰	明治13	秋田	秋田		昭和22	新聞記者、秋田時事新聞社主幹、秋田新聞社（省略）（株）取締役	1
92	59	石川安次郎	明治5	岡山	東京	慶應義塾大学文科に学ぶ	大正14	庚寅新誌記者、中央新聞経済部長、東京毎日新聞主幹、報知新聞編集主任、万朝報記者	1
93	60	石黒磐	嘉永4	愛知	愛知	漢、英、法律学を学ぶ	昭和2	愛岐日報、愛知新聞各記者	1
94	60	石郷岡文吉	文久3	青森	青森	東奥義塾卒	昭和13	北辰日報（株）社長	1

ID	ページ	氏名	生年	出身	選挙区	学歴	没年	メディアとの関連	当選回数
95	61	石崎千松	明治30	福岡	福岡	早稲田大学商科卒、米国アラバマ大学文学院経済科卒、ノースウェスタン大学院政治科に学ぶ	昭和47	在米中新聞記者	1
96	61	石田貫之助	嘉永2	兵庫	兵庫		昭和9	神戸又新日報を発刊す	6
97	62	石田幸四郎	昭和5	愛知	愛知	明治大学商学部卒		聖教新聞広告部長、第一新聞営業部長	8
98	62	石田真二	文久3	徳島	徳島	徳島中学校卒	昭和2	徳島新報社長	1
99	62	石田善佐	明治26	新潟	新潟	早稲田大学政治経済科卒	昭和22	高田日報主筆、高田時事新聞社、高田毎日新聞社各社長、上越新聞社顧問	1
100	62	石田博英	大正3	秋田	秋田	早稲田大学政治経済学部経済科卒		中外商業新報社（日本経済新聞）上海支局長、同社政治部次長	14
101	64	石橋為之助	明治4	大阪	大阪	京都同志社卒、のち米国に遊学す	昭和2	大阪朝日新聞記者	3
102	64	石橋湛山	明治17	静岡	静岡	早稲田大学文学部哲学科卒、同大学名誉博士	昭和48	東洋経済新報社主幹、同社長	6
103	65	石原円吉	明治10	三重	三重		昭和48	（株）ラジオ三重監査役	3
104	65	石原善三郎	明治21	大阪	大阪	早稲田大学法律科卒	平成元	大阪朝日新聞社記者（省略）日刊新聞を経営す	1
105	65	石原伸晃	昭和32	神奈川	東京	慶應大学文学部卒		日本テレビ（株）入社、報道局政治部記者	1
106	66	石村英雄	明治36	山口	山口	東京帝国大学経済科卒	昭和38	中外商業新報社記者	4
107	66	石本鏆太郎	元治元年	高知	高知	東京大学予備門に学ぶ、また清国上海、北京に留学す	昭和8	大陸日日新聞（省略）を経営す	2

ID	ページ	氏名	生年	出身	選挙区	学歴	没年	メディアとの関連	当選回数
108	66	石山賢吉	明治15	東京	新潟	慶應義塾商業学校卒	昭和39	実業の世界、日本新聞、毎夕新聞各記者を経て、経済雑誌「ダイヤモンド」を創刊、同社取締役会長（省略）東京テアトル（株）監査役	1
109	67	和泉邦彦	嘉永2	鹿児島	鹿児島	藩校に学ぶ	大正2	鹿児島新聞を発刊す	3
110	68	磯野庸幸	明治11	神奈川	神奈川	横浜商業学校卒	昭和56	ラジオ関東（株）社長	1
111	69	板倉中	安政3	千葉	千葉	講法学社及び明治学社にフランス法律学を修む	昭和13	東海新聞を発行す	8
112	70	一宮房治郎	明治17	大分	大分	上海東亜同文書院卒	昭和23	北京順天時報記者、大阪朝日新聞北京通信員となる、奉天に盛京時報社を創立し、主幹兼主筆、同社長となる、のち大阪朝日新聞記者	7
113	70	市川雄一	昭和10	神奈川	神奈川	早稲田大学第二商学部卒		公明政治連盟機関紙局公明新聞記者、同新聞政治部長、編集局長となり（省略）公明党機関紙局長	6
114	70	市島謙吉	万延元年	新潟	新潟	東京大学に政治、経済学及び文学を学ぶ	昭和19	高田新聞、新潟新聞、読売新聞の主筆となる（省略）図書刊行会を創設、新古の図書を出版す	3
115	71	市村貞造	明治19	茨城	茨城	早稲田大学政治経済科卒	大正14	日刊常総新聞主筆	1
116	72	稲垣示	嘉永2	富山	富山	文学を修む	明治35	北陸日報社長、自由新論、自由新誌を発刊す、北陸公論社長	3
117	72	稲田直道	明治22	鳥取	鳥取	早稲田大学政治経済学部卒	昭和54	鳥取新報社を創立し常務取締役、同副社長	4
118	72	稲田政吉	嘉永6	東京	東京		大正5	東京書籍出版商組合副頭取	1

ID	ページ	氏名	生年	出身	選挙区	学歴	没年	メディアとの関連	当選回数
119	74	稲村隆一	明治31	新潟	新潟	早稲田大学政治経済学部卒		改造社特派員	4
120	74	犬養毅	安政2	岡山	岡山	慶應義塾に学ぶ	昭和7	東海経済新報、報知新聞、民報各記者	18
121	76	今井健彦	明治16	静岡	千葉		昭和41	中央新聞、中外商業新報社に入社のち福井日報社長	7
122	76	今井はつ	明治34	長崎	福井	私立水田高等技芸学校、明治大学新聞研究科卒	昭和46	旬刊新聞探偵情報社を設立経営、防犯新聞社長（省略）総合情報通信社副社長	1
123	77	今尾登	明治32	京都	京都	同志社大学法学部政治科卒、米国へ留学す、法学博士	昭和45	大阪毎日、東京日日新聞社へ入社、同社よりゼネバ及び米国へ特派さる	1
124	77	今里準太郎	明治19	長崎	長崎	早稲田大学大学部政治経済科卒	昭和51	新聞記者	1
125	78	今村七平	文久2	福井	福井	漢学を修む	昭和15	福井北日本新聞を発刊、のち合併により福井新聞社専務取締役となる	2
126	79	今村忠助	明治32	東京	長野	立教大学商学部、日本大学法文学部卒	昭和29	名古屋新聞記者	4
127	80	岩切門二	万延元年	宮崎	宮崎	慶應義塾に学ぶ	明治29	宮崎新報社を創立し、その社長となる	1
128	80	岩佐善太郎	明治4	熊本	熊本	東京専門学校英語政治科卒	昭和7	日本新聞、憲政本党々報、二六新報、万朝報各記者	1
129	80	岩崎一高	慶応3	愛媛	愛媛	専修学校法律科卒	昭和19	海南新聞記者、同社取締役	2
130	81	岩瀬亮	明治31	千葉	千葉	東京殖民貿易語学校高等科卒	昭和19	大日本映画協会各理事	4
131	81	岩田大中	明治4	富山	富山	専修学校理財科に学ぶ	昭和20	週刊中立新報、月刊倫道、日刊共済新報、同中央新聞を発刊す	1

ID	ページ	氏名	生年	出身	選挙区	学歴	没年	メディアとの関連	当選回数
132	82	岩元栄次郎	明治15	鹿児島	鹿児島	早稲田大学専門部政治経済科卒	昭和21	ジャパンタイムス社支局明治堂記者となり	2
133	83	宇田国栄	明治36	鹿児島	鹿児島		昭和63	新聞同盟通信社長	5
134	85	鵜飼郁次郎	安政2	新潟	新潟	新潟師範学校卒	明治34	雑誌「回天」を発行す	2
135	85	鵜飼節郎	安政3	岩手	岩手	盛岡藩校に学ぶ	昭和6	新聞を発行す	2
136	86	上島長久	元治元年	奈良	奈良	東京専門学校法律科卒	大正7	報知新聞記者	1
137	86	上田清次郎	明治33	福岡	福岡		昭和62	(株)テレビ西日本取締役	1
138	86	上田哲	昭和3	東京	東京	京都大学法学部卒		NHK 記者	5
139	88	上野健一	昭和6	千葉	千葉	明治大学新聞学科に学ぶ、労働大学第一期修了		日刊「社会タイムス」記者、雑誌「社会主義」編集記者となり	2
140	88	上野松次郎	万延元年	栃木	栃木	漢籍を学ぶ	昭和14	下野新聞社(省略)(株)取締役	1
141	88	上埜安太郎	慶応元年	富山	富山		昭和14	北陸公論、越中新報、北陸政報、富山新報等を経営	10
142	89	上原好雄	明治16	東京	神奈川	早稲田大学法律科に学ぶ	昭和22	日本電報通信社員、外交時報社々長、(資)兵書出版社無限責任代表社員	1
143	89	植木枝盛	安政4	高知	高知	藩校文武館、致道館に学び、のち海南私学に学ぶ	明治25	高知新聞主筆、自由新聞記者、福島自由新聞主筆	1
144	90	植原悦二郎	明治10	長野	長野	ワシントン州立大学卒、ロンドン大学院卒、ドクトル・オブ・サイエンスの学位を受く	昭和37	日米商報社長	13

ID	ページ	氏名	生年	出身	選挙区	学歴	没年	メディアとの関連	当選回数
145	91	植村嘉三郎	明治16	東京	兵庫		昭和33	やまと新聞、国民新聞、中央新聞各記者を経て、昼夜通信社専務取締役社長となる	1
146	92	牛場清次郎	明治13	三重	三重	東京専門学校政治科卒	昭和13	神戸又新日報記者、雑誌「実業倶楽部」を発刊経営、柏崎日報主筆となる	1
147	92	氏家清	慶応2	福島	福島		昭和12	福島民友新聞各(株)社長	2
148	93	臼井哲夫	文久3	長崎	長崎	慶應義塾に学ぶ	昭和10	西海日報社を創立す	7
149	95	内海安吉	明治23	宮城	宮城	日本大学法律科卒	昭和51	日本電報通信社政治部記者、同社大連支局長を経て奉天公報、帝国新報各社長	9
150	96	梅原亀七	明治3	大阪	三重	漢学、英語、経済、法政の学を修む	昭和4	帝国新聞各(株)社長	1
151	97	卜部喜太郎	明治元年	埼玉	埼玉	東京法学院卒	昭和17	法学新報主筆	1
152	97	浦口鉄男	明治39	北海道	北海道	小樽商業学校卒		月刊漫画タイムス社を創立	1
153	98	漆間民夫	文久3	富山	富山	明治義塾に学ぶ	大正15	富山日報を発刊す	1
154	98	江川為信	明治23	石川	石川		昭和44	高岡新報、礪波新報、信濃毎日新聞各記者、南信日日新聞主筆兼編集局長、北国新聞政治部長、北国夕刊新聞専務取締役	1
155	100	江副靖臣	嘉永4	佐賀	佐賀	藩校弘道館及び横浜ヘボン学校に学ぶ		佐賀新聞社々長	1
156	100	江田三郎	明治40	岡山	岡山	東京商科大学本科二年中途退学	昭和52	社会タイムス社専務	4
157	101	江藤哲蔵	明治5	熊本	熊本	東京専門学校卒	大正8	隆文館図書(株)監査役	4

ID	ページ	氏名	生年	出身	選挙区	学歴	没年	メディアとの関連	当選回数
158	101	江橋厚	安政元年	長野	長野	法律学を修む	昭和2	信陽日報を発刊す	2
159	102	江羅直三郎	明治8	京都	京都	日蓮宗宮谷大学林、哲学館卒	昭和14	京華日報記者	1
160	102	衛藤速	明治27	福岡	福岡		昭和39	耶彦新聞名誉社長	2
161	103	榎本和平	大正15	山形	山形	中央大学経済学部卒		山形新聞社記者、同報道部長	2
162	103	遠藤和良	昭和18	徳島	徳島	静岡大学工業短期大学部機械科卒		聖教新聞社金沢支局長、徳島支局長	3
163	104	遠藤柳作	明治19	埼玉	埼玉	東京帝国大学独法科卒	昭和38	東京新聞社長	1
164	105	小笠原貞信	嘉永6	福島	福島	司法省法学校卒	明治36	福島民報社を創立し、社長となる	2
165	105	小川一平	明治35	東京	長野	東京帝国大学政治科卒	昭和57	日本新聞社主	1
166	109	小栗貞雄	文久元年	東京	大分	英学を修む	昭和10	新聞社主幹等となる	1
167	111	小田栄	明治37	沖縄	沖縄		平成6	新興沖縄新聞、沖縄新聞を発刊、その社主となる、また大阪時事新聞記者となり、同社沖縄支局長、同社台湾支社長となる、従軍記者として支那各地を巡訪す	1
168	112	小田知周	嘉永4	香川	香川	旧高松藩弘道館に学ぶ	大正8	香川新報各(株)社長	1
169	112	小高長三郎	明治23	千葉	千葉	大倉商業学校卒	昭和33	自由通信社に入り外交部長、支配人を経て同社社長となる	4
170	113	小野謙一	明治19	青森	青森	日本大学法律科に学ぶ	昭和38	やまと新聞記者、同政治部長、太平洋通信社記者、同通信部長、同主幹	1
171	113	小野廉	明治8	大分	大分	東京法学院卒	昭和27	大分日日新聞社長	2

ID	ページ	氏名	生年	出身	選挙区	学歴	没年	メディアとの関連	当選回数
172	114	小野孝	明治36	山形	山形	東京帝国大学政治科卒	昭和63	報知新聞社員	3
173	115	小俣政一	明治12	東京	東京	医学専門学校済生学舎卒	昭和8	「江東公論」を発刊、社長兼主筆となる	2
174	116	小山倉之助	明治17	宮城	宮城	東京帝国大学政治科卒	昭和31	帝国地方行政学会（省略）（株）行政学会印刷所社長	6
175	116	小山東助	明治12	宮城	宮城	東京帝国大学哲学科卒	大正8	東京毎日新聞記者（省略）横浜貿易新報主筆	2
176	117	尾崎重美	明治16	高知	高知	東京郵便電信学校、中央大学専門部法律科卒	昭和34	判例集報社を経営	1
177	117	尾崎天風	明治19	東京	北海道	漢学を修む	昭和35	日東新聞記者、北海タイムス通信員、北海道新聞社長、雑誌「建設ノ日本」社長	2
178	117	尾崎行雄	安政5	神奈川	三重	慶應義塾に学ぶ	昭和29	新潟新聞主筆、報知新聞、朝野新聞の記者	25
179	119	緒方竹虎	明治21	東京	福岡	早稲田大学政治経済学部卒	昭和31	大阪朝日新聞社通信部長、東京朝日新聞社政治部長、編集局長、主筆となり、朝日新聞社常務、専務各取締役、主筆となり同社副社長となる	3
180	120	大石熊吉	元治元年	東京	東京	米国ラットガース大学、ニューヨーク大学に学び、ドクトル・フィロソフィーの学位を受く	昭和20	報知新聞記者、同主幹	2
181	120	大石五郎	明治7	山形	山形	東京法学院卒、のち米国に留学	昭和20	山形新聞主筆となる、また東北経済雑誌を発刊す	1
182	121	大石千八	昭和10	静岡	静岡	早稲田大学第一商学部卒		NHKアナウンサーとして徳島、名古屋、福岡各放送局に12年勤務し	7

ID	ページ	氏名	生年	出身	選挙区	学歴	没年	メディアとの関連	当選回数
183	121	大石正巳	安政2	東京	高知		昭和10	雑誌「政論」を発刊その主筆となる	6
184	121	大石ヨシエ	明治30	京都	京都	大阪信愛高等女学校卒	昭和46	奉天毎日新聞婦人部顧問	5
185	122	大内一郎	明治24	福島	福島	早稲田大学専門部政治経済科に学ぶ	昭和37	福島新聞記者、福島民報主筆、読売新聞福島支局長	3
186	123	大岡育造	安政3	東京	山口	司法省法学校に学ぶ	昭和3	中央新聞社々長	13
187	123	大門恒作	明治5	栃木	栃木	私立中学以道館卒	昭和39	下野新聞特派員として日清戦役に従軍す	1
188	123	大上司	大正3	兵庫	兵庫	立命館大学法経学部卒		大阪新聞社、大阪時事新報社、産業経済新聞社各記者	5
189	124	大久保武雄	明治36	熊本	熊本	東京帝国大学政治科卒		全国有線放送電話協会副会長	7
190	125	大久保鉄作	嘉永3	秋田	秋田		大正10	新聞記者	2
191	125	大久保直彦	昭和11	東京	東京	早稲田大学政経学部卒		聖教新聞社各勤務	7
192	127	大島宇吉	嘉永5	愛知	愛知	漢学を修む	昭和15	新愛知新聞社長(省略)日本放送協会理事、評議員、同盟通信社理事、国民新聞社会長	1
193	128	大島高精	明治18	大分	大分	米国バンダビルト大学卒、またシカゴ大学及びコロンビア大学大学院に学ぶ	昭和39	万朝報社主筆	1
194	128	大島理森	昭和21	青森	青森	慶應義塾大学法学部卒		毎日新聞東京本社広告局入社	3
195	129	大島秀一	明治30	東京	新潟	信愛学院卒	昭和40	(株)主婦と生活社社長(省略)日本出版販売(株)取締役、日本出版協会会長	3
196	130	大竹作摩	明治28	福島	福島	北山村尋常高等小学校卒	昭和51	ラジオ福島(株)取締役	1

ID	ページ	氏名	生年	出身	選挙区	学歴	没年	メディアとの関連	当選回数
197	131	大津淳一郎	安政3	茨城	茨城		昭和7	茨城日日新聞その他各種の新聞雑誌を発刊す	13
198	134	大野明	昭和3	岐阜	岐阜	慶應義塾大学法学部政治学科卒		岐阜放送(株)取締役	9
199	134	大野敬吉	明治20	東京	兵庫	御影師範学校卒	昭和10	著作出版業を営み	1
200	135	大野由利子	昭和17	山口	東京	京都大学薬学部卒		聖教新聞社、潮出版社各勤務	1
201	136	大橋新太郎	文久3	東京	東京	同人社に学ぶ	昭和19	かつて新聞を発刊す、のち博文館を創立し出版事業を経営す	1
202	136	大橋頼摸	文久元年	静岡	静岡	浜松中学校師範速養科卒	大正元	静岡新報社長	2
203	137	大橋松二郎	明治元年	福井	福井	福井県立中学校卒	大正9	若越新聞を発刊す	2
204	138	大原亨	大正4	広島	広島	中央大学法律科卒	平成2	読売新聞記者	11
205	138	大原義剛	慶応元年	福岡	福岡	慶應義塾卒	昭和20	九州日報社を創立し、その社長となる	3
206	138	大堀孝	明治13	和歌山	和歌山	東京法学院卒	昭和22	新聞記者	2
207	139	大宮伍三郎	明治30	広島	広島	明治大学に学ぶ	昭和32	名古屋新聞東京支社長、同専務理事(省略)科学工業新聞社各取締役	2
208	139	大本貞太郎	明治17	愛媛	愛媛		昭和19	伊予新報社々長	3
209	140	大矢四郎兵衛	安政4	富山	富山	漢学を修む	昭和5	中越新聞社長、富山日報社長	4
210	141	大山郁夫	明治13	兵庫	東京	早稲田大学政治経済学部卒、シカゴ大学で政治学、社会学を、ミユヘン大学で国家学、国法学を修む	昭和30	大阪朝日新聞論説記者	1

ID	ページ	氏名	生年	出身	選挙区	学歴	没年	メディアとの関連	当選回数
211	142	太田正孝	明治19	静岡	静岡	東京帝国大学経済科卒	昭和57	報知新聞副社長	7
212	143	岡順次	明治10	徳島	徳島		昭和39	徳島民報社取締役会長、徳島毎夕新聞社長	1
213	143	岡精逸	嘉永5	兵庫	兵庫	漢学を修む	明治41	愛国新聞社長	3
214	143	岡延右衛門	明治32	長崎	長崎	早稲田大学専門部政治経済科卒	昭和45	万朝報記者、同社会部長、同政治部長、同整理部長、同編集局長	1
215	144	岡崎運兵衛	嘉永3	島根	島根	漢学を修む	大正8	山陰新報、松江日報、松陽新報を発刊、その社長となる	7
216	145	岡崎トミ子	昭和19	福島	宮城	福島県立福島女子高等学校卒		(株)ラジオ福島アナウンサー、東北放送(株)アナウンサー	1
217	145	岡崎万寿秀	昭和5	東京	東京	中央大学法学部卒		「前衛」編集長	2
218	148	岡田春夫	明治20	北海道	北海道	関西大学法律科卒	昭和12	北海道タイムス政治部記者	3
219	149	岡西明貞	大正2	長崎	長崎	明治大学商学部卒		福岡日日新聞記者(省略)長崎民友新聞社取締役	2
220	149	岡野龍一	明治26	福岡	福岡		昭和40	雑誌「日本及日本人」記者、我観社理事、日本講演通信社々長となる、図書出版業「良山閣」を創立経営す、また全国教育図書協会顧問	2
221	149	岡部次郎	元治元年	長野	長野	同人社に学ぶ、のち英、米、独、仏各国に留学す	大正14	北海タイムス主筆となる、日露戦役に従軍、外国通信員監督となり(省略)満州新報社長	4
222	150	岡本一巳	明治14	東京	栃木	明治法律学校及び専修学校に学ぶ	昭和22	盛岡新聞社を創設し理事、扶桑新聞社政治経済部長、大阪新報社政治部長兼外交部長となる	1

ID	ページ	氏名	生年	出身	選挙区	学歴	没年	メディアとの関連	当選回数
223	150	岡本金太郎	万延元年	東京	島根	東京専門学校卒	大正15	山陰新聞社長	1
224	151	沖島鎌三	明治18	島根	島根	日本大学専門部法律科卒	昭和50	樺太日日新聞社長	3
225	153	奥田栄之進	元治元年	鹿児島	鹿児島		昭和20	鹿児島新聞各(株)社長	4
226	153	奥田敬和	昭和2	石川	石川	早稲田大学政経学部政治学科卒		北国新聞記者	8
227	153	奥田幹生	昭和3	京都	京都	早稲田大学政経学部政治学科卒		京都、読売各新聞記者	4
228	153	奥野市次郎	万延元年	京都	京都	京都中学校卒	大正8	公論新報、自由新聞、東京新聞、京都日報等の記者、自由通信社員となる	3
229	154	奥村千太郎	明治10	滋賀	滋賀	東京専門学校政治経済科卒	昭和29	大阪朝日新聞記者、同客員	1
230	156	落合寛茂	明治30	長野	茨木	大正大学専門部卒、のち東京芸術大学日本画科に学ぶ	昭和47	信濃毎日新聞記者	1
231	157	織田正信	大正10	香川	香川	東京文理科大学教育学科卒	昭和30	公正新聞社主幹	1
232	157	加賀卯之吉	慶応3	三重	三重		昭和16	伊勢新聞社を経て福岡日日新聞社及び神戸新聞社の経済通信の嘱託となる、また日本商業新報を創刊し社長となり(省略)読売新聞米穀記事嘱託となる	2
233	157	加賀美嘉兵衛	文久元年	山梨	山梨	英学、漢学を修む	昭和8	峡中時事、峡中日報、学術協会雑誌(省略)各社長	3
234	158	加治寿衛吉	明治元年	香川	香川		大正15	東京通信社々長	3
235	158	加藤勘十	明治25	愛知	東京	日本大学専門部法律科に学ぶ	昭和53	東京毎日新聞記者	9

ID	ページ	氏名	生年	出身	選挙区	学歴	没年	メディアとの関連	当選回数
236	159	加藤小太郎	明治5	新潟	京都	同志社大学政法科卒	昭和10	国民新聞社大阪支局長、東京日日新聞日報社理事	1
237	160	加藤十四郎	元治元年	佐賀	佐賀	慶應義塾卒、のち米国留学、シカゴ法律専門学校に学ぶ	昭和14	時事新報記者(省略)桑港新世界新聞記者、シヤトル市旭新聞主筆(省略)また九州毎日新聞主筆	1
238	161	加藤鯛一	明治21	愛知	愛知		昭和18	雑誌「実業帝国」を創刊し、その社長兼主筆となり、東京政治通信社々長となる	7
239	162	加藤恒忠	安政6	愛媛	愛媛	外国語学校、司法省法律学校に学び、のちパリ法科大学政治学校に法政学を研究す	大正12	大阪新報社長兼主筆	1
240	163	加藤政之助	安政元年	埼玉	埼玉	慶應義塾に学ぶ	昭和16	大阪新報、北海道新聞各主幹、報知新聞記者	12
241	165	甲斐政治	明治35	宮崎	宮崎	九州帝国大学法律科卒	昭和54	(株)電通ラジオ広告社常務取締役、電波技術協会評議員(省略)日本民間放送連盟専務理事兼事務局長、同顧問となる	3
242	165	花月純誠	明治30	滋賀	滋賀	京都帝国大学経済科卒	昭和59	近江新報社主幹	2
243	165	香月恕経	天保13	福岡	福岡	漢籍を修む	明治27	福陵新報を創立し主幹となる	2
244	165	鹿島秀麿	嘉永5	兵庫	兵庫	外国語学校、慶應義塾に学ぶ	昭和7	大阪新報社取締役	9
245	167	海原清平	明治14	徳島	徳島	和仏法律学校卒	昭和37	神戸新聞記者	2
246	168	柿原政一郎	明治16	宮崎	宮崎	東京帝国大学哲学科に学ぶ	昭和37	中国民報社長	1

ID	ページ	氏名	生年	出身	選挙区	学歴	没年	メディアとの関連	当選回数
247	169	笠井重治	明治19	山梨	山梨	シカゴ大学政治経済科卒、のちハーバード大学院に国際法、外国史を専攻す	昭和60	国際出版印刷社長	3
248	169	風早八十二	明治32	岡山	東京	東京帝国大学仏法科卒、文部省在外研究員として英、独、仏、伊各国を留学す	平成元	「産業労働時報」編集長	1
249	170	風間八左衛門	明治12	京都	京都		昭和17	日本活動写真(省略)各(株)取締役	1
250	170	風間礼助	明治7	長野	長野	東京帝国大学政治科卒	昭和34	長野新聞主筆	2
251	170	風見章	明治19	茨城	茨城	早稲田大学政治経済科卒	昭和36	大阪朝日新聞社記者、信濃毎日新聞主筆	9
252	171	柏田忠一	明治19	岩手	岩手	東京帝国大学独法科卒、英、独、仏、各国に留学す	昭和33	上海日日新聞社主筆	1
253	171	粕谷義三	慶応2	埼玉	埼玉	米国ミシガン大学卒	昭和5	自由新聞を発刊す	12
254	173	片岡恒一	明治29	三重	三重	早稲田大学政治経済科卒	昭和27	名古屋新聞記者	2
255	174	片野重脩	明治24	秋田	秋田	東京帝国大学政治科に学ぶ	昭和53	秋南新報(省略)各(株)社長(省略)秋田放送取締役	2
256	174	片野東四郎	弘化2	愛知	愛知		明治27	書籍商を営む	1
257	177	金井貢	安政5	群馬	群馬	和漢学を学ぶ	大正13	上州新聞社長	3
258	177	金井芳次	明治28	愛媛	神奈川		昭和49	時事新報記者、東京毎夕新聞横浜支局長	1
259	178	金子圭介	嘉永5	山口	山口		昭和12	台湾毎日新聞社(省略)各(株)監査役	1
260	181	金山従革	元治元年	富山	富山		昭和11	富山日報社々長	1

ID	ページ	氏名	生年	出身	選挙区	学歴	没年	メディアとの関連	当選回数
261	181	兼田秀雄	明治13	青森	青森	早稲田大学政治科卒	昭和12	中央新聞社政治部記者、東京朝日新聞社政治部記者、同政治部長	4
262	182	上條信	明治17	長野	長野	早稲田大学に学ぶ	昭和25	しな野新聞社各(株)取締役社長	1
263	183	神尾茂	明治16	福島	福島	早稲田大学政経学部、東亜同文書院商務科卒	昭和21	大阪朝日新聞社南京通信員、同上海、北京特派員となる、同社よりワシントン軍縮会議に特派さる、また従軍記者として上海(梅)機関に配属さる(省略)大陸新報社顧問	1
264	184	神田正雄	明治12	東京	栃木	東京専門学校卒、のちコロンビア大学及オックスフォード大学に学ぶ	昭和36	東京朝日新聞社北京特派員、同社支那部長、政治部長、外報部長、編集委員となり、客員となる、のち海外社を起し雑誌「海外」を発行、社長兼主筆となる	2
265	184	神近市子	明治21	長崎	東京	津田英学塾卒	昭和56	毎日新聞記者となり、のち翻訳、評論等の著述に従事す(省略)週刊「婦人タイムス」を創刊、次いで「婦人ジャーナル」を創刊し、社長となる	5
266	186	亀山孝一	明治33	岡山	岡山	東京帝国大学独法科卒	昭和54	日刊警察新聞社長、警察図書出版(株)社長	6
267	187	唐木田藤五郎	明治30	長野	長野	上田蚕糸専門学校専科卒	昭和43	信濃毎日新聞社客員	1
268	187	唐沢俊樹	明治24	長野	長野	東京帝国大学政治科卒、欧米各国に留学す	昭和42	大日本映画協会理事長	4
269	188	狩野揆一郎	嘉永3	千葉	千葉	漢学を修む	明治26	房総新聞(省略)を創立す	1

ID	ページ	氏名	生年	出身	選挙区	学歴	没年	メディアとの関連	当選回数
270	189	狩野雄一	文久3	佐賀	佐賀		大正12	西肥日報社長	1
271	189	苅田アサノ	明治38	岡山	岡山	日本女子大学卒、のち早稲田大学露文科に学ぶ	昭和48	東洋経済新報社(省略)に勤務す	1
272	190	川上淳一郎	慶応元年	新潟	新潟	東京専門学校卒	昭和6	北越新報各取締役、越佐新聞社々長	1
273	190	川上法励	明治14	新潟	新潟	早稲田大学政治経済科卒、のち支那に留学す	昭和19	北越新報記者、同主筆、新潟中央新聞社長	1
274	190	川上元治郎	元治元年	新潟	新潟	東京大学別課医学部卒	大正4	日本医事週報主筆	1
275	191	川越博	明治44	宮崎	宮崎	東京青山学院高等学部英語師範科卒	昭和43	報知新聞社記者(省略)(株)文化放送総務局嘱託	2
276	191	川崎克	明治13	三重	三重	日本大学法律科卒、のち東京外国語学校に仏語を専攻す	昭和24	日本新聞記者(省略)元山時事新報主幹兼主筆	10
277	191	川崎秀二	明治44	三重	三重	早稲田大学経済科卒	昭和53	日本放送協会企画部副部長、雑誌「陸上日本」の編集責任者	11
278	192	川崎巳之太郎	明治6	茨城	茨城	明治学院卒、のち米国に留学す	昭和26	日刊新聞「世界之日本」編集長、月刊新聞「天地人」を発刊、またサンフランシスコにおいて邦字新聞「日米」を創刊す(省略)大阪毎日時事新報、報知新聞社各北米特派員	3
279	192	川島金次	明治36	埼玉	埼玉	中央大学経済科卒	昭和31	日本連合通信社政治部記者、大宮夕刊社長、埼玉新聞社編集局長(省略)新理研映画(株)監査役	6
280	192	川島正次郎	明治23	東京	千葉	専修大学経済科卒	昭和45	東京日日新聞社記者	14

ID	ページ	氏名	生年	出身	選挙区	学歴	没年	メディアとの関連	当選回数
281	193	川西清	大正7	兵庫	兵庫	東京帝国大学政治科卒		東京朝日新聞社政治部記者	2
282	194	川端佳夫	大正7	愛媛	愛媛	青山学院文学部卒	昭和43	読売新聞記者	1
283	194	川原茂輔	安政6	佐賀	佐賀		昭和4	佐賀日日新聞社長	11
284	195	川俣清音	明治32	秋田	秋田	早稲田大学専門部法律科卒	昭和47	雑誌「建設者」、新聞「農民運動」を発行す	8
285	195	川村曄	文久3	三重	三重	漢学、独逸学を学ぶ	大正12	新聞及び雑誌記者	2
286	195	川村惇	文久元年	茨城	茨城	慶應義塾卒	昭和5	静岡大務新聞主筆、福陵新報主筆、朝野新聞主筆兼社長（省略）帝国活動写真（株）取締役	3
287	195	川村数郎	明治9	岐阜	岐阜		昭和14	新公論社理事、岐阜毎夕新聞、濃飛日報各社長	1
288	197	河上哲太	明治14	愛媛	愛媛	東京高等商業学校卒	昭和27	国民新聞社経済部長	9
289	198	河西豊太郎	明治7	山梨	山梨	山梨成器学舎卒	昭和34	国民新聞社副社長	3
290	200	菅家喜六	明治27	福島	福島	福島県教員養成所卒	昭和42	福島毎日新聞社専務取締役、福島民友新聞社長	4
291	204	木下敬之助	昭和19	大分	大分	慶應義塾大学経済学部卒		（株）TBSサービス入社	4
292	204	木下栄	明治15	兵庫	兵庫	和仏法律学校に学ぶ	昭和27	満州日日、神戸又新日報各新聞社員	3
293	204	木下成太郎	慶応元年	北海道	北海道	漢籍を修め、帝国大学予備門に学ぶ	昭和17	北海道新聞を刊行	7
294	204	木下重範	明治39	大分	福岡	日本大学専門部法律科卒	昭和52	朝日新聞西部本社（省略）各（株）顧問	1
295	205	木原七郎	明治17	広島	広島	早稲田大学政治経済科卒	昭和26	芸備日日新聞取締役社長	3
296	205	木原実	大正5	千葉	千葉	愛媛県立（旧）今治中学校三年中途退学		社会タイムス政経部長	5

ID	ページ	氏名	生年	出身	選挙区	学歴	没年	メディアとの関連	当選回数
297	206	木村小左衛門	明治21	島根	島根	早稲田大学に学ぶ	昭和27	松竹（株）監査役	8
298	207	木村作次郎	明治5	岐阜	岐阜	東京法学院及び東京政治学校に学ぶ	昭和23	雑誌「濃州」を発行、のち日刊美濃新聞に、次いで美濃大正新聞に改題経営し、社長となる	3
299	207	木村省吾	明治3	三重	京都	第三高等学校及び本願寺学林に学ぶ	昭和22	大蔵出版（株）社長	1
300	207	木村清三郎	明治2	新潟	新潟		昭和16	越佐新報社々長	1
301	208	木村武千代	明治43	香川	香川	東京帝国大学法学部卒		大映（株）社長秘書、同外国部長、亜細亜映画製作者連盟事務局長	6
302	208	木村半兵衛	安政3	栃木	栃木	和漢学、英学を修む	昭和9	足利新報を発刊す	4
303	209	木村政次郎	慶応元年	東京	千葉		昭和24	東京毎夕新聞社長、中央新聞社取締役	2
304	211	菊池侃二	嘉永3	大阪	大阪	法政学を修む	昭和7	立憲政友党新聞、関西日報を発行す	3
305	212	菊池武徳	慶応3	青森	青森	慶應義塾卒	昭和21	時事新報記者（省略）雑誌「演芸画報」社長	4
306	213	聴濤克巳（聴涛）	明治37	東京	東京	関西学院高等商学部卒	昭和40	多年朝日新聞社に勤務す、ロンドン特派員として在英三年、同社論説委員となる	1
307	213	岸井寿郎	明治24	香川	香川	東京帝国大学英法科卒	昭和46	東京日々新聞社印刷部長、政治部長、営業局次長	1
308	214	北昤吉	明治18	新潟	新潟	早稲田大学文学部哲学科卒、米国ハーバード大学、独国ベルリン、ハイデルベルヒ各大学に学ぶ	昭和36	日本新聞編集監督兼論説記者（省略）雑誌「祖国」を創刊主宰す	8
309	215	北岡文兵衛	天保14	東京	東京		大正12	天然色活動写真（株）監査役	1

ID	ページ	氏名	生年	出身	選挙区	学歴	没年	メディアとの関連	当選回数
310	217	北村徳太郎	明治19	長崎	長崎	関西大学専門部法律科に学ぶ	昭和43	(株)教文館取締役会長	6
311	218	北山一郎	明治5	青森	青森	東京専門学校政治科卒	昭和24	(株)青森映画劇場社長	1
312	218	吉良元夫	慶応3	大分	大分	東京哲学館卒	昭和13	豊州新報記者として日露戦役に従軍す	2
313	219	清寛	明治20	岐阜	岐阜		昭和41	紙業新聞社(省略)取締役社長または重役となり、岐阜新聞社(省略)社長となる	4
314	219	清瀬規矩雄	明治11	大分	大分	米国に留学す	昭和19	サンフランシスコ日米新聞記者、東京朝日新聞記者	5
315	220	久下豊忠	明治3	和歌山	和歌山	英仏学舎、大阪英学舎に学ぶ	昭和12	新聞記者となり、のち和歌山新報社長となる	1
316	221	久須美東馬	明治10	新潟	新潟	東京専門学校英語政治科卒	昭和22	新潟新報社を創立し監督	2
317	221	久須美秀三郎	嘉永3	新潟	新潟	数学、漢学を修む	昭和3	越佐新聞発行所長	2
318	223	久保田豊	明治38	静岡	静岡	東京帝国大学英法科卒	昭和40	ハルピン日日新聞記者、東静経済新聞社主幹、同研究所長	5
319	223	久山知之	明治22	岡山	岡山		昭和43	中国民報社員	6
320	224	工藤晃	大正15	東京	東京	東京大学理学部地質学科卒		「前衛」編集部員、「議会と自治体」編集責任者	4
321	224	工藤卓爾	安政6	青森	青森	青森県師範学校卒、明治法律学校に学ぶ	大正14	陸奥日報社主筆	2
322	224	工藤鉄男	明治8	東京	青森	日本大学に学び、のちロンドン大学に学ぶ	昭和28	二六新報、日本新聞各記者	7
323	225	工藤十三雄	明治13	青森	青森	東京帝国大学独法科に学ぶ	昭和25	時事新報政治部記者、同社客員となり、のち陸奥日報を経営す(省略)弘前新聞社長	6

ID	ページ	氏名	生年	出身	選挙区	学歴	没年	メディアとの関連	当選回数
324	225	釘本衛雄	明治13	福島	福島	早稲田大学に学ぶ	昭和24	福島新聞主筆(省略)福島新聞社長	1
325	226	草野一郎平	明治39	滋賀	滋賀	大谷大学に学ぶ	昭和48	近江新報社編集長、大津新聞社長、滋賀新聞取締役兼編集局長、出版社(株)時習社取締役社長	6
326	227	楠基道	明治14	岐阜	岐阜	東京帝国大学史学科卒、のち京都帝国大学大学院に西蔵史を研究す	昭和42	仏教更新社を創立し月刊「更新」を発刊す	1
327	227	楠目玄	文久2	高知	高知	東京法学院卒	昭和13	日清戦役に新聞記者として従軍す	2
328	227	楠山義太郎	明治30	和歌山	和歌山	早稲田大学政経学部卒、米国コロンビア、バージニア各大学に学ぶ	平成2	毎日新聞社ロンドン特派員、神戸支局長、外国通信部長、欧米部長を経て日本タイムス、上海タイムス各社長、毎日新聞編集局長、同社取締役兼英文毎日主筆、東京本社渉外局長、大阪本社編集主幹兼英文毎日主筆となり、東京日日新聞社長、毎日新聞社相談役、同客員となる	1
329	227	国井庫	文久3	山形	山形	明治法律学校卒	大正8	山形新聞社長	4
330	228	国島博	嘉永5	愛知	愛知		明治40	新愛知新聞社長	1
331	228	窪井義道	明治25	山口	山口	東京帝国大学独法科卒、欧米各国に留学す	昭和24	不二映画各(株)取締役社長	5
332	229	熊谷五右衛門	慶応元年	福井	福井		昭和17	福井日報社長	7
333	229	熊谷義雄	明治38	青森	青森	明治大学専門部商科卒		デーリー東北(省略)青森放送各(株)取締役	5

ID	ページ	氏名	生年	出身	選挙区	学歴	没年	メディアとの関連	当選回数
334	230	倉成庄八郎	明治25	長崎	長崎	日本大学法科専門部卒	昭和13	万朝報記者、長崎民友新聞副社長	2
335	231	蔵内修治	大正7	福岡	福岡	東京帝国大学国史科卒、のち陸軍予備士官学校入校		西日本新聞政治部記者	6
336	231	蔵原惟郭	文久元年	熊本	東京	同志社卒、ニューヨーク大学大学院に学び、ドクトル・オブ・フィロソフィの学位を受く、またエジンバラ大学院に学ぶ	昭和24	雑誌「新時代」を発刊主宰す	2
337	232	栗原宣太郎	元治元年	神奈川	神奈川	国漢学を修む	昭和18	国文雑誌、政治雑誌の編集に従事す	2
338	232	栗原彦三郎	明治12	栃木	栃木	早稲田大学、日本大学に学ぶ	昭和29	中外新論社長	3
339	233	栗原亮一	安政2	三重	三重	同人社に学ぶ	明治44	自由新聞、東雲新聞各主筆	10
340	233	栗山長次郎	明治29	東京	東京	青山師範学校卒、米国ユタ大学卒、次いでハーバード大学大学院に政治、経済学を専攻す	昭和46	東京毎日新聞社ニューヨーク支局長、同社工務局長、同業務局長	4
341	233	栗山賚四郎	文久3	佐賀	佐賀	東京専門学校法律科卒	昭和19	博文館に入り百科全書の編纂主任となる、のち信府日報、西肥日報各主筆	1
342	233	來栖七郎	明治16	東京	茨城	日本法律学校に学び、東京政治学校卒	昭和3	二六新報記者、同理事、帝国通信記者、自由通信社理事	2
343	234	黒岩重治	明治29	高知	高知	高知県師範学校卒	昭和61	高知教養新聞社長	1
344	235	桑名義治	昭和5	福岡	福岡	明治大学法学部卒		聖教新聞記者	1
345	237	小泉策太郎	明治5	静岡	静岡		昭和12	新聞記者	7

ID	ページ	氏名	生年	出身	選挙区	学歴	没年	メディアとの関連	当選回数
346	237	小泉又次郎	慶応元年	神奈川	神奈川		昭和26	新聞記者	12
347	239	小金井権三郎	安政3	新潟	新潟	慶應義塾に学ぶ	大正14	時事新報社員	1
348	239	小久保喜七	慶応元年	茨城	茨城	漢学を修む	昭和14	自由通信社長	6
349	239	小坂順造	明治14	長野	長野	東京高等商業学校卒	昭和35	信濃毎日新聞社(省略)各(株)社長	6
350	240	小坂武雄	明治28	長野	長野	東京帝国大学政治科卒	昭和46	信濃毎日新聞取締役、同社長	1
351	240	小坂徳三郎	大正5	長野	東京	東京帝国大学経済学部卒		朝日新聞記者(省略)信濃毎日新聞社長	7
352	240	小島七郎	明治16	東京	栃木	東京帝国大学政治科卒	昭和5	東京通信社理事、西伯利新聞社長	1
353	241	小杉隆	昭和10	東京	東京	東京大学教育学部卒		(株)東京放送入社	4
354	242	小谷節夫	明治18	岡山	岡山	上海東亜同文書院卒	昭和34	青島新報社長(省略)漢字新聞「大青島報」を発刊す	5
355	243	小西和	明治6	香川	香川	札幌農学校に学ぶ	昭和22	東京朝日新聞記者	7
356	244	小畑虎之助	明治27	兵庫	兵庫		昭和30	又新日報社取締役、同社長	4
357	244	小林勝民	文久2	千葉	千葉	和漢学、英学、法律学を学ぶ	昭和18	朝野新聞記者、日刊民報記者、静岡民友新聞主筆、台湾民報主筆、雑誌「国土」及び「大亜細亜」の主筆	2
358	245	小林絹治	明治21	兵庫	兵庫	カリフォルニア大学卒、同大学大学院法科卒、国際法学と法理学によりドクトル・ジューリスプルーデンスの学位を受く	昭和48	中央新聞社主筆、同編集局長	7
359	245	小林樟雄	安政3	岡山	岡山	漢学、仏語を学ぶ	大正9	東雲新聞を刊行す	3

ID	ページ	氏名	生年	出身	選挙区	学歴	没年	メディアとの関連	当選回数
360	246	小林正巳	昭和4	兵庫	兵庫	慶應義塾大学経済学部卒		毎日新聞政治部副部長	2
361	247	小間粛	天保14	石川	石川	漢籍を修む	明治33	北陸日報を経営す	2
362	248	小松幹	大正3	大分	大分	大分県師範学校専攻科卒	平成2	日本教育新聞編集部長（省略）大分県学校図書株式会社取締役	6
363	248	小松三省	安政5	高知	高知	英学、仏学、羅甸語学、政治、経済学等を修む	明治33	多年新聞記者として操觚業に従事す	3
364	249	小峯柳多	明治41	群馬	東京	東京商科大学専門部卒	昭和49	理研科学映画（省略）各（株）専務取締役、日本テレビ販売（株）取締役	6
365	249	小宮山重四郎	昭和2	埼玉	埼玉	早稲田大学政経学部、日本大学法文学部各卒、のち米国アルフレッド大学、ボーリンググリーン商科大学に学ぶ		読売新聞記者	10
366	249	小村俊一	明治21	宮崎	宮崎	東京高等商業学校に学ぶ	昭和33	斗南新聞（省略）（株）社長	1
367	249	小室重弘	安政5	東京	愛知	漢籍を修む	明治41	栃木新聞主筆、自由新聞記者、山陽新報主筆、愛知新聞社長	3
368	250	小山完吾	明治8	長野	長野	慶應義塾大学法律科卒、のちロンドン大学において政治経済学を修む	昭和30	時事新報記者（省略）時事新報社長	1
369	251	小山松寿	明治9	愛知	愛知	早稲田大学法律科卒	昭和34	大阪朝日新聞記者となり、のち名古屋新聞を創刊しその社長となる	10
370	251	小山久之助	安政6	長野	長野	興法学舎に学ぶ	明治34	東雲新聞、立憲自由新聞、民権新聞を刊行す	1
371	251	小山雄太郎	慶応3	熊本	熊本		明治42	九州新聞社を創設し、その社長となる	1

ID	ページ	氏名	生年	出身	選挙区	学歴	没年	メディアとの関連	当選回数
372	252	木桧三四郎	明治元年	群馬	群馬	早稲田大学政治科卒	昭和34	日刊上野日日新聞社長	7
373	253	古島一雄	慶応元年	兵庫	東京	共立学校、同人社に学ぶ、のち宝林義塾に漢学を修む	昭和27	雑誌「日本人」記者、東京電報記者、日本新聞記者となり、日清の役に従軍、次いで九州日報主筆、雑誌「日本及日本人」記者、万朝報記者、東京日日新聞記者となる、のち大阪毎日新聞及び東京日日新聞社の客員、同社友となる	6
374	254	児玉実良	明治15	鹿児島	鹿児島	京都帝国大学法科大学卒	昭和31	鹿児島新聞社長	1
375	255	児玉右二	明治6	山口	山口	東京帝国大学法律科に学ぶ	昭和15	東京朝日新聞記者、岡山中国民報、大分中正日報、北京東報、東京日日通信、議会春秋等の主筆となる（省略）二六新報、大陸新聞通信、哈爾賓日日新聞各社長となる	6
376	255	児玉好熊	明治6	鹿児島	鹿児島	慶應義塾卒	大正13	鹿児島新聞社理事	2
377	255	児玉亮太郎	明治5	和歌山	和歌山	京都同志社卒、ミシガン大学卒、ドクトル・オブ・フィロソフィーの学位を受く	大正10	大阪毎日新聞記者	4
378	256	後藤茂	大正14	兵庫	兵庫	柘殖大学商学部卒		日刊社会タイムス経済記者	5
379	256	後藤脩	明治12	三重	三重		昭和32	南勢新聞社常務取締役、三重出版（株）社長	1
380	257	後藤亮一	明治21	岐阜	岐阜	京都帝国大学哲学科卒	昭和24	雑誌「正法論」主筆、同「表現」主幹	2

ID	ページ	氏名	生年	出身	選挙区	学歴	没年	メディアとの関連	当選回数
381	257	肥塚龍	嘉永4	兵庫	兵庫	英学、漢学を修む	大正9	東京横浜毎日新聞記者(省略)日本キネトホン(株)社長	8
382	258	河野一郎	明治31	神奈川	神奈川	早稲田大学政治経済学部卒	昭和40	東京朝日新聞記者	11
383	258	河野金昇	明治43	東京	愛知	早稲田大学専門部政治経済科卒	昭和33	武蔵野書房を経営	6
384	258	河野謙三	明治34	神奈川	神奈川	早稲田大学専門部商科卒	昭和58	農林放送事業団会長	1
385	259	河野庄太郎	文久3	鹿児島	鹿児島		昭和9	鹿児島実業新聞社各(株)取締役	1
386	259	河野密	明治30	千葉	東京	東京帝国大学独法科卒	昭和56	東京、大阪各朝日新聞記者	12
387	259	河野洋平	昭和12	神奈川	神奈川	早稲田大学政経学部経済学科卒		(株)ラジオ関東(省略)等の取締役	9
388	262	越山太刀三郎	文久3	三重	三重	滋賀県師範学校卒		東京日日新聞日報社業務担当社員	2
389	263	今野武雄	明治40	東京	神奈川	東京帝国大学数学科卒	平成2	読売新聞社論説委員	1
390	263	近藤寿市郎	明治3	愛知	愛知	漢学、法律学を修む	昭和35	雑誌「旭光」、東海日報各記者	1
391	266	佐伯宗義	明治27	富山	富山	経済学博士	昭和56	北日本放送(株)(省略)取締役	8
392	270	佐々木盛雄	明治41	兵庫	兵庫	東京外国語学校卒		多年新聞記者として海外駐在並びに政治論説担当(省略)終戦後自由新聞を創刊、同編集局長、報知新聞社渉外部長となる	4
393	270	佐々木安五郎	明治5	山口	東京	九州学院文学部卒	昭和9	台湾において雑誌「高山国」を発刊す、次いで台湾民報主筆となる	4
394	273	佐藤観樹	昭和17	愛知	愛知	早稲田大学第一政経学部経済学科卒		文藝春秋社「週刊文春」編集部、同社出版局企画室次長	8

ID	ページ	氏名	生年	出身	選挙区	学歴	没年	メディアとの関連	当選回数
395	273	佐藤観次郎	明治34	愛知	愛知	早稲田大学政治経済学部経済科卒	昭和45	「中央公論」編集長、「中京新聞」取締役編集総務	8
396	274	佐藤清	嘉永5	宮城	宮城	和漢学を修む	大正8	問答新聞、福島新聞、福島毎日新聞等の記者、民報主幹	1
397	274	佐藤謙一郎	昭和22	神奈川	神奈川	東京大学経済学部卒		NHK 入社	1
398	274	佐藤謙之輔	明治19	新潟	新潟	東京帝国大学政治科卒	昭和32	新潟新聞各(株)監査役	3
399	276	佐藤祐弘	昭和8	東京	東京	大阪府立高津高等学校(定時制)卒		国際新聞社カメラマン、赤旗日曜版記者、赤旗整理部長、赤旗日曜版編集長	3
400	276	佐藤琢治	文久3	宮城	宮城	明治法律学校卒	明治35	新愛知、民報、仙台自由新聞、自由党々報各記者	1
401	277	佐藤虎次郎	元治元年	和歌山	群馬	米国ミシガン州立大学卒	昭和3	横浜新報を発刊し社長となる	3
402	278	佐藤啓	明治元年	山形	山形	東京専門学校英語行政科卒	昭和16	山形日報社長(省略)山形民報社長	6
403	278	佐藤正	明治17	東京	東京	早稲田大学文学部哲学科卒	昭和26	教育新聞社長	4
404	279	佐藤実	明治21	石川	石川	県立七尾中学校卒	昭和8	能登新聞社長	2
405	281	佐野春五	万延元年	兵庫	兵庫	慶應義塾に学び、英吉利法律学校、東京専門学校卒	昭和5	神戸新報記者	1
406	282	齋藤正身	明治30	宮崎	宮崎	上海東亜同文書院卒	昭和47	満州日日新聞社、大連日日新聞社各顧問	1
407	284	斎藤真三郎	明治14	山形	山形	早稲田大学政治経済科卒	大正14	両羽実業新聞社を経営す	1
408	285	齋藤太兵衛	明治9	栃木	栃木	国民英学会に学ぶ	昭和36	下野新聞(省略)(株)取締役	3
409	287	坂口主税	明治32	熊本	熊本	東京帝国大学政治科卒	昭和56	台湾新報社取締役社長(省略)熊本放送(株)取締役	2
410	287	坂口仁一郎	安政6	新潟	新潟	漢学を修む	大正12	新潟新聞社長	8

ID	ページ	氏名	生年	出身	選挙区	学歴	没年	メディアとの関連	当選回数
411	287	坂口平兵衛	明治39	鳥取	鳥取	明治大学法律科、同大学政治経済学部卒	昭和61	山陰日日新聞社会長、山陰放送(省略)(株)会長	1
412	290	坂本志魯雄	明治4	高知	高知	専修大学に学ぶ	昭和6	中外商業新報記者(省略)中外商業新報、時事新聞通信員	1
413	290	坂本素魯哉	明治元年	高知	高知	高知県師範学校卒、関西法律学校及び明治法律学校卒	昭和13	台湾新聞各(株)監査役	1
414	291	坂本義夫	明治2	岡山	岡山	京都同志社普通学校及び政法学校に学ぶ	昭和16	中国民報社主幹、同社長	2
415	291	阪本勝	明治32	兵庫	兵庫	東京帝国大学経済科卒	昭和50	大阪毎日新聞社学芸部勤務	1
416	292	酒井利雄	明治24	福井	福井		昭和44	福井放送(省略)(株)取締役	1
417	292	逆瀬川仁次郎	明治16	鹿児島	鹿児島	東京帝国大学政治科卒	昭和5	大阪毎日新聞社員	1
418	292	榊利夫	昭和4	福岡	東京	早稲田大学文学部卒、のち同大学院文学研究科修士課程に学ぶ		「前衛」編集長、「赤旗」編集局理論政策部長(省略)「赤旗」編集局長	2
419	292	榊原千代	明治31	福島	福島	フェリス女学院、青山女学院英文専門科本科卒、独国マルブルグ大学及びベルリン大学、英国セリオーク大学に聴講す	昭和62	雑誌「婦人の友」記者	2
420	293	崎山武夫	明治23	鹿児島	鹿児島	中央大学経済科、日本大学法律学科卒	昭和9	やまと新聞記者	3
421	293	柵瀬軍之佐	明治2	岩手	岩手	英吉利法律学校卒	昭和7	山梨日々新聞主筆、東京毎日新聞編集長	6
422	294	桜井静	安政4	千葉	千葉	県立学校修	明治38	新聞社を設立し社長となる	2

ID	ページ	氏名	生年	出身	選挙区	学歴	没年	メディアとの関連	当選回数
423	295	桜内幸雄	明治13	島根	島根		昭和22	朝鮮新聞社等の各(株)社長、取締役、監査役	8
424	296	迫水久常	明治35	鹿児島	鹿児島	東京帝国大学英法科卒	昭和52	新東宝(株)監査役	2
425	296	笹本一雄	明治31	東京	群馬	県立館林中学校に学ぶ	昭和39	帝国新報社経済部記者	3
426	296	笹森順造	明治19	東京	青森	早稲田大学大学部政治経済学科卒、のち米国デンバー大学院卒、ドクトル・オブ・フィロソヒーの学位を受く	昭和51	東京新公論主筆、デンバー新報主筆	4
427	297	薩摩雄次	明治30	福井	福井	拓殖大学政経学部支那語科卒、京都帝国大学経済学部選科修業、のちに中華民国、独逸国に留学す	昭和41	国民新聞編集局長、主筆	4
428	298	沢来太郎	慶応元年	宮城	宮城	英、漢学を修む	大正11	雑誌「新東北」、仙台新聞を発刊し、その社長となる	6
429	299	沢田利吉	明治12	北海道	北海道		昭和19	北海道日日新聞社(省略)(株)社長	5
430	299	沢本与一	明治13	山口	山口	東京専門学校卒	昭和10	新潟新聞、大阪新報各主筆	3
431	300	四王天延孝	明治12	東京	東京	陸軍士官学校、陸軍大学校卒	昭和37	雑誌「正剣」「猶太研究」を発行す	1
432	300	志賀健次郎	明治36	栃木	岩手	早稲田大学政治経済学部卒		朝日新聞社政治経済部記者	9
433	300	志賀重昂	文久3	愛知	愛知	札幌農学校卒	昭和2	雑誌「日本人及亜細亜」を発行	2
434	301	志賀義雄	明治34	山口	大阪	東京帝国大学社会学科卒	平成元	雑誌「マルクス主義」編集主宰、「無産者新聞」編集主任、「アカハタ」主筆	6

ID	ページ	氏名	生年	出身	選挙区	学歴	没年	メディアとの関連	当選回数
435	301	志田義信	明治39	山形	山形	早稲田大学政治経済科に学ぶ	昭和44	時事新報社記者、中外商業新報社政治部記者(省略)両羽朝日新聞社東京支社長	1
436	302	斯波貞吉	明治2	東京	東京	東京帝国大学英文学選科卒、のちオックスフォード大学に学ぶ	昭和14	万朝報英文記者、同編集局長、同主筆となり、東京大勢新聞社長兼主筆	6
437	303	椎熊三郎	明治28	北海道	北海道	中央大学法律科卒	昭和40	小樽新聞社取締役	9
438	305	塩田賀四郎	明治37	兵庫	兵庫	早稲田大学法律科に学ぶ	平成元	交通日日新聞記者(省略)(有)政治新聞社取締役社長	1
439	306	重井鹿治	明治35	岡山	岡山		昭和41	旭川市北都新聞社員	2
440	308	篠田弘作	明治32	北海道	北海道	早稲田大学政経学部経済科卒	昭和56	朝日新聞東京本社記者、同山形、千葉各支局長	11
441	309	篠原和市	明治14	長野	長野	小諸義塾卒、日本大学に学ぶ	昭和5	電報通信社、東京日日新聞社、大阪毎日新聞社各政治部記者	3
442	309	柴田義男	明治35	岩手	岩手		昭和53	岩手教科図書(株)常務取締役	1
443	310	渋沢利久	昭和3	東京	東京	早稲田大学専門部第二政経科一年中途退学		日本社会党本部「月刊社会党」編集部長	5
444	311	島田三郎	嘉永5	神奈川	神奈川	昌平黌に漢学を修め、のち沼津兵学校、大学南校、大蔵省附属英語学校に学ぶ	大正12	横浜毎日新聞を起し、主筆となる(省略)東京毎日新聞社長	14
445	311	島田七郎右衛門	明治16	富山	富山	県立富山中学校卒	昭和37	高岡新報(省略)各(株)重役	2

ID	ページ	氏名	生年	出身	選挙区	学歴	没年	メディアとの関連	当選回数
446	311	島田晋作	明治34	秋田	秋田	東京帝国大学経済科卒	昭和25	中外商報新報社経済部記者、名古屋新聞、報知新聞、中部日本新聞、東京新聞、秋田魁新報社各論説委員、「文芸戦線」同人執行委員	2
447	312	島田末信	明治36	香川	香川	法政大学専門部商科卒	昭和33	讃岐公論社主筆	1
448	312	島田孝之	嘉永3	富山	富山	和漢学を修む	明治40	富山日報（省略）各（株）社長	4
449	312	島田保之助	安政5	滋賀	滋賀	漢学を修む	昭和2	江州新聞を発刊す	2
450	313	島津忠貞	弘化2	長野	長野	藩塾に学ぶ	明治40	信濃日報社長	3
451	313	島津良知	安政5	長崎	長崎	長崎県師範学校卒	昭和11	長崎新報社各（株）取締役	3
452	314	清水銀蔵	明治12	大阪	滋賀	東京専門学校英語政治科卒	昭和12	江州日々新聞社取締役	4
453	315	清水徳松	大正12	埼玉	埼玉	早稲田大学政治経済学部卒		人民新聞社入社	1
454	315	清水留三郎	明治16	群馬	群馬	早稲田大学法科卒、のちワシントン大学、ミネソタ大学に学ぶ、また北京にて支那語を研究す	昭和38	関東産業新聞社長、上野新聞社専務取締役	7
455	315	清水長郷	明治21	岡山	岡山	早稲田大学政治経済科卒	昭和36	岡山県農会雑誌編集主任、国民新聞記者、読売新聞経済部長、東京朝日新聞経済部長	2
456	315	清水仁三郎	明治11	東京	京都	京都同志社に学び、のち建築工学を修む	昭和26	日刊工業新聞、大正民報、やまと新聞各社長	1
457	317	十文字信介	嘉永5	宮城	宮城	英学を修め、海軍兵学校に学ぶ	明治41	学農社編輯長（省略）雑誌農事新報を発刊す	1

ID	ページ	氏名	生年	出身	選挙区	学歴	没年	メディアとの関連	当選回数
458	317	正力松太郎	明治18	東京	富山	東京帝国大学独法科卒	昭和44	読売新聞社々長、報知新聞社、静岡新報社、大阪時事新報社、九州日報社、長崎日日新聞社、山陰新聞社、小樽新聞社、樺太新聞社各会長（省略）日本テレビ放送網（株）各会長、読売新聞社々主	5
459	318	庄司一郎	明治25	宮城	宮城	東北学院に学ぶ	昭和39	仙台日日新聞、東北新聞各記者、仙南新聞主幹、仙南日日新聞社長、月刊雑誌「新興東北」社長、東北自由新聞社長	6
460	318	庄司良朗	明治12	静岡	静岡	東京専門学校行政科、早稲田大学英語科卒	昭和6	駿豆新聞社長兼主筆（省略）静岡朝報社主	3
461	320	白石義郎	文久元年	北海道	北海道	漢学及び法律学を修む	大正4	釧路新聞社員	2
462	320	白神邦二	明治15	兵庫	岡山		昭和9	大阪毎夕新聞社長	1
463	320	白河次郎	明治7	福岡	大阪	東京帝国大学漢学科卒	大正8	神戸新聞、九州日報各主筆（省略）雑誌記者に従事し（省略）大阪関西日報主筆、同客員	1
464	321	信太儀右衛門	明治15	秋田	秋田	札幌農学校及び早稲田大学政治経済科に学ぶ	昭和45	秋田魁新聞社監査役	5
465	322	進藤一馬	明治37	福岡	福岡	早稲田大学政治経済科卒		九州日報北九州支社長（省略）九州日報社取締役ならびに東方政治経済通信社長、東方時報社長	4
466	325	須見千次郎	弘化3	徳島	徳島	漢学を修む	昭和2	徳島毎日新聞社各（株）監査役	4

ID	ページ	氏名	生年	出身	選挙区	学歴	没年	メディアとの関連	当選回数
467	325	頭本元貞	文久2	鳥取	鳥取	東京大学予備門を経て札幌農学校卒	昭和18	英字新聞ジャパン・メールに執筆す（省略）ジャパン・タイムス社を創設し主筆となり編輯を主宰す（省略）日刊英字新聞ソウル・プレスを発刊、のちニューヨークにて東洋通報社を創立、傍ら雑誌「オリエンタル・レビュー」を発刊す、帰朝後再びジャパン・タイムスを主宰、のち週刊英字誌「ヘラルド・オブ・エーシャ」を発刊	1
468	326	末広重恭	嘉永2	愛媛	愛媛	藩校明倫館に学ぶ、漢学を修む	明治29	曙新聞、朝野新聞の編集長となり、次いで国会新聞、関西日報、大同新聞各記者となる、また東京公論を主宰す	2
469	326	末松謙澄	安政2	福岡	福岡	漢学、英学を修む、のちケンブリッジ大学に学ぶ、文学博士、法学博士	大正9	東京日日新聞の編集に従事す	3
470	327	菅原伝	文久3	宮城	宮城	東京帝国大学に学び、のち米国パシフィック大学に学ぶ	昭和12	日本及び米国において新聞事業に従事	16
471	328	杉浦重剛	安政2	滋賀	滋賀	大学南校卒、のち英国に留学し、サイレンシストル農学校、オーウエン大学に学ぶ	大正13	東洋学芸雑誌及び雑誌「日本人」、新聞「日本」を発刊す	1
472	328	杉田馨子	明治41	茨城	茨城	日本女子大学高等学部英文科卒		北京中央広播電台放送科に勤務す	1

ID	ページ	氏名	生年	出身	選挙区	学歴	没年	メディアとの関連	当選回数
473	328	杉田定一	嘉永4	福井	福井	漢学を修め、のち清国及び英国に遊学す	昭和4	評論新聞に入る	9
474	330	助川啓四郎	明治20	福島	福島	早稲田大学専門部政治経済科卒	昭和18	月刊雑誌「農村之青年」を刊行す	5
475	330	鈴木巌	慶応2	岩手	岩手		昭和21	東京朝日新聞記者となる、盛岡において日刊新聞「三陸」を主宰す、新岩手日報取締役会長	3
476	330	鈴木梅四郎	文久2	長野	長野	慶應義塾卒	昭和15	時事新報記者、横浜貿易商組合顧問兼横浜貿易新聞社長	5
477	331	鈴木吉之助	明治20	京都	京都	日本大学商科卒	昭和26	京都毎日新聞社長	3
478	332	鈴木里一郎	明治25	静岡	静岡	明治大学法律科予科に学ぶ	昭和44	美術雑誌国民美術社長	1
479	332	鈴木正吾	明治23	愛知	愛知	明治大学政治科卒	昭和52	読売新聞記者、「第三帝国」編集長、「大観」編集長	7
480	334	鈴木力	慶応3	福島	長崎		大正15	雑誌「活世界」主幹、二六新報編集長、九州日の出新聞社長、東洋日の出新聞社を創立その社長兼主筆となる	1
481	334	鈴木恒夫	昭和16	神奈川	神奈川	早稲田大学第一政経学部新聞学科卒		毎日新聞政治部記者	2
482	336	鈴木文治	明治18	東京	東京	東京帝国大学政治科卒	昭和21	東京朝日新聞記者	3
483	336	鈴木平一郎	明治26	静岡	静岡	早稲田大学商科に学ぶ	昭和46	静岡民友新聞社取締役、清水新聞社々主	1
484	336	鈴木正文	明治32	山梨	山梨	早稲田大学政治経済学部卒	昭和53	朝日新聞社海外特派員となり、京城支局長を経て、同社論説委員となる	3
485	337	鈴木茂三郎	明治26	愛知	東京	早稲田大学専門部政経科卒	昭和45	報知、毎日新聞の記者	9

ID	ページ	氏名	生年	出身	選挙区	学歴	没年	メディアとの関連	当選回数
486	337	鈴木義隆	明治2	新潟	新潟	私塾に学ぶ	昭和19	自由通信社取締役	2
487	338	鐸木三郎兵衛	安政5	福島	福島	漢学を修む	昭和6	福島日日新聞社長	1
488	339	砂間一良	明治36	静岡	静岡	東京帝国大学経済科卒		民衆新聞主筆兼編集長	1
489	339	住博司	昭和29	富山	富山	早稲田大学政治経済学部卒		日本放送協会記者	1
490	339	角猪之助	明治28	和歌山	和歌山	日本大学法科に学ぶ	昭和30	中央新聞及び都新聞政治部記者	1
491	339	角利助	嘉永6	三重	三重	慶應義塾に学ぶ	昭和3	伊勢新聞を創刊す	2
492	339	角田藤三郎	明治30	福岡	佐賀		昭和26	日本放送協会役員	1
493	341	瀬川光行	明治元年	東京	東京	東京専門学校政治経済科卒	昭和8	読売新聞記者となり、のち著述及び出版業に従事し、元元堂書房を経営	1
494	341	瀬長亀次郎	明治40	沖縄	沖縄	旧制第七高等学校理科甲類二年中途退学		沖縄朝日新聞記者、毎日新聞那覇支局記者（省略）うるま新報社長	7
495	342	関俊吉	明治21	奈良	奈良	専修大学経済科卒	昭和36	大和毎日新聞社々長	1
496	343	関直彦	安政4	東京	東京	東京大学法律科卒	昭和9	東京日日新聞記者、日報社々長（省略）東京日日新聞、大阪日日新聞各社長	10
497	343	関和知	明治3	千葉	千葉	東京専門学校卒、のち米国エール大学次いでプリンストン大学に政治学を修む	大正14	新聞記者となり、新総房新聞を創立発刊す、米国より帰朝後、万朝報記者、東京毎日新聞編集長、雑誌「憲政」編集主任	6
498	344	関戸覚蔵	弘化元年	茨城	茨城	東京高等師範学校に学ぶ	大正5	いばらぎ新聞を創立し経営す	3
499	344	関野善次郎	嘉永6	富山	富山		昭和10	富山日報（省略）監査役	6
500	346	千田軍之助	安政3	和歌山	和歌山	英漢学を修む	大正3	紀陽新聞主筆	4

ID	ページ	氏名	生年	出身	選挙区	学歴	没年	メディアとの関連	当選回数
501	347	征矢野半弥	安政4	福岡	福岡		明治45	福岡日日新聞社長	6
502	347	曽和義弌	明治21	大阪	大阪		昭和43	河陽新報を発刊経営す	1
503	349	染谷誠	大正7	千葉	千葉	拓殖大学商学部卒		千葉テレビ放送(株)取締役	5
504	349	田川誠一	大正7	神奈川	神奈川	慶應義塾大学法学部政治学科卒		朝日新聞政治部記者	11
505	350	田川大吉郎	明治2	東京	東京	東京専門学校卒	昭和22	報知新聞、都新聞各記者	9
506	350	田口卯吉	安政2	東京	東京	漢籍、英書、医術及び経済学を修む、法学博士	明治38	経済雑誌社及び両毛鉄道会社を創立し各社長となり「東京経済雑誌」を発刊す	6
507	350	田口助太郎	明治40	埼玉	埼玉	早稲田大学専門部法律科卒	昭和58	国際映画プロダクション理事長、(株)読売映画社長、教育映画製作連盟理事長、映像文化製作者連盟理事長、サンケイ映画社長、公式記録映画「東京オリンピック」「札幌オリンピック」「日本万国博覧会」「沖縄海洋博覧会」の総プロデューサーとなる	1
508	352	田沢吉郎	大正7	青森	青森	早稲田大学政治経済学部卒		青森テレビ(株)会長	11
509	352	田島ひで	明治34	愛知	愛知	日本女子大学に学ぶ	昭和51	雑誌「未来」を発行す	1
510	354	田中織之進	明治44	和歌山	和歌山	九州帝国大学法律科卒	昭和53	読売新聞社に入社、政経部次長を最後に退社	8
511	355	田中亀之助	慶応2	神奈川	神奈川	漢学及び理化学を修む	昭和8	東洋農報を発刊す	1
512	357	田中重弥	明治41	長野	長野	長野商業学校卒		大日本法令出版(株)に入社し、課長、支配人、常務取締役を経て、大日本法令印刷、第一法規出版各(株)社長となる	2

ID	ページ	氏名	生年	出身	選挙区	学歴	没年	メディアとの関連	当選回数
513	357	田中正造	天保12	栃木	栃木		大正2	栃木新聞を発刊す	6
514	358	田中清文	明治5	富山	富山	中央大学法律科卒	昭和26	北陸タイムス社を創立し社長となり、のち合同により北日本新聞社取締役社長となる	1
515	359	田中武雄	明治21	兵庫	兵庫	青山学院高等科に学び、のち欧米に留学す	昭和45	東京政情通信社長	7
516	360	田中貞二	明治14	愛知	愛知		昭和26	松竹(株)監査役、日本活動写真(省略)取締役	1
517	360	田中直紀	昭和15	新潟	福島	慶應義塾大学法学部卒		新潟総合テレビ(株)副社長	2
518	361	田中久雄	明治38	三重	三重	関西大学専門部商業科卒	昭和56	時事新報社横浜販売局長	5
519	361	田中斉	明治30	愛知	愛知	明治大学商科専門部卒、米国ジョンス・ホプキンス大学大学院卒	昭和41	新愛知新聞社編集局長、同主幹、国民新聞社代表取締役、同盟通信社理事(省略)東京新聞社理事会長	1
520	361	田中万逸	明治15	大阪	大阪	早稲田大学に学ぶ	昭和38	報知新聞記者	13
521	362	田中弥助	明治16	長野	長野		昭和18	長野新聞(株)取締役(省略)帝国法規出版(株)取締役、大日本法令出版、大日本法令印刷、第一法規出版各(株)社長	1
522	363	田中六助	大正12	福岡	福岡	早稲田大学政治経済学部卒	昭和60	日本経済新聞社ロンドン支局長、政治部次長	8
523	363	田中和一郎	明治21	京都	京都	東京帝国大学政治科卒、のち京都帝国大学大学院に都市社会政策を専攻す	昭和25	大阪朝日新聞社に入社(省略)内外出版印刷(株)監査役	1
524	363	田部長右衛門(朋之)	明治39	島根	島根	京都帝国大学経済科卒	昭和54	松陽新報社、島根新聞社各社長	1

ID	ページ	氏名	生年	出身	選挙区	学歴	没年	メディアとの関連	当選回数
525	363	田辺国男	大正2	山梨	山梨	早稲田大学政治経済学部卒		(株)ラジオ山梨取締役	8
526	365	田原春次	明治33	福岡	福岡	早稲田大学専門部法律科、米国デンヴァー大学修業、米国ミズリー州立大学新聞学科卒	昭和48	朝日新聞記者	7
527	366	田村惟昌	安政3	富山	富山		大正15	富山日報社取締役社長	4
528	367	田村実	明治22	高知	高知	県立農林学校卒	昭和16	土陽新聞東京支局記者	2
529	367	多賀安郎	明治38	岡山	岡山	早稲田大学専門部法律科卒		合同新聞、大阪時事新報各記者となり、満州新聞大阪支社営業部長、山陽民報主筆となる	1
530	368	多田勇	明治44	千葉	千葉	日本大学商業学校卒	平成2	房総新聞記者	2
531	369	多田満長	明治19	千葉	千葉	早稲田大学政治経済科卒	昭和26	大日本通信社を創設しその社長となる	5
532	370	高岡大輔	明治34	新潟	新潟	東京外国語学校印度語科卒		新潟新聞(省略)社員	5
533	371	高木第四郎	文久2	熊本	熊本	英、漢学を修む	昭和27	九州新聞取締役社長	2
534	371	高木益太郎	明治2	東京	東京	東京法学校卒	昭和4	法律新聞を発刊す	6
535	372	高城憲夫	明治33	鹿児島	鹿児島	広島文理科大学史学科卒	昭和62	図書工作(株)会長	1
536	372	高倉寛	明治21	東京	福岡		昭和34	朝鮮新聞社員、雑誌「拓殖新報」朝鮮支局長、大阪朝日新聞社員となり、のち政教社に入り雑誌「日本及び日本人」記者、次いで祖国会に入り雑誌「祖国」記者となる	1

ID	ページ	氏名	生年	出身	選挙区	学歴	没年	メディアとの関連	当選回数
537	372	高碕達之助	明治18	大阪	大阪	農商務省水産講習所製造科卒	昭和39	東宝(株)相談役、関西テレビ放送(株)取締役	4
538	373	高須峯造	安政4	愛媛	愛媛	慶應義塾に学ぶ	昭和9	愛媛新報社長	1
539	374	高瀬藤次郎	天保9	兵庫	兵庫	和漢学を学ぶ	大正2	神戸又新日報を発刊	2
540	374	高田露	嘉永7	熊本	熊本	大阪開成所、大阪兵学寮に学ぶ	大正4	評論新聞、近事評論各記者	4
541	374	高田早苗	万延元年	埼玉	埼玉	東京大学政治科及び理財科卒、法学博士	昭和13	読売新聞主筆	6
542	376	高野金重	明治3	愛媛	愛媛	東京法学院卒	昭和7	芸備日日、大阪毎日各新聞記者	2
543	376	高野孫左衛門	明治32	山梨	山梨	早稲田大学政治経済科に学ぶ	昭和43	(株)ラジオ山梨取締役	1
544	377	高橋英吉	明治31	愛媛	愛媛	日本大学法科に学ぶ	昭和56	愛媛新報社社長	9
545	377	高橋円三郎	明治27	島根	島根	早稲田大学政治経済科卒	昭和31	報知新聞、東京朝日新聞各記者	2
546	377	高橋嘉太郎	嘉永5	岩手	岩手	漢学、数学を修む	昭和3	岩手毎日新聞社長	2
547	377	高橋金治郎	明治12	新潟	新潟		昭和34	新潟時事新聞副社長、長岡日報社長	3
548	378	高橋熊次郎	明治13	山形	山形	東京高等商業学校卒、のち米国ブライアント・ストラットン商業大学に学ぶ	昭和32	山形自由新聞社各取締役	7
549	378	高橋慶太郎	明治4	島根	島根	東京帝国大学法科大学に学ぶ	昭和17	島根新報社主幹	1

ID	ページ	氏名	生年	出身	選挙区	学歴	没年	メディアとの関連	当選回数
550	379	高橋清治郎	明治27	宮城	宮城	明治大学法学部卒、同大学より米国に留学、ワシントン大学、コロンビア大学等に学ぶ	昭和32	明治大学出版部各(株)取締役	2
551	381	高橋秀臣	元治元年	愛媛	東京	明治法律学校に法律政治学を修む	昭和10	進歩党党報、憲政党党報各記者、北陸タイムス社長兼主筆	1
552	381	高橋文質	安政6	新潟	新潟	漢学を修む	大正4	高田新聞社長	1
553	381	高橋光威	慶応3	新潟	新潟	慶應義塾大学部法律科卒、のち英米に留学す	昭和7	福岡日日新聞主筆(省略)大阪新報主筆	8
554	382	高橋守平	明治27	埼玉	埼玉	埼玉県師範学校卒	昭和35	平凡社(省略)各(株)社長、新民印書館(株)副社長	6
555	383	高久倉蔵	慶応2	栃木	栃木	漢学を修む	大正6	野州日報社主	1
556	383	高松正道	明治10	大阪	大阪	京都文学寮高等科卒	昭和14	中央公論社、中央新聞社、大阪朝日新聞社各記者となり、大阪新聞通信社長となる	1
557	384	滝沢幸助	大正14	福島	福島	横田青年学校卒		(株)福島テレビ取締役	2
558	385	滝沢七郎	明治11	長野	東京	長野県小県蚕業学校卒	昭和38	蚕業雑誌を経営(省略)上田新聞社取締役	2
559	386	竹内歌子	大正4	東京	千葉	岡山県私立山陽高等女学校に学ぶ		報知新聞社監査役	1
560	386	竹内克巳	明治23	東京	京都	京都帝国大学文科選科に学ぶ	昭和48	大阪朝日新聞社記者、同海外特派員、満州日報社取締役主筆(省略)出版業を営む	2
561	386	竹内勝彦	昭和13	長野	京都	東京電機大学工学部卒		聖教新聞社京都支局長	6

ID	ページ	氏名	生年	出身	選挙区	学歴	没年	メディアとの関連	当選回数
562	386	竹内俊吉	明治33	青森	青森	三田英語学校に学ぶ	昭和61	東奥日報社社会部長、整理部長、論説委員、取締役編集総務(省略)(株)青森放送会長	4
563	386	竹内清明	安政5	青森	青森	藩校稽古館に学ぶ	昭和4	青森日報を創刊す	1
564	387	竹内正志	安政元年	岡山	岡山	藩立兵学校、大阪開成校に学び、慶應義塾卒	大正9	毎日新聞、大阪毎日新聞各記者	8
565	387	竹内黎一	大正15	青森	青森	東京帝国大学経済学部卒		毎日新聞政治部記者	9
566	387	竹尾弌	明治29	千葉	千葉	東京外国語学校露語科卒	昭和33	報知新聞、東京毎夕新聞各記者	5
567	388	竹越与三郎	慶応元年	新潟	群馬	同人社、慶應義塾に学ぶ	昭和25	時事新報、国民新聞、読売新聞、雑誌「世界之日本」各記者	5
568	388	竹下文隆	明治18	山口	沖縄	早稲田大学法律科卒	昭和50	政治雑誌「国論」を創刊その社長兼主筆	2
569	390	竹村泰子	昭和8	東京	北海道	聖和大学保育科中途退学		フリーアナウンサーとして東京で働き(省略)伝道放送の制作、アナウンサーとなる	1
570	390	竹村幸雄	昭和5	京都	京都	京都市立堀川高等学校卒		京都新報社社主	2
571	390	竹村良貞	文久元年	新潟	新潟	旧高田藩校、慶應義塾に学ぶ	昭和15	報知新聞記者となり、のち帝国通信社長	2
572	391	武田一夫	昭和9	宮城	宮城	東北大学教育学部卒		聖教新聞記者	5
573	392	武田徳三郎	明治5	新潟	新潟	和仏法律学校卒	昭和25	福岡日日新聞記者となり日露戦役に従軍す、のち日本新聞記者となる、高田日報社を創立し、主幹となる	6

ID	ページ	氏名	生年	出身	選挙区	学歴	没年	メディアとの関連	当選回数
574	392	武谷甚太郎	明治25	石川	石川	早稲田大学政治経済科に学ぶ	昭和51	太平洋通信記者、中国民報記者、北陸毎日新聞主筆、編集長を経て同社取締役となる	1
575	392	武知勇記	明治27	愛媛	愛媛	明治大学法律科卒	昭和38	愛媛新聞社々長	8
576	393	武満義雄	文久3	鹿児島	鹿児島	東京法学院に学ぶ	昭和6	鹿児島新聞社顧問	6
577	395	龍野周一郎	元治元年	長野	埼玉		昭和3	自由党々報及び雑誌「愛民」「東洋園芸界」を編集す	5
578	395	館林三喜男	明治37	佐賀	佐賀	東京帝国大学政治科卒	昭和51	(株)佐賀テレビ会長	4
579	396	棚橋一郎	文久2	東京	岐阜	東京大学和漢文学科卒	昭和17	雑誌「日本人」を発行す	1
580	398	谷口源十郎	明治16	鳥取	鳥取	県立鳥取中学校卒	昭和54	鳥取新報社監査役	2
581	398	谷口善太郎	明治32	石川	京都		昭和49	大映京都撮影所等に勤務(省略)雑誌「中央公論」特派員として中国を旅行	6
582	399	谷村啓介	昭和7	岡山	岡山	同志社大学経済学部卒		京都市都新聞社記者	1
583	399	頼母木桂吉	慶応3	東京	東京	高等中学校卒、のち米国に学ぶ	昭和15	報知新聞記者、同社営業部長、東京毎日新聞社、帝国通信社、報知新聞社各社長	9
584	399	頼母木真六	明治32	東京	東京	慶應義塾大学文学部本科に学び、カリフォルニア大学に社会学を聴講す	昭和43	米国カリフォルニア州日米新聞記者、大阪朝日新聞サンフランシスコ特置員、東京朝日新聞記者、日本放送協会国際課長、国際部長	1
585	399	玉井権右衛門	文久2	長野	長野		昭和11	長野新聞社取締役	1
586	401	玉置信一	明治28	北海道	北海道	満州法政学院政治経済科卒	昭和50	北海タイムス支局長	3

ID	ページ	氏名	生年	出身	選挙区	学歴	没年	メディアとの関連	当選回数
587	402	湛増庸一	明治19	岡山	岡山	東京帝国大学農学部卒、のち米国ミネソタ州立農科大学に学ぶ	昭和16	中国民報社常務理事	1
588	404	地崎宇三郎	明治30	北海道	北海道	秋田鉱山専門学校に学ぶ	昭和26	小樽新聞社、北方文化出版(省略)各(株)社長、北海道新聞社取締役	1
589	405	長正路	明治43	福岡	福岡	専修大学経済科に学ぶ	昭和59	読売新聞社、都新聞社各記者となり、南旺映画(株)を創立し取締役となる	1
590	406	津久居彦七	安政元年	栃木	栃木		昭和4	下野新聞(省略)各(株)監査役	1
591	406	津雲国利	明治26	東京	東京	安田保善社銀行員養成所卒	昭和47	下野新報社、下野日日新聞社各顧問役	8
592	408	津野常	嘉永元年	宮崎	宮崎	藩黌明倫堂に漢学を修む、のち英式楽隊を講修す	明治35	宮崎新報社長	2
593	409	塚原俊郎	明治43	茨城	茨城	東京帝国大学社会学科卒	昭和50	同盟通信社勤務	10
594	410	塚本三	明治22	愛知	愛知		昭和27	名古屋新聞社政治記者、同編集長、総務部長	1
595	412	辻寛	文久元年	三重	三重	三重県師範学校、東京専門学校政治経済科卒	昭和4	三重新聞社長、雑誌「三重県人」主幹	3
596	413	土屋興	明治16	静岡	東京	慶應義塾大学政治科卒、のち英国に留学、ロンドン大学政治経済科卒	昭和2	大阪毎日新聞記者	2

ID	ページ	氏名	生年	出身	選挙区	学歴	没年	メディアとの関連	当選回数
597	413	土屋清三郎	明治15	千葉	千葉	東京慈恵医院医学校に学び、のち済生学舎卒	昭和21	日本之医界社を経営、医事評論雑誌「日本之医界」および「(英文)ジャパン・メヂカル・ウォールド」「(華文)東亜医学」を主宰す	7
598	414	堤隆	明治22	滋賀	滋賀	広島高等師範学校、京都帝国大学哲学科卒	昭和22	布哇毎日新聞主筆	1
599	416	坪田繁	嘉永6	岡山	岡山	漢学を修め、のち慶應義塾に学ぶ	明治33	芸備新聞社を創立す	2
600	417	鶴原定吉	安政3	東京	福岡	東京帝国大学政治科及び理財科卒	大正3	中央新聞社各社長	1
601	418	寺井純司	嘉永3	青森	青森	藩校稽古館にて皇漢学、蘭学を修め、のちに露僧ニコライについて露西亜学を、次いで慶應義塾に英学を修む	大正6	陸奥日報社長	4
602	418	寺島権蔵	明治21	富山	富山	早稲田大学政治科卒	昭和15	独立通信記者、東京毎日新聞社員(省略)日本新聞協会評議員(省略)富山日報社(省略)各(株)取締役	5
603	418	寺島隆太郎	明治45	千葉	千葉	大東文化学院卒	昭和39	報知新聞記者、同論説委員	8
604	419	寺田市正	明治9	鹿児島	鹿児島	明治法律学校卒	昭和33	時事新報記者、自由通信社主幹、同副社長	7
605	420	伝田清作	明治3	長野	長野		昭和9	信濃日日新聞社常務取締役	1
606	420	戸叶里子	明治41	栃木	栃木	京都同志社女子専門学校英文科卒	昭和46	上海にて大陸新報記者	11

ID	ページ	氏名	生年	出身	選挙区	学歴	没年	メディアとの関連	当選回数
607	421	戸叶薫雄	明治5	栃木	栃木	東京法学院、日本法律学校卒	大正6	下野新聞（省略）社長	2
608	421	戸田由美	明治19	長野	長野	慶應義塾大学理財科卒	昭和40	南信毎日新聞社専務取締役兼主筆	4
609	422	戸矢治平	明治5	埼玉	埼玉	東京英語学校高等科卒、東京数学院及び東京法学院英語法科卒	昭和15	埼玉新報（省略）監査役	1
610	423	外崎千代吉	明治30	青森	青森	日本大学専門部政治経済科	昭和49	陸奥タイムス、青森日報各社長	1
611	423	土井権大	明治12	兵庫	兵庫	明治大学に学び、早稲田大学英語政治科卒	昭和13	隆文館図書（省略）常任監査役、雑誌「農政研究」主幹	6
612	424	土居光華	弘化4	三重	三重	経史、国学を修め、のち大阪開成学校に英学を学ぶ	大正7	東海暁鐘新聞を発刊	2
613	424	土居平左衛門	弘化2	高知	高知	江川坦庵の門に砲術を学ぶ、のち教導団に入る	明治39	土陽新聞社長	2
614	424	土居通夫	天保8	愛媛	大阪	漢学、兵学、蘭学を修む	大正6	大阪毎日新聞社相談役	1
615	425	東井三代次	明治33	滋賀	奈良	東京帝国大学法律科卒		天理教教庁印刷所長、同庶務課長、同輸送部長、同東京出張所長兼教庁総務となり、図書出版（株）養徳社社長	3
616	425	東條貞	明治18	北海道	北海道		昭和25	室蘭タイムス、北海中央新聞、北見実業新聞各記者となり（省略）日刊網走新聞を創刊	4
617	426	当真嗣合	明治17	沖縄	沖縄	国学院に学ぶ	昭和20	琉球新報記者となり、のち沖縄朝日新聞社を創立し社長となる	1

ID	ページ	氏名	生年	出身	選挙区	学歴	没年	メディアとの関連	当選回数
618	428	徳安実蔵	明治33	鳥取	鳥取	青谷実業補習学校卒	昭和63	大阪新報、東京通信、東京夕刊各記者(省略)運輸新聞社、高輪新聞社(省略)各(株)社長	9
619	429	殿田孝次	明治37	石川	石川	早稲田大学法律科卒、のち米国セントローレンス大学に学び、社会学を専攻す	昭和24	帝国通信社政治部記者(省略)渡米、帰国後読売新聞社政治部に入り国際外交評論を担任す	1
620	431	富田幸次郎	明治5	高知	高知	私立芸陽学舎卒、のち政治学を専攻す	昭和13	土陽新聞記者となり、清韓を歴遊後主筆となる、次いで高知新聞社を創立し主幹兼主筆となり、のち社長となるほか東京帝国通信社(省略)取締役社長	10
621	431	富田八郎	明治9	滋賀	滋賀	東京専門学校に学ぶ	昭和22	江州日日新聞社各(株)取締役	1
622	431	冨永格五郎	明治27	北海道	北海道	北海道庁立函館中学校卒	昭和29	北海商報社代表取締役	2
623	433	朝長慎三	嘉永元年	長崎	長崎		大正10	長崎新報社長	2
624	434	豊増龍次郎	明治2	佐賀	佐賀	明治法律学校卒	昭和16	佐賀毎日新聞社長	2
625	434	鳥居一雄	昭和12	千葉	千葉	電気通信大学通信別科卒		公明新聞社社会部長、編集局次長	7
626	434	鳥海時雨郎	弘化元年	山形	山形		明治26	両羽新報を発刊す	1
627	436	内藤隆	明治26	富山	富山	早稲田大学政治経済科、日本大学法科に学ぶ	昭和54	北陸タイムス編集局長兼主筆(省略)富山テレビ放送(株)社長、会長、相談役	6
628	436	内藤伝禄	明治16	愛知	愛知	愛知県立第一中学校卒、のち経済学専攻	昭和27	東亜キネマ各(株)取締役	1
629	438	中井川浩	明治33	茨城	茨城	日本大学及び早稲田大学に学ぶ	昭和24	いばらぎ新聞社取締役	4

ID	ページ	氏名	生年	出身	選挙区	学歴	没年	メディアとの関連	当選回数
630	438	中江篤介	弘化4	高知	大阪	藩校文武館に学び、のち仏学を修む	明治34	東洋自由新聞、雑誌「政理叢談」各主幹、東雲新聞、政論、自由新聞、立憲自由新聞(のち改題民権新聞)、自由平等経綸、北門新報、毎夕新聞各主筆	1
631	439	中尾栄一	昭和5	山梨	山梨	青山学院大学英米文学部卒、のち早稲田大学大学院社会政策研究科修了		全国有線音楽放送協会会長、日本ネットワークサービス(株)社長	8
632	439	中尾宏	大正13	鹿児島	鹿児島	鹿児島高等商業学校(旧制)卒		世界出版社設立、雑誌「世界春秋」主幹	1
633	440	中川観秀	明治9	長崎	長崎	東京哲学館哲学科卒	昭和13	佐世保軍港新聞記者、長崎新聞記者、同主筆、同社長	1
634	440	中川源造	安政2	新潟	新潟	漢学を学ぶ	明治40	高田新聞を創刊す	1
635	440	中川俊思	明治36	広島	広島	中央大学に学ぶ	昭和48	中国新聞、国民新聞、日本経済各記者(省略)国会公報発行所(省略)各(株)社長	8
636	441	中川秀直	昭和19	広島	広島	慶應義塾大学法学部政治学科卒		日本経済新聞社社会部、政治部記者	4
637	441	中川嘉美	昭和8	東京	東京	慶應義塾大学法学部卒		ワールド・トリビューン社に入社	4
638	442	中崎敏	明治33	島根	島根	東京商科大学卒	昭和38	新理研映画(省略)社長	7
639	445	中島祐八	安政元年	群馬	群馬	足利学校にて漢学及び洋学を修む	大正2	上野新聞を発刊す	8
640	445	中嶋太郎	明治21	長崎	長崎	早稲田大学専門部政治経済科卒、のちコロンビア大学大学院に学ぶ	昭和48	二六新聞社、ロスアンゼルス日米新聞社各記者	2

ID	ページ	氏名	生年	出身	選挙区	学歴	没年	メディアとの関連	当選回数
641	446	中田儀直	明治22	秋田	秋田	県立大館中学校卒	昭和50	北鹿新聞社（省略）取締役	2
642	446	中田正輔	明治17	長崎	長崎	早稲田大学政治経済科卒	昭和35	佐世保軍港新聞社主筆	1
643	447	中谷武世	明治31	和歌山	和歌山	東京帝国大学政治科卒、同大学院に学ぶ		月刊「民族と政治」発行者	1
644	447	中西伊之助	明治20	東京	神奈川	中央大学法律科に学ぶ	昭和33	時事新報記者（省略）雑誌「人民戦線」主幹	2
645	449	中野明	大正15	高知	高知	大阪市立扇町商業学校卒		聖教新聞社中国、四国業務部長	2
646	450	中野正剛	明治19	東京	福岡	早稲田大学政治経済科卒、のち欧米に留学す	昭和18	東京朝日新聞記者となる、パリ講和会議に特派員として赴く、のち雑誌東方時論社を起し社長兼主筆	8
647	450	中野猛雄	明治16	熊本	熊本	早稲田大学政治経済科卒	昭和25	九州新聞社長	4
648	450	中野種一郎	明治9	京都	京都	西山派仏教専門学校卒	昭和49	京都放送（株）会長	1
649	451	中野寅次郎	元治元年	東京	高知	高知県師範学校卒	昭和15	土陽、愛国各新聞記者、自由党報、人民新聞各監督、自由通信社主幹（省略）土陽新聞社長	1
650	452	中林友信	明治4	大阪	大阪	明治法律学校卒	昭和3	東京自由通信社主幹、日刊近畿新聞社主兼社長	5
651	452	中原謹司	明治22	長野	長野	早稲田大学哲学科に学ぶ	昭和26	信濃時事新聞編集部員、同主筆（省略）週刊「信州郷軍新聞」を発刊す	3
652	453	中村嘉寿	明治13	鹿児島	鹿児島	水産講習所卒、ニューヨーク大学卒マスター・オブ・アーツの学位を受く	昭和40	紐育日米週報社員（省略）雑誌「海外之日本」を創刊し、社長となる	6

ID	ページ	氏名	生年	出身	選挙区	学歴	没年	メディアとの関連	当選回数
653	454	中村啓次郎	慶応3	和歌山	和歌山	東京英語学校に学び、英吉利法律学校卒	昭和12	日刊台湾民報を発刊す	6
654	456	中村千代松	慶応3	秋田	秋田	秋田県師範学校卒	昭和16	博文館編集員、忠愛新報編集長、秋田魁新聞主筆、報知新聞記者、秋田毎日新聞社長	1
655	457	中村寅太	明治35	福岡	福岡	福岡県糸島農学校卒	昭和53	福岡県農村連盟(省略)同連盟機関誌「耕作者」を発刊す	10
656	458	中村不二男	明治24	長崎	長崎	長崎中学校卒	昭和16	長崎県日日新聞記者、同社取締役	3
657	458	中村又七郎	明治17	新潟	新潟	早稲田大学大学部政治経済科卒	昭和38	中央新聞社、自由通信社各記者、高田日報主筆、同社長	1
658	460	中山貞雄	明治23	東京	熊本	明治大学に学ぶ	昭和48	東京朝日新聞記者(省略)亜細亜活動写真(省略)取締役	3
659	461	仲内憲治	明治35	千葉	千葉	中央大学専門部法科に学び、のち米国クラーク大学に学ぶ	昭和46	エコノミック・プレス(株)社長	2
660	462	永井英修	明治26	佐賀	佐賀	東京帝国大学採鉱科卒	昭和42	自由文化出版社代表者	1
661	462	永井勝次郎	明治34	北海道	北海道	札幌師範学校に学ぶ	昭和62	北見新聞社編集局長、北見時論社(省略)社長	9
662	463	永井松右衛門	嘉永6	愛知	愛知	藩校明倫堂にて和漢学を学ぶ	大正2	愛知絵入新聞を発刊す(省略)丸善各(株)監査役	2
663	463	永井柳太郎	明治14	東京	石川	早稲田大学政治経済学部政治科卒、のち英独に留学、マンチェスター・カレッジ(オックスフォード)卒	昭和19	雑誌「新日本」の主筆(省略)北陸毎日新聞社長	8

ID	ページ	氏名	生年	出身	選挙区	学歴	没年	メディアとの関連	当選回数
664	464	永末英一	大正7	京都	京都	東京帝国大学法学部卒、のち米国ハーバード大学に学ぶ		永末書店経営	10
665	465	永田定右衛門	嘉永4	福井	福井		大正3	北陸自由新聞を発刊す	1
666	465	永田新之允	明治4	山口	山口	漢学を修む	昭和46	国民新聞記者、読売新聞記者、同編集長となり、のち実業之日本社に入り征露戦報主筆、実業之日本記者、編集長、同社理事、営業部長、総務部長	1
667	465	永田善三郎	明治18	静岡	静岡	早稲田大学政治経済科に学ぶ	昭和25	台湾日日新報記者、満州日日新聞編集長(省略)大連関東報(漢字紙)、静岡民友新聞各(株)社長	5
668	471	成重光真	明治31	福岡	福岡	小倉工業学校機械科卒	昭和55	小倉東映会館取締役	1
669	472	成田栄信	明治2	愛媛	愛媛	関西法律学校及び英吉利法律学校に学び、のち水産講習所卒	昭和21	東京社を創立し週刊雑誌を発行す(省略)海南新聞社、東洋通信社各社長	5
670	473	南条徳男	明治28	北海道	北海道	東京帝国大学独法科卒	昭和49	札幌テレビ(株)取締役	11
671	474	難波清人	明治21	岡山	岡山	明治大学法律科卒	昭和15	中外商業新報経済市場部長	3
672	476	丹羽雄哉	昭和19	茨城	茨城	慶應義塾大学法学部卒		読売新聞政治部記者	5
673	476	新妻イト	明治23	神奈川	北海道	横浜英語商業学校卒、のちサンフランシスコ・ビジネスカレッジに学ぶ	昭和38	家庭新聞を発刊す(省略)家の光協会嘱託	1
674	476	西英太郎	元治元年	佐賀	佐賀	漢学及び英学を修む	昭和5	佐賀毎日新聞(省略)社長	6

ID	ページ	氏名	生年	出身	選挙区	学歴	没年	メディアとの関連	当選回数
675	477	西岡武夫	昭和11	長崎	長崎	早稲田大学教育学部卒		長崎新聞社常務取締役社長室長、論説委員	9
676	477	西岡竹次郎	明治23	長崎	長崎	早稲田大学法律科卒、のちにロンドン大学に学ぶ	昭和33	都新聞記者となる、のち雑誌「青年雄弁」を創刊し社長兼主筆となり、長崎民友新聞、佐世保民友新聞を創刊し社長となる	6
677	477	西方利馬	明治16	山形	山形	中央大学法律科卒	昭和48	山形新聞社各(株)取締役社長	6
678	478	西川貞一	明治35	山口	山口			関門日日新聞記者、同社編集局長、顧問(省略)山口新聞社、宇部時報社各社長となる、のち宇部時報(株)会長	4
679	478	西川太治郎	元治元年	滋賀	滋賀	東京専門学校政治科卒	昭和17	山梨日々新聞記者、近江新報主筆、同社長	2
680	480	西谷金蔵	安政5	鳥取	鳥取	漢学を修む	昭和8	因伯時報社各(株)社長	8
681	480	西中清	昭和7	京都	京都	京都工芸繊維大学工芸学部建築工芸学科卒		聖教新聞社入社(省略)公明党(省略)機関紙局長	7
682	482	西村丹治郎	慶応2	岡山	岡山	東京専門学校卒、のち欧米に留学し政治、経済学を修む	昭和12	新聞記者	14
683	483	西銘順治	大正10	沖縄	沖縄	東京帝国大学法学部卒		沖縄ヘラルド新聞社長	3
684	484	西山志澄(植木志澄)	天保13	高知	高知	藩校致道館に学ぶ	明治44	土陽新聞社長	5
685	484	額賀福志郎	昭和19	茨城	茨城	早稲田大学政治経済学部卒		サンケイ新聞東京本社経済、政治各部記者	3

ID	ページ	氏名	生年	出身	選挙区	学歴	没年	メディアとの関連	当選回数
686	485	布利秋	明治22	愛媛	愛媛	早稲田大学政治経済科卒、のちワシントン大学文科及びロンドン大学文科に学ぶ	昭和50	コーストタイムス旬刊雑誌社主幹、東京中央新聞のヨーロッパ通信員	1
687	485	沼田宇源太	文久元年	秋田	秋田	東京法学院卒	明治44	秋田魁新聞社理事	4
688	485	根津嘉一郎	万延元年	東京	山梨	漢学を修む	昭和15	山梨日日新聞社（省略）取締役	4
689	486	根本正	嘉永4	茨城	茨城	水戸学及び英学を修め、のち米国に留学、ヴァーモント州立大学卒	昭和8	「国の光」記者	10
690	486	野方次郎	明治9	静岡	神奈川	東京医学専門学校、東京帝国大学医学部専科卒	昭和31	横浜日日新聞社長	3
691	487	野上徹	昭和13	富山	富山	東京大学文学部卒		朝日新聞社会部記者	2
692	487	野木善三郎	文久元年	福島	福島	福島県師範学校卒、のち東京法学校に学ぶ	大正7	福島新聞社主	2
693	487	野口勝一	嘉永元年	茨城	茨城	和漢学を修む、師範学校卒	明治38	新聞、雑誌記者	3
694	490	野田卯太郎	嘉永6	福岡	福岡	漢学を修む	昭和2	中央新聞社長	10
695	490	野田俊作	明治21	福岡	福岡	東京帝国大学経済科卒	昭和43	日本電報通信各（株）取締役、西日本新聞社監査役、同相談役	6
696	490	野田武夫	明治28	熊本	熊本	早稲田大学法学部独法科卒	昭和47	東京朝日新聞社政治部記者、神奈川新聞社長	8
697	490	野田常貞	嘉永5	佐賀	佐賀	独語、法律学を修む	昭和40	肥筑日報社を創立す	1

ID	ページ	氏名	生年	出身	選挙区	学歴	没年	メディアとの関連	当選回数
698	491	野中徹也	明治26	埼玉	埼玉	東京帝国大学政治科卒、のち独、仏、英、米各国に留学し、政治経済学を攻究す	昭和18	時事新報記者	5
699	492	野間五造	明治元年	岡山	岡山	東京専門学校英語科及び法律科卒、のち清国に渡り、広東同文館に支那語学を修む	昭和21	東京日日新聞、東京新報各記者、琉球新報主筆兼社主となり、明治二十七、八年戦役に各種新聞の戦地通信員として従軍す（省略）台湾新報客員	2
700	493	野溝伝一郎	明治10	長野	長野	東京専門学校政治科卒	昭和22	南信毎日新聞社長	1
701	494	野村光雄	大正11	北海道	北海道	北海道上川郡愛別町立青年学校研究科修了		聖教新聞本社入社、同北海道支局	1
702	494	野依秀市	明治18	大分	大分	慶應義塾商業学校に学ぶ	昭和43	雑誌「三田商業界」を発刊し主幹となり、のち「実業之世界」と改題、社長、同会長、「真宗の世界」、「世界仏教」、「女性仏教」を創刊、帝都日日新聞社長	2
703	496	則武真一	昭和6	岡山	岡山	広島大学文学部仏文学科卒		山陽新聞記者	1
704	496	則元卯太郎	明治24	長崎	長崎	東京帝国大学英法科卒	昭和19	長崎日日新聞社副社長	2
705	496	則元由庸	文久2	長崎	長崎	明治法律学校に学ぶ	昭和6	長崎日日新聞取締役、同社長となる	7
706	496	土生彰	元治元年	福井	福井	福井県師範学校卒	昭和18	富山日報、福井新報、日刊新聞「福井」各主筆を経て若越新聞、福井新聞各主筆となる	1
707	496	羽田武嗣郎	明治36	長野	長野	東北帝国大学法律科卒	昭和54	東京朝日新聞社政治部記者	8

ID	ページ	氏名	生年	出身	選挙区	学歴	没年	メディアとの関連	当選回数
708	497	波多野承五郎	安政5	東京	栃木	慶應義塾卒	昭和4	郵便報知新聞、時事新報各記者(省略)朝野新聞社長兼主筆	1
709	498	波多野伝三郎	安政3	新潟	新潟	漢籍、英学を修む	明治40	毎日新聞社員	5
710	498	葉梨新五郎	明治34	東京	茨城	明治大学専門部法律科及び国士舘高等部に学ぶ	昭和31	中央新聞、日本電報通信各政治部記者(省略)大阪時事新報社(省略)取締役社長	5
711	499	馬場秀夫	明治34	埼玉	埼玉	東京外国語学校ロシヤ語科卒	昭和54	東京日日新聞記者、モスクワ特派員、外国通信部副部長、同ロシヤ課長、出版局編集部長、「時局情報」編集長、毎日新聞社出版局次長、同局長、同局顧問	1
712	500	箸本太吉	明治25	石川	石川	日本大学政治科に学ぶ	昭和36	中外商業新報社政治部記者、同支那、ロンドン各特派員、万朝報社常務取締役兼営業並びに編集局長、専務取締役兼主筆	5
713	501	橋本喜造	明治5	長崎	長崎	長崎商業学校、長崎外国語学校卒、のち海外に遊学す	昭和22	長崎新聞社(省略)各(株)社長	3
714	502	橋本登美三郎	明治34	茨城	茨城	早稲田大学政経学部政治科卒	平成2	朝日新聞社入社、通信、報道、東亜各部長を歴任	12
715	504	長谷川峻	明治45	宮城	宮城	早稲田大学専門部政治経済科卒		新聞連合社入社、九州日報編集長	13
716	507	畑隆太郎	嘉永2	秋田	秋田	秋田藩校に学ぶ	明治41	秋田日日新聞を発刊し編集長となる	1
717	507	畠山雄三	嘉永4	秋田	秋田		昭和7	秋田魁新報社々長	2
718	508	初見八郎	文久元年	茨城	茨城	漢学及び仏蘭西学を修む	昭和5	新聞記者	4

ID	ページ	氏名	生年	出身	選挙区	学歴	没年	メディアとの関連	当選回数
719	510	花井卓蔵	明治元年	東京	広島	英吉利法律学校卒、東京法学院高等法学科卒、法学博士	昭和6	雑誌法理精華及び法学新報主筆、刑事法評林主幹	7
720	511	花岡次郎	明治3	長野	長野	東京専門学校政治科卒	大正12	信濃毎日新聞社(省略)社長	1
721	511	花村四郎	明治24	長野	東京	日本大学法律科卒	昭和38	万朝報専務取締役兼主筆	8
722	511	浜岡光哲	嘉永6	京都	京都	漢学及びドイツ語学を修む	昭和11	京都日出新聞(省略)各(株)社長	3
723	513	浜田精蔵	明治13	鹿児島	鹿児島	慶應義塾大学政治科卒	大正15	時事新報記者、同ロンドン特派員	1
724	513	浜田尚友	明治42	鹿児島	鹿児島	早稲田大学政治経済学部政治科卒	昭和63	東京日日新聞社社会部、政治部記者となり、満州、北支那方面に特派さる	1
725	515	早川崇	大正5	和歌山	和歌山	東京帝国大学政治科卒	昭和57	紀州民報社々長、夕刊みやこ新聞社副社長	14
726	516	早速整爾	明治元年	広島	広島	東京専門学校政治経済科及び英語科、東京法学院高等法学科卒	大正15	博文館編集員となり、のち芸備日日新聞を発刊(省略)芸備日日新聞社(省略)社長	8
727	516	林毅陸	明治5	香川	香川	慶應義塾大学部文学科卒、のち欧州に留学、主としてフランスにおいて外交史を研究す	昭和25	日本新聞記者	4
728	516	林儀作	明治16	北海道	北海道		昭和10	北海新聞、函館新聞各編集長を経て函館日日新聞社理事、同主筆となり	1
729	517	林七六	明治8	長野	長野	岡谷学校中等科卒	昭和25	南信日日新聞社(中略)社長	1
730	518	林孝矩	昭和13	奈良	奈良	関西大学法学部卒		聖教新聞記者	4

ID	ページ	氏名	生年	出身	選挙区	学歴	没年	メディアとの関連	当選回数
731	518	林虎雄	明治35	長野	長野		昭和62	信越放送株式会社相談役	1
732	520	林保夫	昭和3	岡山	岡山	海軍兵学校中途退学(終戦)		時事通信社記者、特派員、宮崎、神戸各支局長、経済解説編集長	3
733	520	林佳介	明治33	山口	山口	東京帝国大学英法科卒	昭和62	テレビ山口取締役	1
734	521	林田亀太郎	文久3	熊本	東京	東京帝国大学政治科卒	昭和2	雑誌社長、東京毎夕新聞主筆	2
735	521	林田正治	明治25	熊本	熊本	東京帝国大学政治科卒	昭和54	(株)ラジオ熊本取締役	1
736	522	原健三郎	明治40	兵庫	兵庫	早稲田大学政治経済学部卒、米国オレゴン大学大学院修、コロンビア大学修、マスター・オブ・アーツの学位を受く		講談社入社「現代」編集長	18
737	522	原淳一郎	明治27	兵庫	兵庫	明治大学法律科卒	昭和50	ラジオ高知初代社長、高知放送取締役	2
738	523	原惣兵衛	明治24	兵庫	兵庫	日本大学専門部法律科卒、のちドイツに留学、ベルリン大学、ミュンヘン大学に学ぶ	昭和25	東京毎日新聞社副社長	6
739	523	原敬	安政3	東京	岩手	司法省法律学校に学ぶ	大正10	郵便報知新聞記者、大東日報主筆(省略)大阪毎日新聞社長	8
740	524	原玉重	明治29	岐阜	東京	中央大学法律科卒	昭和58	報知新聞監査役	3
741	524	原真澄	慶応元年	岐阜	岐阜	和漢学を修む	昭和2	岐阜日日新聞記者、濃飛日報主筆、岐阜商工新報社長	1
742	525	原田憲	大正8	大阪	大阪	関西大学予科、明治大学専門部政経科に学ぶ		阪神毎朝新聞社長	13

ID	ページ	氏名	生年	出身	選挙区	学歴	没年	メディアとの関連	当選回数
743	525	原田佐之治	明治7	徳島	徳島		昭和11	徳島日日新聞社取締役、徳島毎日新聞社監査役	5
744	525	原田十衛	文久元年	熊本	熊本	中江兆民の仏学塾に学ぶ	昭和16	新聞記者、自由通信社主筆	7
745	526	春島東四郎	明治8	鹿児島	鹿児島	日本法律学校卒	昭和12	著述業並びに出版業を営む(省略)旬刊痛快新聞、西南新聞、鹿児島毎朝新聞、鹿児島日日新聞各社長兼主筆	1
746	526	春名成章	明治16	静岡	静岡	早稲田大学政治経済科卒	昭和27	時事新報、東京朝日新聞、東京日日新聞各記者	3
747	527	伴直之助	文久2	東京	東京	同人社卒	昭和12	東京経済雑誌社編集、山梨峡中新報社、大阪立憲政党新聞社各主筆	1
748	527	坂東幸太郎	明治14	北海道	北海道	早稲田大学邦語政治科、同大学部政治経済科卒	昭和49	雑誌「旭川評論」を発刊す	9
749	527	日笠勝之	昭和20	岡山	岡山	慶應義塾大学商学部卒		聖教新聞社広告局	3
750	528	日向輝武	明治3	群馬	群馬	東京専門学校に学び、のち米国パシフィック大学に修学	大正7	在米中研学、実業、新聞、探検等に従事(省略)人民新聞社長(省略)日本電報通信各(株)取締役	5
751	528	日野辰次	明治元年	鹿児島	鹿児島	東京専門学校英語本科卒	大正15	鹿児島新聞社理事	1
752	529	肥田琢司	明治22	広島	広島		昭和38	広島毎夕新聞社、自由評論社各社長	4
753	530	樋口秀雄	明治8	長野	長野	東京帝国大学哲学科卒、同大学院に社会学を専攻す	昭和4	雑誌「新日本」主筆	5
754	531	東幸治	明治17	鹿児島	鹿児島	中央大学法律科卒	大正14	新聞記者	2

ID	ページ	氏名	生年	出身	選挙区	学歴	没年	メディアとの関連	当選回数
755	531	東順治	昭和21	福岡	福岡	北九州大学外国語学部米英学科卒		聖教新聞社九州総支局鹿児島支局長	1
756	531	匹田鋭吉	明治元年	岐阜	岐阜	東京専門学校政治経済科卒	昭和19	読売新聞記者、富山日報、九州日報、北陸タイムス各主筆、岐阜日日新聞社長兼主筆	7
757	533	平等文成	明治40	長野	長野	東京帝国大学文学部三年中途退学	昭和45	私学新報社社長	1
758	533	平井光三郎	明治18	東京	滋賀	京都明進館卒、のち東亜同文書院、善隣書院等に支那語を研究す	昭和53	経済雑誌記者となり、経済之日本、近江新報各社長	1
759	534	平岡万次郎	万延元年	兵庫	兵庫	明治法律学校及び専修学校卒	大正12	「裁判粋誌」の編集に従事す	4
760	537	平出喜三郎	明治9	石川	北海道	慶應義塾高等科卒	昭和6	函館新聞社主	4
761	538	平野桑四郎	元治元年	長野	長野		昭和9	南信新聞各(株)取締役	1
762	538	平野三郎	明治45	岐阜	岐阜	慶應義塾に学ぶ		農林新聞社長	5
763	538	平野友輔	安政4	神奈川	神奈川	東京大学医学部別課卒	昭和3	神奈川県青年会を組織し、雑誌を発刊す	1
764	539	平野増吉	明治11	岐阜	岐阜		昭和34	日本農林新聞社々長	1
765	539	平野光雄	明治14	静岡	静岡	慶應義塾大学政治科卒	昭和33	時事新報記者	6
766	539	平野力三	明治31	山梨	山梨	拓殖大学支那語科、早稲田大学専門部政経科卒	昭和56	農業新聞社長	7
767	541	広沢直樹	昭和6	徳島	徳島	高知県立追手前高等学校卒		聖教新聞社四国業務部長	4
768	542	広瀬久政	慶応元年	山梨	山梨	東京法学校に学ぶ	昭和14	自由党機関紙甲斐新聞主幹	3

ID	ページ	氏名	生年	出身	選挙区	学歴	没年	メディアとの関連	当選回数
769	544	深水清	明治2	熊本	熊本	日本法律学校卒	昭和17	漢城新聞主幹（省略）京城日報主幹（省略）九州日日新聞社長	3
770	545	福井三郎	安政4	岡山	岡山	岡山県師範学校卒	昭和10	甲府日日新聞記者、峡中新報主幹	6
771	545	福井順一	明治42	千葉	千葉	早稲田大学に学ぶ		泰西映画（株）社長	3
772	545	福井甚三	明治7	奈良	奈良		昭和20	大和日報各（株）社長	7
773	546	福家俊一	明治45	香川	香川	大阪府立生野中学校に学ぶ	昭和62	大陸新報社長、新申報社長、斯民社長	6
774	547	福島宜三	文久元年	福井	福井	英吉利法律学校に学ぶ	昭和2	大津日報主幹	3
775	548	福田耕	明治21	福井	福井	東京帝国大学政治科卒	昭和45	福井放送（株）取締役	1
776	549	福田一	明治35	福井	福井	東京帝国大学仏法科卒		同盟通信社政治部長、シンガポール支局長	14
777	549	福田悌夫	明治28	山口	山口	東京帝国大学政治科卒	昭和41	雑誌「新思潮」を経営す	1
778	550	福地源一郎	天保12	長崎	東京	蘭学、英学を学ぶ	明治39	木版刷「江湖新聞」を刊行（省略）東京日日新聞を創刊し、社長となり	1
779	551	福本清之輔	万延元年	神奈川	神奈川	漢籍を修む	大正11	横須賀公正新聞社長	1
780	551	福本誠	安政4	東京	福岡	司法省法学校に学ぶ	大正10	日本新聞記者、九州日報社長兼主筆	1
781	552	藤井浩然	明治18	新潟	新潟	早稲田大学哲学科卒	昭和13	高田日報主筆、新潟毎日新聞編集局長、越佐新聞社長兼主筆	1
782	553	藤尾正行	大正6	栃木	栃木	上智大学専門部新聞学科卒		読売新聞社欧米部入社、東亜部兼務、南方、中近東、欧州に特派され、退社後（社）農林放送事業団常務理事	10
783	553	藤生安太郎	明治28	佐賀	佐賀	東京外国語学校支那語科卒	昭和46	武道公論社長（省略）月刊雑誌「道義」を主宰す	4

ID	ページ	氏名	生年	出身	選挙区	学歴	没年	メディアとの関連	当選回数
784	555	藤田茂吉	嘉永5	東京	東京	慶應義塾卒	明治25	郵便報知新聞主幹	2
785	556	藤田義光	明治44	熊本	熊本	中央大学法学部卒	昭和61	朝日新聞社に入社(省略)科学文化新聞社総務部長、出版会社(株)一洋社社長	9
786	556	藤野政高	安政2	愛媛	愛媛	松山藩校明教館に学び、のち法律学を修む	大正4	海南新聞社長	3
787	557	藤原繁太郎	明治30	東京	長崎	早稲田大学商学部卒	昭和56	日本電報通信社通信記者(省略)長崎新聞社常務、同東京支社代表取締役	1
788	557	藤原節夫	明治39	岡山	岡山	東京帝国大学法学部法律科卒		時事新報、読売新聞記者	1
789	559	二見伸明	昭和10	東京	茨城	早稲田大学大学院政治学研究科修士課程修了		公明新聞政治部長、同編集局長	6
790	560	舟崎由之	明治27	東京	新潟	早稲田大学理工学部機械科卒	昭和41	佐渡新報(省略)社長	2
791	560	船田中	明治28	栃木	栃木	東京帝国大学英法科卒	昭和54	ニッポン放送相談役	15
792	561	降旗徳弥	明治31	長野	長野	早稲田大学商学部卒		信濃日報副社長(省略)(株)長野放送社長	4
793	561	降旗元太郎	元治元年	長野	長野	東京専門学校卒	昭和6	商業電報、内外新報、扶桑新報、信陽日報、鎮西日報等の新聞社を各地に創立するほか、信陽日報社長	11
794	566	保利茂	明治34	佐賀	佐賀	中央大学経済科卒	昭和54	毎日新聞政治部記者	12
795	567	穂積七郎	明治36	東京	愛知	東京帝国大学経済科卒		雑誌「労働日本」主幹(省略)雑誌「中央公論」編集顧問	7

ID	ページ	氏名	生年	出身	選挙区	学歴	没年	メディアとの関連	当選回数
796	567	坊秀男	明治37	和歌山	和歌山	東京帝国大学法律科卒	平成2	都新聞、東京日日新聞各政治部に勤務し、のち財政経済弘報社取締役社長を経て、財政詳報社取締役社長	11
797	568	朴春琴	明治24	朝鮮慶尚南道	東京	密陽漢文書塾及び日語学校卒	昭和48	やまと新聞社顧問	2
798	568	星一	明治6	福島	福島	東京商業学校、コロンビア大学卒	昭和26	ニューヨークにて新聞「日米週報」、英文「ジャパン・エンド・アメリカ」を発刊す	4
799	569	星野靖之助	明治32	北海道	北海道	慶應義塾大学経済学部卒	昭和63	ラジオ大分各(株)社長、大分放送(省略)各(株)社長	1
800	570	細川隆元	明治33	熊本	熊本	東京帝国大学政治科卒		東京朝日新聞社政治部記者、同政治部長、同ニューヨーク支局長、同連絡本部長、同報道局長、同編集局長、同社参与(省略)(株)朝日新聞社社友	1
801	573	堀内一雄	明治26	山梨	山梨	陸軍大学校卒	昭和60	(株)テレビ山梨社長	5
802	573	堀内良平	明治3	山梨	山梨	東京法学院に学ぶ	昭和19	報知新聞経済記者	3
803	574	堀江覚治	明治3	福島	福島	慶應義塾大学部文科卒	昭和5	岐阜日日新聞主筆	2
804	574	堀尾茂助	文久元年	愛知	愛知	漢籍、書法及び剣法を学ぶ	昭和15	新愛知新聞社副社長	3
805	574	堀川美哉	明治16	三重	三重	早稲田大学政治経済科卒、米、英各国に留学、コロンビア大学及びロンドン大学に学ぶ	昭和38	東京日日新聞、中外商業新報各記者	2

ID	ページ	氏名	生年	出身	選挙区	学歴	没年	メディアとの関連	当選回数
806	575	堀切善兵衛	明治15	福島	福島	慶應義塾大学卒、のち米、英、独各国に留学	昭和21	時事新報記者	10
807	576	堀越寛介	安政6	埼玉	埼玉	東京専門学校邦語政治科卒	大正5	自由新聞社長となる、法学雑誌を発行す	4
808	578	本間俊一	大正元年	宮城	宮城	早稲田大学政治経済学部政治科卒	昭和33	中外商業新報社、読売新聞社記者	6
809	581	前川虎造	元治元年	和歌山	和歌山	中等学校卒	大正15	新聞記者	3
810	581	前島元助	嘉永2	長野	長野		大正15	信濃新聞社各取締役	1
811	581	前田郁	明治22	鹿児島	鹿児島	明治大学政治経済学部卒	昭和40	日本有線放送連合会会長	3
812	581	前田卯之助	明治10	北海道	北海道	明治法律学校卒	昭和12	函館時事新聞社各(株)社長	2
813	582	前田幸作	明治28	福岡	福岡		昭和62	京都市寺田キネマ(株)支配人、東亜キネマ(株)九州支配人となり、のち福岡市において活動写真館を経営す	1
814	585	牧野平五郎	元治元年	富山	富山	漢学、数学を修む	昭和3	富山実業新聞を創刊す	2
815	586	牧山耕蔵	明治15	東京	長崎	早稲田大学政治経済学部卒	昭和36	朝鮮新聞社、長崎日日新聞社、佐世保新聞社(省略)各(株)取締役社長(省略)九州日報社各(株)取締役	8
816	586	正木照蔵	文久2	兵庫	兵庫	漢学を修め、大阪英語学校に学ぶ	大正13	報知新聞記者	2
817	588	増田義一	明治2	新潟	新潟	東京専門学校政治科卒、同校研究科に財政学を専攻す	昭和24	読売新聞記者となる、のち実業之日本社を創立し社長となり「実業之日本」ほか数種の雑誌及び図書を出版す	8

ID	ページ	氏名	生年	出身	選挙区	学歴	没年	メディアとの関連	当選回数
818	590	町田忠治	文久3	秋田	秋田	東京帝国大学法科選科卒	昭和21	朝野新聞、郵便報知新聞記者となり、外遊、帰朝後、東洋経済新報社を創立し社長となる(省略)報知新聞社長	10
819	590	松井郡治	明治4	新潟	新潟	東京専門学校法律科卒	昭和18	新潟新聞社監査役	4
820	591	松井鉄夫	明治9	東京	群馬	京都帝国大学法律科に学ぶ	昭和16	台湾日日新聞社員(省略)大阪帝国通信社(省略)取締役	1
821	592	松浦栄	明治33	北海道	北海道	京都帝国大学英法科卒	平成2	茨城新聞社理事	1
822	594	松尾正吉	大正4	神奈川	神奈川	群馬県佐波郡采女尋常高等小学校卒		大日本雄弁会講談社入社	1
823	595	松岡俊三	明治13	東京	山形	浄土宗大学卒、のち日本法律学校に学ぶ	昭和30	都新聞記者、同社副社長、監査役となる、のち雪害救済運動を提唱し、雪の日本社を創立、機関誌「雪の日本」を発刊す	9
824	598	松下軍治	慶応3	東京	東京	漢学を修む	大正4	時論日報を創刊す、のちやまと新聞社長となる	2
825	598	松島肇	明治14	徳島	徳島	明治大学法律科卒、また早稲田大学政治科に学ぶ	昭和44	徳島日日新聞社(省略)各(株)社長	2
826	598	松島廉作	安政3	静岡	静岡	東京専門学校において法律学、経済学を修む	昭和14	静岡民友新聞社を創立し社長となる	6
827	598	松田喜三郎	明治13	愛媛	愛媛		昭和21	海南新聞社(省略)各(株)取締役	3
828	599	松田吉三郎	安政5	石川	石川	漢学、数学、法律、経済学を修む	昭和18	北陸自由新聞を主管す	9
829	599	松田九郎	大正11	長崎	長崎	法政大学専門部法科卒、のち仙台航空予備士官学校卒		長崎共同新聞(株)創立	2

ID	ページ	氏名	生年	出身	選挙区	学歴	没年	メディアとの関連	当選回数
830	599	松田源五郎	天保11	長崎	長崎	私塾に学ぶ	明治34	長崎新聞を創刊す	1
831	602	松野鶴平	明治16	熊本	熊本		昭和37	日本電報通信各(株)取締役	7
832	604	松前重義	明治34	東京	熊本	東北帝国大学電気工学科卒、工学博士		東京日日新聞社編集局顧問	6
833	604	松実喜代太	慶応2	北海道	北海道	成城学校、慶應義塾等に学び横浜商業学校卒	昭和28	北海タイムス記者となるほか、札幌毎日新聞社を経営す	5
834	604	松村謙三	明治16	富山	富山	早稲田大学政治経済科卒	昭和46	報知新聞記者	13
835	606	松本君平	明治3	静岡	静岡	米国に留学、フィラデルフィア大学にて経済財政学を修め、さらにブラウン大学大学院に学び、文学博士の学位を受く	昭和19	ニューヨーク・トリビューン新聞記者、東京日日新聞記者、自由新聞主筆となる、政治雑誌「大日本」を発刊す(省略)天津にて英文紙チャイナ・タイムス、週刊チャイナ・トリビューンを、北京にて日刊「新支那」を発刊	5
836	607	松本重太郎	弘化元年	大阪府	大阪府	経書を学ぶ	大正2	大阪毎日新聞社相談役	1
837	607	松本淳造	明治27	島根	島根	慶應義塾大学理財科に学ぶ	昭和25	日本労農新聞編集局長	2
838	607	松本誠之	文久3	兵庫	兵庫	経済、歴史、政治学を修む	昭和18	大阪朝日新聞、神戸又新日報、京華日報各記者となり、次いで雑誌「東京正論」「金甌」を発刊し、国体擁護を鼓吹す、のち哈爾賓にて哈爾賓新聞を発刊す	1
839	608	松本忠雄	明治20	長野	長野	東亜同文書院卒	昭和22	やまと新聞記者	7
840	609	松本恒之助	慶応3	三重	三重	京都同志社に学び東京専門学校英語本科卒	大正15	伊勢新聞各(株)社長	4

ID	ページ	氏名	生年	出身	選挙区	学歴	没年	メディアとの関連	当選回数
841	609	松本孫右衛門	明治6	福島	福島	東京物理学校卒	昭和23	都新聞社(省略)各(株)取締役	4
842	610	的野半介	安政5	福岡	福岡	漢学を学ぶ	大正6	九州日報、関門新報各社長、遼東新報顧問	3
843	611	丸山修一郎	明治23	秋田	秋田	秋田県師範学校本科卒	昭和40	秋田文化新報社長	1
844	611	丸山豊治郎	明治元年	新潟	新潟	慶應義塾卒	昭和8	高田日報社々長	3
845	612	丸山名政	安政4	東京	東京	明治法律学校に学ぶ	大正11	下野新聞主筆(省略)東洋文芸各(株)監査役	2
846	613	三浦数平	明治4	大分	大分	明治法律学校卒、寺尾亨法学博士の指導で国際公法及び私法を専攻す	昭和4	日刊新聞新総房、東京朝日新聞各記者(省略)法律新聞主筆	2
847	615	三尾邦三	明治24	和歌山	和歌山		昭和41	美術新聞「美術の国」を発刊す	3
848	615	三木武吉	明治17	香川	香川	早稲田大学法律科卒	昭和31	報知新聞社長	11
849	616	三崎亀之助	安政5	香川	香川	東京大学法学科卒	明治39	明治日報記者、京都中外新聞社長	4
850	616	三田村甚三郎	慶応3	福井	福井	東京専門学校政治科卒	昭和9	福井新聞社長	2
851	617	三土忠造	明治4	香川	香川	東京高等師範学校卒、のち英、独に留学、教育学、史学を研究す	昭和23	東京日日新聞編集長及び営業部長	11
852	618	三宅磐	明治9	兵庫	神奈川	東京専門学校政治科卒	昭和10	大阪朝日新聞、東京日日新聞各記者、横浜貿易新報社長	4
853	619	三好英之(栄次郎)	明治18	鳥取	鳥取	早稲田大学政治経済科卒	昭和31	山陰日日新聞社を創立し、社長となり、のち日本海新聞社を創立し、相談役となる	6

ID	ページ	氏名	生年	出身	選挙区	学歴	没年	メディアとの関連	当選回数
854	620	三和精一	明治35	青森	青森	中央大学に学ぶ	昭和39	東京民友、やまと各新聞社に勤務、日刊北辰日報を発行、社長兼主筆となる	4
855	622	薬袋義一	安政元年	山梨	山梨	漢学を修む	明治36	峡中新報社総理	3
856	622	箕浦勝人	安政元年	大分	大分	慶應義塾卒	昭和4	報知新聞社に入り、のち社長となる	15
857	623	水久保甚作	明治17	宮崎	宮崎	明治大学校外生として法学を学ぶ	昭和48	都城新聞社副社長	2
858	623	水品平右衛門	文久元年	長野	長野	明治法律学校に学ぶ	大正7	信濃新聞社副社長	2
859	623	水島彦一郎	明治15	京都府	京都府	早稲田大学政治経済科卒	昭和28	東京日日新聞、東京毎日新聞各記者	3
860	625	水野清	大正14	千葉	千葉	東北大学経済学部卒		日本放送協会放送記者	8
861	625	水間此農夫	慶応元年	宮崎	宮崎	政治経済学を学ぶ	大正11	宮崎新報社（省略）各（株）社長	2
862	627	南磯一郎	嘉永6	富山	富山	新川県講習所卒	明治28	北陸公論社を起し社長となる	1
863	628	宮井泰良	昭和12	山口	山口	近畿大学法学部卒		聖教新聞社入社	2
864	628	宮城浩蔵	嘉永5	山形	山形	司法省法学校卒、のち仏国に留学、パリ大学及びリヨン大学卒	明治26	山形日報を発刊す	2
865	631	宮沢裕	明治17	広島	広島	東京帝国大学政治科卒	昭和38	国民新聞各（株）取締役	6
866	633	宮部襄	弘化4	群馬	群馬	漢学、英学を修む	大正12	自由新聞を発刊	1
867	633	宮前進	明治26	埼玉	埼玉	東京高等商業学校卒	昭和47	書籍雑貨商を営み	1

ID	ページ	氏名	生年	出身	選挙区	学歴	没年	メディアとの関連	当選回数
868	634	武藤嘉一	明治30	岐阜	岐阜	慶應義塾大学理財科卒、米国スタンフォード、プリンストン、コーネル各大学院及び仏国グルノーブル大学に学ぶ	昭和43	東海ラジオ放送(株)副社長	3
869	635	武藤嘉門	明治3	岐阜	岐阜	東京法学院英法科に学ぶ	昭和38	岐阜日日新聞、岐阜合同新聞各(株)社長	3
870	635	武藤金吉	慶応2	群馬	群馬	英吉利法律学校に学ぶ	昭和3	新聞記者となり、のち実業新聞を発刊し社長となる(省略)上野新聞社長	8
871	635	武藤山治	慶応3	岐阜	大阪	慶應義塾卒、のち米国に遊学	昭和9	ジャパンガゼット新聞社員(省略)時事新報社長	3
872	635	武藤七郎	明治16	群馬	群馬	東京帝国大学政治科卒	昭和40	東京日々新聞記者	1
873	637	村尾薩男	明治35	鹿児島	鹿児島	東京帝国大学社会学科に学ぶ	昭和45	大衆新聞を編集す	1
874	638	村上太三郎	安政4	東京	静岡		大正4	日本活動写真(省略)取締役	1
875	641	村松恒一郎	元治元年	愛媛	愛媛	同人社卒	昭和15	関西日報、国会新聞、中央新聞、東京朝日新聞、大阪朝日新聞各記者を経て、政治雑誌「大国民」を発刊、また日刊大東通信社長となる	5
876	642	村山龍平	嘉永3	大阪	大阪		昭和8	大阪朝日新聞を創刊、次いで東京朝日新聞、大阪公論、東京公論、国会新聞を発刊し、大阪朝日、東京朝日各新聞社長	3
877	642	紫安新九郎	明治6	兵庫	大阪	東京専門学校邦語政治科卒	昭和27	鎮西日報主筆、万朝報記者	10

ID	ページ	氏名	生年	出身	選挙区	学歴	没年	メディアとの関連	当選回数
878	644	最上政三	明治24	群馬	群馬	中央大学法律科卒、のち欧米各国に留学す	昭和52	万朝報政治部記者(省略)同社政治部長	4
879	644	毛利松平	大正2	愛媛	愛媛	慶應義塾大学法学部政治科卒	昭和60	政治経済外交研究会を設立主宰し、機関紙「政策」を発行	9
880	645	毛里保太郎	元治元年	福岡	福岡	叡麓塾に漢学及び政治、経済学を修む	昭和13	京都日報社に入り、論説を担当す、のち静岡大勢新聞社主筆となり、門司新報社長となる	4
881	645	持田若狭	万延元年	栃木	栃木	専修学校に学ぶ	昭和6	野州日報社長	4
882	646	望月小太郎	慶応元年	山梨	山梨	山梨県師範学校卒、のち慶應義塾に学び、英国に留学、ロンドン大学を経てミツドルテンプル大学法科卒、バリストルの学位を受く	昭和2	ロンドンにて日本実業雑誌を発刊す(省略)英文通信社を創立し社長となり、日刊英文通信、英文日本財政月報を発刊、欧米各国に日本事情を紹介す	7
883	646	本島百合子	明治40	福岡	東京	日本大学高等師範部卒	昭和47	万朝報、婦人毎日新聞記者	4
884	647	百瀬清治	文久3	長野	長野	専修学校理財科卒	昭和18	信濃民報(株)社長	1
885	647	百瀬渡	明治7	長野	長野		昭和20	信濃毎日新聞、信濃自由新聞、信濃日報各記者(省略)信野日報社長	4
886	650	森秀次	安政2	大阪	大阪		大正15	大阪朝報社常務取締役	4
887	650	森隆介	安政3	茨城	茨城	漢、英学を学ぶ	昭和8	雑誌「常総の青年」を刊行す	2
888	651	森肇	元治元年	愛媛	愛媛	英吉利法律学校卒	昭和2	猟友雑誌主幹、伊予日日新聞社長	3

ID	ページ	氏名	生年	出身	選挙区	学歴	没年	メディアとの関連	当選回数
889	651	森肇	明治6	長崎	長崎	東京専門学校政治経済科卒	昭和34	長崎新報記者、同編集長を経て、長崎日日新聞主筆兼編集長、長崎新聞主筆、総顧問となる	6
890	652	森喜朗	昭和12	石川	石川	早稲田大学商学部卒		産経新聞東京本社記者	8
891	655	森田小六郎	明治10	愛知	愛知	東京帝国大学政治科卒	昭和31	サクラメント市において邦字日刊新聞桜府日報を創刊経営す	2
892	656	森田豊寿	明治28	静岡	静岡	千葉県立高等園芸学校卒	昭和37	社団法人家の光協会、全国新聞情報農協連各理事	1
893	657	森田正路	安政3	福岡	福岡		昭和4	福岡日日新聞社長	1
894	657	森田勇次郎	慶応元年	静岡	静岡	東京専門学校政治経済科卒	大正9	新聞記者(省略)静岡民友新聞主筆	2
895	657	森戸辰男	明治21	広島	広島	東京帝国大学経済科卒	昭和59	全日本放送教育連合会各会長(省略)日本放送協会学園高等学校校長	3
896	658	森本駿(桜井駿)	安政5	兵庫	兵庫	和・漢・英・経済及び財政学を修む	昭和19	政友会報記者	4
897	661	八百板正	明治38	福島	福島	県立福島中学校に学ぶ		日刊タイムス論説委員	11
898	664	矢尾喜三郎	明治34	滋賀	滋賀	立命館大学法律科卒	昭和50	日刊滋賀日日新聞社々長	9
899	666	矢野晋也	明治21	東京	鳥取	早稲田大学政治経済科卒	昭和23	中央新聞記者となり、次いで二六新報社に入り、のち二六新報社長となる	2
900	667	薬師神岩太郎	明治22	愛媛	愛媛		昭和28	四国日日新聞社長	2
901	667	安井丈夫	明治5	岡山	岡山	法律及び経済学を修む	大正9	岡山日報社名誉社員	1
902	668	安川保次郎	明治3	長野	長野	漢学を修む	大正7	長野新聞社監査役	1

ID	ページ	氏名	生年	出身	選挙区	学歴	没年	メディアとの関連	当選回数
903	672	柳原九兵衛	万延元年	福井	福井		昭和20	福井日報新聞社及び福井民友新聞社を経営す	2
904	672	柳原三郎	大正3	岐阜	岐阜	県立岐阜中学校卒	平成2	岐阜青年連盟主幹となり、月刊「暁鐘」を主宰す	3
905	672	藪仲義彦	昭和11	静岡	静岡	中央大学経済学部中途退学		公明党機関紙局政治部記者	6
906	673	山移定政	慶応2	熊本	熊本	明治法律学校卒	大正11	台湾新聞社長	1
907	673	山岡国吉	安政3	鹿児島	鹿児島	官立長崎師範学校卒	昭和5	鹿児島新聞（省略）各社長	1
908	674	山際七司	嘉永2	新潟	新潟		明治24	東洋自由新聞を発刊す	1
909	676	山口忠五郎	明治15	静岡	静岡		昭和30	静岡新報各（株）取締役	5
910	677	山口恒太郎	明治6	福岡	福岡		昭和16	国民新聞記者、福岡日日新聞主筆（省略）中央新聞社副社長、日本電報通信社常務取締役、東京通信社長	3
911	677	山口半七	嘉永6	大分	大分	慶應義塾に学ぶ	昭和7	慶應義塾出版局を設立する	1
912	678	山口熊野	元治元年	東京	和歌山	和歌山医学校及び東京外国語学校に学ぶ	昭和25	米国において（省略）邦字新聞「新日本」を発刊す（省略）新聞自由社長、自由新聞記者、自由通信社長	7
913	678	山口六郎次	明治29	埼玉	埼玉	明治大学政治経済科卒	昭和36	報知新聞記者（省略）埼玉新聞社理事	5
914	679	山崎釼二	明治35	静岡	静岡	御殿場実業学校卒	昭和33	静岡産業通信社を創立し「静岡産業通信」を発行	2
915	679	山崎猛	明治19	茨城	茨城	第一高等学校に学ぶ	昭和32	京城日報記者（省略）京城日報社各理事、遼東新報、満州日日新聞、満州日報各社長、電報通信社、電通映画社各取締役	10

ID	ページ	氏名	生年	出身	選挙区	学歴	没年	メディアとの関連	当選回数
916	680	山崎伝之助	明治4	和歌山	和歌山	日本法律学校卒	昭和16	和歌山日日新聞社を創立しその社長となる	2
917	680	山道襄一	明治15	広島	広島	早稲田大学政治経済科卒	昭和16	鳥取新報、大韓日報各主筆(省略)京城にて雑誌「新半島」を経営、主幹となる(省略)中国新聞社客員	10
918	682	山下春江	明治34	福島	福島	日本女子体育専門学校卒	昭和60	大阪毎日新聞記者	6
919	682	山瀬幸人	安政2	東京	鳥取	鳥取藩校尚徳館に学ぶ	昭和11	鳥取新報社員、因伯時報社を創設す	1
920	683	山田猪太郎	安政4	秋田	秋田	秋田県師範学校伝習科卒	明治39	秋田新報編集員、秋田魁新報主筆	2
921	683	山田毅一	明治20	富山	富山	東京外国語学校、早稲田大学に学ぶ	昭和28	東京日日新聞、やまと新聞、国民新聞各記者(省略)復興通信社を創立し、社長となる(省略)南方産業調査会を興し、機関紙「南進」の社長となる	2
922	684	山田珠一	慶応元年	熊本	熊本	漢学を修め、のち私立済々黌卒	昭和9	九州日日新聞社主幹、同社長	5
923	684	山田助作	明治19	新潟	新潟	盛岡高等農林学校卒	昭和22	新潟新聞社長	2
924	685	山田長司	明治41	栃木	栃木	日本大学法律科卒	昭和47	時事新報、名古屋新聞各記者(省略)日本週報社長	6
925	685	山田禎三郎	明治4	長野	長野	高等師範学校卒、のち英、仏、独各国に留学す	昭和5	普及舎社長、帝国書籍(株)取締役	1
926	686	山田東次	安政5	神奈川	神奈川	東京法学校卒	明治32	法律雑誌発行に従事す	3
927	686	山田又司	明治17	新潟	新潟	慶應義塾大学政治科卒	昭和38	北越新報(省略)各(株)取締役	5

ID	ページ	氏名	生年	出身	選挙区	学歴	没年	メディアとの関連	当選回数
928	687	山田道兄	明治13	岐阜	岐阜	早稲田大学政治経済科卒	昭和11	扶桑新聞主筆、東京毎日新聞、読売新聞各記者を経て、民友社を創立し、社長となる	4
929	688	山中貞則	大正10	鹿児島	鹿児島	台湾総督府立台北第二師範学校演習科卒		南日本新聞支局長	13
930	688	山中義貞	明治30	愛媛	愛媛	慶應義塾大学理財科に学ぶ	昭和61	愛媛新聞(省略)南海放送各(株)社長	1
931	690	山枡儀重	明治22	鳥取	鳥取	京都帝国大学哲学科選科卒	昭和12	鳥取新聞社長	5
932	691	山村豊次郎	明治2	愛媛	愛媛	日本法律学校卒	昭和13	南予時事新聞各(株)取締役社長	3
933	691	山元亀次郎	明治27	鹿児島	鹿児島	日本大学専門部法科に学ぶ	昭和37	雑誌「革新運動」を創刊す	1
934	691	山本市英	明治24	北海道	北海道	早稲田大学専門部政治経済科卒	昭和44	小樽新聞政治経済部記者、同社岩見沢支局長	1
935	692	山本厚三	明治14	北海道	北海道	東京高等商業学校卒	昭和25	小樽新聞各(株)取締役	8
936	692	山本実彦	明治18	東京	鹿児島	日本大学法律科に学ぶ	昭和27	やまと新聞記者、門司新聞主筆を経て東京毎日新聞社長となる、のち出版業に入り、改造社を創立し社長となる	2
937	693	山本慎平	明治9	長野	長野	早稲田大学政治経済科卒	昭和23	長野新聞、新潟日報各主筆及び社長	3
938	693	山本宣治	明治22	京都	京都	カナダ、ブリタニア・ハイスクール修学、東京帝国大学動物科卒、同大学院に学ぶ	昭和4	月刊雑誌「産児調節評論」、のち改題「性と社会」を発刊し社長兼主筆となる	1
939	694	山本猛夫	明治36	東京	岩手	日本大学政治科卒	平成元	時事新報社、毎日新聞社政治部記者	5
940	695	山本盛信	安政元年	愛媛	愛媛	普通学を修む	大正12	愛媛新報社各(株)社長	1
941	696	山森隆	安政5	石川	石川	石川県師範学校速成科卒	昭和4	書籍商を営み、石川新聞(省略)社長	2

ID	ページ	氏名	生年	出身	選挙区	学歴	没年	メディアとの関連	当選回数
942	696	山森利一	明治22	富山	埼玉	早稲田大学大学部商科卒	昭和46	富山日報記者（省略）報知新聞社に入り、ワシントン会議特派員、支那政情視察特派員を経て（省略）報知新聞社論説委員、同相談役	1
943	696	山谷徳治郎	慶応2	東京	岡山	東京帝国大学医学部に学ぶ、のちドイツに留学、ギーセン及びゲッチンゲン大学に学び、ドクトル・メジチーネの学位を受く、医学博士	昭和15	（株）日新医学社を創立し取締役社長となり、医学雑誌、図書の出版に従事す	1
944	697	柚木慶二	安政6	鹿児島	鹿児島		大正5	鹿児島新聞社監督	6
945	697	湯浅治郎	嘉永3	群馬	群馬	漢学、算術を修む	昭和7	キリスト教書籍出版業警醒社等を設立経営する（省略）国民新聞社創立委員となる	2
946	698	行吉角治	明治23	岡山	岡山		昭和20	通信事業を経営し（省略）連合通信社（省略）各（株）取締役社長	2
947	699	横井太郎	明治32	愛知	愛知	農林省水産講習所漁撈科卒	昭和56	名古屋毎日新聞政治部長	1
948	700	横井時雄	安政4	熊本	岡山	熊本洋学校、開成学校に学び、同志社英学校卒、のち米国エール大学哲学科に学ぶ	大正15	東京日日新聞主幹	2
949	700	横尾輝吉	安政2	栃木	栃木	早稲田大学及び立教大学に学ぶ	大正8	日刊新聞新下野を発刊経営す	3
950	700	横田孝史	安政3	兵庫	兵庫	姫路師範学校卒、のち緒方医塾に学ぶ	昭和9	薬業雑誌を発刊経営す	3

ID	ページ	氏名	生年	出身	選挙区	学歴	没年	メディアとの関連	当選回数
951	701	横田虎彦	安政3	大阪	北海道	漢籍、独逸語及び法律を学ぶ		関西日報、大阪自由新聞を発刊す	4
952	703	横山通英	安政6	宮崎	宮崎	宮崎師範学校卒	大正5	宮崎新報社（省略）各取締役	2
953	704	吉植庄一郎	慶応元年	千葉	千葉	千葉県立中学校卒	昭和18	北海時事新聞社長、北海タイムス理事、中央新聞社理事、同社長となるほか、大阪新報社を経営す	8
954	704	吉植庄亮	明治17	千葉	千葉	東京帝国大学経済科卒	昭和33	中央新聞文芸部長（省略）、歌誌「橄欖」を主宰	3
955	705	吉川兼光	明治35	千葉	千葉	早稲田大学を経て専修大学経済科卒、のちウィーン大学に学ぶ	昭和48	毎日新聞記者、京城日報論説委員	7
956	705	吉川大介	明治25	新潟	新潟	早稲田大学に学ぶ	昭和29	新潟日曜新聞、新潟毎夕新聞各社長	2
957	706	吉田賢一	明治27	兵庫	兵庫	日本大学専門部法律科卒	昭和57	ひのもと会等を興し、これを主宰し、雑誌「ひのもと」を発刊す	8
958	708	吉田鞆明	明治21	福岡	福岡	早稲田大学政治経済科に学ぶ	昭和30	福岡日日新聞社政治部主任（省略）福岡毎日新聞社（省略）を創立す	1
959	710	吉田吉太郎	明治33	大阪	兵庫	関西大学専門部法律科に学ぶ	昭和43	映画興行	1
960	710	吉富簡一	天保9	山口	山口		大正3	防長新聞（資）代表社員	3
961	714	米田穣	元治元年	石川	石川		大正10	加能新聞社長、大阪新報主幹	4
962	714	米原昶	明治42	鳥取	東京	第一高等学校文科に学ぶ	昭和57	「アカハタ」編集局記者（省略）中央機関紙部長（省略）「赤旗」編輯局長、「前衛」編輯長	3

ID	ページ	氏名	生年	出身	選挙区	学歴	没年	メディアとの関連	当選回数
963	714	米原於菟男	慶応元年	石川	石川	東京高等商業学校及び東京外国語学校に学ぶ	昭和6	金沢新報、石川新聞各記者、石川新聞社長	2
964	715	依田実	昭和5	東京	東京	東京大学文学部卒		NHK 入社、「こんにちは奥さん」「生活の知恵」などチーフプロデューサー、政治経済番組部副部長、解説委員室副主管	2
965	715	依光好秋	明治27	東京	高知	専修大学経済科に学び、東京貿易語学校露語科卒	昭和43	東京毎夕新聞、読売新聞各政治部記者を経て(省略)産業組合新報社長	3
966	716	蠟山政道	明治28	群馬	群馬	東京帝国大学政治科卒	昭和55	中央公論社副社長	1
967	717	和崎ハル	明治18	大阪	秋田	県立秋田高等女学校卒、のち東京私立音楽学校に学ぶ	昭和27	秋田魁新報社女性相談部記者	1
968	718	和田敏明	明治38	徳島	北海道	東京帝国大学政治科卒		東京日日新聞社スラバヤ支局長、毎日新聞社サイゴン支局長、同調査研究部主査を経て北海日日新聞社取締役主筆となる(省略)ナーシャ・ロディナ紙東京特派員	1
969	718	和田春生	大正8	三重	東京	三重県立鳥羽商船学校卒、甲種一等航海士		(株)テレビ神奈川取締役、評論家	1

ID	ページ	氏名	生年	出身	選挙区	学歴	没年	メディアとの関連	当選回数
970	720	鷲沢与四二	明治16	東京	長野	慶應義塾大学政治科卒	昭和31	毎日電報社記者(省略)時事新報記者となり、北京特派員となる、のち北京において日刊英字新聞ノース・チャイナ・スタンダード紙を創刊す、また北京新聞、北京燕塵、ベースボール各社長、時事新報社顧問となり(省略)国策新報各(株)社長	1
971	722	渡部一郎	昭和6	兵庫	兵庫	東京大学工学部卒		第一新聞取締役編集長、公明新聞編集局長	9
972	722	渡部通子	昭和7	兵庫	東京	早稲田大学法学部卒		聖教新聞記者、希望の友編集長、潮出版編集局次長、同社取締役	1
973	723	渡辺治	安政3	茨城	茨城	慶應義塾に学ぶ	明治26	時事新報社員となり、次いで都新聞社を経営す、のち大阪毎日新聞に主筆としてまねかれ、株式会社に改組後取締役となり、同社初代社長	1
974	724	渡辺国重	明治4	熊本	熊本		昭和25	日本電報通信社取締役	1
975	724	渡辺幸太郎	明治21	新潟	新潟	新潟商業学校卒	昭和60	新潟時事新聞社理事	1
976	725	渡辺修	安政6	愛媛	愛媛	慶應義塾卒	昭和7	中外物価新報記者	7
977	725	渡辺惣蔵	明治40	北海道	北海道	日本大学専門部政治科卒	昭和60	日刊工業新聞社会企画部長	5
978	726	渡辺陳平	明治4	栃木	栃木	私立下野英学校及び作新館に学ぶ	昭和21	下野毎日新聞社相談役	1
979	727	渡辺銕蔵	明治18	東京	東京	東京帝国大学政治科卒、のち英、独、白各国に留学す、法学博士	昭和55	東宝(株)取締役、同社長(省略)(株)自由アジア社長	1

ID	ページ	氏名	生年	出身	選挙区	学歴	没年	メディアとの関連	当選回数
980	727	渡辺肇	昭和13	新潟	新潟	慶應義塾大学文学部卒		読売新聞社編集局記者	2
981	728	渡辺正清	慶応2	徳島	徳島	明治法律学校卒	昭和3	徳島毎日新聞社監査役	1
982	728	渡辺又三郎	嘉永3	広島	広島		明治43	中国新聞を創刊す	3
983	728	渡辺泰邦	明治24	東京	北海道	早稲田大学政治経済科専門部に学ぶ	昭和24	函館新聞記者	4
984	729	渡辺良夫	明治38	新潟	新潟	大阪商科大学高商部卒	昭和39	国民新聞記者	8

■執筆者紹介

（50音順、＊は編者）

赤上裕幸　AKAGAMI Hiroyuki
1982年埼玉県生まれ。京都大学大学院教育学研究科博士後期課程修了（教育学博士）。大阪国際大学人間科学部講師などを経て、現在、防衛大学校公共政策学科准教授。著書に『ポスト活字の考古学』（柏書房、2013年）、『「もしもあの時」の社会学――歴史に if があったなら』（筑摩書店、2018年）など。

石田あゆう　ISHIDA Ayuu
1973年大阪府生まれ。京都大学大学院文学研究科博士課程修了。京都大学博士（文学）。京都精華大学教育推進センター講師を経て、現在、桃山学院大学社会学部准教授。著書に『ミッチー・ブーム』（文春新書、2006年）、『戦時婦人雑誌の広告メディア論』（青弓社、2015年）、『図説戦時下の化粧品広告〈1931－1944〉』（創元社、2016年）など

井上義和　INOUE Yoshikazu
1973年長野県生まれ。京都大学大学院教育学研究科博士後期課程退学。京都大学大学院教育学研究科助手、関西国際大学メディアセンター講師などを経て、現在、帝京大学学修・研究支援センター准教授。著書に『日本主義と東京大学』（柏書房、2008年）、『教育社会学のフロンティア2　変容する社会と教育のゆくえ』（共著、岩波書店、2018年）など。

河崎吉紀　KAWASAKI Yoshinori　＊
1974年奈良県生まれ。同志社大学大学院文学研究科博士課程退学。博士（新聞学）。現在、同志社大学社会学部教授。著書に『制度化される新聞記者』（柏書房、2006年）、『ジャーナリストの誕生』（岩波書店、2018年）など。

佐藤卓己　SATO Takumi　＊
1960年広島県生まれ。京都大学大学院文学研究科博士課程単位取得退学。京都大学博士（文学）。東京大学新聞研究所助手、同志社大学文学部助教授、国際日本文化研究センター助教授などを経て、現在、京都大学大学院教育学研究科教授。著書に『「キング」の時代』（岩波書店、2002年）、『言論統制』（中公新書、2004年）、『輿論と世論』（新潮選書、2008年）など。

白戸健一郎　SHIRATO Kenichiro
1981年北海道生まれ。京都大学大学院教育学研究科博士後期課程修了。博士（教育学）。日本学術振興会特別研究員を経て、現在、筑波大学人文社会系助教。著書に『満洲電信電話株式会社』（創元社、2016年）、『「知覧」の誕生』（共著、柏書房、2015年）、『増補改定版戦争・ラジオ・記憶』（共著、勉誠出版、2015年）など。

福井佑介　FUKUI Yusuke
1986年兵庫県生まれ。京都大学大学院教育学研究科博士後期課程修了。博士（教育学）。京都大学大学院教育学研究科助教を経て、現在、同講師。著書に『図書館の倫理的価値「知る自由」の歴史的展開』（松籟社、2015年）、『トポスとしての図書館・読書空間を考える』（共著、松籟社、2018年）など。

福間良明　FUKUMA Yoshiaki
1969年熊本県生まれ。京都大学大学院人間・環境学研究科博士課程修了。京都大学博士（人間・環境学）。香川大学経済学部准教授などを経て、現在、立命館大学産業社会学部教授。著書に『「戦争体験」の戦後史』（中公新書、2009年）、『「戦跡」の戦後史』（岩波現代全書、2015年）、『「働く青年」と教養の戦後史』（筑摩選書、2017年）など。

本田毅彦　HONDA Takehiko
1961年愛知県生まれ。京都大学大学院文学研究科博士課程退学。オックスフォード大学 PhD（歴史学）。帝京大学文学部教授を経て、現在、京都女子大学文学部教授。著書に『大英帝国の大事典作り』（講談社選書メチエ、2005年）、『つながりの歴史学』（共著、北樹出版、2015年）など。

松尾理也　MATSUO Michiya
1965年兵庫県生まれ。慶應義塾大学文学部卒。産経新聞社を経て、現在、大阪芸術大学短期大学部教授。著書に『ルート66をゆく』（新潮新書、2006年）、『記者たちの関西事件史』（共著、光村推古書院、2013年）など。京都大学大学院教育学研究科博士後期課程在学中。

近代日本のメディア議員
――〈政治のメディア化〉の歴史社会学

2018年11月10日　第1版第1刷発行

編　者　佐藤卓己、河崎吉紀
発行者　矢部敬一
発行所　株式会社創元社
http://www.sogensha.co.jp/
本　　社　〒541-0047　大阪市中央区淡路町4-3-6
Tel. 06-6231-9010　Fax. 06-6233-3111
東京支店　〒101-0051　東京都千代田区神田神保町1-2 田辺ビル
Tel. 03-6811-0662
印刷所　株式会社太洋社

Printed in Japan
ISBN978-4-422-30073-3 C0036
〔検印廃止〕落丁・乱丁のときはお取り替えいたします。

JCOPY 〈出版者著作権管理機構 委託出版物〉
本書の無断複写は著作権法上での例外を除き禁じられています。
複写される場合は、そのつど事前に、出版者著作権管理機構
（電話 03-3513-6969、FAX 03-3513-6979、e-mail: info@jcopy.or.jp）
の許諾を得てください。

創元社の本

日本の論壇雑誌
―教養メディアの盛衰

竹内洋・佐藤卓己・稲垣恭子［編］

豊かな中間文化を支えた、綜合活字メディアの栄枯盛衰に光を当てる論集。

A5判・並製・352頁　本体3500円

満洲電信電話株式会社
―そのメディア史的研究

白戸健一郎［著］

「満洲国」における満洲電電の先駆的事業を通して、「東亜電気通信網」の理想と現実に迫る。

A5判・並製・258頁　本体3600円

戦争社会学ブックガイド
——現代世界を読み解く132冊

野上元・福間良明［編］

戦争を「いま・ここ・わたし」の身近な問題として考えるために編んだ入門書。

四六判・並製・320頁　本体1900円

図説　戦時下の化粧品広告〈1931―1943〉

石田あゆう［著］

収録図版500点余、80年前の〈一億総活躍社会〉を映し出す、汎用性の高いビジュアル文化史。

B5判・上製・240頁　本体4500円

創元学術アルヒーフ

欧州各国に於ける国家革新運動

――〈リプリント版〉内閣情報部・情報宣伝研究資料第十輯

佐藤卓己［解題］

内閣情報部が翻訳頒布したW・ハースの著書を通して1930年代欧州のファシズム運動を概観する。

Ａ５判・並製・３３８頁　本体４５００円

㊙外国新聞に現はれたる支那事変漫画

――〈リプリント版〉内閣情報部・情報宣伝研究資料第七輯

白戸健一郎［解題］

米・ソ・英を中心とした非枢軸国の新聞メディアにおける、日中戦争下の日本の表象がよく分かる史料。

Ａ５判・並製・１９２頁　本体３７００円